汽车电气系统检修

张佑春　李　涛　杨少博　　主　编
齐俊平　　副主编

中央广播电视大学出版社·北京

图书在版编目（CIP）数据

汽车电气系统检修 / 张佑春，李涛，杨少博主编．
-- 北京 ：中央广播电视大学出版社，2016.8

ISBN 978-7-304-08021-1

Ⅰ．①汽… Ⅱ．①张… ②李… ③杨… Ⅲ．①汽车－电气系统－车辆检修－高等职业教育－教材 Ⅳ．① U472.41

中国版本图书馆 CIP 数据核字（2016）第 197637 号

汽车电气系统检修

QICHE DIANQI XITONG JIANXIU

张佑春　李　涛　杨少博　主　编

出版·发行：中央广播电视大学出版社

电话：营销中心 010－66490011　　总编室 010－68182524

网址：http: //www. crtvup. com. cn

地址：北京市海淀区西四环中路 45 号　　邮编：100039

经销：新华书店北京发行所

策划编辑：韦　鹏　　责任校对：曾繁荣

责任编辑：程业刚　　责任印制：赵连生

印刷：北京云浩印刷有限责任公司

版本：2016 年 8 月第 1 版　　2016 年 8 月第 1 次印刷

开本：787 mm×1092 mm　1/16　　印张：15.5　　字数：345 千字

书号：ISBN 978－7－304－08021－1

定价：52.00 元

前　言

汽车电气维修是汽车维修人员职业岗位中的重要的典型工作任务，汽车电气系统检修这门课程是从事汽修专业的主干课程。为满足学习者在汽车维修工等职业岗位的任职要求，提升学习者的就业能力与可持续发展能力，使之能够更好地适应企业对高素质、高技能人才的需求，我们编写了此书。本书打破传统的纯理论教学教材模式，以科学的发展观为指导，以服务为宗旨，以就业为导向，以能力为本位，以岗位需求和职业标准为依据，理论实训有机结合，体现职业发展的趋势。本书按照项目设置了六个大方向，由相关知识扩展为任务实施，通过理论知识的学习和实际技能的训练，使学习者能正确掌握理论知识，娴熟运用技能；会使用基本检测工具、仪器进行检测；能正确诊断与排除汽车电气的常见故障。同时培养学习者具有一定的逻辑思维和分析问题与解决问题的能力。每个项目后附项目小结和习题与思考，可帮助学习者进行快速的回顾总结、反思和检测。本书内容通俗易懂，实践性强。

本书去除了点火系统和汽车空调部分，把点火系统归结到电控发动机部分，汽车空调独立成一部分，最后提炼形成了反映目前汽车维修企业岗位中汽车电气基础部分的20个典型工作任务，并将之作为汽车电气教学专业课程的载体，很好地体现了课程教学与岗位工作任务相对接的联系。

本书的特色主要有：

（1）体现了理论和实践相结合的一体化教学模式，根据汽车维修企业的需要，本书内容配以技能训练实训操作，满足了维修企业对汽修人才培养的需要。

（2）真实的任务训练，使学习者经受职业训练，提高对职业的认识，深刻感受企业文化，增强学习者的直观体验，激发学习者的学习兴趣。

（3）突出了轿车的维护及维修技术，使内容能更好地适应维修企业的实际需求。

（4）基本知识点清楚，图文并茂，直观性强、通俗易懂。

（5）典型的故障案例插入，学习者可以根据实际情况模拟各种场景。

本书由张佑春、李涛、杨少博担任主编，齐俊平任副主编。在编写本书的过程中，参考了大量著作与资料，在此对这些作者表示衷心的感谢。

由于编者水平有限，书中难免会有疏漏和不足之处，希望各位读者提出宝贵意见，以便再版时修订加以改进。

编　者

目 录

Contents

项目一　汽车电气系统基础

任务一　汽车电气系统的基础认知

任务目标

1. 了解汽车电气系统的组成及其特点。
2. 掌握汽车电气设备基础元件的作用。
3. 能正确认识汽车上的电气设备。
4. 会正确使用检测工具及仪器。
5. 会检修汽车电气设备的基础元件。

任务分析

汽车电气设备是汽车的重要组成部分，其工作性能的优劣直接影响汽车的动力性、经济性、安全性、可靠性、舒适性及环保性等指标。要确保汽车电气系统性能完好，要想成为一名合格的汽车电气维修人员，首先应掌握汽车电气系统的基础知识。汽车的种类繁多，但电气系统的组成和设计都遵循一定的规律。

基础知识

一、汽车电气系统的组成及特点

（一）汽车电气系统的组成

随着汽车工业的发展，人们对汽车的性能要求也越来越高，传统的汽车电气系统与机械系统已很难满足日趋严格的关于汽车节能、排放与安全法规的要求。作为汽车必不可少的蓄电池、发电机、照明、信号、仪表、报警灯以及传统意义上的汽车电气设备都发生了巨大的变化，特别是电子控制技术在汽车工业中的广泛应用，使得汽车电气系统越来越复杂，并朝着电子化、集成化、智能化的方向发展。

汽车电气系统按功能可分为电源系统、起动系统、点火系统、照明与信号系统、仪表与报警系统、辅助电气装置系统及电子控制装置系统等。

1. 电源系统

电源系统包括发电机、蓄电池。发电机是汽车上的主要电源，蓄电池是辅助电源。当发电机工作时，由发电机向全车用电设备供电，同时给蓄电池充电。蓄电池的作用是起动发动机时向起动机供电，同时当发电机不工作时向用电设备供电。

2. 起动系统

起动系统包括起动机、起动继电器、点火开关及起动保护装置，其作用是带动飞轮旋转使发动机曲轴达到必要的起动转速，让发动机着车。

3. 点火系统

点火系统（汽油机）包括点火线圈、点火控制器、点火开关、火花塞等，其作用是将低压电转化为高压电，实时地让火花塞点燃气缸内的可燃混合气。

4. 照明与信号系统

照明装置包括车内外各种照明灯，有前大灯、雾灯、示宽灯等，其作用是确保车辆内外一定范围内合适的亮度；信号装置包括电喇叭、转向灯、倒车灯、制动灯等，其作用是告示行人、车辆引起注意，提供安全行车所必需的信号。

5. 仪表与报警系统

仪表包括发动机转速表、车速里程表、燃油表、水温表、电压表、机油压力表等；报警系统包括各种报警指示灯及控制器。其作用是显示汽车运行参数及交通信息，报警运行性机械故障，确保行车、停车的安全、可靠。

6. 辅助电气装置系统

辅助电气装置系统包括电动刮水器、风窗洗涤器、空调、中控门锁、电动车窗和电动座椅等。其作用是提高车辆安全性、舒适性、经济性。

7. 电子控制装置系统

电子控制装置系统由电子控制燃油喷射装置、巡航控制系统、自动变速器和防抱死制动装置等组成。

（二）汽车电气系统的特点

现代汽车的电气系统较为复杂，电气设备种类繁多，功能各异。但这些电气线路都遵循一定的原则，具有一定的规律，了解这些原则和规律对进行汽车电路的分析是有很大帮助的。

汽车电气系统的主要特点如下：

1. 低压

汽车电气设备的额定电压常用的有 12 V 和 24 V 两种。汽油车多采用 12 V 电源电压，而柴油车多采用 24 V 电源电压。

2. 直流

从电源到用电设备都采用直流电。

3. 单线制

从电源到用电设备使用一根导线连接，而另一根导线则用汽车车体或发动机机体的金属部分代替，这种方式称为单线制。单线制可节省导线，使电路简化、清晰，便于安装和检修，因此现代汽车电气设备广泛采用单线制。

4. 负极搭铁

负极搭铁就是将蓄电池的负极用蓄电池搭铁线连接到发动机或底盘等金属体上。我国标准中规定发电机、蓄电池必须以负极搭铁。目前世界各国生产的汽车也大多采用负极搭铁方式。

5. 并联

并联，是指汽车上的各种用电设备都采用并联方式与电源连接，每个用电设备都由各自串联在其支路中的专用开关控制，互不产生干扰。

6. 线路设有保险装置

为了防止电路或元件因搭铁或短路而烧坏电线束和用电设备，各种类型的汽车上均安装有保险装置。如熔断器、易熔线等。

7. 有充放电指示装置

汽车上蓄电池的充电、放电情况一般由电压指示，也有的用指示灯指示。对于前者，当蓄电池向外供电、发电机向蓄电池充电时，都可从电压表上指示出来。对于后者，发动机未起动或低速运转时点亮，一旦发动机运转带动发电机转速超过 1 000 r/min 以上时，充电指示灯熄灭，以示处于充电状态。

8. 线路有颜色和编号特征

为了便于区别各线路和连接，汽车所有低压导线必须选用不同颜色的单色或双色线，并在每根导线上进行编号。编号由生产厂家统一编定。

二、汽车电气设备基础元件

（一）保险装置

当电路中流过超过规定的过大电流时，汽车电路保险装置能够切断电路，从而防止烧坏电路连接导线和用电设备，并把故障限制在最小范围内。汽车上的保险装置主要有：熔断器、易熔线和断路器。熔断器和易熔线符号，如图 1-1 所示。

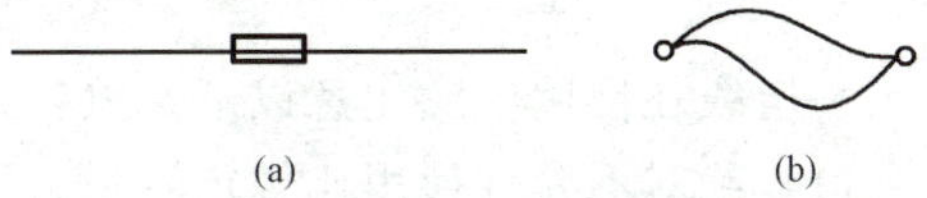

图 1-1　熔断器和易熔线符号

（a）熔断器；（b）易熔线

1. 熔断器（保险丝）

熔断器在电路中起保护作用。当电路中流过超过规定的电流时，熔断器的熔丝自身发热而熔断，切断电路，防止烧坏电路连接导线和用电设备，并把故障限制在最小范围内。插片式熔断器一般安装在仪表盘附近或发动机罩下面的熔断器盒内，常与继电器组装在一起，构成全车电路的中央接线盒。熔断器外观与熔值标注，如图 1-2 所示。

图 1-2　熔断器外观与熔值标注

由于全车各个用电设备的功率不同，消耗的电流也不同，所以汽车上每个插片式保险丝都有颜色，且标有不同的规格容量值。绿色为 30 A，白色为 25 A，黄色为 20 A，蓝色为 15 A，红色为 10 A，棕色为 7.5 A 或 5 A。保险丝的检查一般可以通过观察其外观，也可以用万用表或试灯来检查。

熔断器在使用中应注意以下几点：

（1）熔断器熔断后，必须找到故障原因，彻底排除故障。

（2）更换熔断器时，一定要与原规格相同。

（3）熔断器支架与熔断器接触不良会产生电压降和发热现象，安装时要保证良好接触。

2. 易熔线

易熔线是一种大容量的熔断器，用于保护电源电路和大电流电路，一般安装在蓄电池正极接线柱上。易熔线，如图 1-3 所示。

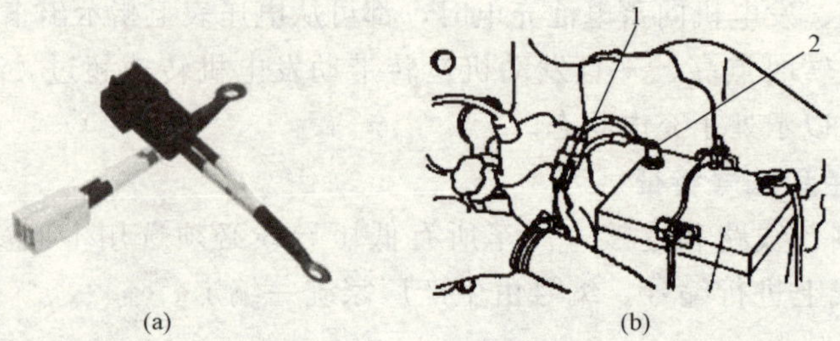

图 1-3　易熔线

（a）实物；（b）安装位置

1—易熔线；2—蓄电池正极

易熔线在使用中应注意以下几点：

（1）绝对不允许换用比规定容量大的易熔线。

（2）易熔线熔断，可能是主要电路发生短路，因此需要仔细检查，彻底排除隐患。

（3）不能和其他导线绞合在一起。

3. 断路器

断路器在电路中用于防止有害的过载（额外的电流）。断路器是机械装置，它利用两种不同金属（双金属）的热效应断开电路。如果额外的电流经过双金属带，则双金属带弯曲，触点开路，阻止电流通过。当电路断路器冷却时，触点就再次闭合，电路导通。当无电流时，双金属带冷却而使电路重新闭合，电路断路器复位。断路器，如图 1-4 所示。

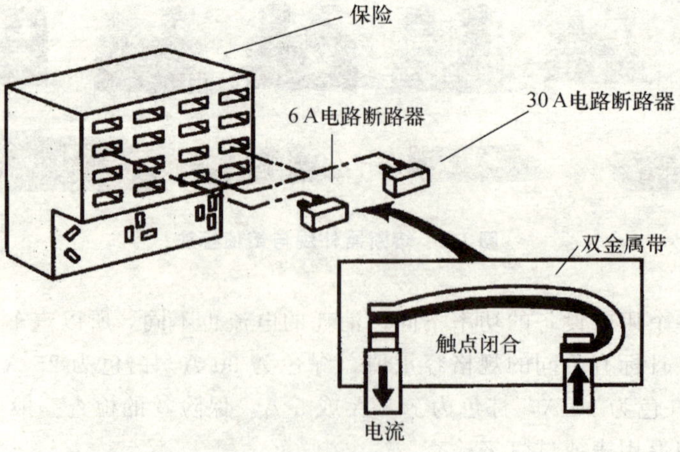

图 1-4　断路器

（二）继电器

一般情况下，汽车上使用的操纵开关的触点容量较小，不能直接控制工作电流较大的用电设备，常采用继电器来控制它的接通与断开。继电器可以实现自动接通或切断一对或多对触点，完成用小电流控制大电流，可以减小控制开关的电流负荷，保护电路中的控制开关。如进气预热继电器、空调继电器、喇叭继电器、雾灯继电器、中间继电器等。继电器，如图 1-5所示。

图 1-5 继电器

汽车上的继电器有很多，常见的有三类：常开继电器、常闭继电器和混合型继电器。继电器的每个插脚都有标号，与中央接线盒正面板的继电器插座的插孔标号相对应。继电器常见类型，见表 1-1。

表 1-1 继电器常见类型

型号	外形	电路	引线标号	颜色
1T	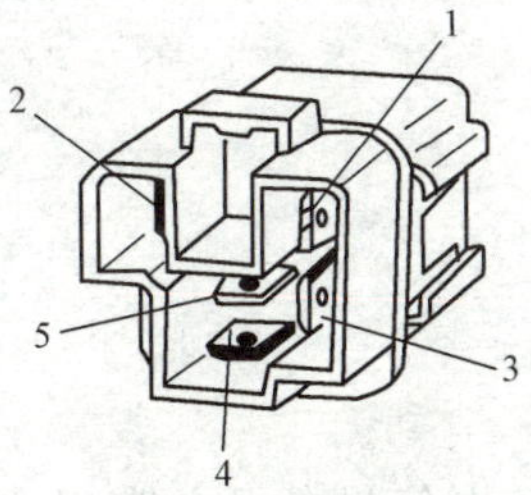	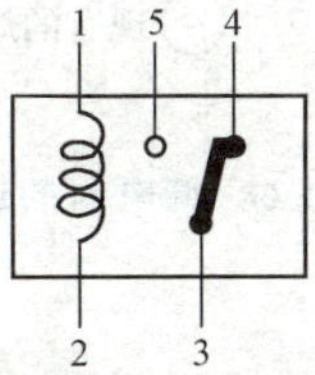		黑
1M	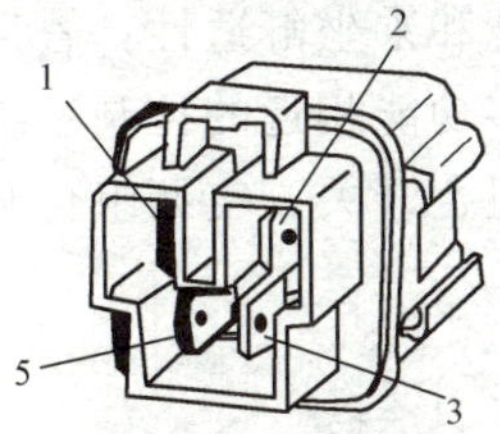	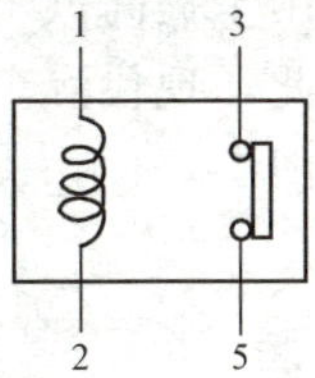	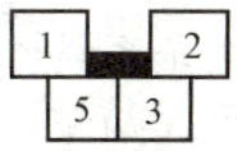	蓝
2M	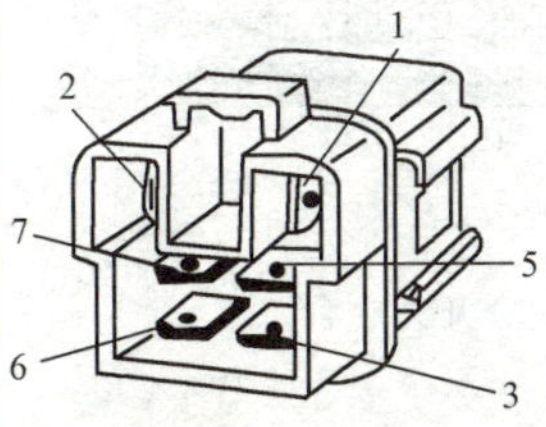	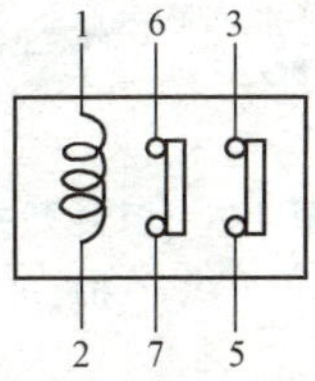	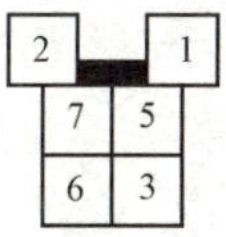	棕

续表

型号	外　形	电　路	引线标号	颜色
1M. 1B	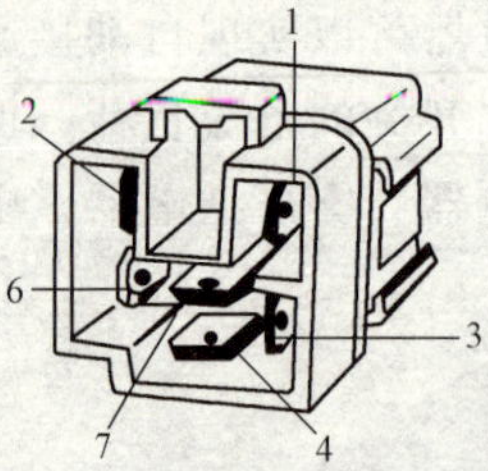	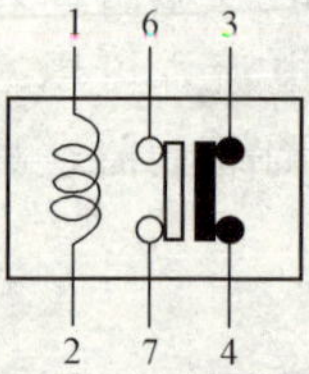	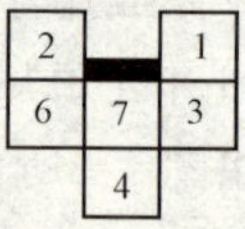	灰

注：要想在原车上安装额外的电子附件，简单地接入已有的电路中可能会使保险装置或配线过载。采用继电器扩展可有效解决这一问题，继电器的运用，如图 1-6 所示。

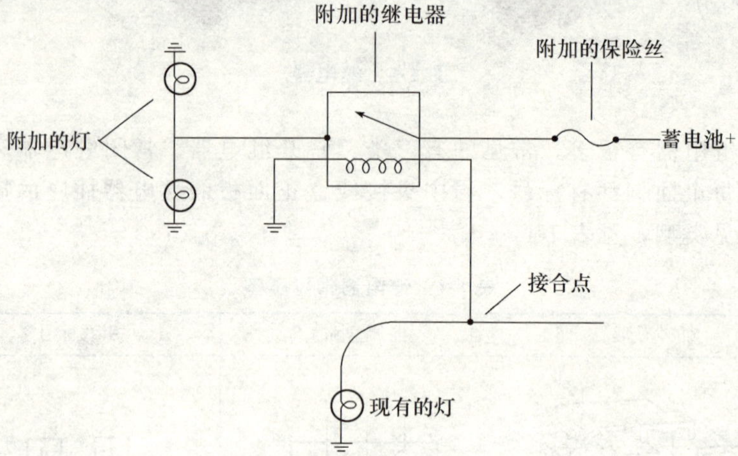

图 1-6　继电器的运用

（三）开关

汽车上各种电气控制系统的工作均受控于开关，汽车电气设备开关有组合开关和单体开关，现代汽车多采用组合开关，用于提高汽车的性能和乘坐舒适性；若采用较多的单体开关，汽车内部布置会很乱，因此，现代汽车将很多功能相近的控制系统的开关组合在一起，如灯光系统组合开关［见图 1-7（a）］、音响组合开关、空调组合开关、司机位门组合开关［见图 1-7（b）］等。

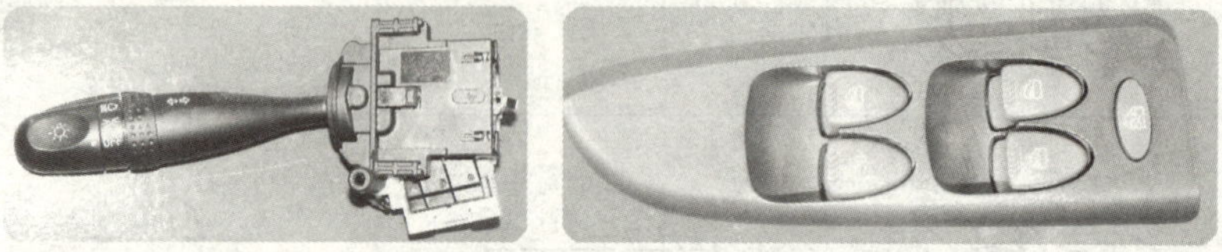

(a)　　(b)

图 1-7　组合开关

（a）灯光系统组合开关；（b）司机位门组合开关

开关在电路图中的表示方法有结构图表示法、表格表示法和图形符号表示法等。以点火开关为例介绍电路中开关的表示方法。开关的表示方法，如图 1-8 所示。点火开关的功能主要有锁住转向盘转轴（LOCK 挡）、接通仪表指示灯（ON 或 IG 挡）、起动发动机（ST 或 START 挡）、给附件供电（ACC 挡，主要是收放机、点烟器）及发动机预热（HEAT 挡）。其中，在起动挡、预热挡工作时消耗电流很大，开关不宜接通过久，所以这两个挡位在操作时必须用手克服弹簧力，扳住钥匙，一松手就弹回点火挡，不能自行定位，其他各挡位均可自行定位。

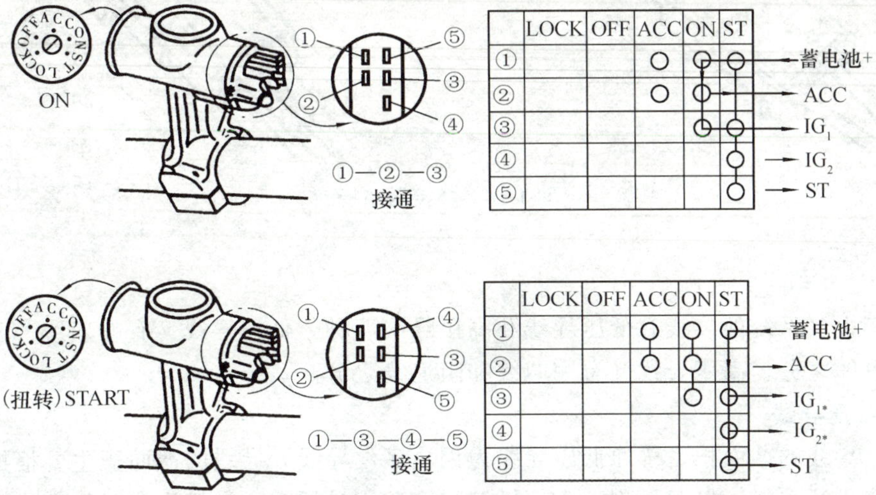

图 1-8　开关的表示方法

（四）插接器

插接器就是通常所说的插头与插座，用于线束与线束或导线与导线间的相互连接。为了防止插接器在汽车行驶中脱开，所有的插接器均采用了闭锁装置，几种常见插接器，如图 1-9 所示。

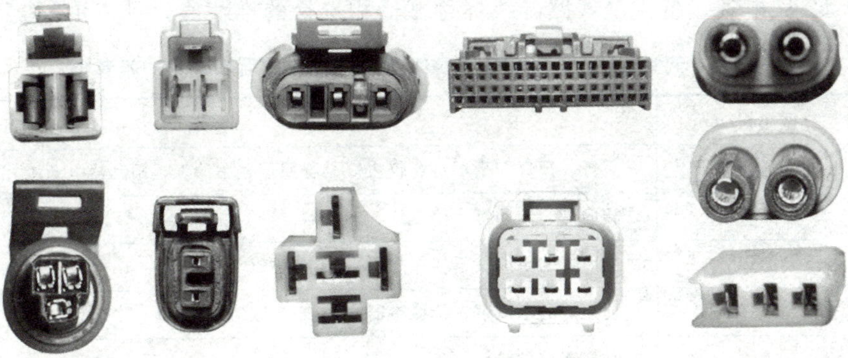

图 1-9　几种常见插接器

要拆开插接器时，首先要解除闭锁，然后把插接器拉开，不允许在未解除闭锁的情况下用力拉导线，这样会损坏闭锁装置或导线。有些插接器用钢丝扣锁止，取下钢丝扣后才能将插接器拔开。在插接器端子有接触不良或断线故障时，可将插接器分解，用小“一”字形螺丝刀或专用工具从壳体中取出导线及端子来进行修理或更换，插接器的拆卸，如图 1-10 所示。

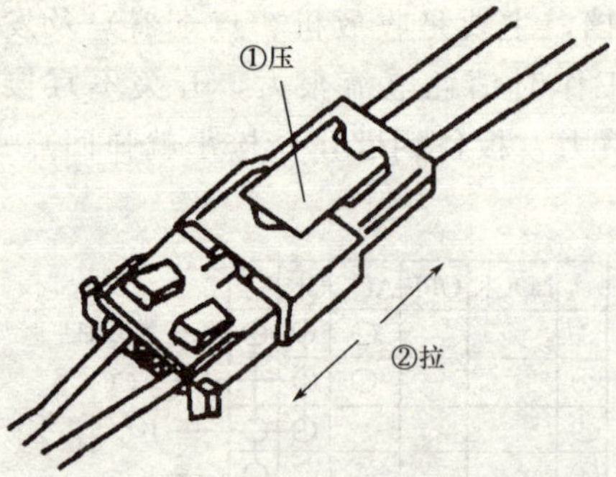

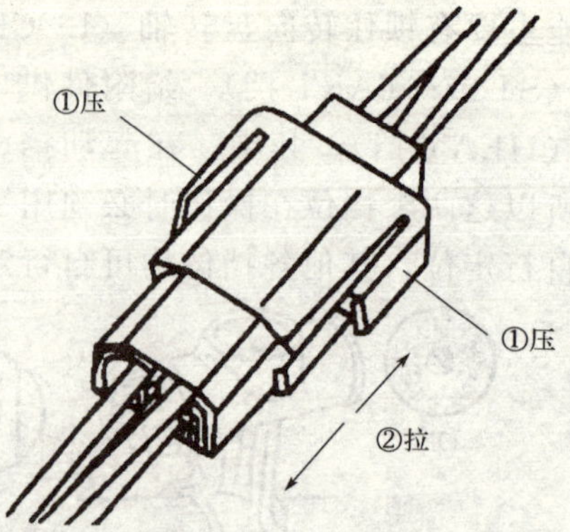

图 1-10　插接器的拆卸

（五）导线

汽车电气系统的导线有低压导线和高压导线两种。低压导线又有普通线、起动电缆和控制电缆之分，高压导线又有铜芯线和阻尼线之分。

1. 低压导线

（1）导线的截面积。普通低压导线为铜质多丝导线，导线的截面积主要根据用电设备的电流进行选择。但截面积太小，机械强度差，易折断。一般汽车电气设备导线截面积不小于0.5 mm^2。低压导线标称截面积允许的负载电流，见表 1-2。

表 1-2　低压导线标称截面积允许的负载电流

导线标称截面积/mm^2	1.0	1.5	2.5	3.0	4.0	6.0	10	13
允许电流/A	11	14	20	22	25	35	50	60

汽车 12 V 电气设备主要线路导线标称截面积选择的推荐值，见表 1-3。

表 1-3　汽车 12 V 电气设备主要线路导线标称截面积选择的推荐值

汽车类型	截面积/mm^2	用　途
轿车 货车 挂车	0.5	后灯、顶灯、指示灯、仪表灯、牌照灯、燃油表、雨刮器电动机
	0.8	转向灯、制动灯、停车灯、分电器
	1.0	前照灯的单线（不接保险器）、电喇叭（3 A 以下）
	1.5	前照灯的电线束（接保险器）、电喇叭（3 A 以上）
	1.5～4	其他连接导线
	4～6	电热塞
	4～25	电源线
	16～95	起动机电缆

（2）导线的颜色。为便于安装和检修，汽车采用双色导线，且标注时主色在前，辅色在后。以双色为基础选用时，各用电系统的电源线为单色，其余为双色，双色线的主色。汽车电器各系统导线颜色代号，见表 1-4。

表 1-4 汽车电气各系统导线颜色代号

系统名称	电线主色	代号	系统名称	电线主色	代号
电气装置接地线	黑	B	仪表、报警指示和喇叭系统	棕	Br
点火起动系统	白	W	前照灯、雾灯等外部照明系统	蓝	Bl
电源系统	红	R	各种辅助电气及操纵系统	灰	Gr
灯光信号系统	绿	G	收放音机、点烟器等系统	紫	V
车身内部照明系统	黄	Y			

（3）线束。为使全车线路规整、安装方便及保护导线的绝缘，汽车上的全车线路除高压线、蓄电池电缆和起动机电缆外，一般将同区域的不同规格的导线用棉纱或薄聚氯乙烯带缠绕包扎成束，即线束。汽车线束，如图 1-11 所示。

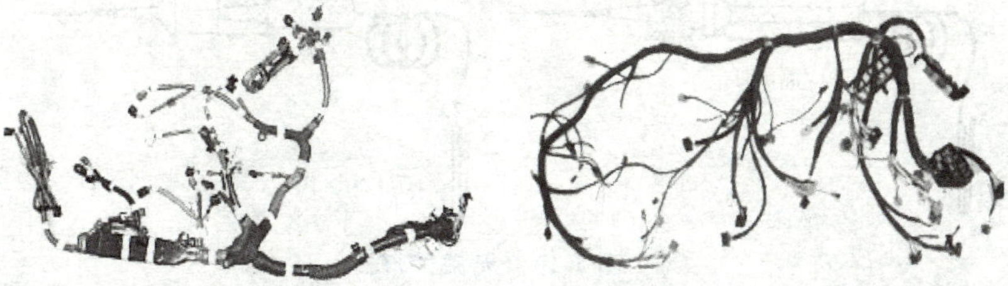

图 1-11 汽车线束

线束安装与检修的注意事项：

①线束应用卡簧或绊钉固定，以免松动磨坏。

②线束不可拉得过紧，尤其在拐弯处，在绕过锐角或穿过金属孔时，应用橡皮或套管保护，否则容易磨坏线束而发生短路、搭铁，以致烧毁全车线束。

③连接电气设备时，应根据插接器的规格及导线或插接头的颜色，分别接于电气设备上并插接到位。难以辨别时，一般可用试灯区分，而不要用刮火法。

2. 高压导线

高压导线使用于汽车点火线圈至火花塞之间的电路，高压导线分为普通铜芯高压导线和高压阻尼点火导线，带阻尼的高压导线可抑制和衰减点火系统产生的高频电磁波，降低对电控装置和无线设备的干扰。高压导线，如图 1-12 所示。

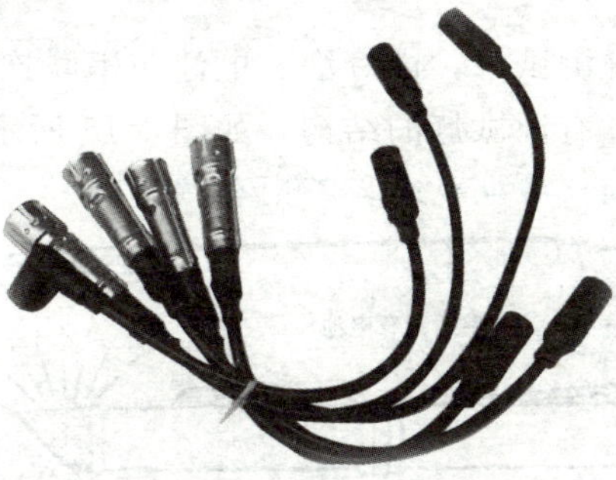

图 1-12 高压导线

三、汽车电气设备检测常用的工具和仪器

（一）测试灯（试灯）

汽车电路的检测试灯有无源试灯和有源试灯两种。

1. 无源试灯

无源试灯由 12 V 灯泡和导线组成，用于线路短路、断路、通路的检测。无源试灯，如图 1-13 所示。当试灯一端搭铁，另一端接触到带电的导体时，灯泡就会点亮（见图 1-14）。它不能像电压表那样显示出被检电路点的电压，只能显示是否有电压。

注：不提倡用无源试灯检测电控单元（ECU）及其电路，否则容易烧坏其内部控制电路。

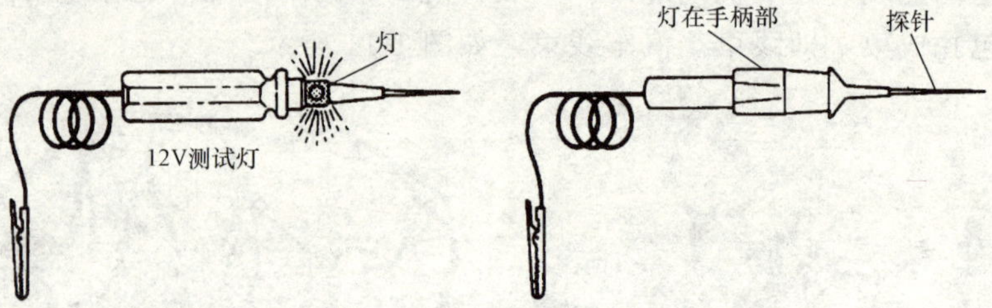

图 1-13　无源试灯

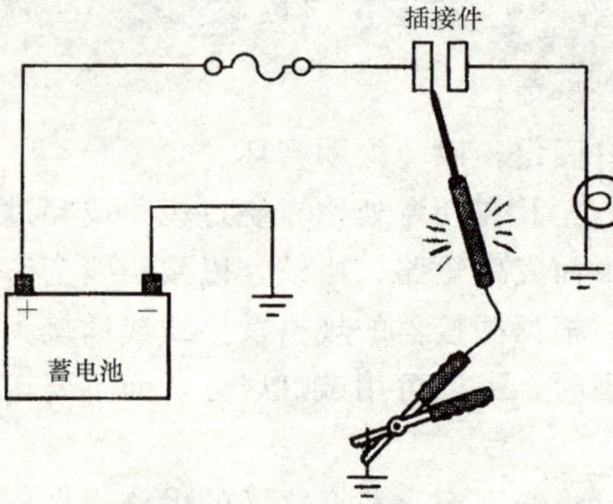

图 1-14　无源试灯的使用

2. 有源试灯

有源试灯也叫自备电源测试灯，由灯泡、电池与串联连接的导线组成，可用于测试线路的导通性或接地情况，有源试灯的结构，如图 1-15 所示。

注：不能用有源试灯测试带电电路，否则会损坏试灯。

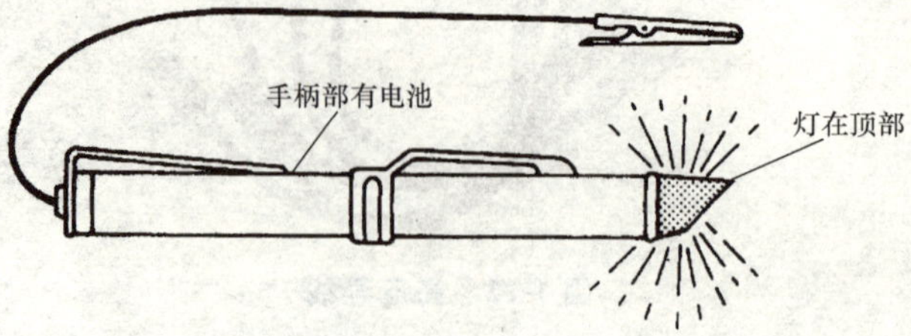

图 1-15　有源试灯

（二）跨接线

跨接线有时可作为故障诊断的辅助工具。跨接线，如图 1-16 所示；可用于跨过某段被怀疑已断开的导线，而直接向某一部件提供电的通路；也可用于不依赖于电路中的开关或导线而向电路中加上电池电压。跨接线的使用，如图 1-17 所示。它可配上与通导性测试笔相同的探针和夹子，也可设计为各种特殊形式。切勿将跨接线直接跨接在蓄电池的两端或蓄电池正极和搭铁之间。

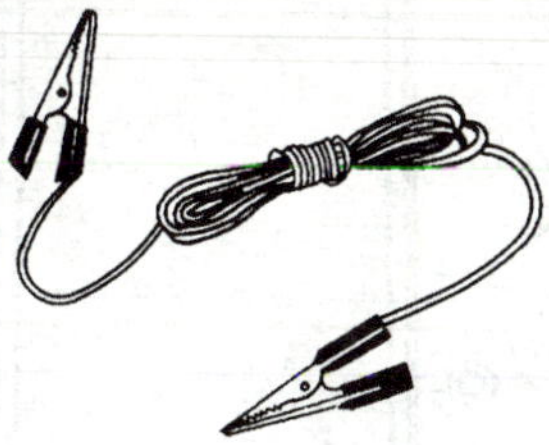

图 1-16　跨接线

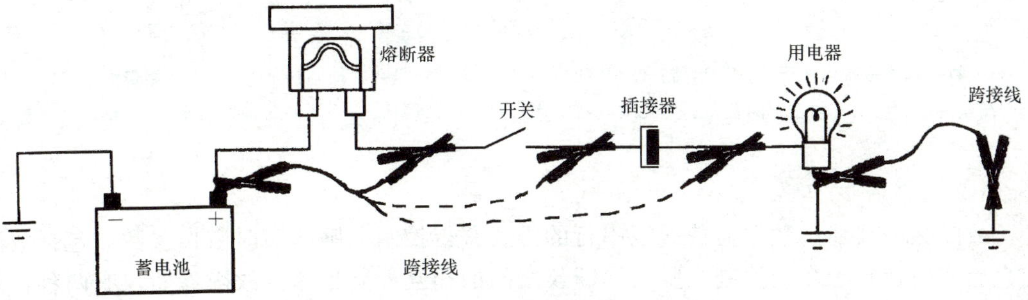

图 1-17　跨接线的使用

（三）万用表

万用表有指针式和数字式两种，数字式万用表具有测试精确的电子电路，准确度远远超过指针式万用表，普遍用于汽车电气诊断与检测。

1. 指针式万用表

指针式万用表利用一个在所测数值相关刻度上摆动的弹簧指针来显示所测数据。测量数据实际上是与电表内的已知数据相对照，并反映在表盘上。使用者要按所设定的量程，判定并读出仪表上的示值。指针式万用表，如图 1-18 所示。指针式万用表可用于测量电压、电阻和电流。

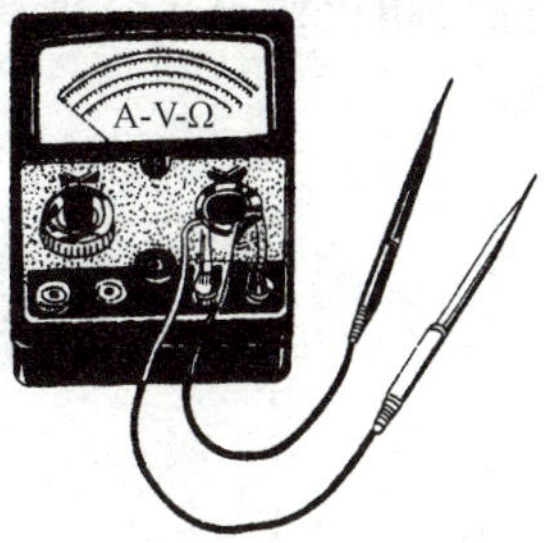

图 1-18　指针式万用表

2. 数字式万用表

不同的汽车万用表功能及结构不尽相同，但基本都是由数字及模拟量显示屏、功能按钮、测试项目选择开关、温度测量插孔、公用插孔（用于测量电压、电阻、频率、闭合角、频宽比和转速等）、搭铁插孔、电流测量插孔、测试探针（或大电流钳）等全部或部分构成。数字式万用表可测试直流电压、交流电压、喷油脉冲、二极管、电阻、电流、频率、转速、闭合角、百分比表、故障码等。数字式万用表，如图 1-19 所示。

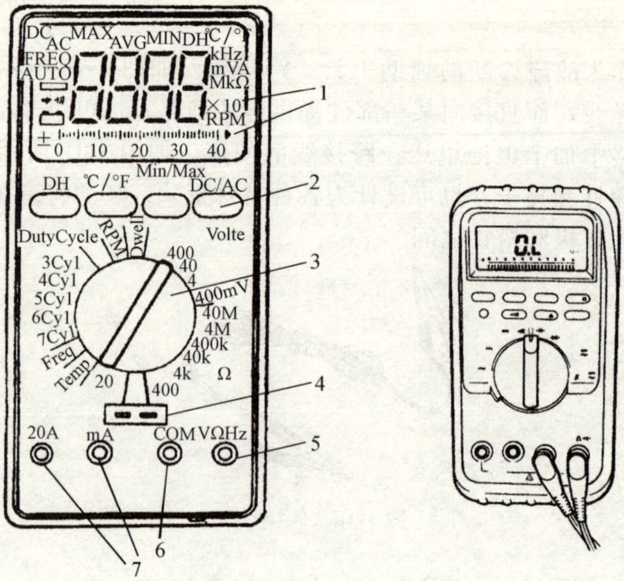

图 1-19 数字式万用表

1—数字及模拟量（棒形图）显示器；2—功能按钮；3—测试项目（功能）选择开关；4—测量温度插座；5—测量电压、电阻、频率、闭合角、频宽比（占空比）及转速公用插座；6—公共接地插座；7—测量电流插座

（四）故障诊断仪

故障诊断仪通过数据通信线以串行的方式获得控制电脑的实时数据参数，包括故障信息、实时运行参数、控制电脑与诊断仪之间的相互控制指令。故障诊断仪有两种：通用诊断仪和专用诊断仪。

1. 通用诊断仪

通用诊断仪的主要功能有：控制电脑版本的识别、故障码的读取和清除、动态数据参数显示、传感器和部分执行器的功能测试与调整、某些特殊参数的设定、维修资料及故障诊断提示、路试记录等。通用诊断仪可测试的车型较多，使用范围较宽，但它与专用诊断仪相比，无法完成某些特殊功能。通用诊断仪，如图 1-20 所示。

(a) (b)

图 1-20 通用诊断仪

(a) 车博仕 V-30；(b) 金德 KT600

2. 专用诊断仪

专用诊断仪除具有通用诊断仪的功能之外，还能完成某些特殊功能，诊断的内容更深、更完善。专用诊断仪，如图 1-21 所示。

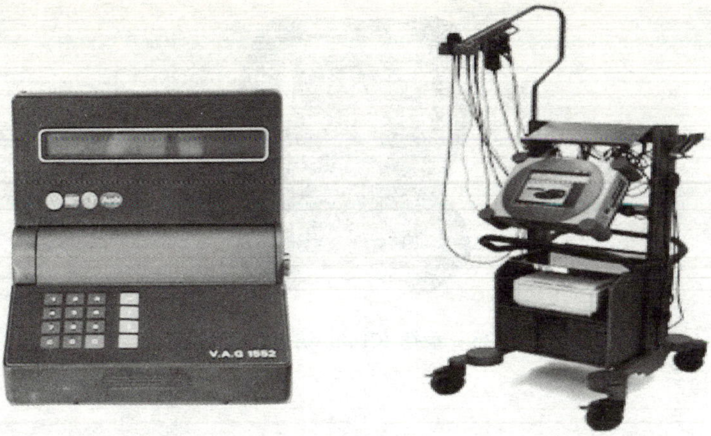

(a) (b)

图 1-21 专用诊断仪

（a）大众 VAG1552 诊断仪；（b）大众 VAG5051 诊断仪

（五）示波器

常见的汽车专用示波器按功能一般可分为专用型示波器和综合型示波器两种。

1. 专用型示波器

这类示波器专用性比较强，可以精确地显示各种变化的波形，如点火初级次级波形、各种传感器的输入输出电压波形、各种执行器的电流或电压波形、脉冲宽度和占空比等；其缺点是功能比较单一。金奔腾 Diag Tech-Ⅰ汽车专用示波器，如图 1-22 所示。

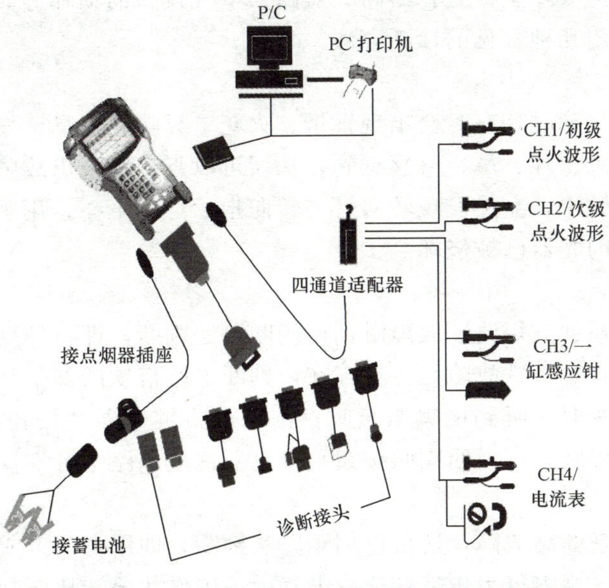

图 1-22 金奔腾 Diag Tech-Ⅰ汽车专用示波器

2. 综合型示波器

综合型示波器除了具有专用型示波器的一般功能外，通常还具有读取与消除故障码功能和动态数据分析功能等，部分综合型示波器还具有发动机动力性能测试功能等；其缺点是系统稳定性及精度略低。金德 KT600 综合型示波器，如图 1-23 所示。

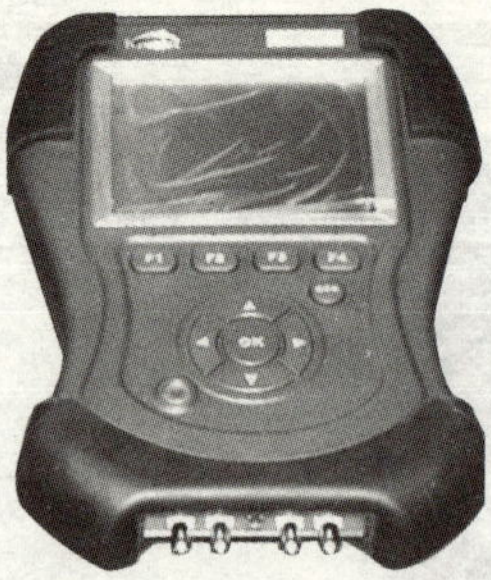

图 1-23　金德 KT600 综合型示波器

注：

①测试点火高压线时，必须使用专用探头，不能将示波器探头直接接入点火次级电路。

②使用汽车专用示波器时，注意远离热源，如排气管、催化器等，温度过高会损坏仪器。

③汽车示波器在测试时，要注意尽量离开风扇叶片、皮带等转动部件。

④测试时确认发动机盖支撑良好，防止发动机盖自动下降时伤及头部或示波器。

⑤路试时，不要将汽车专用示波器放在仪表台上方，最好是拿在手中测试。

四、汽车电路故障常用诊断方法

汽车电路发生的故障主要有：断路、短路、电气设备的损坏等。为了能迅速准确地诊断故障，下面介绍几种常见的诊断方法。

1. 直观诊断法

汽车电路发生故障时，有时会出现冒烟、火花、异响、焦臭、发热等异常现象。这些现象可通过人的眼、耳、鼻、身感觉到，从而可以直接判断出故障所在部位。

例如：汽车行驶中，突然发现转向灯与转向指示灯均不亮，用手一摸，发现闪光器发热烫手，这说明闪光器已被烧坏。

2. 断路法

汽车电路发生搭铁（短路）故障时，可用断路法判断，即将怀疑有搭铁故障的电路断路后根据电气设备中搭铁故障是否还存在，判断电路搭铁的部位和原因。

例如：汽车行驶时，听到电喇叭长鸣，则可以将继电器“按钮”接柱上的导线拆开。此时如果喇叭停鸣，则说明喇叭按钮至继电器这段电路中有搭铁现象。

3. 短路法

汽车电路中出现断路故障，还可以用短路法判断，即用螺丝刀或导线将被怀疑有断路故障的电路短接，观察仪表指针变化或电气设备工作状况，从而判断出该电路中是否存在断路故障。

例如：怀疑汽车电路中的各种开关有故障，可用导线将开关短接来判断开关是好是坏。

4. 试灯法

试灯法是利用试灯对线路故障进行诊断的一种方法，其优点是可迅速地判断出电路中的短路、断路故障。

5. 仪表法

观察汽车组合仪表中的水温表、燃油表、机油压力表、电压表等的指示情况来判断电路中有无故障。

例如：发动机冷态，接通点火开关时，水温表指示满刻度位置不动，说明水温表传感器有故障或该线路有搭铁。

6. 零件替换法

零件替换法在实际故障诊断中经常采用，使用一个无故障的元件替换怀疑可能出现故障的元件，观察出现故障系统的工作情况，从而判断故障所在。采用换件法必须注意的是，在换件前要对其线路进行必要的检查，确保线路正常方可使用，否则会造成更大的损失。

7. 仪器法

随着汽车电气设备的日趋复杂，在维修中，特别是维修装置电子设备较多的车辆，使用一些专用的仪器是十分必要的。

实施与考核

一、实训内容

1. 实训准备

（1）准备好汽车电气设备常用检测工具、实训车辆。

（2）强调实训中的安全注意事项。

2. 实训流程

（1）电气部件的认知。

（2）电路的制作及检测。

（3）使用试灯检测电路断路故障。

（4）用万用表检测电气元件故障。

3. 实训记录

组织学生完成实训记录单。

4. 教师总结及反馈

（1）总结本次的实训要点内容。

（2）解答学生实训中存在的问题。

（3）对学生解决实际问题能力的考核做出点评，给出本次实训成绩。

二、任务实施与考核

（1）教师组织学生分组分工。在充分掌握上述知识与技能的前提下，各组按要求完成任务工作单（表 1-5）。

（2）教师根据完成的情况完成教师考核记录（表 1-6）。

表 1-5 任务工作单

实训项目：汽车电气系统认知及电路检测工具的使用

<table>
<tr><td>班级学号</td><td></td><td>姓　名</td><td></td></tr>
<tr><td>实训车型</td><td></td><td>VIN 码</td><td></td></tr>
<tr><td colspan="4">1. 在整车上认知识别汽车电气设备的组成部分（每个人至少写出 5 个）并记录。
①________　②________　③________
④________　⑤________　⑥________
2. 用灯泡、导线、保险丝、继电器、小开关、点火开关、蓄电池制作一个简易的灯泡控制电路并画出电路简图。
3. 描述用试灯查找电路短路故障点的过程。
4. 描述用万用表检测继电器好坏的过程。
5. 自我评价（个人技能掌握程度）：□非常熟练　□比较熟练　□一般熟练　□不熟练</td></tr>
<tr><td colspan="4">教师评语：

实训记录成绩________　教师签字：________　____年____月____日</td></tr>
</table>

表 1-6 教师考核记录

实训项目：汽车电气系统认知及电路检测工具的使用

<table>
<tr><td>班级学号</td><td></td><td>姓　名</td><td colspan="2"></td></tr>
<tr><td>项　目</td><td colspan="2">必要的记录</td><td>分值</td><td>评分</td></tr>
<tr><td>课堂参与情况</td><td colspan="2"></td><td>40</td><td></td></tr>
<tr><td>语言表达情况</td><td colspan="2"></td><td>20</td><td></td></tr>
<tr><td>任务单填写情况</td><td colspan="2"></td><td>20</td><td></td></tr>
<tr><td>反馈建议情况</td><td colspan="2"></td><td>10</td><td></td></tr>
<tr><td>实训准备、清洁情况</td><td colspan="2"></td><td>10</td><td></td></tr>
<tr><td colspan="5">总分</td></tr>
<tr><td colspan="5">教师签字：
____年____月____日</td></tr>
</table>

任务二　汽车电路图识读

任务 目标

1. 了解汽车电路的种类及其特点。
2. 掌握电路原理图的识读方法。
3. 能识读汽车电路。
4. 能分析汽车系统电路。
5. 能诊断汽车电路故障。

任务 分析

汽车全车电路很复杂，为了能迅速解读全车电路，汽车维修人员一定要掌握全车电路的基本组成、汽车电路图的种类，掌握解读汽车电路图的基本方法，以便找出故障点。

基础知识

一、汽车电路图的种类与特点

（一）汽车电路图的种类

汽车电路图是将汽车各电气部件的图形符号通过导线连接在一起的关系图，可分为电路原理图、线路图、线束图。

1. 电路原理图

电路原理图简称电路图，是用简明的图形符号，按照电路原理将每个系统由上到下合理地连接起来，再将每个系统排列而成。电路图中有清晰的高电位和低电位之分，电流的方向基本都是由上而下，交叉电路很少，布局合理，图面简洁清晰，图形符号易读。

2. 线路图

线路图（也称布线图）就是按照电器在车上的大致位置进行布线，具有整车电器数量准确，导线走向清楚、有始有终，便于查找故障点位置的优点，但图中导线密集、纵横交错、不易读。

3. 线束图

线束图就是将有关电器的导线汇合在一起组成线束，便于维修人员检修和配线。

（二）电路原理图的特点

1. 对全车电路有完整的概念

电路原理图既是一幅完整的全车电路图，又是一幅互相联系的局部电路图，重点、难点突出，繁简适当。

2. 图上建立电位高低的概念

电路原理图的负极搭铁，电位低，用图中最下面一条导线表示；正极火线，电位最高，用最上面的一条导线表示。电流方向基本是从上到下，电流流向从电源正极→开关→用电器→搭铁→电源负极，节省了时间。

3. 尽可能减少导线的曲折与交叉

调整位置，合理布局，图面简洁清晰，图形符号照顾元件外形和内部结构，便于联想分析，易读、易画。

4. 电路系统的相互关联关系清楚

发电机与蓄电池之间，各电路系统之间连接点尽量保持原位，熔断器、开关、仪表的接法与原图吻合。其缺点是图形符号不规范，易各行其道，不利于交流。由于电路原理图描述的连接关系仅仅是功能关系，而不是实际的连接导线，因此电路原理图不能取代线路布置图。

（三）线束图的特点

对露在线束外面的线头与插接器详细编号，并用字母标定，配线记号的表示方法突出，便于配线，各接线端都用序号和颜色准确无误地标注出来。线路布置图不能详细描述线束内部的导线走向。

二、电路原理图的识读方法

由于各国汽车电路图的绘制方法、符号标识、文字标识、技术标准的不同，各汽车生产厂家的汽车电路图画法有很大差异，甚至同一国家不同公司汽车电路图的表示方法也存在较大的差异，这就给读图带来许多麻烦，因此，掌握汽车电路图识读的基本方法显得十分重要。

（一）对整车电路识图要点

1. 阅读图注

认真阅读图注，了解电路图的名称、技术规范，明确图形符号的含义，建立元器件和图形符号之间一一对应的关系，这样能快速准确地识图。

2. 掌握回路

在电学中，回路是一个最基本、最重要同时也是最简单的概念，任何一个完整的电路都由电源、用电器、开关、导线等组成。一个用电器要想正常工作，必须得到电能。对于直流电路而言，电流总是要从电源的正极出发，通过导线、熔断器、开关到达用电器，再经过导线（或搭铁）回到同一个电源的负极，在这一过程中，只要有一个环节出现错误，此电路就无法正常工作。

3. 熟悉开关

开关是控制电路通断的关键，电路中主要的开关往往汇集许多导线，如点火开关、车灯总开关等，读图时应注意与开关有关的 5 个问题：

（1）在开关的许多接线柱中，注意哪些是直通电源的，哪些是接用电器的，接线柱旁是否有接线符号，这些符号是否常见。

(2) 开关共有几个挡位，在每个挡位中，哪些接线柱通电，哪些接线柱断电。

(3) 蓄电池或发电机的电流是通过什么路径到达这个开关的，中间是否经过别的开关和继电器，这个开关是手动的还是电控的。

(4) 各个开关分别控制哪个用电器，被控的用电器的作用和功能是什么。

(5) 在被控的用电器中，哪些电路处于常通，哪些电路处于短暂接通，哪些应先接通，哪些应后接通，哪些用电器应单独工作，哪些用电器应同时工作。

4. 了解继电器

现代汽车电路中经常采用各种继电器对一些复杂电路进行控制。可以把含有线圈和触点的继电器，看成是由线圈工作的控制电路和触点工作的主电路两部分。主电路中的触点只有在线圈电路中有工作电流流过后才能动作。电路图中的继电器线圈处于失电状态。了解继电器的工作状态，特别是一些电子继电器的工作状态，对分析电路会大有帮助。

5. 解剖典型电路

解剖典型电路可达到触类旁通，因为许多车型的局部电路都是相同或相近的，因此，剖析典型电路，掌握其共同特点和原则，就能了解许多其他车型的电路。

（二）识图的注意事项

1. 识读电源系统电路

识读电源系统电路应从电源开始，先找到蓄电池、发电机及电压调节器。发电机励磁电路是受点火开关控制的。

2. 识读起动电路

识读起动电路必须先找到点火开关、起动继电器及电源开关的控制电路。

3. 识读点火电路

识读点火电路先找点火控制器（或分电器）、点火线圈、火花塞及点火开关。

4. 识读照明电路

识读照明电路先找车灯控制开关、变光器、前照灯、示廓灯及各种照明灯。照明电路的一般接线规律是：示廓灯与前照灯在开关工作时点亮；前照灯的远光与近光能否同时点亮要看具体车型；照明灯、尾灯、牌照灯等只有在开关工作时才亮。

5. 识读仪表电路

识读仪表电路先找组合仪表、点火开关、仪表传感器与仪表电源稳压器。仪表电路都受点火开关控制，电热式或电磁式仪表表头与传感器并联。有些汽车仪表和指示灯同时显示一种参数。如充电、油压、油量与冷却液温度等，它们的指示灯是闪烁的，由一个多谐振荡器控制，同时还有蜂鸣器报警。

6. 识读信号控制电路

识读信号控制电路由于信号装置属于随时使用的短暂工作设备，应注意它一般是接在经常有电的导线上，且仅受一个开关控制，以免影响信号的发出。

7. 识读辅助装置控制电路

识读辅助装置控制电路应首先熟悉辅助装置的图形符号、有关控制开关及其功能，而后按照从电源熔断器控制开关到用电设备的顺序进行。

三、汽车典型电路分析

(一) 大众汽车电路图的特点

1. 电路纵向排列、垂直布置

电源线为上“+”下“−”，从左到右同一系统的电路归纳到一起，按电源电路、起动电路、点火电路、仪表电路、灯光照明电路、信号与报警装置电路、刮水和清洗装置电路、电动后视镜电路、电动车窗电路、中控门锁电路、空调电路、喇叭电路的顺序排列。

2. 断线代号法解决交叉问题

一些比较复杂的电气设备（如前照灯）工作时要涉及点火开关、灯光开关和变光开关等配电设备，而这 3 个开关不在同一条直线上，如按传统画法，要画一些横线把它们连接起来，使图面上出现较多的横线，增加读图的难度，所以在电路图中，采用“断线代号法”解决这个问题，即用导线连接端方框内的数字表明电路中与其连接导线的电路编号，如 98 表示与电路编号 98 处的导线连接。

3. 全车电路图分为三部分

最上面部分表示中央继电器盒电路，其中标明了熔断器的位置、容量和继电器位置编号及插脚号等，中间部分是车上的电气元件及连接导线，最下面的横线是搭铁线。

4. 电路电源正极分为三路

整车电气系统正极电源分为三路（30、15、X），30 号线与蓄电池相连，称为常火线。在发动机停转时，需要工作的用电设备与 30 号线连接。15 号线在点火开关位“ON”和“ST”位置时与蓄电池相连，称为点火开关控制点火线，主要为点火开关控制的小功率用电设备供电。X 线为卸荷线，在点火开关位于“ON”位置时，通过中间继电器控制；点火开关置于“ST”位置时，中间继电器不工作，大功率的用电设备（如雾灯、雨刮等）与 X 线连接；起动发动机时，如果忘记关掉这些大功率的用电设备，它们会自动断电，以保证发动机顺利起动。

5. 整个电路以继电器盒为中心

汽车电气线路以中央线路板为中心进行控制，大部分熔断器和继电器安装在中央线路板的正面，插接器和插座安装在线路板的背面，英文字母为插座的位置代号，阿拉伯数字为线束插头的端子代号。根据电路图上导线与中央线路板下框线交点处的代号就能找到该导线在哪个线束中，接在第几个插孔上。

(二) 大众汽车电路图识读方法

桑塔纳轿车电路图，如图 1-24 所示。

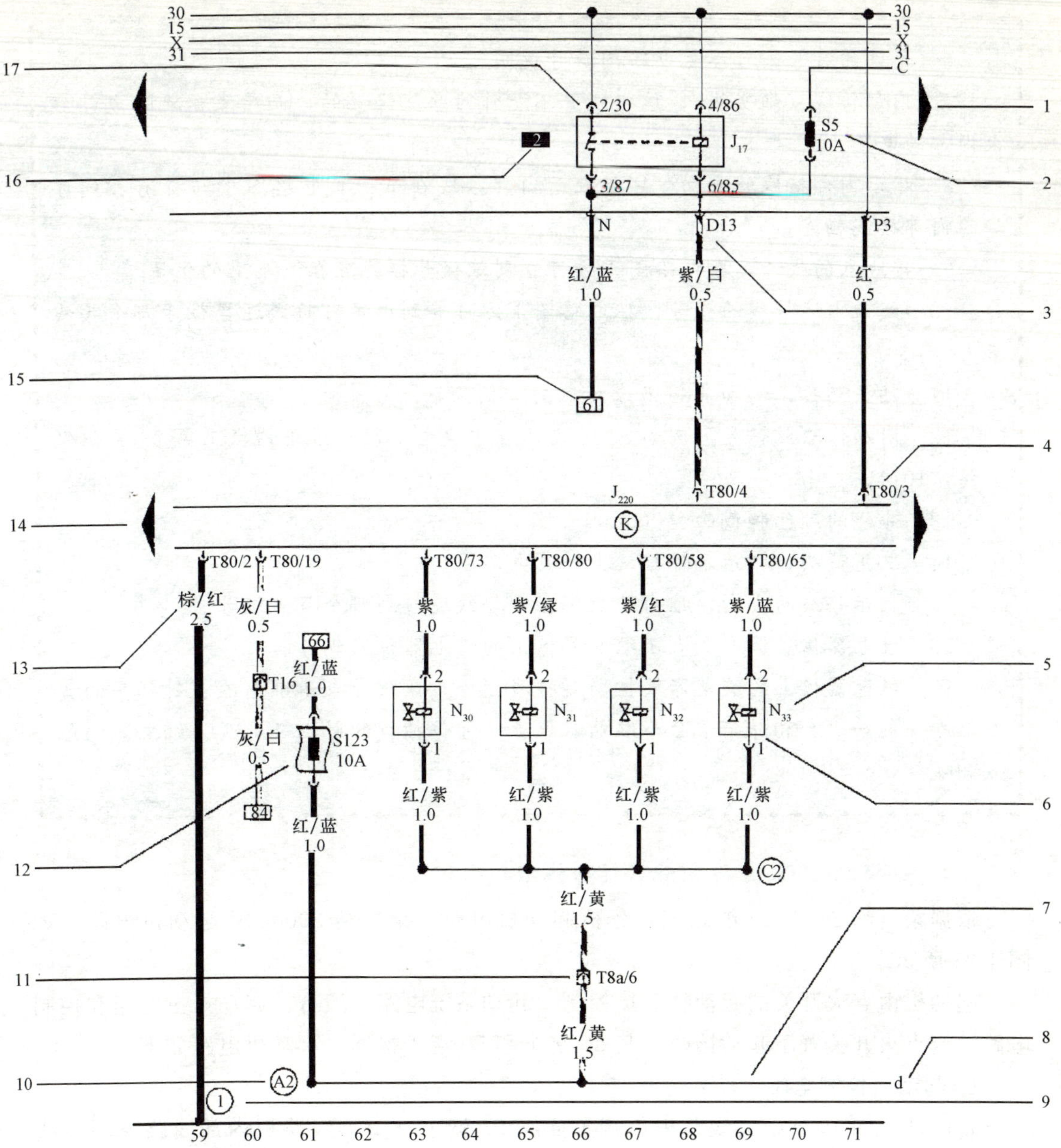

图 1-24 桑塔纳轿车电路图

电路原理图说明如下：

1—三角箭头，表示下接下一页电路图。

2—保险丝代号，图中 S5 表示该保险丝位于保险丝座第 5 号位，10 A。

3—继电器板上插头连接代号，表示多针或单针插头连接和导线的位置，例如 D13 表示多针插头连接，D 位置触点 13。

4—接线端子代号，表示电气元件上接线端子数/多针插头连接触点号码。

5—元件代号，在电路图下方可以查到元件的名称。

6—元件的符号，可参见电路图符号说明。

7—内部接线（细实线），该接线并不是作为导线设置的，而是表示元件或导线束内部的电路。

8—指示内部接线的去向，字母表示内部接线在下一页电路图中与标有相同字母的内部接线相连。

9—接地点的代号，在电路图下方可查到该代号接地点在汽车上的位置。

10—线束内连接线的代号，在电路图下方可查到该不可拆式连接位于哪个导线束内。

11—插头连接，例如 T8a/6 表示 8 针 a 插头触点 6。

12—附加保险丝符号，例如 S123 表示在中央电器附加继电器板上第 23 号位保险丝，10 A。

13—导线的颜色和截面积（m^2）。

14—三角箭头，指示元件接续上一页电路图。

15—指示导线的去向，框内的数字指示导线连接到哪个节点编号。

16—继电器位置编号，表示继电器板上的继电器位置编号。

17—继电器板上的继电器或控制器接线代号，该代号表示继电器多针插头的各个触点。例如，2/30 表示：2 为继电器板上 2 号位插口的触点 2，30 为继电器的触点 30。

（三）桑塔纳 2000 电路分析（起动线路）

依据桑塔纳 2000GSI 电路图，分析起动机电路。桑塔纳 2000GSI 起动机电路，如图 1-25 所示。

起动机由点火开关的起动挡直接控制。起动系统电路一般有：起动机主电路和控制电路。当点火开关置于起动挡时，其 30 端子和 50 端子接通。起动机电路如下：

1. 起动机控制电路

蓄电池 A 正极→中央线路板单端子插座 P6 端子→中央线路板内部线路→中央线路板单端子插座 P2 端子→点火开关 30 端子→点火开关 50 端子→中央线路板 B8 端子→中央线路板内部线路→中央线路板 C18 端子→起动机 50 端子→进入电磁开关→搭铁⑨→蓄电池 A 负极。

2. 起动机主电路

蓄电池 A 正极→起动机 30 接线柱→起动机电枢绕组→搭铁⑨→蓄电池 A 负极。

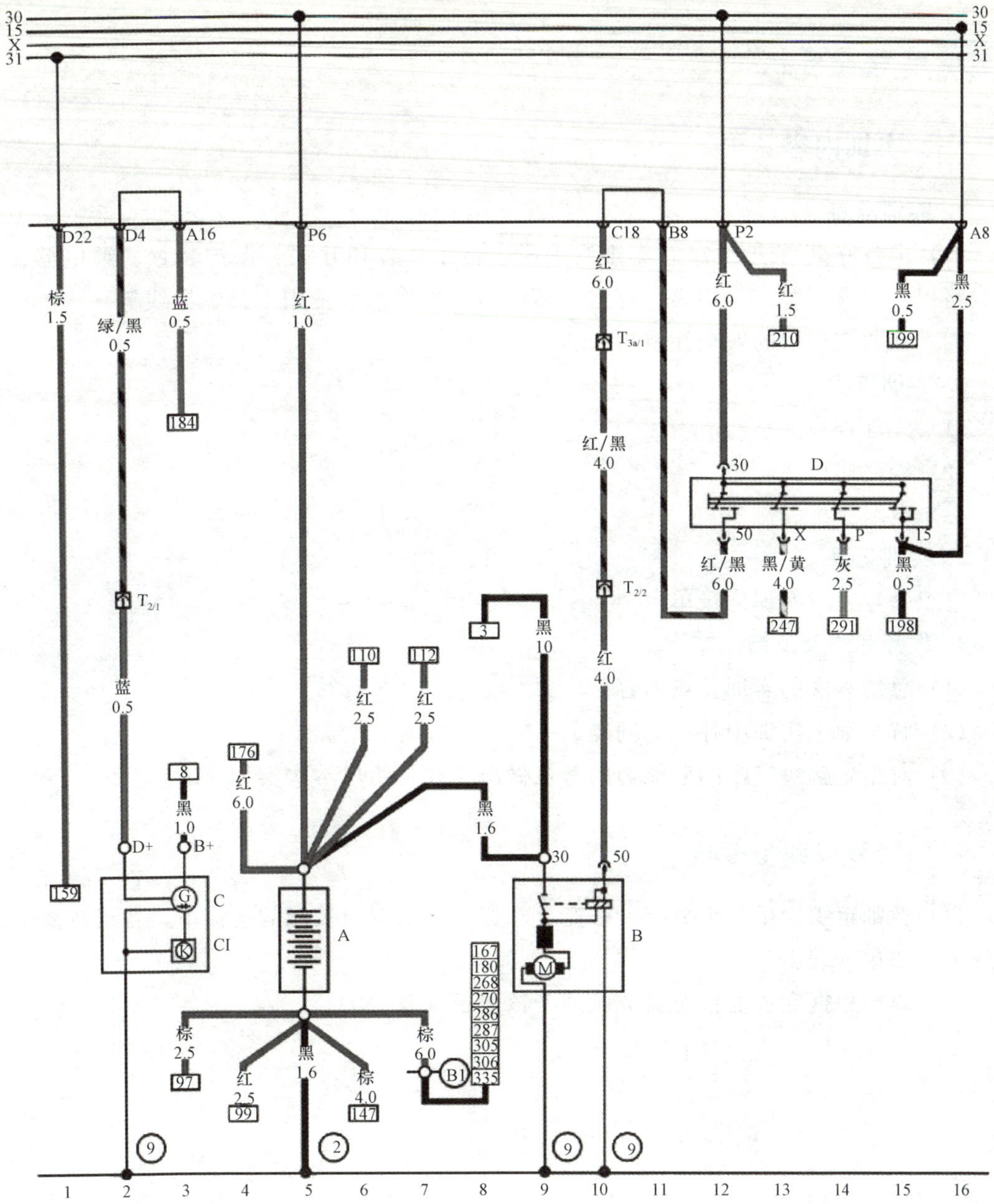

A——蓄电池

B——起动机

C——交流发电机

C1——调压器

D——点火开关

T2——发动机线束与发电机线束插头连接，2针。在发动机舱中间支架上

T3a——发动机线束与前大灯线束插头连接，3针。在中央电器后面

(2)——接地点，在蓄电池支架上

(9)——自身接地

(B1)——接地连接线，在前大灯线束内

图 1-25 桑塔纳 2000GSI 起动机电路

实施与考核

一、实训内容

1. 实训准备

（1）准备好桑塔纳2000轿车维修手册，整车、各种开关、保护装置、继电器、中央线路板、点火开关、万用表、灯泡、蓄电池、电烙铁、常用工具、导线等。

（2）强调实训中的安全注意事项。

2. 实训流程

（1）元件查找。

（2）线路连接。

（3）电路分析。

3. 实训记录

组织学生完成实训记录单。

4. 教师总结及反馈

（1）总结本次的实训要点内容。

（2）解答学生实训中存在的问题。

（3）对学生解决实际问题能力的考核做出点评，给出本次实训成绩。

二、任务实施与考核

（1）教师组织学生分组分工。在充分掌握上述知识与技能的前提下，各组按要求完成任务工作单（表1-7）。

（2）教师根据完成的情况完成教师考核记录（表1-8）。

表 1-7 任务工作单

实训项目：桑塔纳 2000 轿车电路图识读

班级学号		姓　名	
实训车型		VIN 码	

1. 在整车上找出桑塔纳 2000 轿车的中央线路板并记录其正面继电器名称。

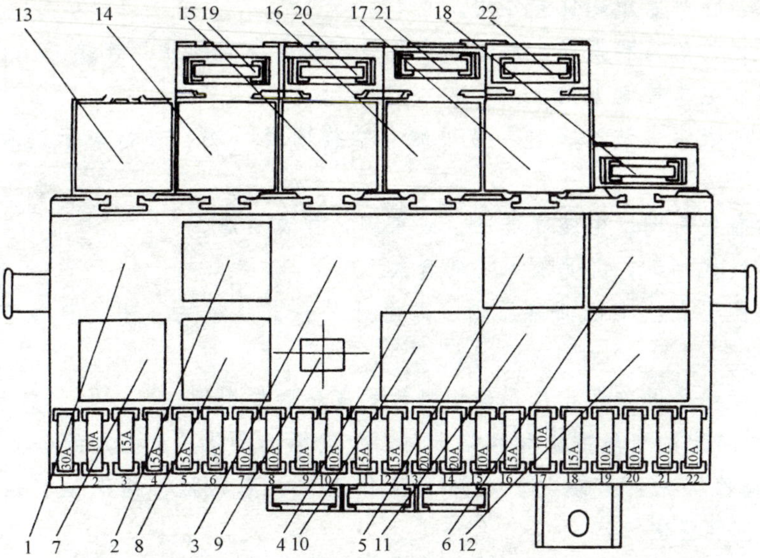

2. 线路连接。依据桑塔纳 2000 电路图，用元器件连接起动控制线路并画出简图。（起动机用灯泡代替）

3. 电路分析。依据桑塔纳 2000 电路图，分析充电线路并画出简图。

4. 自我评价（个人技能掌握程度）：□非常熟练　□比较熟练　□一般熟练　□不熟练

教师评语：

实训记录成绩＿＿＿＿＿＿　　教师签字：＿＿＿＿＿＿　　＿＿＿年＿＿＿月＿＿＿日

表 1-8 教师考核记录

实训项目：桑塔纳 2000 轿车电路图识读

班级学号		姓　名		
项　目	必要的记录		分值	评分
课堂参与情况			40	
语言表达情况			20	
任务单填写情况			20	
反馈建议情况			10	
实训准备、清洁情况			10	
总分				

教师签字：

＿＿＿年＿＿＿月＿＿＿日

项目小结

1. 汽车电气设备的连接导线有低压导线和高压导线两种。

2. 熔断器俗称熔丝，在电路中起保护作用。

3. 插接器就是通常说的插头和插座，用于线束与线束或导线间的相互连接。

4. 继电器有功能型和电路控制型两类。

5. 开关在电路图中的表示方法有多种，常用的有结构图表示法、表格表示法和图形符号表示法等。

6. 汽车电路常见的有线路图、电路原理图、线束图三种表示法。

7. 采用了大量的接线柱标记，并具有一定的含义。

8. 汽车电路图的读图要点：牢记回路原则、注意开关在电路中的作用、要善于化整为零。

9. 电路图识读方法：一般电路图识读、纵向排列式电路图的识读。

10. 各种车系都具有特定的布线方式和线路走向，节点标记也就具有固定的含义。

11. 汽车电路常用检修方法：直观法、利用车上仪表法、断路法、短路法、试灯法、万用表法、替换法、仪器法。

习题与思考

一、判断题

1. 导线号码越大，其截面积就越大。（　）
2. 连接蓄电池与起动机的导线应以工作电流大小来选定。（　）
3. 汽车上的双电源任何时候都向用电设备同时供电。（　）
4. 高压点相线因其承载电压高，故线芯截面积选得都很大。（　）
5. 起动继电器、喇叭继电器属于功能继电器。（　）
6. 断路器可以重复使用。（　）
7. 用普通灯泡的试灯可以检测计算机控制的电路。（　）
8. 利用试灯对线路故障进行诊断可迅速地判断出电路中的短路、断路故障。（　）
9. 数字式万用表具有测试精确的电子电路，准确度远远超过指针式万用表，普遍用于汽车电气诊断与检测。（　）
10. 电路图中的继电器线圈处于失电状态。（　）

二、选择题

1. 在一般蓄电池与起动机之间的连接导线上，每 100 A 的电流所产生的电压降不超过(　　)。

A. 0.1～0.15 V　　B. 0.2～0.3 V　　C. 0.3～0.45 V

2. 高压导线是点火系统中承担高压电输送任务的，其工作电压一般在15 kV左右，而工作电流很小，故其截面积一般为(　　)。

A. 1.5 mm^2　　B. 2.5 mm^2　　C. 4.0 mm^2

3. 属于汽车电路控制继电器是(　　)。

A. 闪光继电器　　B. 刮水器间歇继电器

C. 喇叭继电器

4. 汽车线路中熔断器的作用是为了防止在电路中发生(　　)。

A. 断路　　B. 短路　　C. 过电压

5. 不属于汽车电气系统的组成部分是(　　)。

A. 电源系统　　B. 起动系统　　C. 喇叭继电器　　D. 仪表和报警系统

6. 不属于电子控制装置的组成部分是(　　)。

A. 电子控制燃油喷射装置　　B. 巡航控制系统

C. 自动变速器　　D. 仪表和报警系统

7. 用于保护电源电路和大电流电路的设备是(　　)。

A. 保险丝　　B. 断路器　　C. 继电器　　D. 易熔线

8. 不属于对整车电路识图的要点是(　　)。

A. 阅读图注　　B. 掌握回路　　C. 熟悉开关　　D. 两个电源

9. 大众车整个电路以(　　)为中心。

A. 保险丝　　B. 点火开关　　C. 发电机　　D. 中央线路板

10. 大众车整车电气系统正极电源分为(　　)路。

A. 1　　B. 2　　C. 3　　D. 4

三、简答题

1. 简述汽车各组成部分的作用。
2. 简述汽车电气系统的特点。
3. 什么是电路原理图？其有什么特点？
4. 简述汽车电路图的读图要点。
5. 上海桑塔纳轿车电气线路图上的一些统一符号，如“30”“15”“X”“31”等分别表示什么？

项目二　汽车电源系统及充电系统

任务一　汽车蓄电池的基础认知

任务目标

1. 掌握蓄电池的组成及结构。
2. 掌握蓄电池的作用。
3. 了解蓄电池的工作原理。
4. 会正确使用工具给蓄电池充电。
5. 会就车拆装蓄电池。

任务分析

蓄电池是汽车的辅助电源。要确保汽车电气用电设备工作，满足汽车起动发动机需要，现在汽车上都安装有蓄电池。蓄电池的电能是如何储存的，又是如何为起动机提供大的电流？有必要掌握蓄电池的基础知识。

基础知识

一、蓄电池的作用

蓄电池是一种可逆直流电源，它是汽车上的两个电源之一，在汽车上与发电机并联，共同向用电设备供电。在放电过程中，蓄电池的化学能转变为电能；在充电的过程中，电能被转换成化学能。蓄电池与汽车电气设备并联电路，如图 2-1 所示。

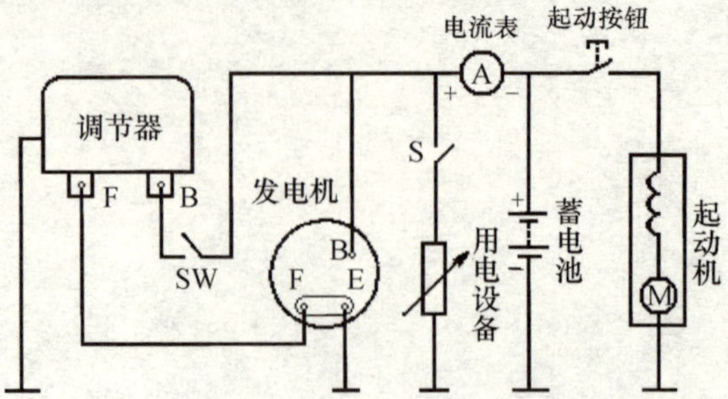

图 2-1　蓄电池与汽车电气设备并联电路

蓄电池的作用是：

(1) 在发动机起动时，向起动机和点火系统供电。

(2) 在发电机不发电或电压较低的情况下向用电设备供电。

(3) 当发电机超载时，协助发电机供电。

(4) 蓄电池存电不足，而发电机负载又较少时，它可将发电机的电能转变为化学能储存起来（即充电）。

(5) 蓄电池相当于一个大容量电容器，在发电机转速和负载发生比较大的变化时，能够保持汽车电气系统电压的相对稳定。同时，还可吸收发电机产生的瞬间过电压，保护汽车电子元件不被损坏，所以，发电机不允许脱开蓄电池运转。

二、蓄电池的分类

汽车上所使用的蓄电池主要是为了满足起动发动机的需要，所以，通常称为起动型蓄电池。起动型蓄电池在短时间内可提供强大的起动电流（一般为 200～600 A，最大可达1 000 A)，根据电解液不同，汽车上所使用的蓄电池有两大类：铅酸蓄电池和镍碱蓄电池。同时，由于人们对燃油汽车排放要求的提高和能源危机的冲击，各国正在不断探索和研制电动汽车，其主要的动力源为新型高能蓄电池。铅酸蓄电池又分为普通蓄电池、免维护蓄电池、干荷蓄电池和胶体蓄电池；镍碱蓄电池又分为铁镍蓄电池和镉镍蓄电池。铅酸蓄电池结构简单，起动性能好，价格低廉，所以在汽车上广泛采用。各种蓄电池的特点，见表 2-1。

表 2-1 各种蓄电池的特点

类型	优点	缺点	适用车辆
铅酸蓄电池	结构简单；价格便宜；内阻小；电压稳定；可以短时间供给起动机强大的起动电流	比容量小；使用寿命相对较短	一般车辆
镍碱蓄电池	容量大；使用寿命长；维护简单；能承受大电流放电而不易损坏	活性物质导电性差；价格较高	使用时间长、可靠性高的车辆
电动车蓄电池	比容量大；无污染；充、放电性能好；使用寿命长	结构复杂；成本高	电动汽车

三、蓄电池的结构

(一) 蓄电池的组成

普通铅酸蓄电池主要由极板、隔板、壳体、电解液、联条、极柱等部分组成。蓄电池的外形及组成，如图 2-2 所示。壳体一般分隔为 3 个或 6 个单体，即为单体电池。每个单体电池的标称电压为 2 V，将 3 个或 6 个单体电池串联后便成为一只 6 V 或 12 V 蓄电池总成。

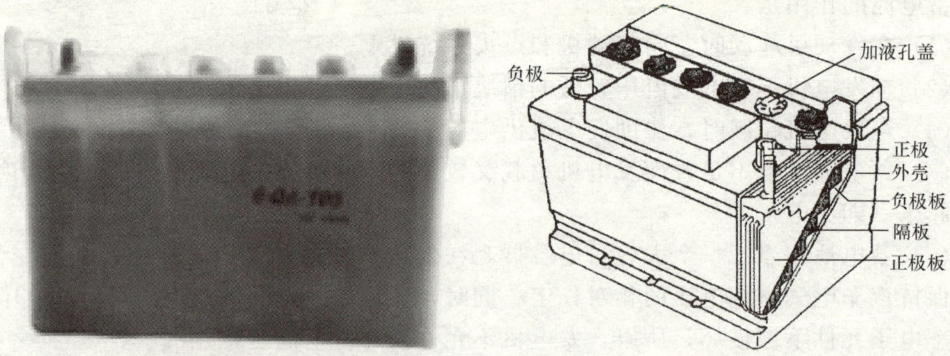

图 2-2　蓄电池的外形及组成

1. 极板

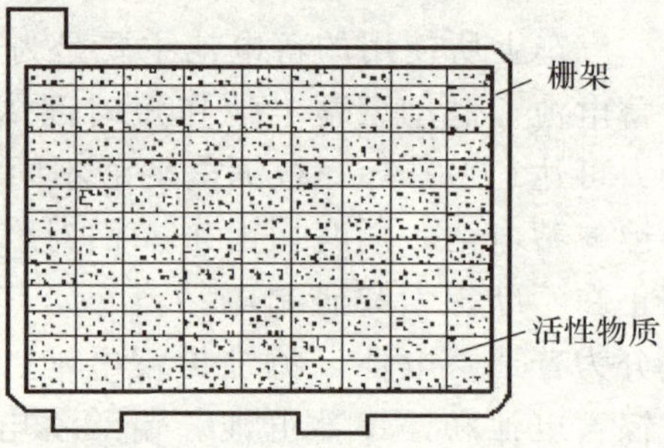

图 2-3　极板的结构

极板分正极板和负极板两种，均由栅架和填充在其上的活性物质构成。正极板上的活性物质是二氧化铅（PbO_2），呈深棕色。负极板上的活性物质是海绵状纯铅（Pb），呈青灰色。极板的结构，如图 2-3 所示。

栅架的作用是容纳活性物质并使极板成形，一般由铅锑合金浇铸而成。铅锑合金中，含锑6%～8.5%，加入锑是为了提高栅架的机械强度并改善浇铸性能。但铅锑合金耐电化学腐蚀性能比纯铅差，锑易引起蓄电池的自放电和栅架的膨胀、溃烂。因此，栅架的生产材料将向低锑（含锑量小于 3%），甚至不含锑的铅钙合金发展。

为增大蓄电池的容量，将多片正、负极板分别并联焊接，组成正、负极板组。横板上联有极柱，各片间留有空隙。安装时正、负极板相互嵌合，中间插入隔板。由于正极板的机械强度差，所以，在每个单体电池中，负极板的数量总比正极板多一片，这样正极板都处于负极板之间，使其两侧放电均匀，不致造成正极板拱曲变形。正、负极板与单体蓄电池，如图 2-4 所示。

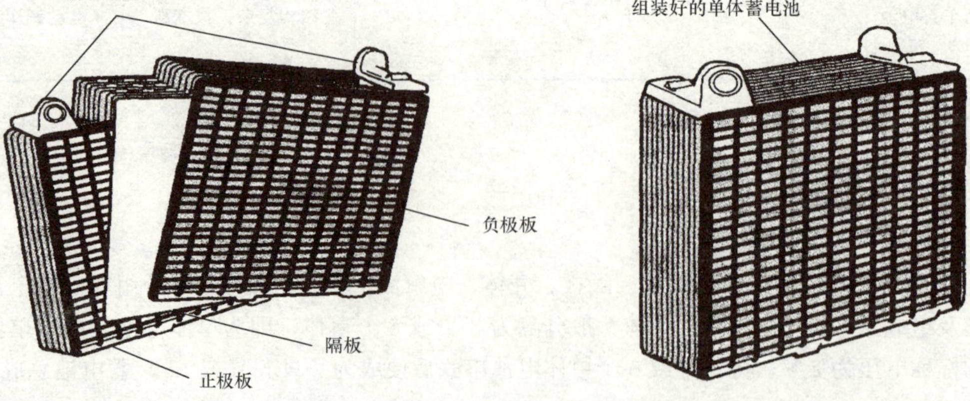

图 2-4　正、负极板与单体蓄电池

2. 隔板

为了减小蓄电池的内阻和尺寸，蓄电池内部正负极板应尽可能地靠近，但为了避免彼此接触而短路，正、负极板之间要用隔板隔开。隔板材料应具有多孔性和渗透性，且化学性能要稳定，即具有良好的耐酸性和抗氧化性。安装时隔板上带沟槽的一面应面向正极板，这是因为正极板在充、放电过程中化学反应激烈，沟槽能使电解液较顺利地上下流通。同时，使正极板上脱落的活性物质顺利地掉入壳底槽中。

3. 壳体

蓄电池的壳体是用来盛放电解液和极板组的，应由耐酸、耐热、耐震、绝缘性好并且有机械强度的材料制成。壳体为整体式结构，壳体内部由间壁分隔成 3 个或 6 个互不相通的单格，底部有突起的肋条以搁置极板组。肋条之间的空间用来积存脱落下来的活性物质，以防止在极板间造成短路，极板装入壳体后，上部用与壳体相同材料制成的电池盖密封。在电池盖上对应于每个单格的顶部都有一个加液孔，用于添加电解液和蒸馏水，也可用于检查电解液液面高度和测量电解液相对密度。加液孔平时旋入加液孔螺塞以防电解液溅出，螺塞上有通气孔可使蓄电池化学反应放出的气体（H_2 和 O_2 等）随时逸出。

4. 电解液

电解液在蓄电池的化学反应中，起到离子间导电的作用，并参与蓄电池的化学反应。电解液由纯硫酸（H_2SO_4）与蒸馏水按一定比例配制而成，其密度一般为 1.24～1.30 g/cm³。电解液的密度对蓄电池的工作有重要影响，密度大，可减少结冰的危险并提高蓄电池的容量，但密度过大，则黏度增加，反而降低蓄电池的容量，缩短使用寿命。电解液密度应随地区和气候条件而定，不同地区和气温下的电解液的密度值，见表 2-2。另外，电解液的纯度也是影响蓄电池性能和使用寿命的重要因素之一。

表 2-2 不同地区和气温下的电解液密度值

气候条件	完全充足电的蓄电池 25℃时电解液的密度/（g·cm⁻³）	
	冬季	夏季
冬季温度低于－40℃地区	1.30	1.26
冬季温度高于－40℃地区	1.28	1.25
冬季温度高于－30℃地区	1.27	1.24
冬季温度高于－20℃地区	1.26	1.23
冬季温度高于 0℃地区	1.24	1.23

5. 联条

联条的作用是将单体电池串联起来，提高整个蓄电池的电压。单体电池的串接方式一般有传统外露式、穿壁式和跨越式三种方式。

（二）蓄电池的型号

按 JB 1058—77《起动型铅蓄电池》的规定，蓄电池型号的编制和含义如下：

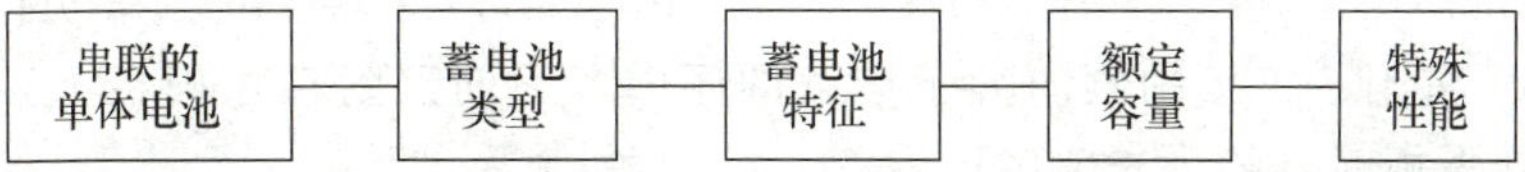

①串联的单体电池数用阿拉伯数字表示。

②蓄电池类型是根据其主要用途来划分的。如起动用蓄电池代号为“Q”，摩托车用蓄电池代号为“M”。

③蓄电池特征为附加部分，仅在同类用途的产品中具有某种特征而在型号中又必须加以区别时采用。

④额定容量是指 20 h 放电率的额定容量，单位为 Ah，用阿拉伯数字表示。

⑤在产品具有某些特殊性能时，可用相应的代号加在产品型号的末尾。如 G 表示薄型极板的高起动率电池，S 表示采用工程塑料外壳、电池盖及热封工艺的蓄电池。

例如：

3—Q—75：由 3 个单体电池组成，额定电压为 6 V，额定容量为 75 Ah 的起动用蓄电池。

6—QA—105 G：由 6 个单体电池组成，额定电压 12 V，额定容量为 105 Ah 的起动用干荷电高起动率蓄电池。

6—QAW—100：由 6 个单体电池组成，额定电压 12 V，额定容量为 100 Ah 的起动用干荷电免维护蓄电池。

四、蓄电池的工作原理及使用

（一）蓄电池的工作原理

汽车上普遍采用以铅锑合金材料制成极板的铅酸蓄电池，其工作过程是化学能与电能的转换过程，分为放电过程和充电过程，且充、放电是一种可逆的化学反应。

蓄电池放电时参与化学反应的物质，正极板上是 PbO_2，负极板上是 Pb，电解液是硫酸水溶液。蓄电池放电时，正极板上的 PbO_2 和负极板上的 Pb 都变成 $PbSO_4$ 水溶液，电解液中的 H_2SO_4 减少，相对密度下降。蓄电池充电时，则按相反的方向变化。

蓄电池的化学反应方程式为：

$$PbO_2 + 2H_2SO_4 + Pb \underset{\text{充电}}{\overset{\text{放电}}{\rightleftharpoons}} 2PbSO_4 + 2H_2O$$

1. 电势的建立

当极板浸入电解液时，在负极板处，金属铅受到两方面的作用：一方面它有溶解于电解液的倾向，因而有少量铅进入溶液，生成 Pb^{2+}，在极板上留下两个电子 $2e^-$，使极板带负电；另一方面由于正、负电荷的吸引，Pb^{2+} 有沉附于极板表面的倾向。当两者达到平衡时，溶解便停止，此时极板具有负电位，约为-0.1 V。蓄电池电动势的建立，如图 2-5 所示。

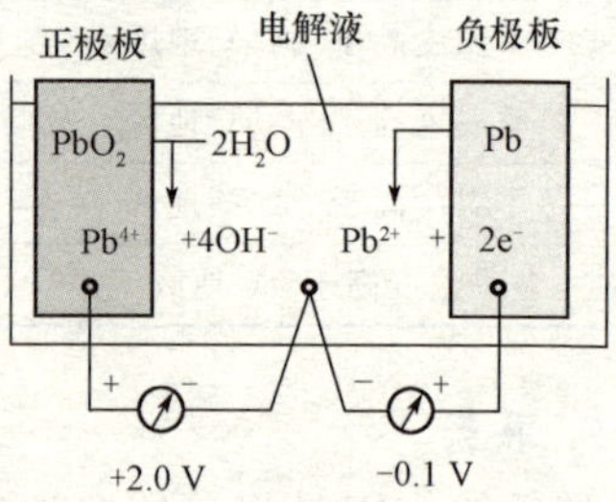

图 2-5　蓄电池电动势的建立

正极板处，少量 PbO_2 溶入电解液，与水生成 $Pb(OH)_4$，再分离成四价铅离子和氢氧根离子，即

$$PbO_2 + 2H_2O \longrightarrow Pb(OH)_4 \qquad Pb(OH)_4 \longrightarrow Pb^{4+} + 4OH^-$$

由于 Pb^{4+} 沉附于极板的倾向大于溶解的倾向，因而沉附在正极板上，使极板呈正电位。当达到平衡时，约为$+2.0$ V。

因此，当外电路未接通，反应达到相对平衡状态时，蓄电池的静止电动势约为：

$E_0=2.0-(-0.1)=2.1$ V。

2. 铅酸蓄电池的放电

当蓄电池接上负载后，在电动势的作用下，电流 I_f 从正极经过负载流往负极（即电子从负极到正极），使正极电位降低，负极电位升高，破坏了原有的平衡。铅酸蓄电池的放电过程，如图 2-6 所示。

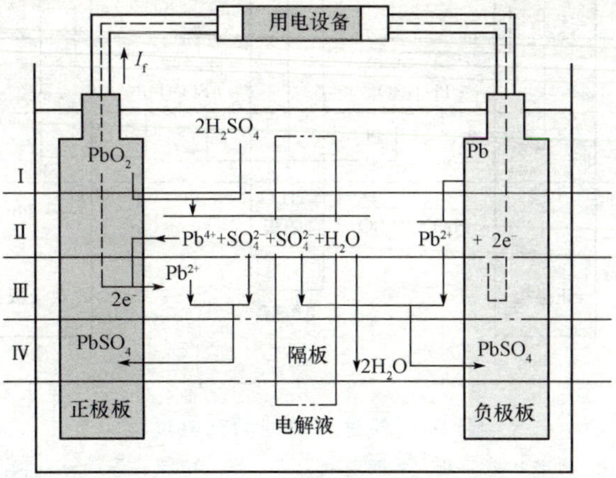

图 2-6 铅酸蓄电池的放电过程

Ⅰ—充电状态；Ⅱ—溶解电离；Ⅲ—接入负载；Ⅳ—放电状态

在正极板处，Pb^{4+} 和电子结合，变成二价铅离子（Pb^{2+}），Pb^{2+} 与电解液中的 SO_4^{2-} 结合生成 $PbSO_4$ 沉附于极板上，即

$$Pb^{4+}+2e^- \longrightarrow Pb^{2+} \qquad Pb^{2+}+SO_4^{2-} \longrightarrow PbSO_4$$

在负极板处，Pb^{2+} 与电解液中 SO_4^{2-} 的结合也生成 $PbSO_4$ 沉附在负极板上，而极板上的金属铅继续溶解，生成 Pb^{2+} 和电子。如果电路不中断，上述化学反应将继续进行，使正极板上的 PbO_2 和负极板上的 Pb 都逐渐转变为 $PbSO_4$，电解液中的 $PbSO_4$ 逐渐减少而水增多，故电解液相对密度下降。

理论上，放电过程应进行到极板上的活性物质全部变为硫酸铅为止，而实际上是不可能的，因为电解液不能渗透到活性物质的最内层。使用中，所谓放完电的蓄电池，实际上只有 20%～30%的活性物质变成了硫酸铅，因此采用薄型极板，增加多空率，提高极板活性物质的利用率可提高蓄电池的容量，也是蓄电池工业的发展方向。

3. 铅酸蓄电池的充电

充电时，应将蓄电池接直流电源。当电源电压高于蓄电池电动势时，在直流电源电压作用下，电流从蓄电池正极流入，负极流出（即驱使电子从正极经外电路流入负极）。这时正负极板发生的反应正好与放电过程相反。铅酸蓄电池的充电过程，如图 2-7 所示。

在负极板处有少量的 $PbSO_4$ 进入电解液中，离解为 Pb^{2+} 和 SO_4^{2-}，即

$$PbSO_4 \longrightarrow Pb^{2+}+SO_4^{2-}$$

Pb^{2+} 在电源的作用下获得两个电子变为金属 Pb，沉附在极板上。而 SO_4^{2-} 则与电解液中的 H^+ 结合，生成硫酸，即

$$Pb^{2+}+2e^- \longrightarrow Pb \qquad SO_4^{2-}+2H^+ \longrightarrow H_2SO_4$$

负极板上总的反应式为：

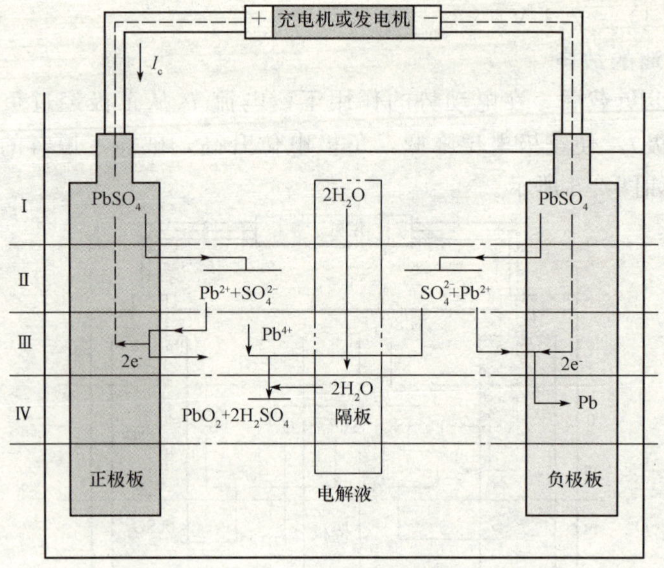

图 2-7　铅酸蓄电池的充电过程

Ⅰ—放电状态；Ⅱ—溶解电离；Ⅲ—通入电流；Ⅳ—充电状态

$$PbSO_4+2e^-+2H^+\longrightarrow Pb+H_2SO_4$$

正极板处，也有少量 $PbSO_4$ 进入电解液中，离解为 Pb^{2+} 和 SO_4^{2-}，Pb^{2+} 在电源作用下失去两个电子变为 Pb^{4+}，它又和电解液中水离解出来的 OH^- 结合，生成 $Pb(OH)_4$，$Pb(OH)_4$ 又分解为 PbO_2 和 H_2O，而 SO_4^{2-} 又与电解液中的 H^+ 结合生成硫酸。

$$2SO_4^{2-}+4H^+\longrightarrow 2H_2SO_4$$

其反应式如下：

$$PbSO_4\longrightarrow Pb^{2+}+SO_4^{2-}$$

$$Pb^{2+}-2e^-\longrightarrow Pb^{4+}$$

$$4H_2O\longrightarrow 4H^++4OH^-$$

$$Pb^{4+}+4OH^-\longrightarrow Pb(OH)_4$$

$$Pb(OH)_4\longrightarrow PbO_2+2H_2O$$

正极板上的总反应为：

$$PbSO_4-2e^-+2H_2O+SO_4^{2-}\longrightarrow PbO_2+H_2SO_4$$

可见，在充电过程中，正负极板上的 $PbSO_4$ 将逐渐恢复为 PbO_2 和 Pb，电解液中硫酸成分逐渐增多，水逐渐减少。

充电终期，密度将升到最大值，且会引起水的分解，水分解的化学反应式如下：

$$2H_2SO_4\longrightarrow 4H^++2SO_4^{2-}$$

负极上：

$$4H^++4e^-\longrightarrow 2H_2\uparrow$$

正极上：

$$2SO_4^{2-}-4e^-+2H_2O\longrightarrow 2H_2SO_4+O_2\uparrow$$

总反应为：

$$2H_2SO_4+2H_2O \longrightarrow 2H_2SO_4+2H_2\uparrow+O_2\uparrow$$

由上式可见，实际上分解的是水：

$$2H_2O \longrightarrow 2H_2\uparrow+O_2\uparrow$$

4. 蓄电池充放电过程结论

（1）蓄电池在放电时，电解液中的硫酸将逐渐减少，而水将逐渐增多，电解液相对密度下降。

（2）蓄电池在充电时，电解液中的硫酸将逐渐增多，而水将逐渐减少，电解液相对密度增加。

（3）在充放电时，电解液浓度发生变化，主要是由于正极板的活性物质化学反应的结果，因此要求正极板处的电解液流动性要好。在装配蓄电池时，应将隔板有沟槽的一面对着正极板，以便电解液流通。

（4）充电后期，会因电解水而产生气体，所以应注意排气畅通，以防爆炸。

（二）蓄电池的工作特性

蓄电池的工作特性主要包括蓄电池的静止电动势、内电阻以及充、放电特性。

1. 静止电动势

静止电动势是指蓄电池在静止状态（不充电也不放电）下，正、负极板之间的电位差（即开路电压），用 E_0 表示。它的大小与电解液的相对密度和温度有关，在相对密度为 1.050～1.300 的范围内，可由下述经验公式计算其近似值：

$$E_0=0.85+\rho_{25℃}$$

式中：$\rho_{25℃}$——25℃的电解液相对密度。

实测所得电解液相对密度应按下式换算成 25℃时的相对密度：

$$\rho_{25℃}=\rho_t+\beta\ (t-25)$$

式中：ρ_t——实际测得的电解液密度；

t——实际测得的电解液温度；

β——密度温度系数。A=0.000 75，即温度每升高 1℃，相对密度将下降 0.000 75。

汽车用蓄电池的电解液相对密度在充电时增高，放电时下降，一般在 1.12～1.30 波动，因此，蓄电池的静止电动势也相应地在 1.97～2.15 V 变化。

2. 内电阻（内阻）

蓄电池的内电阻大小反映了蓄电池带负载的能力。在相同的条件下，内电阻越小，输出电流越大，带负载能力越强。蓄电池的内电阻为极板电阻、电解液电阻、隔板电阻、连接条电阻和极柱电阻的总和，用 R_0 表示。电解液内阻与相对密度的关系，如图 2-8 所示。相对密度为 1.2 时（15℃），硫酸的离解度最好，黏度较小，电阻也最小。连接条电阻与单体电池的连接形式有关。传统外露式铅连接条电阻比内部穿壁式、跨越式连接的电阻要大。

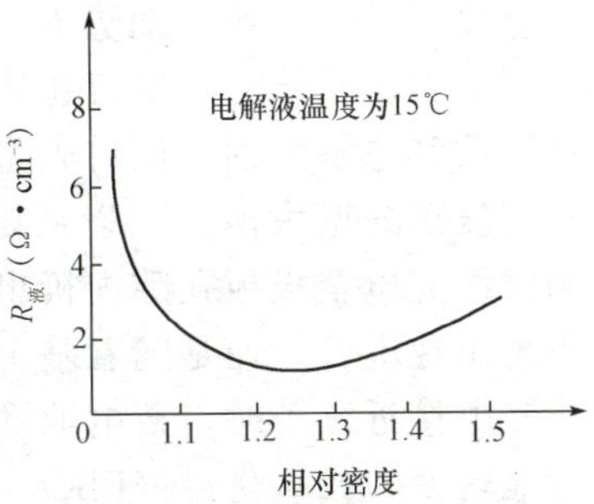

图 2-8 电解液内阻与相对密度的关系

一般来说，起动型铅蓄电池的内电阻是很小的，在小负荷工作时对蓄电池的电力输出影响很小，但在大电流放电时（如起动发动机时），如内阻过大，则会引起端电压大幅度下降而影响起动性能。

完全充足电的蓄电池在温度为 20℃时，内阻只可按下述经验公式计算其近似值：

$$R_0=\frac{U_0}{17.1C_{20}}$$

式中：R_0——蓄电池内阻（Ω）；

U_0——蓄电池额定电压（V）；

C_{20}——蓄电池额定容量（Ah）。

3. 充电特性

蓄电池的充电特性是指在恒流充电过程中，蓄电池的端电压 U_c 和电解液密度 ρ 等参数随充电时间变化的规律。以一定的充电电流 I_c 向一只完全放电的蓄电池进行充电，在充电过程中，每隔一定时间测量其单体电池的端电压 U_c、电解液密度 ρ 和温度，便可得到该蓄电池的充电特性曲线。一只 6—Q—105 型蓄电池，以 10.5 A 的充电电流进行充电的特性曲线（见图 2-9）。

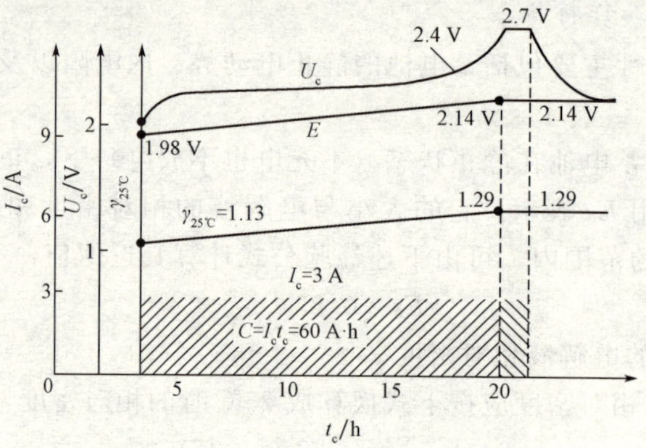

图 2-9 蓄电池的充电特性曲线

充电时电源电压必须克服蓄电池的电动势 E 和蓄电池内阻产生的电压降 I_cR_0，因此，充电过程中蓄电池的端电压总是大于蓄电池的电动势 E，即

$$U_c=E+I_cR_0$$

式中：U_c——充电时电源电压（V）；

E——蓄电池的电动势（V）；

I_cR_0——蓄电池的电压降（V）。

由于采用恒流充电，单位时间内所生成的硫酸量相等。所以，电解液相对密度应随时间呈直线上升，静止电动势 E_0 也由于相对密度的不断上升而增加。

由图 2-9 还可看出，在充电开始后蓄电池的端电压 U_c 便迅速上升，这是因为充电时活性物质和电解液的作用首先是在极板的孔隙中进行的，生成的硫酸使孔隙内的电解液相对密度迅速增大所致。以后随着生成的硫酸量增多，硫酸将开始不断地向周围扩散，当继续充电至极板孔隙内析出的硫酸量与扩散的硫酸量达到平衡时，蓄电池的端电压就不再迅速上升，而是随着整个容器内电解液相对密度的上升而相应地增高。

当充电接近终了时，蓄电池端电压将达到 2.3～2.4 V，这时极板上的活性物质最大限度地转变为二氧化铅（PbO_2）和海绵状铅（Pb），再继续充电，电解液中的水将开始分解而产生氢气和氧气，以气泡的形式剧烈放出，形成所谓的“沸腾”状态。由于氢离子在极板上与电子的结合不是瞬间完成而是缓慢进行的，于是靠近负极板处会积存有较多的正离子“H^+”，使溶液和极板之间产生了附加电位差（也称氢过电位，约 0.33 V），因而使端电压急剧升至 2.7 V 左右。此时应切断电路停止充电，否则，将造成蓄电池的过充电。过充电时，由于剧烈地放出气泡，会在极板内部造成压力，加速活性物质的脱落，使极板过早损坏。所以，应尽量避免长时间的过充电。但在实际充电中，为了保证将蓄电池充足，往往需要 2～3 h 的过充电才行。

全部充电过程中，极板孔隙内的电解液密度比容器中的电解液相对密度稍大一些。因此，蓄电池的电动势 E 总是高于静止电动势 E_0。充电停止后，由于 $I_c=0$，端电压 U_c 立即下降，极板孔隙内电解液和容器中的电解液密度趋向平衡，因而蓄电池的端电压又降至2.1 V左右。

蓄电池充电终了的特征是：

（1）蓄电池内产生大量气泡，呈“沸腾”状。

（2）端电压和电解液相对密度均上升至最大值，且 2～3 h 内不再增加。

4. 放电特性

蓄电池的放电特性是指在恒流放电过程中，蓄电池的端电压 U_f 和电解液相对密度等参数随时间而变化的规律。将一只完全充足电的蓄电池以 20 h 放电率的电流进行恒流放电，在放电过程中，每隔一定时间测量其单体电池的端电压 U_f 和电解液相对密度 ρ，便可得到该蓄电池的放电特性曲线。一只 6—Q—105 型蓄电池的放电特性曲线（见图 2-10）。

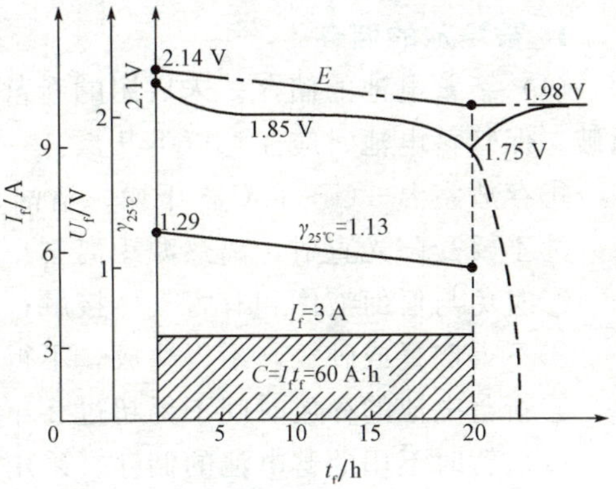

图 2-10 蓄电池的放电特性曲线

由于放电过程中电流是恒定的，单位时间内所消耗的硫酸量相同，所以，电解液的相对密度呈直线下降。相对密度每下降 0.03～0.038，则蓄电池约放电 25%。

放电过程中，由于蓄电池内阻 R_0 上有压降，所以，蓄电池的端电压 U_f 总是小于其电动势 E，即

$$U_f=E-I_f R_0$$

式中：U_f——放电时蓄电池的端电压（V）；

E——放电时蓄电池的电动势（V）；

I_f——放电电流（A）；

R_0——蓄电池的内阻（Ω）。

随着放电程度的增加，电解液相对密度不断下降，电动势 E 也下降，同时内阻 R_0 增加，故端电压 U_f 将逐渐下降。放电时由于孔隙内的电解密度小于外部电解液密度，因此放电时的电动势 E 总是小于静止电动势 E_0。

由图 2-10 可以看出，放电开始时，其端电压从 2.1 V 迅速下降，这是由于极板孔隙中的硫酸迅速消耗、密度降低的缘故。这时容器中的电解液便向极板孔隙内渗透，当渗入的新电解液完全补偿了因放电时化学反应而消耗的硫酸量时，端电压将随整个容器内电解液相对密度的降低而缓慢地下降到 1.95 V。接着电压又迅速下降至 1.75 V，此时应停止放电，如继续放电，电压将急剧下降。

当端电压降至一定值时（20 h 放电率降至 1.75 V）再继续放电即为过度放电。过

度放电对蓄电池是有害的，因为孔隙中生成的粗结晶硫酸铅，充电时不易还原，而使极板硫化，容量下降。停止放电后，由于极板孔隙中的电解液和容器中的电解液相互渗透，趋于平衡，蓄电池的端电压将有所回升。

蓄电池放电终了的特征是：

（1）电解液相对密度下降到最小许可值（约 1.1）。

（2）单体电池的端电压降至放电终止电压（以 20 h 放电率放电，单体电压降至 1.75 V；10 h 放电率放电，单体电压降至 1.7 V）。

容许的放电终止电压与放电电流强度有关，放电电流越大，则放完电的时间越短，而容许的放电终止电压越低。起动型蓄电池的放电率与终止电压的关系，见表 2-3。

表 2-3　起动型蓄电池的放电率与终止电压的关系

放电电流/A	$0.05C_{20}$	$0.1C_{20}$	$0.25C_{20}$	$1C_{20}$	$3C_{20}$
连续放电时间	20 h	10 h	3 h	30 min	5 min
单体电池终止电压/V	1.75	1.70	1.65	1.55	1.50

（三）蓄电池的正确使用

1. 蓄电池的储存

（1）新蓄电池的储存。未启用的新蓄电池，其加液孔盖上的通气孔均已封闭，不要通破。保管蓄电池时应注意以下几点：

①存放室温 5℃～30℃，干燥、清洁、通风；

②不要受阳光直射，离热源距离不小于 2 m；

③避免与任何液体和有害气体接触；

④不得倒置或卧放，不得叠放，不得承受重压；

⑤新蓄电池的存放时间不得超过 2 年。

（2）暂时不用的蓄电池的储存。采用湿储存方法，即先充足电，再把电解液密度调至 1.24～1.28 g/cm^3，液面调至规定高度，然后将通气孔密封，存放期不得超过半年，期间应定期检查，如容量降低 25%，应立即补充充电，交付使用前也应先充足电。

（3）长期停用的蓄电池的储存。采用干储存法，即先将充足电的蓄电池以 20 h 放电率放完电，然后倒出电解液，用蒸馏水反复冲洗多次，直到水中无酸性，晾干后旋紧加液孔盖，并将通气孔密封，存放条件与新蓄电池相同。

2. 启用新蓄电池

首先擦净外表面，旋开加液孔盖，疏通通气孔，注入新电解液，静置 4～6 h 后，调节液面高度到规定值，按初充电规范进行充电后即可使用。

干荷电蓄电池在规定存放期（一般为 2 年）内，启用时可直接加入规定密度的电解液，静置 20～30 min 后，校准液面高度，即可使用。若超期存放或保管不当损失部分容量，应在加注电解液后经补充充电方可使用。

3. 蓄电池的维护

（1）保持蓄电池外表面的清洁干燥，及时清除极柱和电缆卡子上的氧化物，并确定蓄电池极柱上的电缆连接牢固。

清洗蓄电池时，最好从车上拆下蓄电池，用苏打水溶液冲洗整个壳体（见图 2-11），然后用清水冲洗蓄电池并用纸巾擦干。对蓄电池托架，可先用腻子刀刮净厚腐蚀物，然后用苏打水溶液清洗托架（见图 2-12），之后用水冲洗并干燥。托架干燥后，刷上防腐漆。

对极柱和电缆卡子，可先用苏打水溶液清洗，再用专用清洁工具进行清洁。清洗后，在电缆卡子上涂上凡士林或润滑油防止腐蚀。

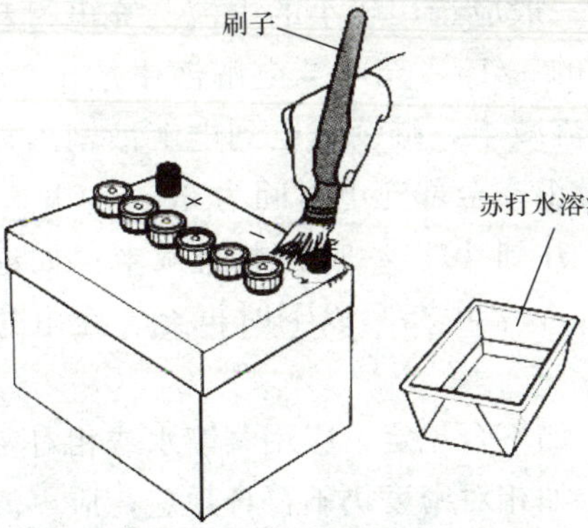

图 2-11　冲洗壳体

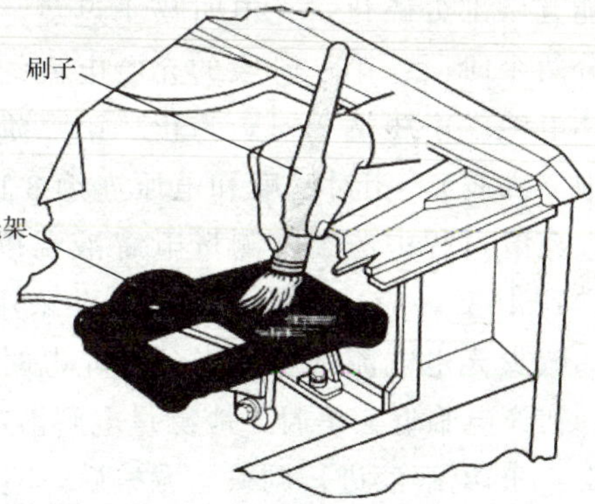

图 2-12　清洗托架

（2）保持加液孔盖上通气孔的畅通，定期疏通。

（3）定期检查并调整电解液液面高度，液面不足时，应补加蒸馏水。

（4）汽车每行驶 1 000 km 或夏季行驶 5～6 天、冬季行驶 10～15 天，应用密度计或高率放电计检查一次蓄电池的放电程度，当冬季放电超过 25%、夏季放电超过 50% 时，应及时将蓄电池从车上拆下进行补充充电。

（5）根据季节和地区的变化及时调整电解液的密度。冬季可加入适量的密度为 1.40 g/cm^3 的电解液，以调高电解液的密度（一般比夏季高 0.02～0.04 g/cm^3 为宜）。

（6）冬季向蓄电池内补加蒸馏水时，必须在蓄电池充电前进行，以免水和电解液混合不均而引起结冰。

（7）冬季蓄电池应经常保持在充足电的状态，以防电解液密度降低而结冰，引起外壳破裂、极板弯曲和活性物质脱落等故障。

五、蓄电池的充电

放电后的蓄电池必须通过充电才能重新投入使用；新蓄电池和修复后的蓄电池在首次使用前必须进行初充电；蓄电池在正常使用过程中为了保持一定容量，延长其使用寿命，还要进行一些必要的补充充电、均衡充电等维护性充电作业。因此，充电作业是保证蓄电池在整个使用过程中技术性能良好、延长其使用寿命的一个重要环节。

（一）蓄电池的充电

根据充电目的的不同，蓄电池的充电作业可分为初充电、补充充电、去硫充电等。

1. 初充电

新蓄电池或修复后的蓄电池在使用之前的首次充电称为初充电，其目的在于恢复蓄电池在存放期间，极板上部分活性物质缓慢硫化和自放电而失去的电量。故初充电恰当与否，对蓄电池的使用性能极为重要。初充电的特点是充电电流小、充电时间长，电化学反应充分。

初充电的程序如下：

首先按蓄电池制造厂的规定，加注一定相对密度的电解液（一般为1.25～1.285）。电解液加入蓄电池之前温度不得超过30℃，注入电解液后应静置3～6 h，待温度低于35℃才能充电。此时若液面因电液渗入极板而低落，应补充到高出极板上缘10～15 mm。然后将蓄电池的正极与充电机的正极相接，蓄电池的负极接充电机的负极。因为新蓄电池在储存中可能有一部分硫化，充电时易于过热，所以初充电一般应选用较小的电流。充电过程通常分两个阶段：第一阶段的充电电流约为额定容量的1/15，充电至电解液中放出气泡，单体电池端电压达2.4 V为止。第二阶段将充电电流减半，继续充电到电解液剧烈放出气泡（沸腾），相对密度和电压连续3 h稳定不变为止。全部充电时间为60～70 h。

充电过程中应经常测量电解液温度。若温度上升到40℃，应将电流减半；如继续上升到45℃，应立即停止充电，并采用人工冷却，待冷至35℃以下时再充。充电过程中如减少充电电流则应适当延长充电时间。

初充电临近完毕时，应测量电解液的相对密度，如不合规定，应用蒸馏水或相对密度为1.40的电解液进行调整。调整后，应再充电2 h，如相对密度仍不符合规定，应再调整并充电2 h，直至符合规定为止，然后将加液孔塞拧上，把电池表面擦干净，即可使用。

对于新蓄电池的初充电作业，应进行1～3次充、放电循环，目的是检查它的容量是否达到额定容量，并促使极板上未转化的物质转变为活性物质，以提高蓄电池的容量功能。方法是新蓄电池初充电后，用20 h放电率放电至单体电池电压降为1.75 V，测量蓄电池容量是否达到额定容量，如容量低于额定容量的90%，应再进行一次充放电循环，直到容量达到额定容量的90%以上为止。

2. 补充充电

蓄电池在车辆上使用时，常有充电不足的现象，尤其是短途运输车辆，应根据需要进行补充。一般每月一次，如有下列现象发生，必须随时进行补充充电。

（1）电解液相对密度下降到1.15以下时。

（2）冬季放电超过25%，夏季放电超过50%时。

（3）灯光暗淡、起动机运转无力，表明电力不足时。

另外，蓄电池放置时间超过一个月时，也应进行补充充电；在大量补充蒸馏水后也应进行补充充电。

3. 循环锻炼充电

蓄电池在使用中常处于部分放电的情况，参加化学反应的活性物质有限，为迫使相当于额定容量的活性物质都能参加工作，以避免活性物质长期不工作而收缩，可每隔3个月进行一次循环锻炼充电。即在电池正常充足后，用20 h放电率放完电，再正常充电后送出使用。

4. 去硫充电

当极板硫化较严重时，可进行“去硫充电”。方法是先倒出电池内的电解液，用蒸馏水反复冲洗数次，然后灌入蒸馏水至高出极板10～15 mm，用初充电电流进行充电，并随时测量相对密度。如相对密度升到1.15以上时，可用蒸馏水冲淡，继续充至相对密度不再上升后进行放电。如此反复多次，或充6 h，中间停2 h，反复进行至6 h相对密度不变为止，最后参照初充电方法充电并调整相对密度至规定值，用20 h放电率放电检查容量，如容量达到额定容量的80%，则说明硫化已基本消除，即可使用。

5. 均衡充电

蓄电池在使用过程中，由于制造、使用等因素，会出现各单体电池的端电压、电解液密度、容量等的差异，采用均衡充电的方法可消除这种差异。具体方法是：先用正常的充电方法进行充电，待蓄电池端电压稳定后，停充 1 h，改用 20 h 放电率充电，充 2 h 停 1 h，反复 3 次，直至蓄电池各单体一开始充电立即剧烈地产生气泡为止，最后调整各单体电池的电解液密度即可。

（二）充电方法

通常蓄电池的充电方法有定流充电和定压充电两种，近年来脉冲快速充电也逐步推广。

1. 定流充电

在充电过程中，充电电流保持一定的充电方法，称为定流充电。定流充电接线法，如图 2-13 所示。为缩短充电时间，充电过程通常分为两个阶段。第一阶段采用较大的充电电流，使蓄电池的容量得到迅速恢复，当蓄电池电量基本充足，单体电池电压达到 2.4 V，电解水开始产生气泡时，转入第二阶段，将充电电流减小一半，直到电解液密度和蓄电池端电压达到最大值且在 2～3 h 内不再上升，蓄电池内部剧烈冒出气泡时为止。定流充电特性曲线，如图 2-14 所示。

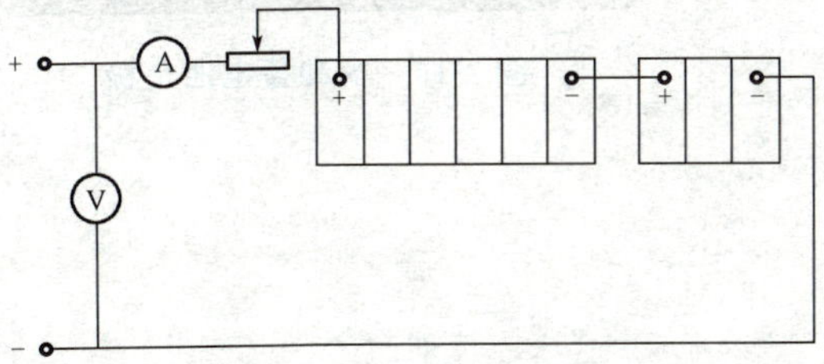

图 2-13 定流充电接线法

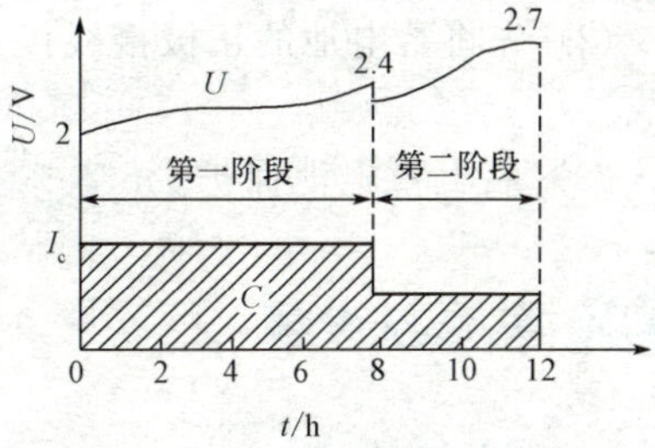

图 2-14 定流充电特性曲线

2. 定压充电

充电过程中，电源电压 U 始终保持不变的充电方法，称为定压充电。定压充电的连接方式与充电特性，如图 2-15 所示。

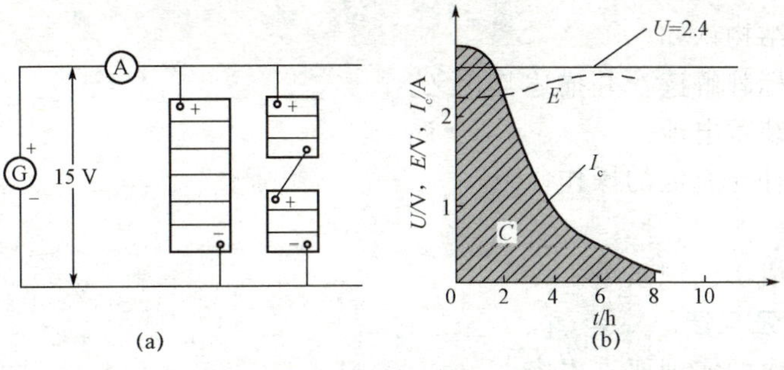

图 2-15 定压充电的连接方式与充电特性

（a）连接方式；（b）充电特性曲线

3. 脉冲快速充电

脉冲快速充电方法统称为“常规充电”，要完成一次初充电需 60～70 h，补充充电也要 20 h 左右。由于充电时间太长，给使用带来很大不便。但是，单纯加大充电电流来缩短充电时间是行不通的，因为这样不仅使充电时蓄电池达不到额定容量，反而会使蓄电池温升快，产生大量气泡，造成活性物质脱落而影响其使用寿命。20 世纪 50 年代初国外已开始研究快速充电技术，探寻其理论基础。近年来我国快速充电技术也发展很快，已研制成功并生产了可控硅快速充电机。新蓄电池初充电一般不超过 5 h，旧蓄电池补充充电只需 0.5～1.5 h，大大缩短了充电时间，提高了效率。

六、蓄电池的就车拆装

1. 拆卸

(1) 将车上重要信息记录下来，再拆下蓄电池的搭铁线。拆卸蓄电池负极，如图 2-16 所示。

(2) 打开蓄电池的盒盖，拧下蓄电池的正极接线。

(3) 拔下电源盒插头。

(4) 拧下蓄电池的固定螺栓，松下固定夹。

(5) 拔下蓄电池的正极线，取出蓄电池。

图 2-16 拆卸蓄电池负极

2. 安装

(1) 将固定压板压在蓄电池底部凸缘上。

(2) 先将蓄电池的正极接线接上，然后接上搭铁线。

(3) 装上蓄电池保护套。

实施与考核

一、实训内容

1. 实训准备

(1) 准备实训用的蓄电池。

(2) 强调实训中的安全事项。

2. 实训流程

(1) 蓄电池结构认知。

(2) 蓄电池标牌解读，并描述其含义。

(3) 就车拆装蓄电池。

(4) 蓄电池补充充电的操作。

3. 实训记录

组织学生完成实训记录单。

4. 教师总结及反馈

(1) 总结本次的实训要点内容。

(2) 解答学生实训中存在的问题。

(3) 对学生解决实际问题能力的考核做出点评，给出本次实训成绩。

二、任务实施与考核

(1) 教师组织学生分组分工。在充分掌握上述知识与技能的前提下，各组按要求完成任务工作单（表 2-4）。

（2）教师根据完成的情况完成教师考核记录（表 2-5）。

表 2-4 任务工作单

实训项目：汽车蓄电池的就车拆装与充电

班级学号		姓　名	
实训车型		VIN 码	

1. 描述就车拆装蓄电池的过程。

2. 描述试验中备用的蓄电池标牌上的图标及数字含义。

3. 描述蓄电池充电前的检查。

4. 描述蓄电池补充充电的过程。记录就车给蓄电池充电结束的电压值与电解液的测量结果。

5. 叙述蓄电池充、放电终了的特征。

6. 自我评价（个人技能掌握程度）：□非常熟练　□比较熟练　□一般熟练　□不熟练

教师评语：

实训记录成绩________　教师签字：________　____年____月____日

表 2-5 教师考核记录

实训项目：汽车蓄电池的就车拆装与充电

班级学号		姓　名	
项目	必要的记录	分值	评分
课堂参与情况		40	
语言表达情况		20	
任务单填写情况		20	
反馈建议情况		10	
实训准备、清洁情况		10	
总分			

教师签字：

____年____月____日

任务二 蓄电池的性能检查与维护

任务 目标

1. 掌握普通铅酸蓄电池性能的检查。
2. 了解免维护蓄电池的检查。
3. 掌握蓄电池的常见故障及排除故障。

任务 分析

蓄电池是提供发动机运转，带动起动机运转的最初动力电源，起动机运转无力与其本身、蓄电池、起动机相关电路、发动机阻力过大、机油黏度过大等很多因素有关。如何判断是蓄电池故障？蓄电池应如何进行性能检测？作为汽修人员要掌握蓄电池的基本检查与维护。

基础知识

一、蓄电池的性能检查

（一）普通铅酸蓄电池性能的检查

为了及时发现蓄电池使用中的各种内在故障，汽车每行驶 1 000 km，或冬季行驶10～15 天、夏天行驶 5～6 天，需对蓄电池进行下列检查：

1. 蓄电池外观的检查

（1）检查外壳是否有裂纹、破损漏电解液。

（2）检查极柱是否有氧化物。

（3）加液孔盖是否损坏、通气孔是否畅通。

（4）蓄电池外表是否清洁。

2. 蓄电池电解液液面高度的检查

（1）用玻璃管检查法，如图 2-17（a）所示。

①用一空心玻璃管插入蓄电池电解液内极片的上平面处。

②玻璃管内的电解液与电池液面同高，用大拇指按紧玻璃管上端，使管口密封。

③提起玻璃管，测量玻璃管内的液面高度，即为蓄电池电解液液面高度。标准值为10～15 mm高，过低应加入蒸馏水使之符合标准。

（2）观察液面高度指示线法，如图 2-17（b）所示。

使用透明塑料容器的蓄电池，检查液面高度时，在容器壁上刻有两条高度指示线。正常液面高度应介于两线之间的中线上，低于中线则为液面过低，应加入蒸馏水补充。

（3）从加液孔观察判断法，如图 2-17（c）所示。

部分轿车蓄电池在电解液加液孔内侧的标准液面位置处开有方视孔，检测液面高度，观察液面在方孔下面为液面过低；正好与方孔平齐时为标准；液面满过方孔而充满加液口底部以上为过高。

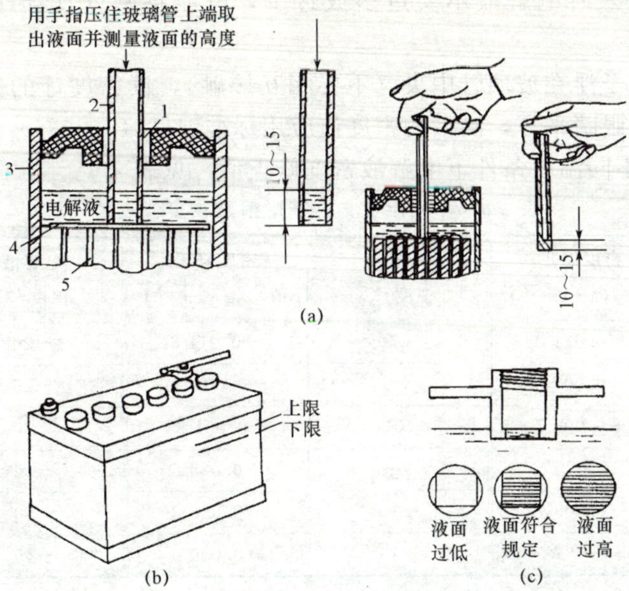

图 2-17 电解液液面高度的检查

(a) 用玻璃管检查法；(b) 观察液面高度指示线法；(c) 从加液孔观察判断法

1—加液孔；2—玻璃管；3—外壳；4—防护板；5—极板组

注：除非确知液面降低是由于电解液溅出所致，否则一般不允许加入硫酸溶液。

3. 蓄电池充电状态的检查

蓄电池充电状态是通过检测电解液密度来确定的。充电完全的蓄电池电解液密度应在 1.26～1.29 g/cm^3，当蓄电池放电后，电解液中水的含量会增加，相对密度的读数会下降。测量蓄电池电解液密度时，蓄电池应处于稳定状态。蓄电池充、放电或加注蒸馏水后，应静置半小时后再测量。

通过对各个单体电池电解液密度的测量，可以确定蓄电池是否失效。如果单体电池之间的密度相差 0.05 g/cm^3，则该电池失效。

(1) 用吸式密度计测量电解液密度，步骤如下：

①打开蓄电池的加液盖。

②把密度计下端的橡胶管插入单体电池的加液孔内，如图 2-18 所示。

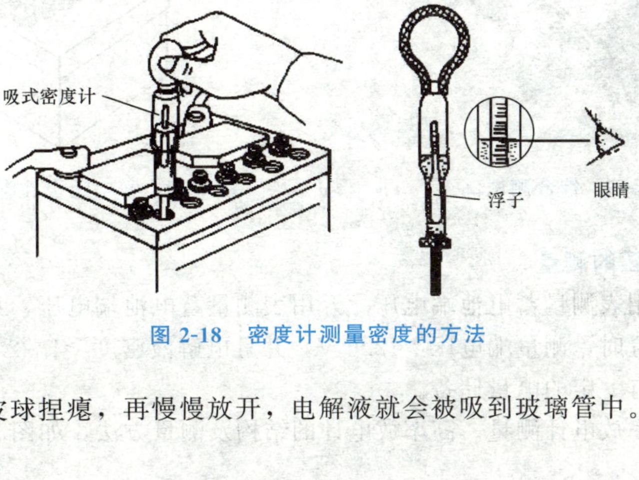

图 2-18 密度计测量密度的方法

③用手将橡皮球捏瘪，再慢慢放开，电解液就会被吸到玻璃管中。

④注意控制吸入时电解液不要过多或过少，以能将密度计浮子浮起而不会顶住为宜。

⑤使管内的浮子浮在玻璃管中央（不要相互接触），读密度计的读数。要求读数时使密度计刻度线与眼睛平齐，测量的密度值应用标准温度（+25℃）予以校正（同时测量电解液温度）。不同温度条件下电解液密度修正值，见表 2-6。

表 2-6　不同温度条件下电解液密度修正值

电解液温度/℃	密度修正值/（g·cm^{-3}）	电解液温度/℃	密度修正值/（g·cm^{-3}）	电解液温度/℃	密度修正值/（g·cm^{-3}）
+40	+0.011 3	+10	−0.011 3	−20	−0.033 7
+35	+0.007 5	+5	−0.001 50	−25	−0.037 5
+30	+0.003 7	0	−0.001 88	−30	−0.041 2
+25	0	−5	−0.025 5	−35	−0.045 0
+20	−0.003 7	−10	−0.026 3	−40	−0.048 8
+15	−0.007 5	−15	−0.030 0	−45	−0.052 5

（2）用综合测试仪对电解液密度进行测试。

①用取液管汲取电解液，水平放置测试仪，滴在测试仪试镜片上。综合测试仪，如图 2-19 所示。

②将测试仪迎着阳光，目视观察窗，读取密度值。

③测试环境温度，参照密度值标准，分析被测蓄电池密度是否合适。

4. 蓄电池极柱电压降的检查

蓄电池极柱电压降就是测量蓄电池正负极柱和电缆线连接夹之间的电压差，以判断连接处是否存在接触不良。用电压表测量起动时电极柱和电缆之间的电压差，如果电压降超过 0.1 V，说明电极连接处存在额外的高电阻。蓄电池极柱电压降检测方法，如图 2-20 所示。

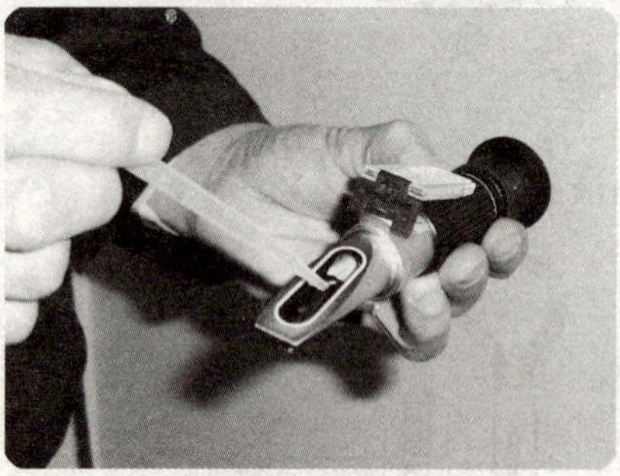

图 2-19　综合测试仪

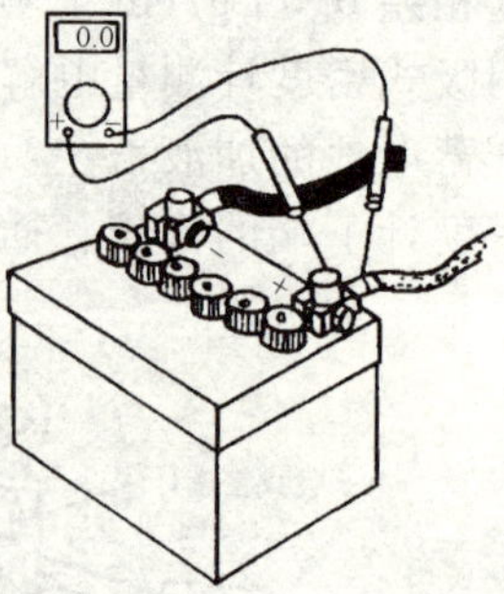

图 2-20　蓄电池极柱电压降检测方法

5. 蓄电池电压的测量

（1）使用万用表测量蓄电池端电压。万用表测量蓄电池端电压，只能作为检测的参考因素。通常静置时，测量端电压≥12.6 V，并且电解液密度≥1.22 g/cm^3，才可以基本判定蓄电池具有一定的电量储备。

（2）使用高率放电计测量。高率放电计的结构及测量方法，如图 2-21 所示。

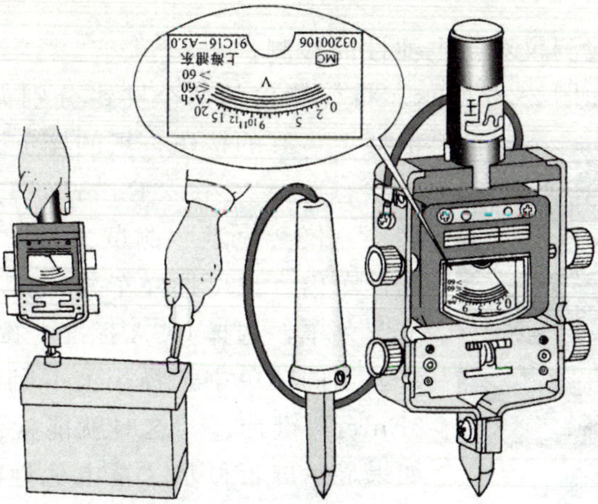

图 2-21 高率放电计的结构与测量方法

高率放电计是模拟起动机工作状态，检测蓄电池容量的仪表。它由一只电压表和一负载电阻组成。由于在检测时，蓄电池对负载电阻放电电流可达 100 A 以上，所以，能比较准确判定蓄电池的容量和基本性能，是目前普遍使用的检测仪表。高效放电计原理及表盘，如图 2-22 所示。以12 V蓄电池为例，使用方法如下：

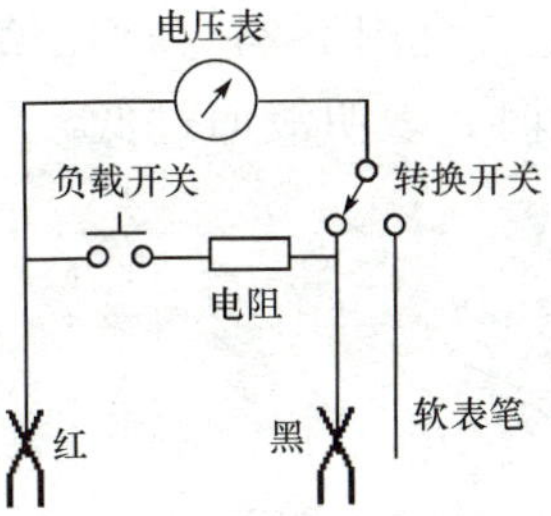

(a)

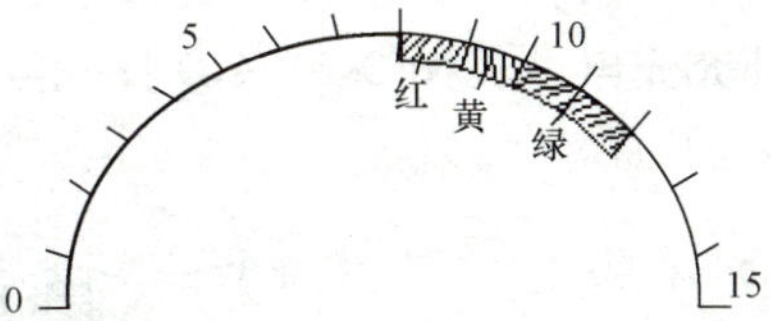

(b)

图 2-22 高率放电计原理及表盘

(a) 原理图；(b) 表盘图

①将测试夹分别对应夹在蓄电池的正、负极极柱上。此时读数显示蓄电池的空载电压值。通常显示在 11.8～13 V 范围内为正常。

②按下按钮开关，蓄电池开始瞬间大电流放电，在 5 s 内读出电压表的负载电压指示数值。

若指针稳定在 10～12 V 区间（绿色区域），说明蓄电池存电充足，不需要充电。

若指针在 9～10 V 区间（黄色区域），说明蓄电池存电不足，需要充电。

若指针在 9 V 以下区间（红色区域），说明蓄电池严重亏电，要立即充电才能使用。

如果空载电压基本符合要求，但负载时指针迅速下降至红色区域以下，说明蓄电池已经损坏。

注： 此项测量不能连续进行，必须间隔 1 min 后才可以再次检测，以防止蓄电池

损坏。

(3) 利用蓄电池检测仪对蓄电池性能检测。

蓄电池检测仪，如图 2-23 所示。将检测仪的两个夹钳分别夹在蓄电池的正、负极极柱上，红的接正，黑的接负。检测仪会显示出“充电状态选择”，按“Enter”键选择“充电前”；接下来检测仪会显示“测试选择”菜单，按“Enter”键选择车内（也可选择车外测试）；然后显示“选择标准”菜单，选择 CCA 标准，按“Enter”键，在接下来显示的菜单中选择用上下翻滚键选“200ccA”，按“Enter”键选择，这时就能检测出蓄电池的性能了。如果显示屏幕显示“蓄电池性能良好需充电”，我们就要对蓄电池进行充电了。

图 2-23 蓄电池检测仪

（二）免维护蓄电池性能的检查

对于全密封型的免维护蓄电池，由于无加液孔，所以不能采用传统的密度计来测量电解液密度以判断其技术状况，为此，通过顶端的检查孔观察其颜色来判断蓄电池的技术状况。免维护蓄电池采用的是内装温度补偿型密度计，便于监视储电量和液面高度。内装密度计的蓄电池，如图2-24所示。

当密度计指示器表面呈绿色时，表明存电充足［见图 2-24（a)］；绿色面积很小或为黑色时，需补充充电［见图 2-24（b)］；呈黄色时，表明液面过低，蓄电池已不能继续使用［见图 2-24（c)］。

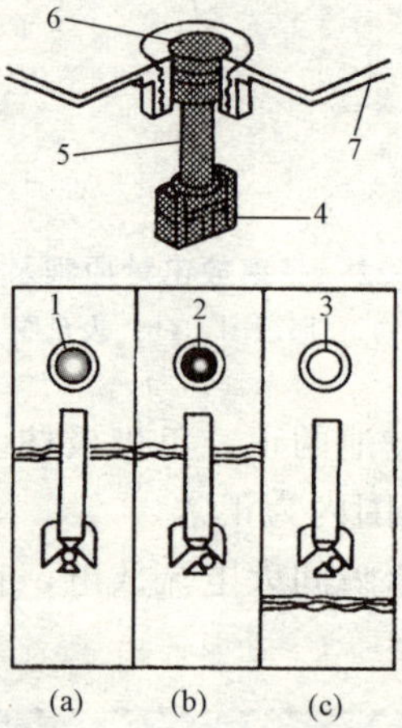

图 2-24 内装密度计的蓄电池

(a) 存电充足；(b) 需补充充电；(c) 不能使用

1—绿色（充电程度为 65%或更高)；2—黑色（充电程度低于 65%)；3—浅黄色（蓄电池有故障)；4—绿色小球；5—光学的荷电状况指示器；6—观察窗；7—蓄电池盖

二、蓄电池的常见故障及预防

蓄电池在使用中所出现的故障，除材料和制造工艺方面的原因之外，在很多情况下是由于维护和使用不当而造成的。蓄电池的外部故障有外壳裂纹、封口胶干裂、接线松脱、接触不良或极柱腐蚀等。内部故障有极板硫化、自行放电、极板短路和活性物质脱落等。

（一）极板硫化及预防

蓄电池长期充电不足或放电后长时间未充电，极板上会逐渐生成一层白色粗晶粒的硫酸铅，在正常充电时不能转化为二氧化铅和海绵状铅，这种现象称为“硫酸铅硬化”，简称“硫化”。硫化的蓄电池不能正常进行充电、放电反应，且容量降低，内阻增大，在起动汽车时，端电压下降多，使起动机运转无力。

造成硫化的主要原因是：

(1) 蓄电池长期充电不足，或放电后未即时充电，当温度变化时，硫酸铅发生再结晶的结果。

(2) 电池内液面太低，使极板上部与空气接触而强烈氧化（主要是负极板）。在汽车行驶的过程中，由于电解液的上下波动与极板的氧化部分接触，也会形成大晶粒的硫酸铅硬层，使极板的上部硫化。

(3) 电解液相对密度过高，电解液不纯、外部气温剧烈变化时也将促进硫化。

因此，蓄电池极板硫化的预防方法是：要经常保持车辆充电系统正常工作。若发现发电机和调节器出现故障，应及时排除；保证电解液液面高度不能过低，在日常维护中及时添加补足；不要将半放电的蓄电池长期搁置，尤其要注意给蓄电池定期补充充电，使之保持完全充电状态；不要让蓄电池过度放电，每次接通起动机时间不得超过 5 s，避免低温大电流放电。

（二）自行放电（自放电）及预防

充满电的蓄电池，放置不用会逐渐失去电量，这种现象称为蓄电池的“自行放电”。若一昼夜容量损失不超过 0.7%，则属于正常自放电。若一昼夜自行放电量超过了 2%～3%，则属于故障性自放电，这主要是由于使用维护不当所造成的。

造成自放电的主要原因是：

(1) 电解液杂质含量过多。

(2) 蓄电池内部短路引起的自放电。例如，隔板或壳体隔壁破裂、极板活性物质大量脱落而沉于极板下部，都将使正、负极板短路而引起自放电。

(3) 蓄电池盖上洒有电解液时，会造成自放电，同时，还会使极柱或连接条腐蚀。

因此，蓄电池自放电过大的预防方法是：坚持日常维护，保持蓄电池表面清洁干燥；拧紧加液孔螺塞，防止灰尘及脏物进入壳内；使用按国家标准的规定配制的电解液。

（三）极板短路及预防

极板短路的故障现象为开路电压较低，大电流放电时端电压迅速下降，甚至到零；充电过程中，电压与电解液相对密度上升缓慢，甚至保持很低的数值就不再上升了，充电末期气泡很少，但电解液温度却迅速升高。

极板短路的原因主要有：

(1) 隔板破损使正、负极板直接接触。

(2) 活性物质大量脱落，沉积后将正、负极板连通。

(3) 极板组弯曲。

(4) 导电物体落入池内。

因此，蓄电池极板短路的预防方法是：加注纯净的电解液，掌握合适的密度；防止蓄电池过充电，以免造成蓄电池极板活性物质脱落；防止过度放电；加液时防止导电物掉入蓄电池内部。

注：对于短路的蓄电池必须拆开，查明原因而排除之。

（四）极板活性物质脱落

活性物质脱落一般多发生在正极板上，其特征为电解液中有沉淀物，充电时电解液有褐色物质自底部上升，但电压上升快，电解液沸腾现象比正常蓄电池出现得早，充电时间大大缩短，放电容量却明显下降。

造成极板活性物质脱落的主要原因是：

（1）充电电流过大，过充时间过长。

（2）低温大电流放电，造成极板拱曲。

（3）汽车行驶时颠簸、震动、震落。

（4）电解液密度经常过大，腐蚀栅架。

因此，极板活性物质脱落的预防方法是：不过份充电；充电电流不过大；不过份放电，严格按规定的终止电压放电；按规定使用起动机；调整电液面时一般要加蒸馏水，不加硫酸。

实施与考核

一、实训内容

1. 实训准备

（1）准备试验用的蓄电池、密度计、温度计、玻璃管、高率放电计、万用表、交流充电机等。

（2）强调实训中的安全事项。

2. 实训流程

蓄电池技术状况的检测：

（1）外观直接检查。

（2）电解液液面检测。

（3）电解液密度检测。

（4）蓄电池端电压检测。

3. 实训记录

组织学生完成实训记录单。

4. 教师总结及反馈

（1）总结本次的实训要点内容。

（2）解答学生实训中存在的问题。

（3）对学生解决实际问题能力的考核做出点评，给出本次实训成绩。

二、任务实施与考核

（1）教师组织学生分组分工。在充分掌握上述知识与技能的前提下，各组按要求完成任务工作单（表 2-7）。

（2）教师根据完成的情况完成教师考核记录（表 2-8）。

表 2-7 任务工作单

实训项目：汽车蓄电池的性能检测

班级学号		姓名	
实训车型		VIN 码	

1. 蓄电池外观检查，记录结果。

2. 电解液高度的检测。

①检测工具有______________________________。

②每单格液面测量三次，记录下表中：

项目	第 1 格	第 2 格	第 3 格	第 4 格	第 5 格	第 6 格
第一次测量						
第二次测量						
第三次测量						
平均值						

结果分析：

3. 蓄电池放电程度检测。

①检测工具有______________________________。

②记录蓄电池电压测量值。

第一次测量	第二次测量	第三次测量

检测结果分析：

4. 自我评价（个人技能掌握程度）：□非常熟练 □比较熟练 □一般熟练 □不熟练

教师评语：

实训记录成绩__________ 教师签字：__________ ______年______月______日

表 2-8 教师考核记录

实训项目：汽车蓄电池的性能检测

班级学号		姓　名	
项目	必要的记录	分值	评分
课堂参与情况		40	
语言表达情况		20	
任务单填写情况		20	
反馈建议情况		10	
实训准备、清洁情况		10	
总分			

教师签字：

______年______月______日

任务三　交流发电机及调节器工作原理

任务 目标

1. 掌握交流发电机构造与原理。
2. 能拆装发电机总成，正确对发电机组成零件进行检测。
3. 了解调节器的调压原理。

任务 分析

发电机是汽车电气用电设备的主要电源，而且还向蓄电池进行充电，以补充蓄电池在使用中消耗的电能。现在汽车上大多采用的是三相交流发电机，所以作为汽修人员，掌握发电机及调节器的结构及原理，可方便了解充电系统的故障诊断及排除方法。

基础知识

汽车电源系统主要由蓄电池、发电机和电压调节器等组成，蓄电池和发电机并联于汽车电路之中，发电机是主要电源，它与发电机调节器互相配合工作，其主要任务是对除起动机以外的所有用电设备供电，并向蓄电池充电。

一、交流发电机构造及原理

1. 交流发电机型号与类型

（1）交流发电机型号。汽车上所用的交流发电机，有普通交流发电机、整体式交流发电机、带泵交流发电机等。交流发电机的结构外形，如图 2-25 所示。

(a)　　(b)　　(c)

图 2-25　交流发电机的结构外形

（a）普通交流发电机（JF1522A 型交流发电机）；（b）整体式交流发电机（捷达 JFZ1813 型交流发电机）；（c）带泵交流发电机（JFB1712 型交流发电机）

根据 QC/T73—1993《汽车电气设备产品型号编制方法》的规定，汽车交流发电机的型号由五部分组成：

1	2	3	4	5

第一部分为产品代号，由字母表示，如JF、JFZ、JFB、JFW分别表示普通交流发电机、整体式交流发电机、带泵交流发电机和无刷交流发电机。

第二部分为电压等级代号，用一位阿拉伯数字表示，其中有：1表示12 V、2表示24 V、6表示6 V。

第三部分为电流等级代号，用一位阿拉伯数字表示，各代号表示的电流等级见表2-9。

第四部分为设计序号，用一位阿拉伯数字表示产品的顺序。

第五部分为变形代号，用字母表示，交流发电机是以调整臂的位置作为变形代号。从驱动端看，Y表示右边、Z表示左边，无字母则表示在中间位置。

表2-9 发电机电流等级代号

电流等级代号	1	2	3	4	5	6	7	8	9
电流范围/A	≤19	20～29	30～39	40～49	50～59	60～69	70～79	80～89	90～99

例如：桑塔纳轿车所用的JFZ1913Z型交流发电机，其含义是电压等级为12 V，输出电流大于90 A，第13次设计，调整臂位于左边的整体式交流发电机。

（2）交流发电机类型。

①按总体结构分类：

普通交流发电机：即无特殊装置、无特殊功能的汽车交流发电机，称为普通交流发电机。如东风EQ1090型载货汽车使用的JF132N型交流发电机。

整体式交流发电机：即内装电子调节器的交流发电机。如一汽捷达、上海桑塔纳轿车使用的JFZ1913Z型14V90A发电机。

带泵交流发电机：即带真空制动助力泵的交流发电机。如仙游电机厂生产的JFB1712型交流发电机。

无刷交流发电机：即没有电刷和集电环（滑环）的交流发电机。如东风EQ2102型越野汽车使用的JFW2621型28V45A整体式发电机。

②按整流器结构分类：

六管交流发电机：即整流器由6只整流二极管组成三相桥式全波整流电路的交流发电机。如解放CA1091型载货汽车使用的JF1518交流发电机。

八管交流发电机：即整流器总成由8只二极管组成的交流发电机。如天津夏利TJ7130型微型轿车使用的JFZ1542型14V45A交流发电机。

九管交流发电机：即整流器总成由9只二极管组成的交流发电机。如斯太尔（STEYR）汽车用JFZ2518A型28V27A交流发电机和猎豹（PAJERO）汽车4664型发动机使用的14V75A交流发电机。

十一管交流发电机：即整流器总成由11只二极管组成的交流发电机。如一汽捷达、上海桑塔纳轿车使用的JFZ1913Z型14V90A发电机。

③按磁场线圈搭铁形式分类：

内搭铁型交流发电机：即发电机磁场线圈的一端与发电机壳体连接的交流发电机。

如东风 EQ1090 型载货汽车使用的 JF132N 型交流发电机［见图 2-26（a）］。

外搭铁型交流发电机：即磁场线圈的一端经调节器后搭铁的交流发电机。如捷达、桑塔纳轿车使用的 JFZ1913Z 型 14V90A 发电机、解放 CA1091 型载货汽车用 JF1522A 型交流发电机、东风 EQ2102 型越野汽车用 JFW2621 型 28V45A 整体式发电机等。目前，大多数汽车都采用外搭铁型交流发电机［见图 2-26（b）］。

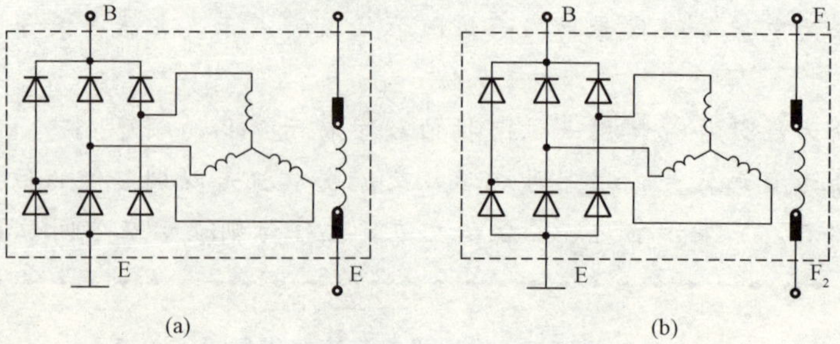

图 2-26　交流发电机的搭铁形式

（a）内搭铁型交流发电机；（b）外搭铁型交流发电机

2. 交流发电机构造

汽车用交流发电机主要由转子、定子、整流器及前后端盖等组成。JF132 型交流发电机组成，如图 2-27 所示。

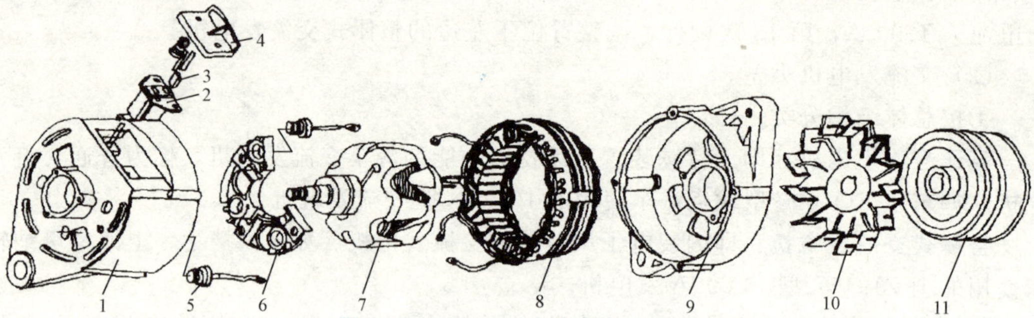

图 2-27　JF132 型交流发电机组成

1—后端盖；2—电刷架；3—电刷；4—电刷弹簧压盖；5—硅二极管；6—元件板；7—转子；8—定子；9—前端盖；10—风扇；11—带轮

（1）转子。交流发电机的转子是发电机的磁场部分，它主要由两块爪极、磁场绕组、滑环及轴等组成。交流发电机转子总成，如图 2-28 所示；交流发电机转子结构，如图 2-29 所示。

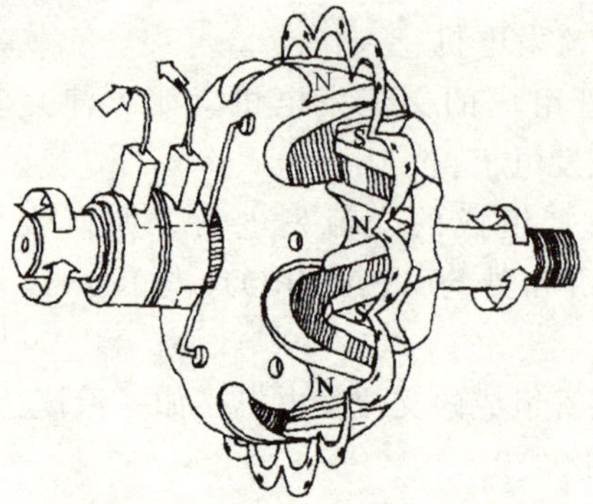

图 2-28　交流发电机转子总成

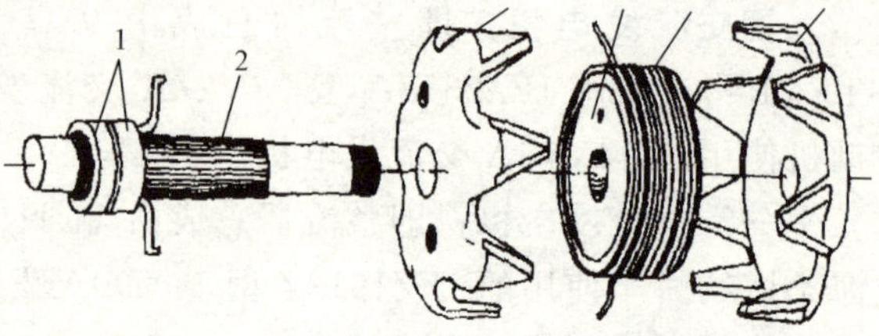

图 2-29　交流发电机转子分解图

1—滑环；2—转子轴；3—爪极；4—磁轭；5—磁场绕组

两块爪极被压装在转轴上，且内腔装有磁轭，其上绕有磁场绕组。绕组两端的引线分别焊在与轴绝缘的两个滑环上。两个电刷装在与端盖绝缘的电刷架内，通过弹簧力使其与滑环保持接触。当发电机工作时，两电刷与直流电源连通，可为磁场绕组提供定向电流并产生轴向磁通。使两块爪极被分别磁化为 N 极和 S 极，从而形成犬牙交错的磁极对并沿圆周方向均匀分布。磁极对数可为 4 对、5 对、6 对和 7 对。国产发电机大多采用 6 对磁极。爪极凸缘的外形像鸟嘴，这种形状可以使定子感应的交流电动势近似于正弦波形。转子每转一周，定子的每相电路上就能产生周波个数等于磁极对数的交流电动势。

（2）定子。定子的功用是产生交流电。定子安装在转子的外面，和发电机的前后端盖固定在一起，当转子在其内部转动时，引起定子绕组中磁通的变化，定子绕组中就产生交变的感应电动势。定子由定子铁芯和定子绕组（线圈）组成。定子铁芯由内圈带槽、互相绝缘的硅钢片叠成。定子绕组有三组线圈，对称的嵌放在定子铁芯的槽中。三相绕组的连接有星形接法和三角形接法两种，两种连接都能产生三相交流电。车用交流发电机大多采用星形连接。交流发电机定子总成及连接方式，如图 2-30 所示。

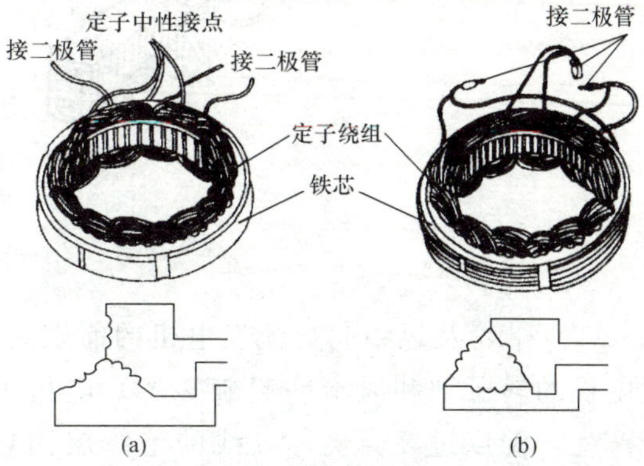

图 2-30　交流发电机定子总成及连接方式

（a）定子绕组星形连接；（b）定子绕组三角形连接

（3）整流器。整流器的功用是将定子绕组的三相交流电变为直流电。整流器由整流板和整流二极管组成，六管交流发电机的整流器是由 6 只硅整流二极管分别压装（或焊装）在相互绝缘的两块板上组成的：其中一块为正极板（带有输出端螺栓）；另一块为负极板，负极板和发电机外壳直接相连（搭铁），也可以将发电机的后盖直接作为负极板。6 只整流二极管分为正极管和负极管两种。引出电极为正极的称为正极管，3 只正极管装在同一块板上，称为正极板；引出电极为负极的称为负极管，3 只负极管安装在负极板上，也可直接安装在后盖上。整流器结构，如图 2-31 所示。

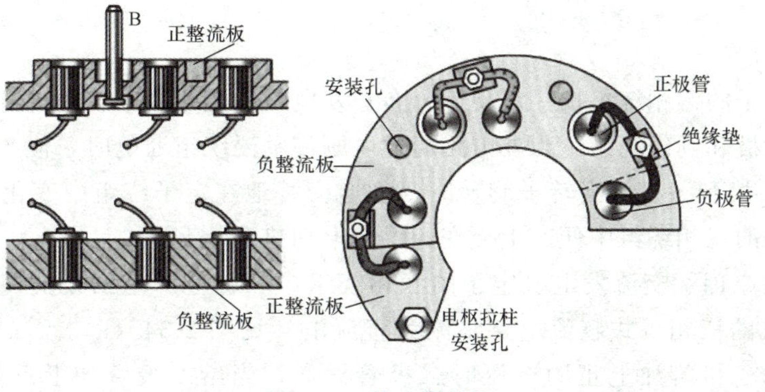

图 2-31　整流器结构

（4）端盖及电刷组件。端盖一般分两部分（前端盖和后端盖），起支撑转子、定子、整流器和电刷组件的作用。端盖一般用铝合金铸造，一是可有效地防止漏磁，二是铝合金散热性能好。后端盖上装有电刷组件。电刷组件由电刷、电刷架和电刷弹簧组成。电刷组件，如图 2-32 所示。电刷的作用是将电源通过滑环引入励磁绕组。两个电刷分别装在电刷架的孔内，借助弹簧压力与滑环保持接触。电刷和滑环的接触应良好，否则会因为磁场电流过小，导致发电机发电不足。

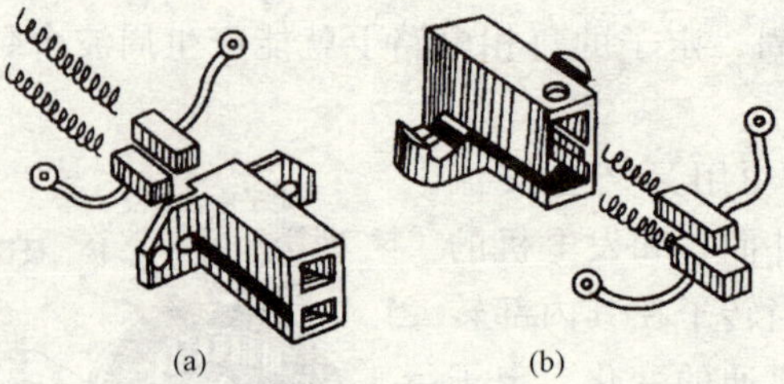

图 2-32　电刷组件

(a) 外装式电刷；(b) 内装式电刷

(5) 带轮及风扇。交流发电机的前端装有带轮和风扇，由发动机通过传动带驱动发电机的转子轴和风扇一起旋转。发电机工作时，定子绕组和励磁绕组中都会有热量产生，温度过高会烧坏导线的绝缘层而导致发电机不能正常工作，所以为发电机散热是必需的。为了提高散热能力，有的发电机装有两个风扇（前后各一个），如丰田轿车的发电机。

3. 交流发电机的工作原理

(1) 三相交变电动势的产生。汽车用交流发电机的工作原理，如图 2-33 所示。

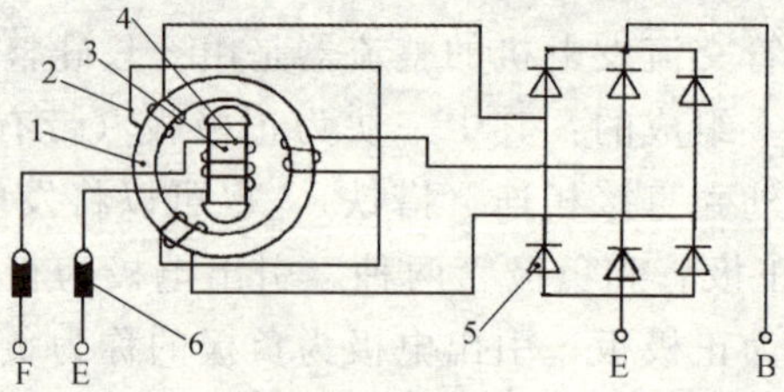

图 2-33　汽车用交流发电机的工作原理

1—定子铁芯；2—定子绕组；3—转子；4—励磁绕组；5—整流二极管；6—电刷

发电机定子的三相绕组按一定规律分布在发电机的定子槽中，内部有一个转子，转子上安装着爪极和励磁绕组。当外电路通过电刷使励磁绕组通电时，便产生磁场，使爪极被磁化为 N 极和 S 极。当转子旋转时，磁通交替地在定子绕组中变化，根据电磁感应原理，定子的三相绕组中便产生交变的感应电动势。

(2) 整流原理。交流发电机定子的三相绕组中，感应产生的是交流电，是通过 6 只二极管组成的三相桥式整流电路整流为直流电［见图 2-34 (a)］。二极管具有单向导通性，当给二极管加上正向电压时二极管导通，当给二极管加上反向电压时二极管截止。将定子的三相绕组和 6 只整流二极管的电路连接，发电机的输出端 B、E 上就输出一个脉动直流电压，如图 2-34 (b) 所示，这就是发电机的整流原理。

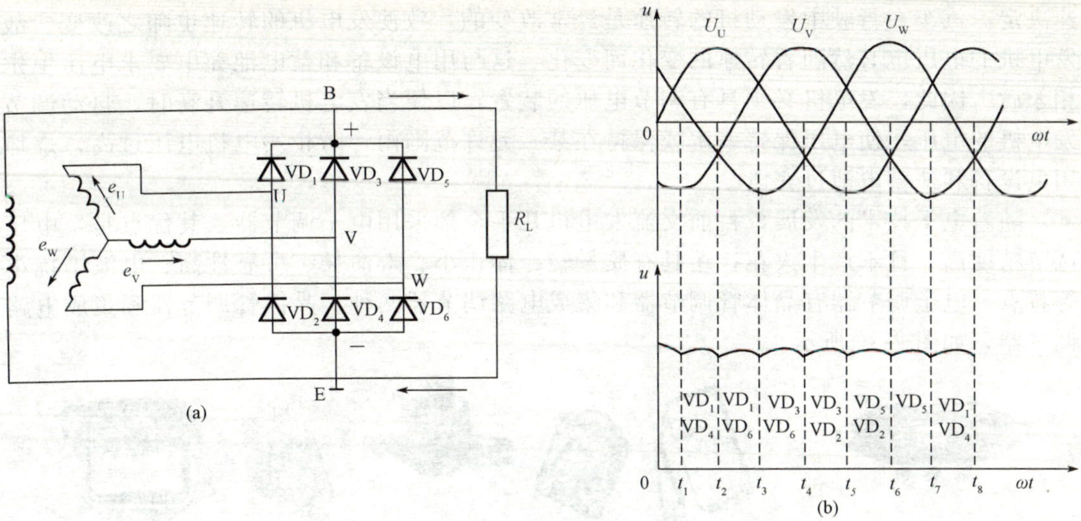

图 2-34　交流发电机整流原理

(a) 整流电路图；(b) 三相绕组电压波形图；(c) 整流后发电机输出波形图

在定子绕组为星形连接时，三相绕组的公共节点称为中性点。从三相绕组的中性点引一根导线到发电机外，标记为“N”。“N”点电压称为中性点电压。中性点电压的瞬时值是一个三次谐波电压（见图 2-35），平均值为发电机输出电压（平均值）的一半，即

$$U_N = \frac{1}{2}U$$

式中：U_N——中性点电压，单位为 V；

U——发电机输出电压，单位为 V。

有些交流发电机用导线将中性点引出，通常用来控制各种用途的继电器。如磁场继电器、充电指示灯继电器。

(3) 励磁方法。将电流引入到励磁绕组使之产生磁场，称为励磁。交流发电机励磁方式有他励和自励两种。在发电机转速较低时（发动机未达到怠速转速），自身不能发电，需要蓄电池供给发电机励磁绕组电流，使励磁绕组产生磁场来发电。这种由蓄电池供给磁场电流发电的方式称为他励发电。随着转速的提高（一般在发动机达到怠速时），发电机定子绕组的电动势逐渐升高并能使整流器二极管导通，当发电机的输出电压大于蓄电池电压时，发电机就能对外供电了。当发电机能对外供电时，就可以把自身发的电供给励磁绕组，这种自身供给磁场电流发电的方式称为自励发电。交流发电机励磁过程是先他励后自励。

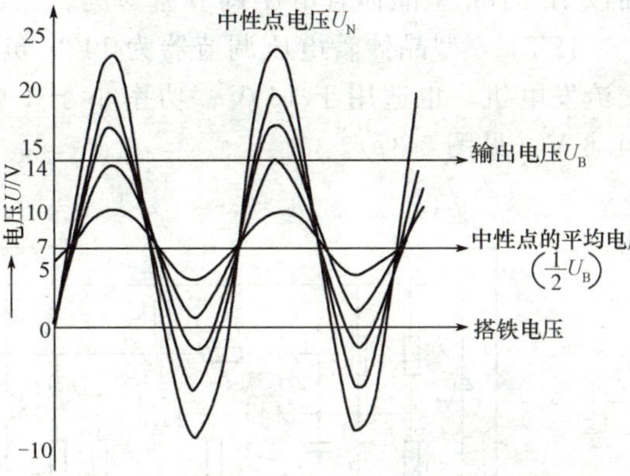

图 2-35　交流发电机中性点电压波形

二、电压调节器

发电机在汽车上是按固定的传动比由发动机驱动，因此它的转速完全由发动机的转

速决定。汽车在行驶中发动机的转速是经常改变的，致使发电机的转速也随之改变。故发电机的电压也必然随着转速的变化而变化。这与用电设备和蓄电池充电要求电压恒定相矛盾。因此，发电机必须具有调节电压的装置，以便当发电机转速升高时，自动调节发电机的电压，使电压保持一定或保持在某一允许范围内，防止发电机电压过高，烧坏用电设备和使蓄电池过充电。

随着电子技术的发展，目前交流发电机几乎全部采用电子调节器。其优点是：电压调节精度高，且不产生火花，还具有质量轻、体积小、寿命长、可靠性高、电波干扰小等特点。电子调节器有晶体管调节器和集成电路调节器两种。晶体管调节器和集成电路调节器，如图 2-36 所示。

(a)　　(b)

图 2-36　晶体管调节器和集成电路调节器

(a) 晶体管调节器；(b) 集成电路调节器

1. 晶体管电压调节器

晶体管电压调节器是利用晶体三极管的开关作用，控制发电机励磁电路的通、断的，在发电机转速发生变化时，调节励磁电路的电流，使发电机电压保持稳定。这种调节器没有触点，使用过程中无须保养和维护，结构简单，体积小，质量轻。电路设计原理大致相同，结构也基本相同，都是由 1～2 个稳压管，1～3 个二极管，2～3 个三极管，若干个电阻、电容等元件组成。由印制电路板连成电路，外壳由薄而轻的铝合金制成，表面有散热片，外有 3 个接线柱，分别为“+”（或火线、电枢）接线柱、“－”（或搭铁）接线柱、“F”（或磁场）接线柱，分别与发电机的 3 个接线柱对应连接。下面以 JFT106 型晶体管电压调节器为例。

JFT106 型晶体管电压调节器为 14 V 负极外搭铁，可以配用 14 V、750 W 的九管交流发电机，也适用于 14 V、功率小于 1 000 W 的六管发电机，调节电压为 13.8～14.6 V（见图 2-37）。

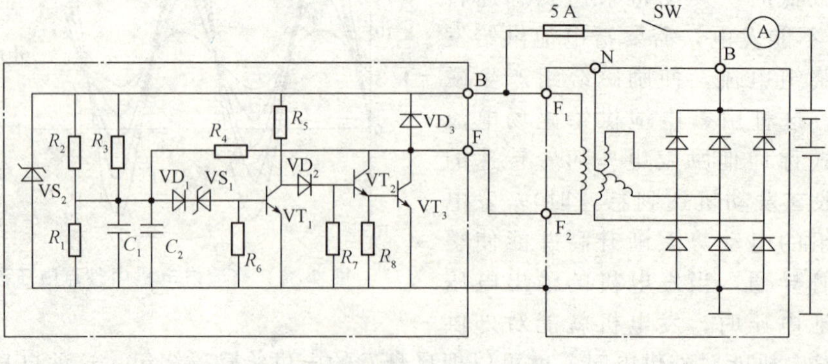

图 2-37　JFT106 型晶体管电压调节器

(1) 结构。电阻 R_1、R_2、R_3 构成分电器，R_4 和稳压管 VS_2 构成电压敏感电路，三极管 VT_1 与复合连接的三极管 VT_2、VT_3 构成两个开关电路，开关控制由 VT_1 承担。R_4、R_5、R_6、R_7 是晶体管的偏置电阻，保证三极管正常工作。

二极管 VD_3 构成的自感电流闭合回路，保护了三极管 VT_3。VD_2 为温度补偿二极管，用来减少温度对调节器调压值的影响。二极管 VD_1 接在稳压管 VS_2 之前，当交流发电机端电压过高时，能限制稳压管电流，不致过大而被烧坏。当发电机端电压降低时，二极管 VD_1 能迅速截止，保证稳压管可靠截止。R_8 是正反馈电阻，用来提高 VT_3 的导通和截止的速度，使调节电压稳定。电容器 C_1 和 C_2 用来降低开关频率，减少功率损耗。稳压管 VS_1 接在发电机的输出端，当负载发生变化时，使调节电压保持稳定。

(2) 工作原理。接通点火开关，发动机起动点火前及着火后发电机电压低于调压值时，蓄电池电压经点火开关作用在分压器两端，稳压管 VS_2 承受反向电压。由于蓄电池电压低于调压值，反向电压低于 VS_2 的反向击穿电压，因此，此时 VS_2 截止，三极管 VT_1 也截止，“B”点电位近似于电源电位，二极管 VD_2 承受正向电压而导通，于是三极管 VT_2、VT_3 也导通，接通了发电机励磁绕组的电路。其电路为：蓄电池“+”极→点火开关→“F_1”→励磁绕组→“F_2”→调节器“F”接线柱→VT_3 的集电极→VT_3 的发射极→搭铁→蓄电池“－”极。

发动机转速逐步上升，发电机转速也随之上升。当发电机电压升高到规定值时，作用在分压器“A”点的电压，即稳压管 VS_2 承受的反向电压，超过其反向击穿电压而被反向击穿导通，三极管 VT_1 的导通使“B”电位降低，二极管 VD_2 承受反向电压而截止，使 VT_2、VT_3 也截止，切断了发电机的励磁电路，励磁电流中断，发电机磁场消失，发电机电压下降。当电压下降到调压值以下时，稳压管 VS_2 又截止，于是 VT_1 也截止，VT_2、VT_3 又导通，发电机电压重新升高。这样反复循环，控制励磁电路的通断，使发电机在转速变化时，能保证发电机电压保持恒定。

2. 集成电路电压调节器

集成电路电压调节器是通过对汽车电源电压变化的检测，利用晶体管的开关特性控制硅整流交流发电机励磁电流的相应变化，达到保持电压恒定的目的。按检测电源电压的方式不同，分为发电机电压检测和蓄电池电压检测两种。

(1) 发电机电压检测。发电机电压检测法的电压调节器电路，如图 2-38 所示。加在分压器 R_1、R_2 上的电压是磁场二极管输出端 L 的电压 U_L，而交流发电机输出端 B 的电压为 U_B，因为 $U_L = U_B$，所以调节器检测点 P 加到稳压管 VS 两端的反向电压 U_P 与发电机端电压 U_B 成正比，所以该电路称为发电机电压检测法。

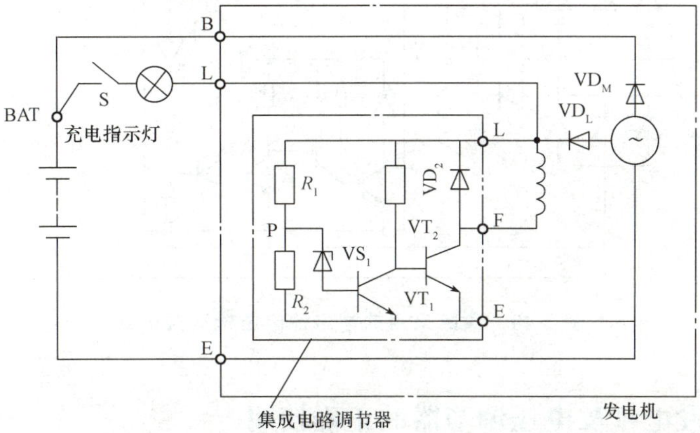

图 2-38 发电机电压检测法的电压调节器电路

（2）蓄电池电压检测。蓄电池电压检测法的电压调节器电路，如图 2-39 所示。加在分压器 R_1、R_2 上的电压为蓄电池电压，由于检测点 P 加在稳压管 VS 上的反向电压与蓄电池的端电压成正比，所以该电路称为蓄电池电压检测法。

上述两种基本电路中，如果采用发电机电压检测法线路，发电机的引出线可以少一根，不足之处在于，检测电路中发电机电压 B 点到蓄电池正极之间的电压降较大时，蓄电池的充电电压将会偏低，使蓄电池充电不足。因此，一般大功率发电机要采用蓄电池电压检测法线路的调节器。在采用蓄电池电压检测法线路的情况下，当 B 点与蓄电池正极之间或 S 点与蓄电池正极之间断线时，由于不能检测出发电机的端电压，发电机电压将会失控。为了克服这一不足，线路上应采取一定的措施。实际采用的蓄电池电压检测法电路，如图 2-40 所示。在调节器的分压器与发电机 B 端之间增了一个电阻 R_6 和一个二极管 VD_2，这样，当 B 与蓄电池正极之间或 S 与蓄电池正极之间出现断线时，由于 R_6 的存在，仍能检测出发电机的端电压 U_B，从而使调节器正常工作，也可以防止发电机电压过高的现象。

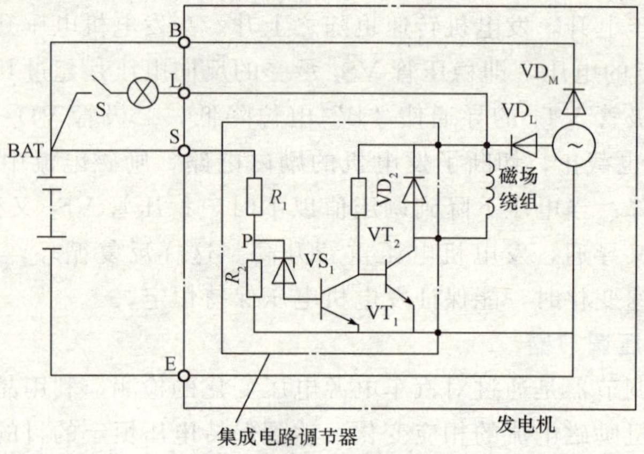

图 2-39　蓄电池电压检测法的电压调节器电路

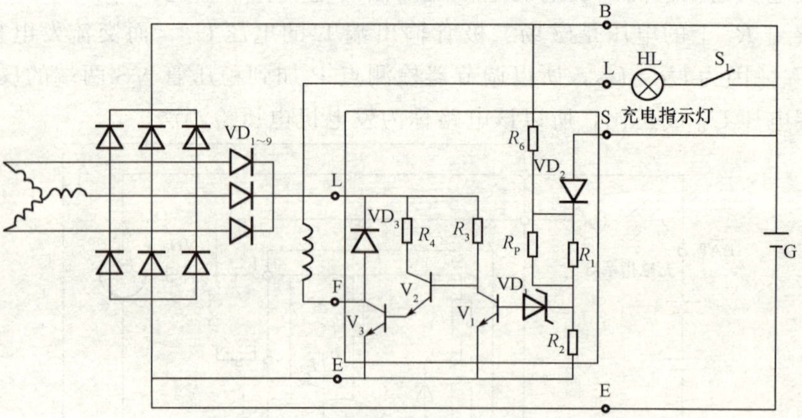

图 2-40　实际采用的蓄电池电压检测法电路

三、交流发电机及电压调节器的正确使用

（1）蓄电池的搭铁极性必须与发电机搭铁极性相同。国产及进口交流发电机均为负

极搭铁，蓄电池必须负极搭铁。否则，蓄电池将通过二极管大电流放电，使二极管烧坏。

（2）发电机运转时，不能使用试火方法检查发电机是否发电，否则容易损坏二极管及其他电子元件。

（3）发现交流发电机不发电或者充电电流较小时，应及时找出故障予以排除。如长期带故障运行，发电机可能出现严重故障或损坏。一个二极管短路，将会使其他二极管和定子绕组烧坏。

（4）绝对禁止用200 V以上的交流电压或兆欧表检查发电机的绝缘性能，否则将损坏整流二极管及调节器中的电子元件。

（5）发电机正常运行时，切不可任意拆卸各电器的连接线，以防引起电路中的瞬时过电压损坏二极管及调节器中的电子元件或其他电子设备。

（6）蓄电池可起到电容器的作用，即可在一定程度上吸收电路中的瞬时过电压，否则将损坏二极管及调节器中的电子元件。

（7）发动机熄火后，应及时将点火开关断开，否则蓄电池长期向磁场绕组放电，使磁场绕组过热而损坏。

（8）调节器与交流发电机的搭铁形式必须一致。内搭铁型调节器只能与内搭铁型发电机配合使用，外搭铁型调节器只能与外搭铁型发电机配合使用。否则发电机无磁场电流而不能输出电压。

（9）调节器与交流发电机的电压等级必须一致，否则充电系统不能正常工作。

（10）调节器的调节电压不能过高或过低，避免损坏用电设备或引起蓄电池充电不足。

实施与考核

一、实训内容

1. 实训准备

（1）准备实验用的各种交流发电机、发电机拆装件及交流发电机调节器。

（2）强调实训中的安全事项。

2. 实训流程

（1）交流发电机的结构及各部分的作用。

（2）交流发电机的工作原理。

（3）交流发电机调节器的作用。

3. 实训记录

组织学生完成实训记录单。

4. 教师总结及反馈

（1）总结本次的实训要点内容。

（2）解答学生实训中存在的问题。

（3）对学生解决实际问题能力的考核做出点评，给出本次实训成绩。

二、任务实施与考核

（1）教师组织学生分组分工。在充分掌握上述知识与技能的前提下，各组按要求完

成任务工作单（表 2-10）。

表 2-10 任务工作单

实训项目：汽车交流发电机及调节器认知

班级学号		姓　名	
实训车型		VIN 码	

1. 发电机的结构认识：

①发电机的作用：________________。

②发电机是由______、______、电刷、______、前后端盖和风扇等组成的。

③转子的作用：________________。

④分析下图中转子中的励磁绕组和滑环是如何连接的，画出励磁绕组中电流的走向。

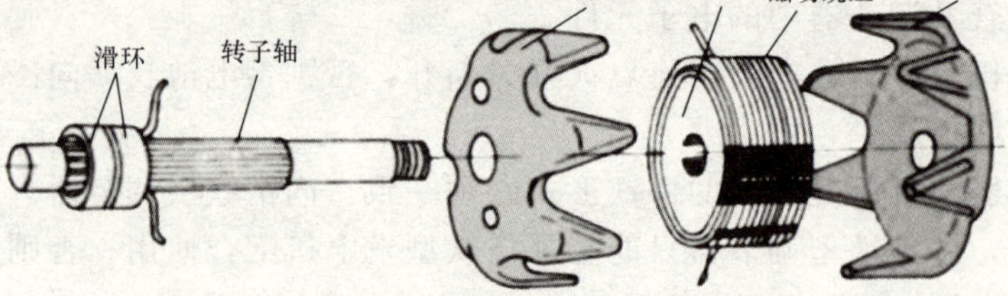

⑤定子是由______和______组成的。定子绕组一般采用______形连接和三角形连接（见下图）。

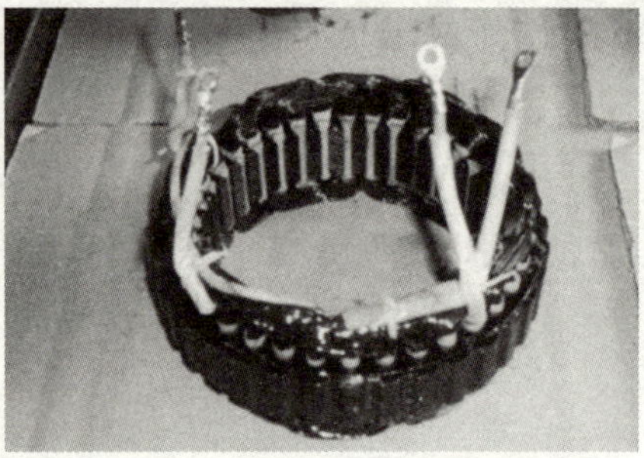

⑥读下图分析整流器的结构。对照实物指出整流器上的二极管和定子绕组如何连接。

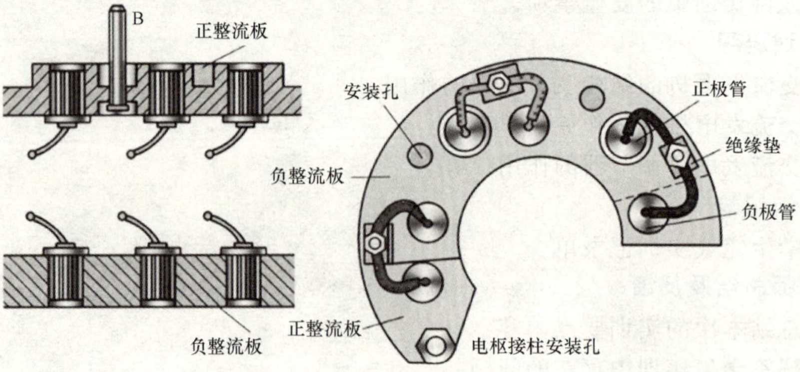

2. 交流发电机的工作原理：

①产生交流电动势的两个必要条件是______和______。

②二极管的整流原则是________________。

续表

③分析下图，说明充电指示灯如何工作，多的三个二极管有何作用。

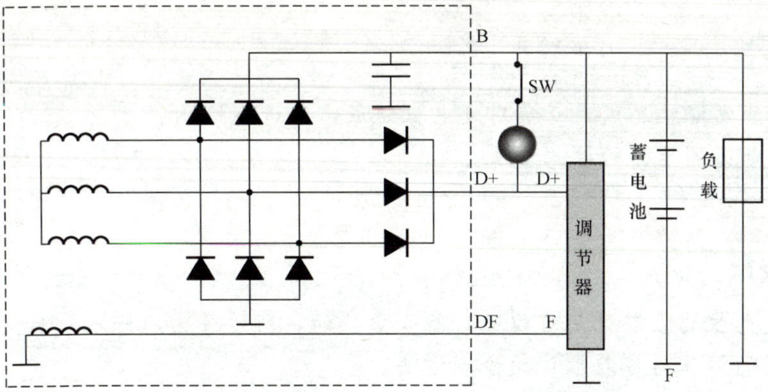

④八管交流发电机多出的两个二极管有何作用？

⑤交流发电机发电过程分为________和自励。

3. 电压调节器：

①电压调节器的作用：____。

②晶体管式电压调节器是利用________________特性实现调压的。

4. 自我评价（个人技能掌握程度）：□非常熟练　□比较熟练　□一般熟练　□不熟练

教师评语：

实训记录成绩________________　教师签字：________________　______年______月______日

（2）教师根据完成的情况完成教师考核记录（表 2-11）。

表 2-11　教师考核记录

实训项目：汽车交流发电机及调节器认知

班级学号		姓　名		
项目	必要的记录		分值	评分
课堂参与情况			40	
语言表达情况			20	
任务单填写情况			20	
反馈建议情况			10	
实训准备、清洁情况			10	
总分				
教师签字： ______年______月______日				

任务四　交流发电机及调节器性能检测

任务目标

1. 能拆装发电机总成，正确对发电机组成零件进行检测。
2. 掌握电压调节器的检测方法。

任务分析

有些发电机的零部件是可以进行维修更换的，所以作为汽修人员有必要掌握发电机及调节器的解体与各零部件的检测方法。

基础知识

一、交流发电机的分解和组装

1. 发电机的分解

（1）拆下电刷及电刷架（外装式）紧固螺钉，取下电刷架总成。电刷架拆解如图 2-41 所示。

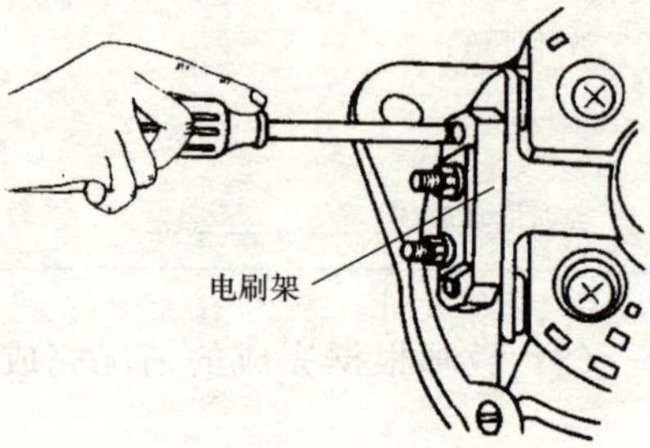

图 2-41　电刷架拆解

（2）在前后端盖上做记号，拆下连接前后端盖的紧固螺栓（如图 2-42 所示），将其分解为与转子结合的前端盖和与定子连接的后端盖两大部分。前后端盖的分解，如图 2-42 所示。

注：不能单独将后端盖分离下来，否则会扯断定子绕组与整流器的连接线（即三相定子绕组端头）。

（3）将转子夹紧在台虎钳上，拆下带轮紧固螺母后，可依次取下带轮、风扇、半圆键和定位套。皮带轮的分解，如图 2-43 所示。

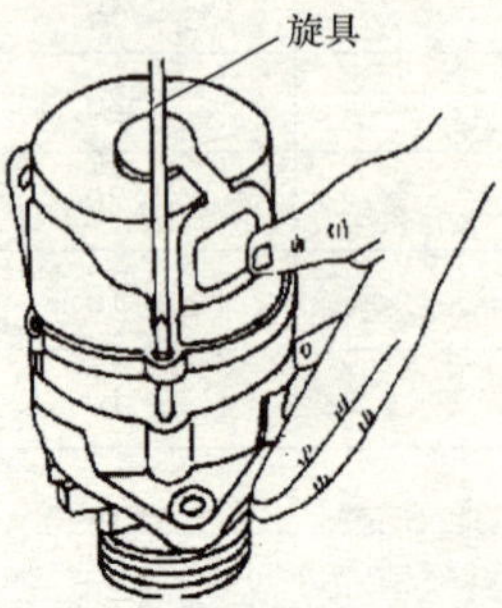

图 2-42　前后端盖的分解

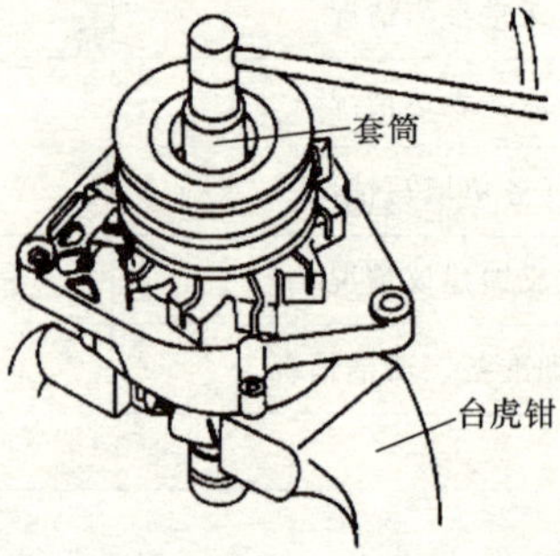

图 2-43　皮带轮的分解

（4）将前端盖与转子分离，若该部件装配过紧，可用拉器拉开，或用木锤轻轻敲，使之分离。前端盖的分解，如图 2-44 所示。

注：铝合金端盖容易变形，因此拆卸时应均匀用力。

(5) 拆掉防护罩，拆掉后端盖上的三个螺钉（其中③兼作“—”接线柱），即可将防护罩取下。后端盖的分解，如图 2-45 所示。

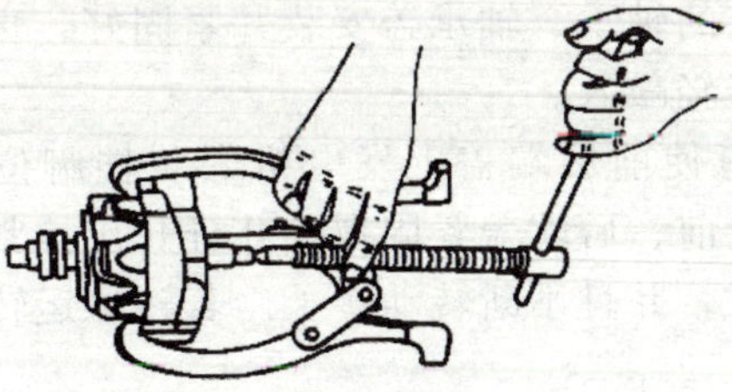

图 2-44 前端盖的分解

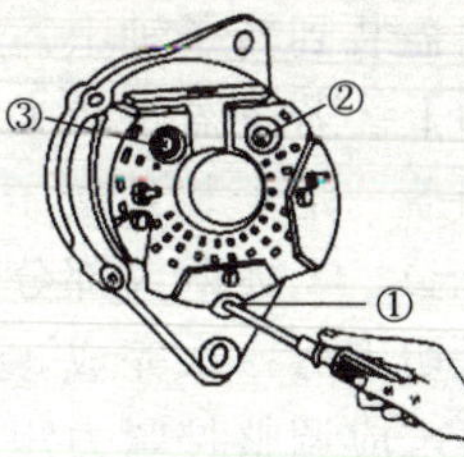

图 2-45 后端盖的分解

①②③—固定螺钉

对于整体式发电机，先拧下“B”端子上的固定螺母并取下绝缘套管；再拧下后防尘盖上的三个带垫片的固定螺母，取下后防尘盖；然后拆下电刷组件的两个固定螺钉和调节器的三个固定螺钉，取下电刷组件和 IC 调节器总成；最后拧下整流器二极管与定子绕组的引线端子的连接螺钉，取下整体式整流器总成。

(6) 拆下定子上四个接线端（三相绕组首端及中性点）在散热板上的连接螺母，使定子与后端盖分离。定子线圈与整流板的分解，如图 2-46 所示。

(7) 拆下后端盖上紧固整流器总成的螺钉，取下整流器总成。整流器拆解，如图 2-47 所示。

注：若经检验所有二极管均良好，该步骤可不进行。

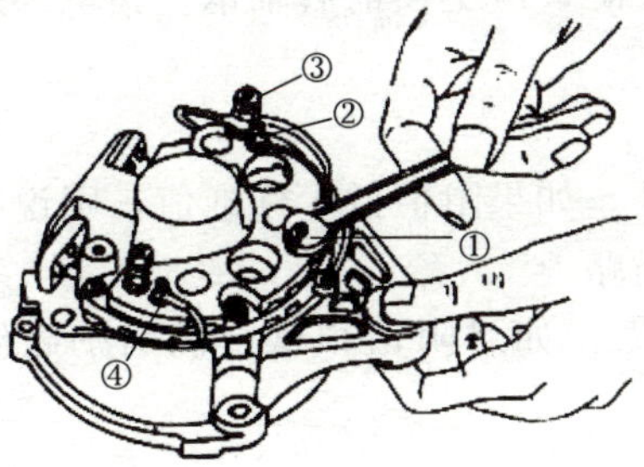

图 2-46 定子线圈与整流板的分解

①②③④—接线端

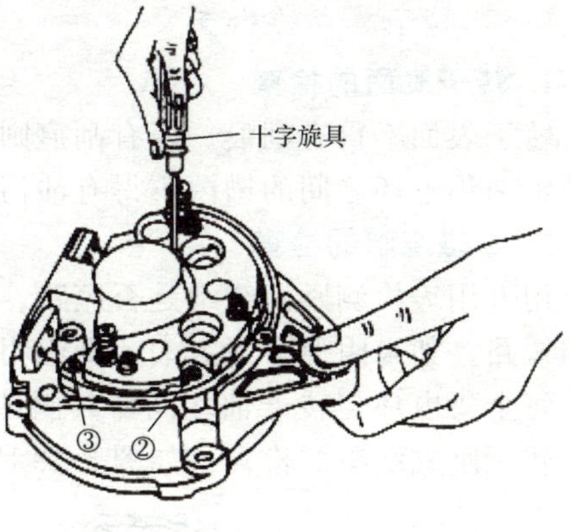

图 2-47 整流器拆解

(8) 零部件的清洗。对机械部分可用煤油或清洗液清洗，对电器部分如绕组、散热板及全封闭轴承等宜用干净的棉纱擦拭掉表面尘土、脏污。发电机的拆解要按照工艺要求进行，禁止生敲硬卸而损坏机件。拆解的零件要按照规范清洗并顺序摆放。

2. 发电机的装复

(1) 按照拆解的相反顺序进行组装，注意不要漏装各种绝缘垫片和垫圈。

①将整流器装到后端盖上。见图 2-47，拧上三个固定螺钉，整流器即被固定在后端盖上（见图 2-47）。应注意各绝缘垫片不能漏装。安装完毕后用万用表电阻挡测量“B”接线柱与端盖间电阻应为∞。测量两散热板之间及绝缘散热板与端盖之间电阻，

均应为∞。若上述电阻较小或者为零，表明漏装了绝缘垫片或套管，应拆开重装。

②将定子总成与后端结合。装定子绕组上的四个接线端子从后端盖孔中穿出，将接线端分别连接在整流器的接线螺钉上（见图 2-46）。

③将前端盖装到转子轴上。先将前端盖上的轴承、轴承盖安装并紧固好，再将该部分套到转子轴上。若过盈量较大，可用木槌轻轻敲入。

④将后端盖、定子装到转子轴上。应注意使前后端盖上发电机安装挂脚位置恰当（符合拆解标记）。上述两大部分结合后，穿上前、后端盖紧固螺栓并分几次拧紧。注意各螺栓的拧紧切不可一次完成，而应轮流进行，并且不断转动转子。若转子运转受阻或者内部有摩擦，应调整拧紧力矩。

⑤装配风扇、带轮。在转子轴上套上定位套、安装半圆键、风扇叶片、带轮、弹簧垫圈，拧紧带轮紧固螺母（见图 2-42）。

⑥装复后端盖上的防护罩（见图 2-45）。

⑦安装电刷架总成（见图 2-41）。

（2）检验装配质量。

使用万用表检测各接线柱和与外壳间的电阻值，应该符合参数要求。否则应该拆解重装。

（3）装配完毕后，发电机应能运转灵活。

（4）按正确方法将发电机安装在车上，并调整好 V 形带张紧度。

二、交流发电机的零件检测

（一）转子总成的检查

1. 转子表面的检查

转子表面不得有刮痕。若有刮痕则表明轴承松旷，应更换前后轴承。集电环表面应光洁，两集电环之间的槽内不得有油污和异物。

2. 励磁绕组的检查

用万用表检测励磁绕组是否短路、断路及搭铁。如果阻值低于标准值，则说明励磁绕组短路；如果阻值为无穷大，则说明励磁绕组断路。

每个集电环与转子轴之间，其阻值都是无穷大，如果阻值很低，说明励磁绕组搭铁。转子励磁绕组的检查，如图 2-48 所示。

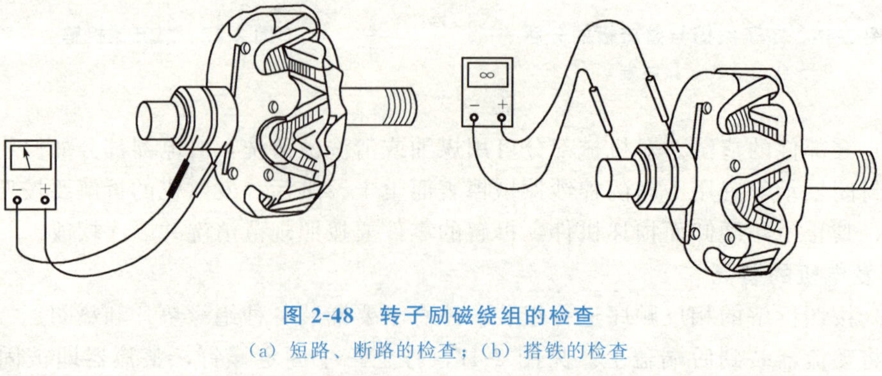

图 2-48　转子励磁绕组的检查

（a）短路、断路的检查；（b）搭铁的检查

3. 转子轴及滑环的检查

转子轴的弯曲会造成转子与定子之间间隙过小而摩擦或碰撞，如发现发电机运转时

阻力过大或有异响，应检查转子轴是否有弯曲。检查转子轴弯曲度，可用百分表检测转子径向圆跳动。滑环应表面光滑，无烧蚀，厚度应大于 1.5 mm。转子轴径向摆差的检查，如图 2-49 所示。

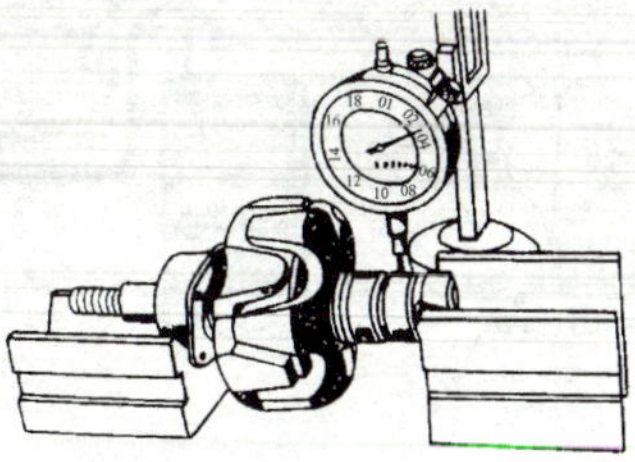

图 2-49　转子轴径向摆差的检查

4. 轴承的检修

若发现发电机运转时有异响，应仔细检查是否因轴承的损坏而造成。

（二）定子总成的检查

1. 定子表面的检查

检查定子表面不得有刮痕，导线表面不得有碰伤、绝缘漆剥落现象。

2. 定子绕组的检查

用万用表检测定子绕组是否断路和搭铁。检测断路：每次任取两个首端，测量三次，每次阻值都应小于 0.5 Ω；若阻值无穷大，为励磁绕组断路，需更换定子总成。定子断路故障的检测，如图 2-50 所示。检测搭铁：用万用表可检测定子绕组是否搭铁。测量三次，阻值均应为无穷大，否则说明定子绕组搭铁，需更换定子总成。定子搭铁故障的检测，如图 2-51 所示。

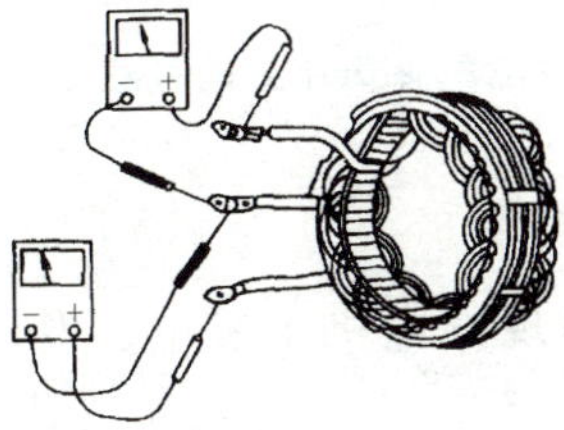

图 2-50　定子断路故障的检测

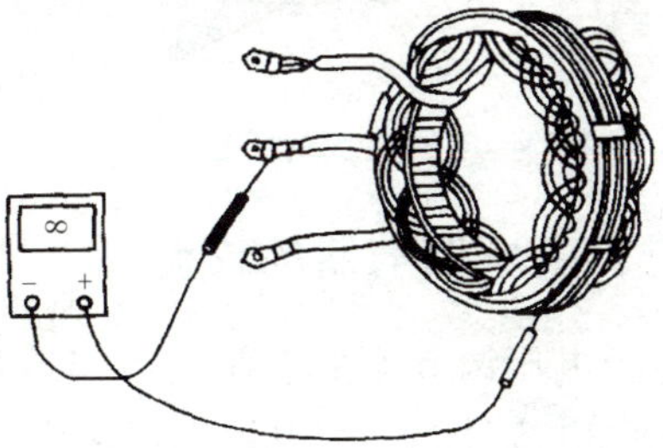

图 2-51　定子搭铁故障的检测

（三）整流器二极管的检查

先将二极管与定子绕组之间的连线断开，用万用表两个表笔分别接到二极管的引线与壳体上，测二极管的正向与反向电阻。正向电阻应在 8～10 Ω，反向电阻应在 1 000 Ω 以上。若正、反向电阻均为 0，说明二极管短路；若正、反向电阻均为无穷大，说明二极管断路。更换二极管需要在压床上进行，或在台虎钳上使用专用工具，但不得使用锤子敲击，以免损坏元件。压装二极管时，过盈量控制在 0.07～0.09 mm。整流二极管的检查，如图 2-52 所示。

（四）电刷组件的检查

1. 电刷高度的检查

电刷和电刷架应无破损或裂纹，电刷在电刷架中应活动自如，不得出现卡滞现象。

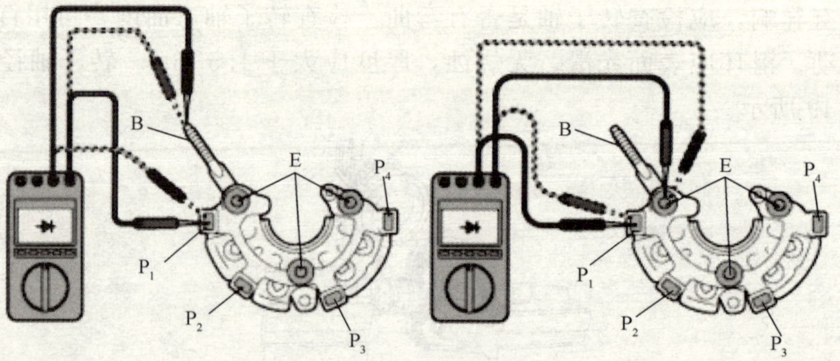

图 2-52　整流器二极管的检查

电刷露出电刷架部分的长度叫电刷长度，电刷长不应超出磨损极限（原长的 1/2），否则应更换。电刷高度的检查，如图 2-53 所示。

2. 电刷弹簧压力的检查

电刷弹簧压力应符合标准，一般为 2～3 N，将电刷压入电刷架使之露出部分约 2 mm，弹簧压力过小应更换。电刷弹簧压力的检查，如图 2-54 所示。

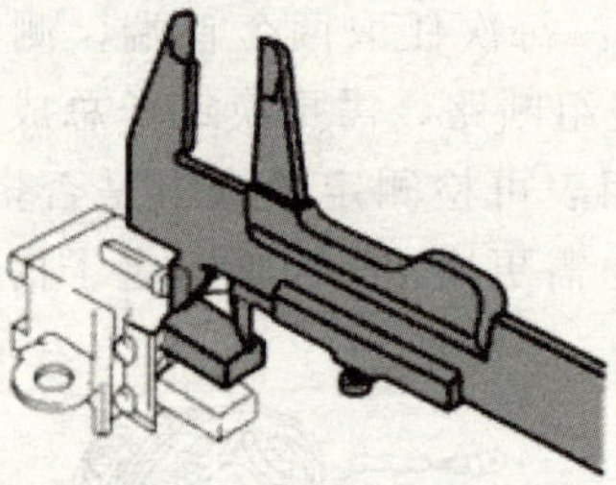

图 2-53　电刷高度的检查

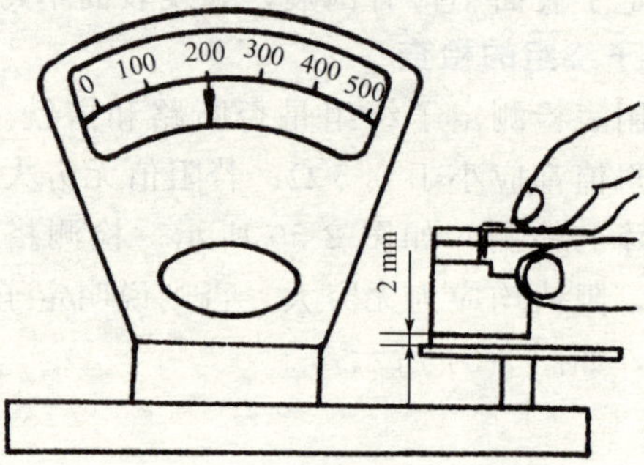

图 2-54　电刷弹簧压力的检查

三、电压调节器的检测

电子电压调节器由于使用不当或质量不佳，会出现发电机不发电、发电机电压过高、充电电流过大、蓄电池电解液沸腾、消耗过快等故障。下面分别介绍晶体管电压调节器和集成电路电压调节器。

（一）晶体管电压调节器的检测

对于晶体管调节器应先分清楚是内搭铁式还是外搭铁式。

1. 内搭铁式晶体管调节器的测试

测试时先将可调直流电源与调节器用导线连接好，然后逐渐提高电源电压，如图 2-55（a）所示。当电压大于 6 V 时，灯泡开始发亮，继续提高电压；当电压达到 13.5～16.5 V 时，灯泡应熄灭，这种情况说明调节器完好。如果灯泡从开始一直不亮或亮了以后一直不熄灭，说明调节器有故障。

2. 外搭铁式晶体管调节器的测试

图 2-55（b）所示，可对外搭铁式晶体管调节器进行测试。测试时先将可调直流电源与调节器用导线连接好，测试方法与内搭铁式晶体管调节器完全相同。

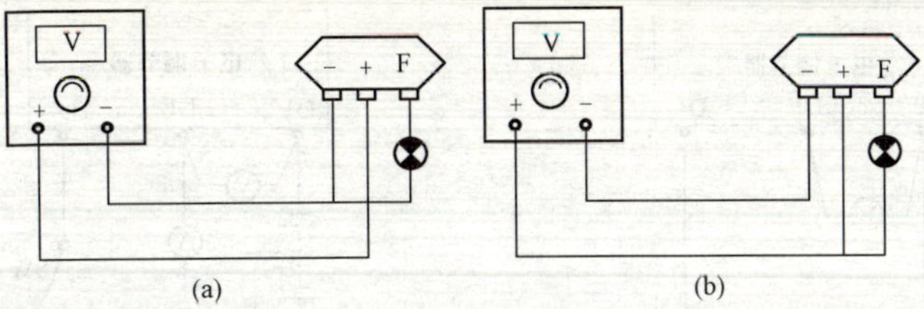

图 2-55 电子调节器检测接线

(a) 内搭铁式晶体管调节器测试；(b) 外搭铁式晶体管调节器测试

（二）集成电路电压调节器的测试

在检查集成电路电压调节器时，应首先分清集成电路电压调节器引线的根数以及接线方法，以防电源极性接错。常见的有三根和四根引线两种，集成电路调节器的接法，如图 2-56 所示。

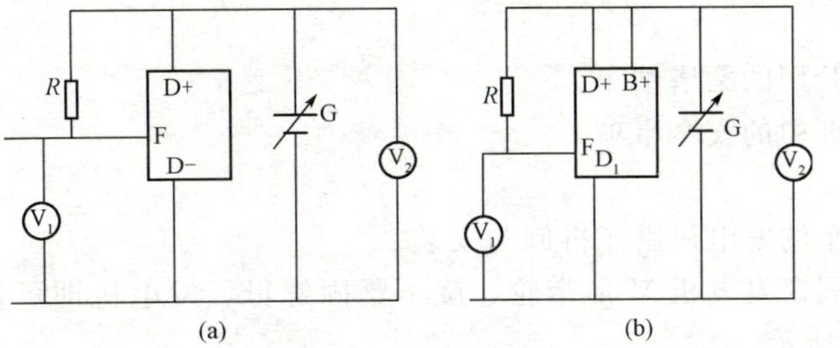

图 2-56 集成电路调节器的接法

(a) 三根引线电压调节器；(b) 四根引线电压调节器

三根引线连接方法［见图 2-56（a）］。三根引线集成电路电压调节器采用发电机电压检测法。按图连好线以后，逐渐增加直流电源电压，该直流电压值由电压表 V_2 指示，当 V_2 指示值小于调节器调节电压值时，V_1 电压表上的电压值应在 0.6～1 V 的范围内，当 V_2 指示值大于调节器调节电压值时，V_1 电压表上的电压值应为 V_2 的值。调节时，V_1 调节电压值不能超过 30 V。

四根引线连接方法［见图 2-56（b）］。四根引线集成电路电压调节器采用蓄电池电压检测法。与三引线集成电路电压调节器的测试方法相同，V_2 小于调节电压值时，V_1 读数为 0.6～1 V；V_2 大于调节电压值时，V_1 读数与 V_2 一致。

在上述两种测试中，如果电压表的读数不符合上述规定范围，说明集成电路调节器内部存在故障，这时只有更换调节器。

1. 调节器工作状态的检查

调节器的好坏可用蓄电池或直流电源与直流试灯来检查。检查调节器的工作状态，如图 2-57 所示，连接 12 V 的蓄电池和直流试灯时，试灯应亮；接 16～18 V 电压时，试灯应不亮。否则应更换调节器。

2. 调节器管压降的检测

检查调节器管压降的检测电路，如图 2-58 所示。接通开关 SW，调节可变电阻 R 使电流表（A）的读数为 4 A 时，电压表的读数应不大于 1.5 V。

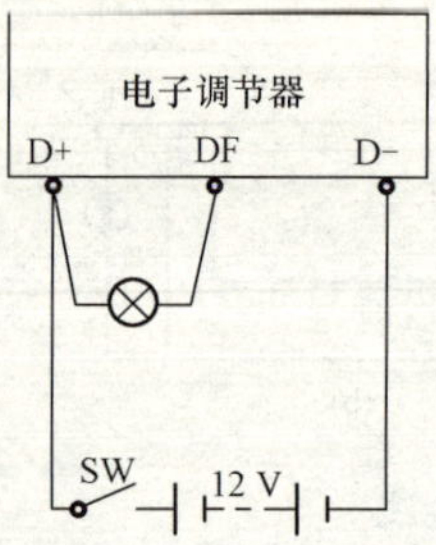

图 2-57　检查调节器工作状态

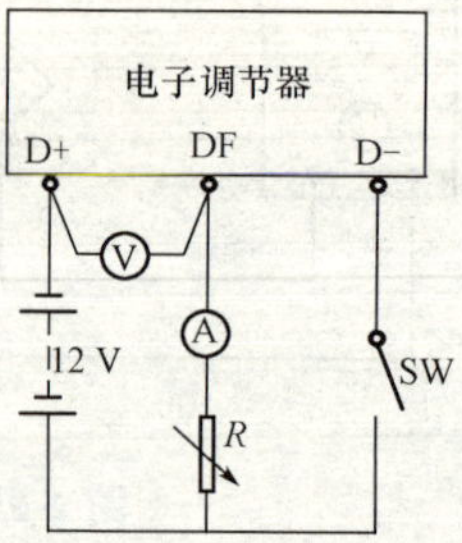

图 2-58　检查调节器管压降的检测电路

实施与考核

一、实训内容

1. 实训准备

（1）准备试验用的桑塔纳车。

（2）强调实训中的安全事项。

2. 实训流程

（1）桑塔纳车的发电机就车拆卸与安装。

用专用扳手固定发电机 V 形带轮，旋下紧固螺母，发电机即可拆下，发电机拆装分解，如图 2-59 所示。

安装发电机时可按拆卸相反的顺序进行。

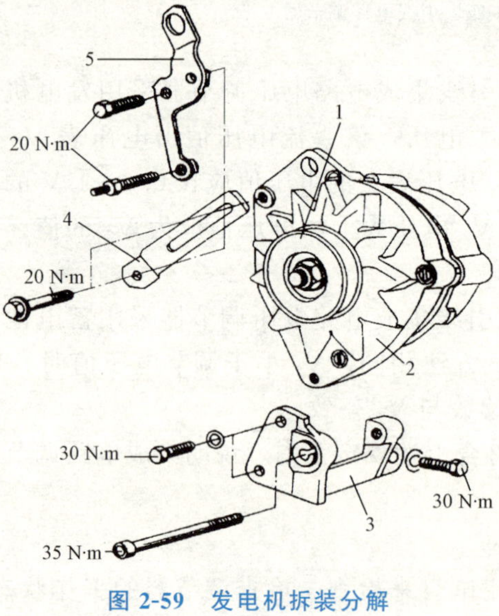

图 2-59　发电机拆装分解

1—V 形带；2—发电机；3、4、5—支架

（2）发电机的解体。

①拆下前端盖连接螺栓，分解前端盖、带轮、转子、后端盖、整流调压器。

②拆下定子绕组端头，从后端盖上取出定子。

③拆下电刷架，取出电刷总成、二极管、整流子及电容器。

④拆下带轮固定螺母，取下带轮、半圆键、风扇、轴套，使转子和前端盖分离。

（3）发电机的各零部件检测。

（4）电压调节器的检测。

3. 实训记录

组织学生完成实训记录单。

4. 教师总结及反馈

（1）总结本次的实训要点内容。

（2）解答学生实训中存在的问题。

（3）对学生解决实际问题能力的考核做出点评，给出本次实训成绩。

二、任务实施与考核

（1）教师组织学生分组分工。在充分掌握上述知识与技能的前提下，各组按要求完

成任务工作单（表 2-12）。

（2）教师根据完成的情况完成教师考核记录（表 2-13）。

表 2-12 任务工作单

实训项目：汽车发电机的就车拆装与解体检测

班级学号		姓　名	
实训车型		VIN 码	

1. 描述就车拆装发电机的过程。

2. 描述试验中备用的交流发电机解体步骤。

3. 试述各零部件的检测方法。

磁场绕组的检测：________。

定子的检测：________。

整流器二极管的好坏：________。

4. 交流发电机电压调节器的维护。

①内搭铁式晶体管电压调节器的测试，根据下图说明调节器的测试方法。

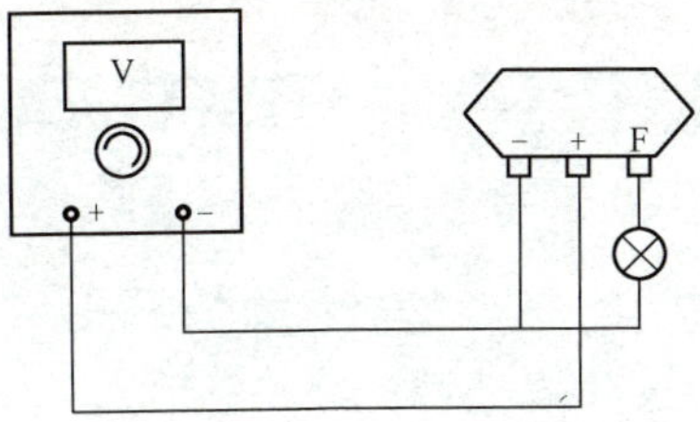

②外搭铁式晶体管电压调节器的测试，根据下图说明调节器的测试方法。

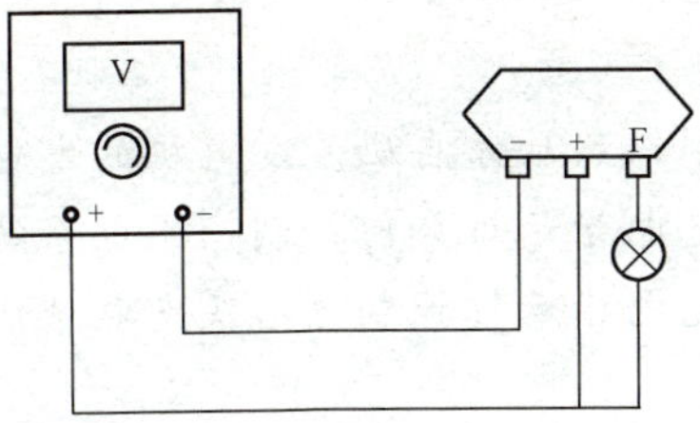

5. 自我评价（个人技能掌握程度）：□非常熟练　□比较熟练　□一般熟练　□不熟练

教师评语：

实训记录成绩________　教师签字：________　____年____月____日

表 2-13　教师考核记录

实训项目：汽车发电机的就车拆装与解体检测

班级学号		姓　名	
项目	必要的记录	分值	评分
课堂参与情况		40	
语言表达情况		20	
任务单填写情况		20	
反馈建议情况		10	
实训准备、清洁情况		10	
总分			
教师签字： ____年____月____日			

任务五　充电系统电路及常见故障检修

任务目标

1. 掌握几种常见的充电指示灯控制电路。
2. 会分析典型车型充电电路。
3. 掌握充电系统故障诊断与排除技巧。

任务分析

对于交流发电机首先要有外来电源进行励磁控制，然后才自励。发电机的发电状态可以通过仪表中的充电指示灯亮灭来显示。那么充电指示灯如何控制？充电系统的常见故障有哪些？怎么诊断？作为汽修人员要掌握充电指示灯控制电路及充电系统的基本检查及故障诊断方法。

基础知识

目前国内外大多数汽车上，均装有充电指示灯（属于报警装置），用来监测充电系统的工作情况。一般情况下，当接通点火开关时，充电指示灯亮，而当发动机起动后，交流发电机正常工作时，充电指示灯熄灭（只有极个别的车型例外，如天津大发）。因此，当发动机正常工作时，充电指示灯突然发亮，则表示充电系统有故障。提醒驾驶员注意及时维修。

一、典型充电系统电路识读

（一）利用中性点电压，通过起动复合继电器控制充电指示灯

东风 EQ1092、解放 CA1092 中性点控制的充电指示灯控制电路，如图 2-60 所示。当点火开关接通时，充电指示灯亮，其电路为：蓄电池正极→点火开关 S→充电指示灯→起动复合继电器的接线柱 L→保护继电器的常闭触点 S_2→磁轭→起动复合继电器的接线柱 E→搭铁。当发动机起动后，发电机开始正常发电，因发电机中性点接线柱 N 有电压输出，这时，起动组合继电器上的磁化线圈 X_2 有电流通过，其电路为：发电机的中性点接线柱 N→起动组合继电器的接线柱 N→磁化线圈 X_2→搭铁接线柱 E。

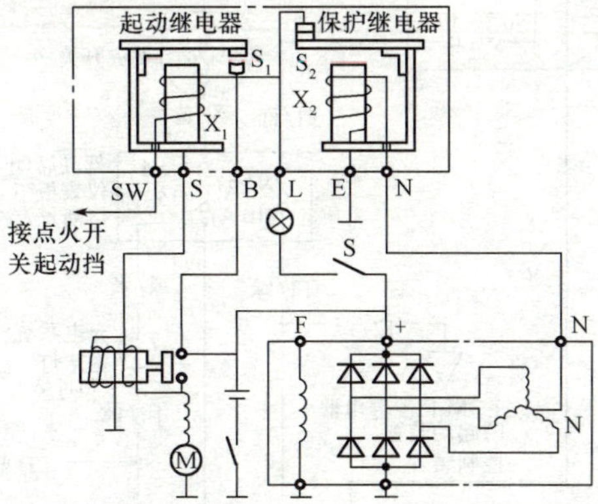

图 2-60 东风 EQ1092、解放 CA1092 中性点控制的充电指示灯控制电路

（二）利用二极管控制充电指示灯

法国沃尔沃充电指示灯控制电路，如图 2-61 所示。当点火开关 S 闭合时，励磁电路为（他励）：蓄电池正极→点火开关 S→充电指示灯→调节器→发电机励磁绕组→搭铁。这时，充电指示灯亮。当发动机起动后，发电机的输出电压高于蓄电池的电动势，二极管 VD 导通，同时，VD 将充电指示灯短路，充电指示灯熄灭，表示发电机正常工作。蓄电池的充电电路为：发电机的火线接线柱 B→VD→蓄电池正极。励磁电路为（自励）：发电机的火线接线柱 B→调节器→发电机励磁绕组→搭铁。

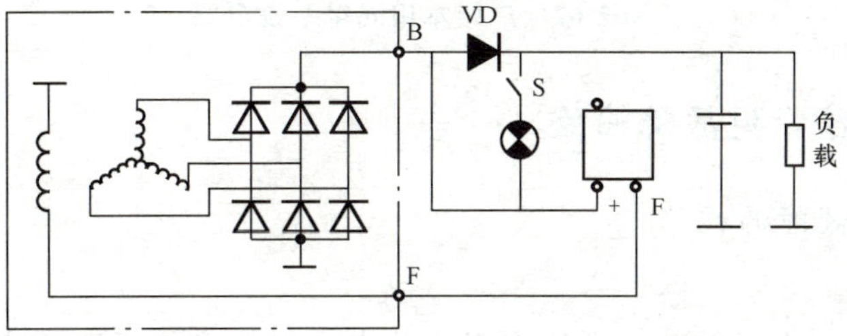

图 2-61 法国沃尔沃充电指示灯控制电路

（三）利用电脑控制的调压电路

广州本田充电系统电路，如图 2-62 所示。在发动机起动前，首次将点火开关转至“RUN”位置时，电瓶电压通过保险丝 4 加到充电系统指示灯上。该指示灯通过交流发电

机的端子L搭铁，此时充电系统指示灯点亮。当发动机怠速及以上转速运转，若交流发电机工作正常，电瓶电压仍通过保险丝4加在充电系统指示灯上，同时，交流发电机通过端子L也供给指示灯电压，故充电系统指示灯两侧电压相等，指示灯熄灭。若发动机运转后，而交流发电机未对蓄电池充电时，充电系统指示灯通过交流发电机（端子L）接搭铁，此时，充电系统指示灯点亮，警示驾驶员交流发电机充电不正常。电负载检测仪测量充电系统总的电负载后，向发动机电脑发送信号，然后由发动机电脑控制电压调节器，当电负载较低时，交流发电机的励磁绕组断开，以减少发动机的机械负载，并提高燃油经济性。

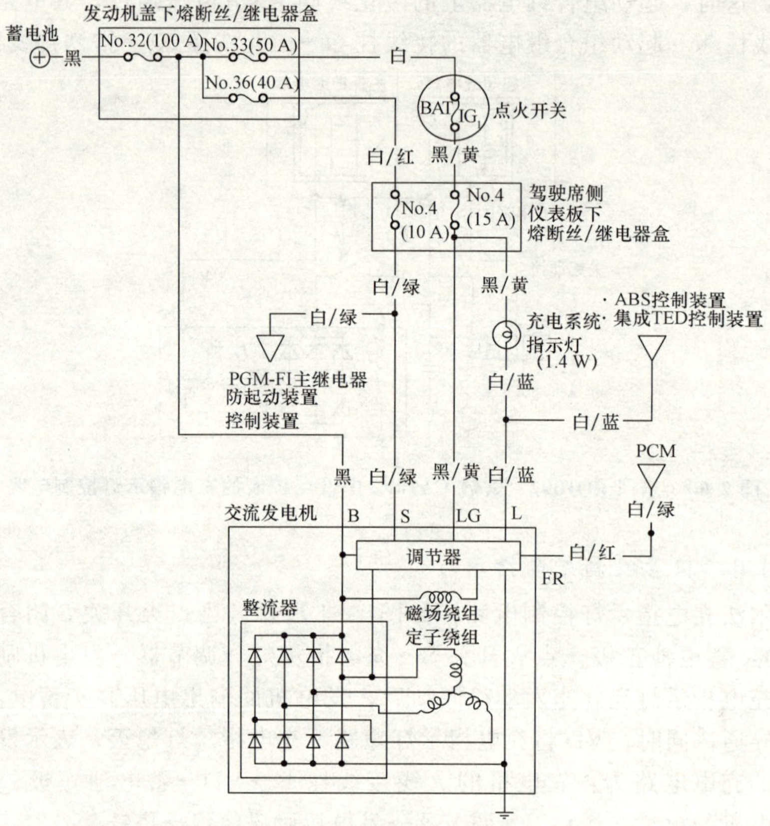

图 2-62 广州本田充电系统电路

二、充电系统常见故障检修

（一）不充电故障的检修

1. 故障现象

发动机在中速以上运转时，电流表指示放电或电压表指示不充电，指示灯不熄灭，表明充电系统不充电。

2. 故障原因

（1）发电机皮带过松、打滑。

（2）发电机励磁线路或充电线路断路。

（3）发电机整流二极管击穿、短路或断路。

（4）发电机定子绕组断路或搭铁。

（5）发电机转子绕组断路。

（6）发电机电刷与集电环接触不良。

（7）调节器失效。

3. 维修思路

（1）检查发动机皮带是否过松或打滑。皮带松紧度的检查方法：用手指压下皮带的中部，若压下量过大，说明发电机皮带过松，应调整。

（2）接通点火开关，用一字旋具靠近发电机后轴承盖，探测转子电磁吸力，若有明显吸力，说明励磁回路正常，故障在充电回路；若无吸力或吸力微弱，说明励磁回路有断路、接触不良或局部短路故障。

（3）若充电回路有故障，可将试灯的一端搭铁，另一端接触发电机“B”接线柱。试灯亮，表示蓄电池到发电机电枢接线柱之间连接正常，故障在发电机；若灯不亮，表明蓄电池到发电机“B”之间断路。

（4）若励磁回路有故障，可将发电机电枢接线柱与调节器励磁接线柱短接（注：对于内搭铁式，短接发动机“B”与“F”接线柱；对于外搭铁式，短接“F_2”与“—”）。然后重新探测磁力，磁力变强，说明发电机内部励磁电路正常，故障在调节器；若仍不能增强，说明故障在发电机内部。

（二）充电电流过小的检修

1. 故障现象

发动机运转时，转速很高，充电电流一直很小，发动机中速运转；当大灯为远光时，电流表指示放电，表明充电电流过小。

2. 故障原因

（1）发电机传动带过松或油污打滑，使发动机转速过低。

（2）充电线路接触不良。

（3）发电机电刷接触不良，整流器损坏。

（4）定子绕组有短路或断路故障。

（5）转子绕组局部短路。

（6）调节器有故障。

3. 维修思路

（1）检查发电机传动带松紧度和油污情况，使之恢复正常。

（2）拆下发电机“F”接线柱或调节器“F”接线柱上的导线，对内搭铁式发电机将发电机“B”接线柱与“F”接线柱短接（对外搭铁式发电机将发电机“F_2”接线柱搭铁）。如果充电电流增大，说明故障在调节器；如充电电流仍然过小，则故障在发电机。

（三）充电电流过大的检修

1. 故障现象

在蓄电池不亏电的情况下，电流表指示充电电流仍在 10 A 以上，汽车白天行使 2～3 h，电流表始终指示大于 5 A 充电电流。蓄电池的电解液消耗过快，经常需要添加。

2. 故障原因

（1）调节器损坏。

（2）发电机电刷与元件板短路，造成调节器不起作用。

3. 维修思路

将调节器励磁接线柱上的线取下，提高发动机转速，观察是否仍有充电电流。若有，说明发电机内部电刷与元件板短路，应更换发电机。若没有，说明调节器有故障。

（四）充电电流不稳

1. 故障现象

发动机正常运转时，汽车上的电流表指示充电，但指针左右摆动，看不准读数（指示灯时亮时灭）。

2. 故障原因

（1）发电机传动带过松打滑。

（2）充电系统线路连接不良。

（3）发电机转子或定子绕组有局部短路或断路故障；集电环脏污或电刷与集电环之间接触不良。

（4）调节器工作不良。

3. 维修思路

（1）检查和调整发电机传动带，排除传动带打滑和导线接触不良等因素。

（2）检查集电环和电刷的接触是否良好；检查整流器，清洗油污表面。

（3）检查调节器，对于晶体管调节器可换件对比检查。

（五）充电指示灯故障的检修

1. 故障现象

充电指示灯不亮或充电指示灯常亮。

2. 故障原因及维修

（1）充电指示灯不亮。接通点火开关，充电指示灯不亮，则表明充电指示灯回路断路。应检查充电指示灯是否烧坏；调节器是否断路；点火开关是否损坏；磁场绕组是否断路；连接线路有无断路等。

（2）充电指示灯常亮。起动发电机后，充电正常而指示灯不熄灭，说明“B”与“D+”间存在电压降，应检查发电机定子是否单相搭铁、整流正二极管是否有一只短路或励磁二极管是否有短路、断路的情况。

三、充电指示灯电路故障实例

以桑塔纳 2000 系列轿车充电系统电路（图 2-63）故障为例进行分析。

（一）点火开头接通时，交流发电机的指示灯不亮

1. 检查条件

（1）发电机 V 形带的张力正常。

（2）蓄电池电充足。

（3）发电机的搭铁线接触良好。

2. 故障诊断与排除

点火开关接通时，交流发电机的指示灯不亮，说明充电系统有断路故障，诊断流程如图 2-64 所示。

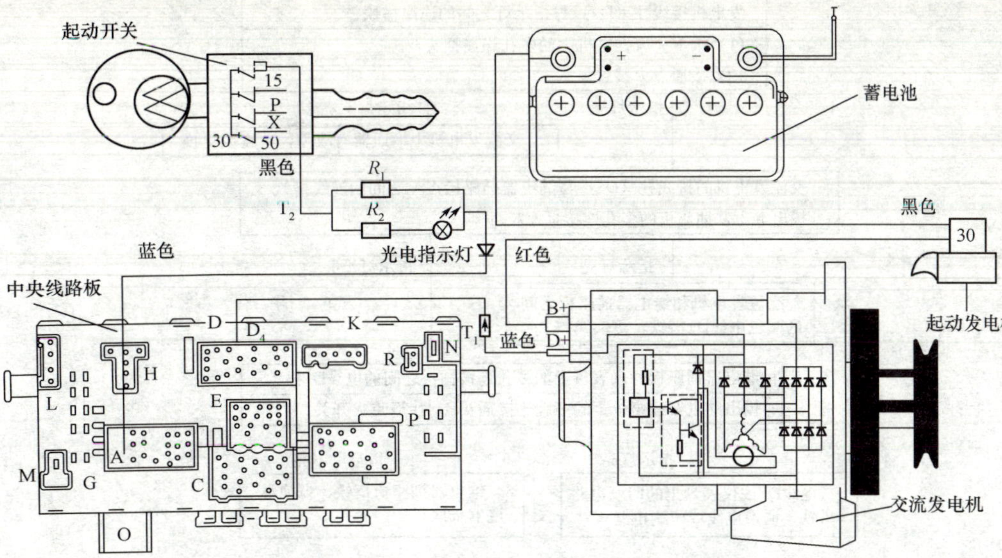

图 2-63 桑塔纳 2000 系列轿车充电系统电路

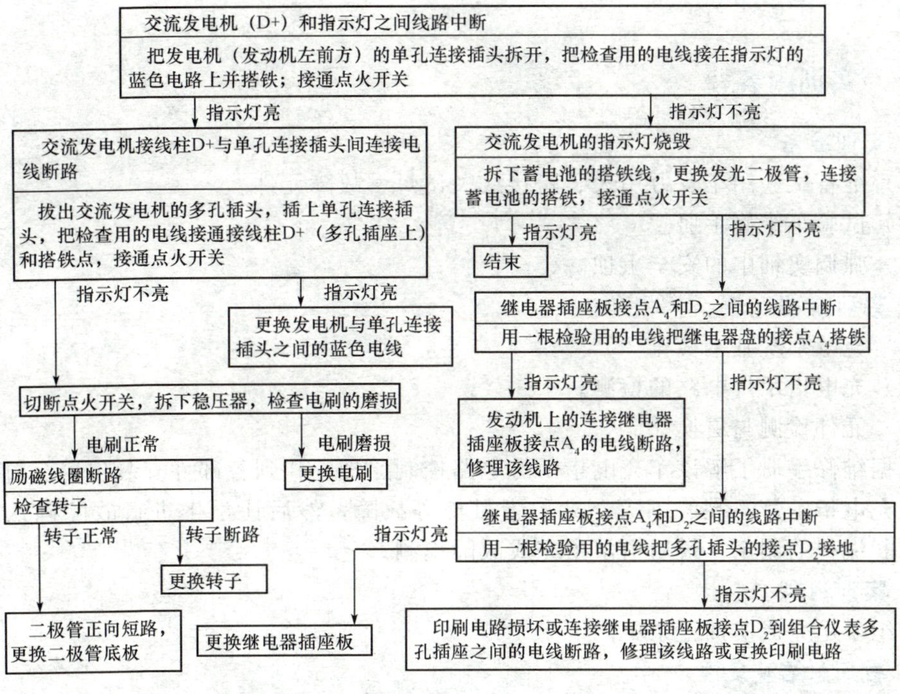

图 2-64 点火开关接通时，交流发电机的指示灯不亮故障的诊断与排除流程

（二）转速增高时，交流发电机指示灯不熄灭

当发动机转速增高时，交流发电机指示灯不熄灭，说明充电系统有搭铁故障。转速增高时，交流发电机指示灯不熄灭故障的诊断与排除流程，如图 2-65 所示。

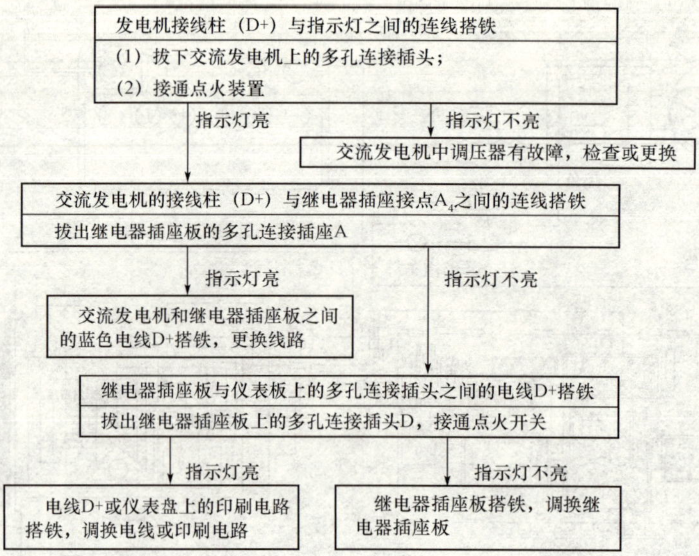

图 2-65　转速增高时，交流发电机指示灯不熄灭故障的诊断与排除流程

实施与考核

一、实训内容

1. 实训准备

（1）准备试验用车、万用表、跨接线及试灯、故障元件。

（2）试验车维修手册。

（3）强调实训中的安全事项。

2. 实训流程

（1）充电系统基本检查。

（2）充电指示灯电路的检测。

（3）元件检测与更换。

根据维修手册了解该车充电指示灯电路控制原理，找到各部件安装位置。首先由教师设置充电指示灯不亮、不灭、V 形带过松等故障，然后让学生进行故障确认，进行故障诊断流程的制定。最后由学生完成故障检测。

3. 实训记录

组织学生完成实训记录单。

4. 教师总结及反馈

（1）总结本次的实训要点内容。

（2）解答学生实训中存在的问题。

（3）对学生解决实际问题能力的考核做出点评，给出本次实训成绩。

二、任务实施与考核

（1）教师组织学生分组分工。在充分掌握上述知识与技能的前提下，各组按要求完成任务工作单（表 2-14）。

（2）教师根据完成的情况完成教师考核记录（表 2-15）。

表 2-14 任务工作单

实训项目：充电系统电路故障检测

班级学号		姓　名	
实训车型		VIN 码	

1. 描述试验车充电系统故障现象。

2. 写出该故障的可能原因。

3. 试述充电系统基本检查过程。

①蓄电池电压：________。

②发电机带：________。

③发电机接线柱：________。

4. 写出你自己的故障诊断与排除流程。

5. 电源系统电路分析。

①分析下图，试读出电源系统充电指示灯工作电路，并在图中画出电流走向。

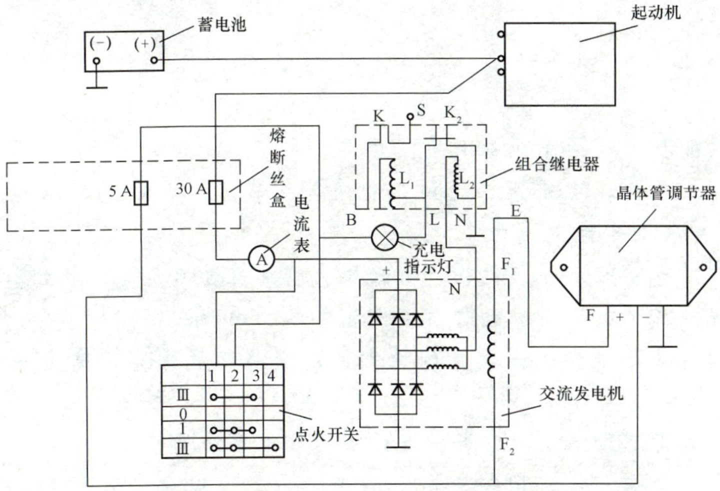

②分析下图，试读出电源系统充电指示灯工作电路，并在图中画出电流走向。

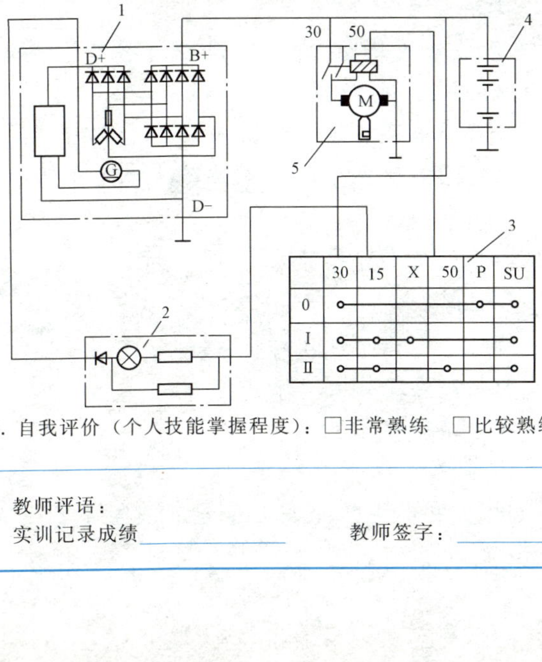

6. 自我评价（个人技能掌握程度）：□非常熟练　□比较熟练　□一般熟练　□不熟练

教师评语：

实训记录成绩________　教师签字：________　____年____月____日

表 2-15 教师考核记录

实训项目：<u>充电系统电路故障检测</u>

班级学号		姓　名	
项目	必要的记录	分值	评分
课堂参与情况		40	
语言表达情况		20	
任务单填写情况		20	
反馈建议情况		10	
实训准备、清洁情况		10	
总分			
教师签字： _____年_____月_____日			

项目小结

1. 汽车用蓄电池有铅酸蓄电池和镍碱蓄电池两大类。

2. 蓄电池一般由极板、隔板、电解液、壳体、联条等组成。汽车蓄电池由几个单体蓄电池串联而成，每个单体蓄电池电压为 2 V。

3. 蓄电池正极板上的活性物质是二氧化铅，负极板上的活性物质是海绵状铅。

4. 蓄电池在放电过程中，正、负极板上的活性物质都转变为硫酸铅。

5. 蓄电池充电终了的特征是单格电压上升到最大值；电解质液相对密度上升到最大值；电解液呈沸腾状。

6. 影响蓄电池容量的因素有放电电流、电解液的温度和电解液的密度。

7. 蓄电池的充电方法有恒流充电、恒压充电和快速充电。充电种类有初充电、补充充电、预防硫化过充电、去硫化充电、锻炼循环充电等。

8. 蓄电池技术状况的检查主要包括电解液液面高度的检查、电解液密度的检查等。

9. 蓄电池常见故障有极板硫化、极板短路、自行放电等。

10. 交流发电机由转子、定子、电刷、整流器及风扇等组成。

11. 转子的作用是产生旋转磁场；定子的作用是产生交流电动势；整流器为三相桥式整流电路，其作用是将交流电变成直流电。

12. 交流发电机的定子绕组有星形连接和三角形连接。

13. 交流发电机的励磁方式为先他励后自励。

14. 交流发电机的工作特性包括输出特性、空载特性和外特性。

15. 发电机输出电压的调节是通过改变励磁电流的大小来实现的。

16. 调节器类型有晶体管调节器和集成电路调节器。

17. 晶体管调节器分为内搭铁和外搭铁两种形式。

18. 发电机常见故障包括不发电、发电机发电电压不足、发电机发电电压过高等故障。

习题与思考

一、选择题

1. 电解液的液面高度一般应高出极板(　　)。

A. 3～5 mm　　B. 5～10 mm　　C. 10～15 mm　　D. 15～20 mm

2. 将蓄电池每隔三个月用20h放电率放完电，再正常充足后装车使用，这种方法称(　　)。

A. 预防硫化充电　　B. 锻炼循环充电　　C. 补充充电　　D. 均衡充电

3. 检测蓄电池的各单格密度值，如果最高值和最低值之间相差超过(　　)g/cm^3，则认为该蓄电池失效。

A. 0.01　　B. 0.050　　C. 0.1　　D. 0.5

4. 将蓄电池每隔三个月进行一次过充电，方法是用平时补充充电的电流值将蓄电池充足，中断1 h后，再用1/2的补充充电电流值进行充电至沸腾为止，反复几次，这种方法称(　　)。

A. 预防硫化充电　　B. 锻炼循环充电　　C. 补充充电　　D. 均衡充电

5. 当给蓄电池充电时，若电解液温度迅速升高，而蓄电池端电压和相对密度上升相对缓慢，用放电测试仪测量端电压时，电压很低并且会迅速下降为0，说明蓄电池出现(　　)故障。

A. 极板短路　　B. 极板硫化　　C. 自行放电　　D. 电解液缺失

6. 从交流发电机在汽车上的实际功用来说，它是汽车上的(　　)。

A. 主要电源　　B. 辅助电源　　C. 充电电源　　D. 照明电源

7. 交流发电机所采用的励磁方法是(　　)。

A. 自励　　B. 他励　　C. 先他励后自励

8. 交流发电机的定子的作用是(　　)。

A. 发出三相交流电动势　　B. 产生磁场

C. 变交流为直流　　D. 改变电压

9. 发电机中性点输出的电压是发电机输出电压的(　　)。

A. 1/2　　B. 3/1　　C. 1/4　　D. 1/6

10. 交流发电机中产生磁场的装置是(　　)。

A. 定子　　B. 转子　　C. 电枢　　D. 整流器

11. 交流发电机的主要作用是调节(　　)。

A. 发电机的转速　　B. 发电机的输出电流

C. 发电机的输出电压　　D. 防止过载

12. 发电机出现不发电故障，短接触点式调节器的“+”与F接线柱后，发电机开始发电，这说明故障出在(　　)。

A. 发电机　　B. 电流表　　C. 调节器　　D. 充电指示装置

13. 检查V形带的松紧度时，用拇指以39N的力按V形带中部，其挠度应为(　　)。

A. 5～10 mm　　B. 10～15 mm　　C. 15～20 mm　　D. 20～30mm

14. 交流发电机硅整流器一般是由(　　)只硅二极管组成。

A. 3　　B. 12　　C. 6　　D. 4

15. 桑塔纳2000轿车所用的JFZ1913Z型发电机，其中数字13的含义是(　　)。

A. 产品序号　　B. 设计序号　　C. 电压等级　　D. 电流等级

二、填空题

1. 某一12 V的蓄电池是由________个单体电池组成，每个单体电池电压为________，各单体以____________形式连接。
2. 蓄电池主要由________、________、________和外壳等组成。
3. 蓄电池放电终了的标志有两个：以20h放电率放电时的单格电压下降到________；电解液密度下降到最小许可值，约为____________。
4. 电解液是由________和________按一定的比例配制而成。
5. 充电种类主要有________、________和________等几种。
6. 蓄电池常见故障有________、________、________等。
7. 硅整流器是利用二极管的________，将________转换为________。
8. 向交流发电机的磁场绕组供电使其产生磁场，称为________。方式有两种：________、________。
9. 转子总成是交流发电机的________部分，作用是________。
10. 定子总成也称为________，由________和________组成，三相绕组的连接方法有________和________。

三、简答题

1. 简述汽车用的蓄电池作用。
2. 试述蓄电池的充电特性和放电特性。
3. 蓄电池的充电种类有哪些？各有何优缺点？
4. 何为免维护蓄电池？有何特点？
5. 简述交流发电机的工作原理。
6. 如何对晶体管电压调节器进行测试？
7. 充电指示灯控制电路有哪些？
8. 充电系统故障有哪些？如何诊断？

项目三　汽车起动系统

任务一　起动机的认知

任务目标

1. 了解起动系统的组成与功用。
2. 掌握起动机的结构和工作原理。
3. 会做起动机的就车拆装与分解。

任务分析

起动机将蓄电池的电能转化为机械能，通过传动装置将电磁转矩传给发动机飞轮，为发动机提供最初的外动力。那么起动机是如何工作的？起动机的维护和维修又有哪些？作为汽修专业人员，有必要掌握起动机的结构和工作过程。

基础知识

一、起动系统的作用及组成

（一）起动系统的作用

汽车发动机靠外力转动使之着火燃烧，开始运转的过程称为起动。起动系统就是通过起动机将蓄电池的电能转化为机械能，通过传动装置将电磁转矩传递给发动机飞轮，驱动飞轮旋转，实现发动机的起动。发动机起动之后，起动机便立即停止工作。起动机在整车上的位置，如图 3-1 所示。

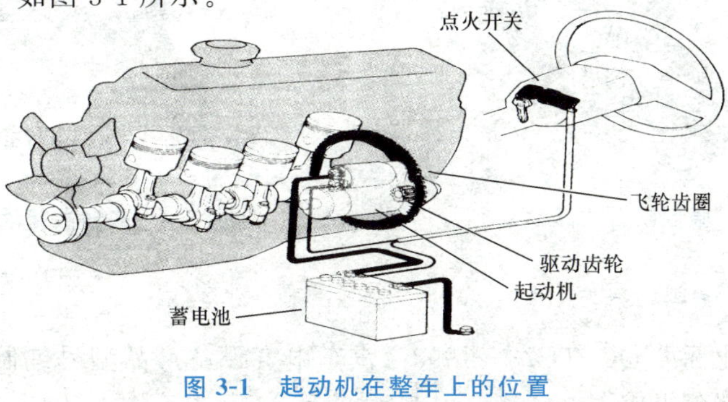

图 3-1　起动机在整车上的位置

（二）起动系统的组成

起动系统主要由蓄电池、起动机、起动继电器、点火开关等组成。起动系统的组成，如图 3-2 所示，图中粗线表示起动机供电电路，细线表示起动机控制电路。

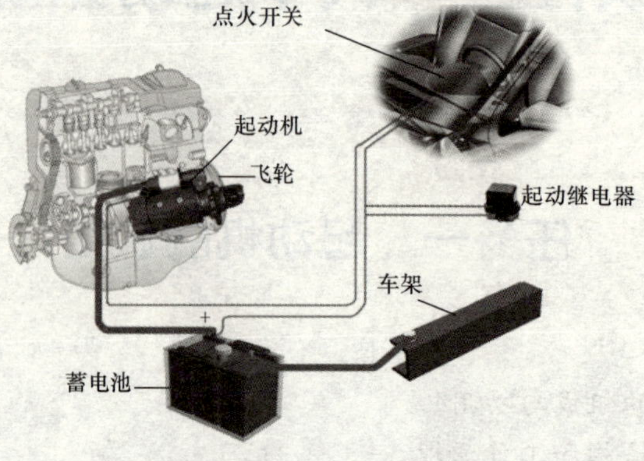

图 3-2　起动系统的组成

（三）起动机的分类

起动机主要按传动机构的啮入方式的不同可分为：强制啮合式起动机、减速式起动机。

1. 强制啮合式起动机

强制啮合式起动机靠电磁力拉动杠杆，强制拨动驱动齿轮啮入飞轮齿环。其特点是啮合机构简单、动作可靠、操作方便，目前广泛使用。强制啮合式起动机，如图 3-3 所示。

2. 减速式起动机

减速式起动机采用高速、小型、低力矩电动机，在传动机构中设有减速装置（行星齿轮机构）。质量和体积比普通起动机可减小 30%～35%，但结构和工艺比较复杂。其又分为外啮合减速式起动机、行星齿轮啮合减速式起动机。减速式起动机，如图 3-4 所示。

目前应用最广泛的为强制啮合式起动机，本任务主要介绍强制啮合式起动机。

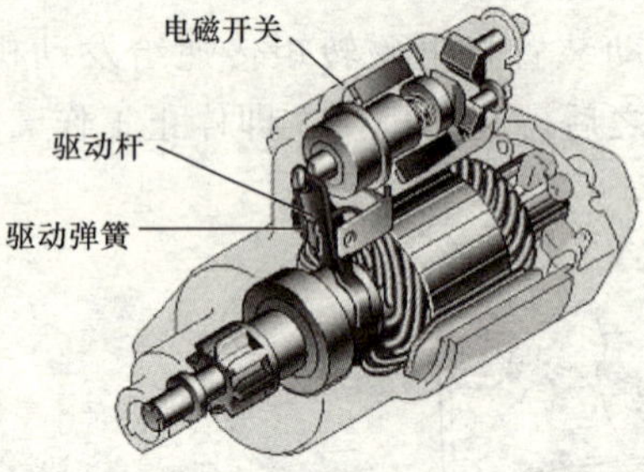

图 3-3　强制啮合式起动机

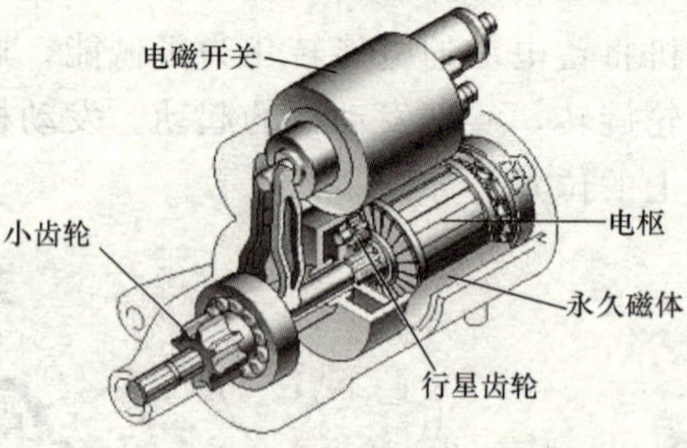

图 3-4　减速式起动机

（四）起动机型号

根据汽车行业标准 QC/TC73—1993《汽车电气设备产品型号编制方法》规定，起动机的型号由五部分组成。

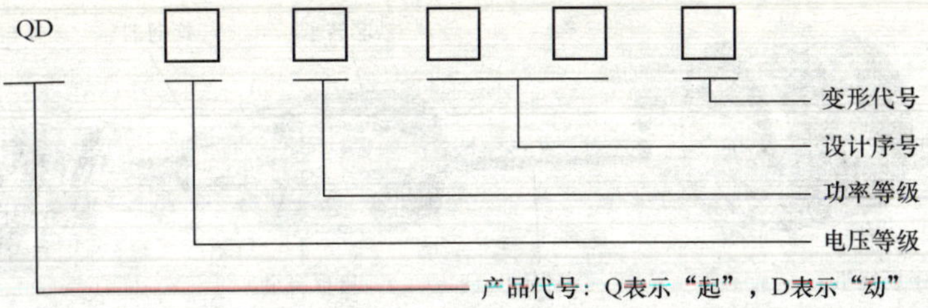

其中，产品代号：QDJ 表示减速起动机；QDY 表示永磁起动机（包括永磁减速起动机），J、Y 分别表示“减”“永”。

电压等级：用阿拉伯数字表示，1 表示 12 V；2 表示 24 V。

功率等级：用阿拉伯数字表示，其含义见表 3-1。

表 3-1 起动机功率等级

功率等级代号	功率/kW	功率等级代号	功率/kW
1	≤1	6	5～6
2	1～2	7	6～7
3	2～3	8	7～8
4	3～4	9	≥8
5	4～5	—	—

例如：桑塔纳 2000 系列轿车用起动机为 QD1225，表示额定电压 12V，功率为 1～2 kW，第二次设计，第五次变形。

二、起动机的结构

起动机一般由直流电动机、传动机构（或称啮合机构）和控制装置（电磁开关）三部分组成。起动机组成，如图 3-5 所示。

（一）直流电动机的结构

直流电动机的作用是产生力矩。一般均采用直流串励式电动机。“串励”是指电枢绕组与励磁绕组串联。

串励直流电动机主要由机壳、磁极、电枢、换向器及电刷等组成。直流电动机的组成，如图 3-6 所示。

图 3-5 起动机组成

1—直流电动机；2—传动机构；3—控制装置

1. 机壳

机壳的作用是安装磁极，固定机件。机壳用钢管制成，一端开有窗口，用于观察和维护电刷和换向器，平时用防尘箍盖住。机壳上只有一个电流输入接线柱，并在内部与励磁绕组的一端相接。壳内壁固定有磁极铁芯和励磁绕组。起动机机壳，如图 3-7 所示。

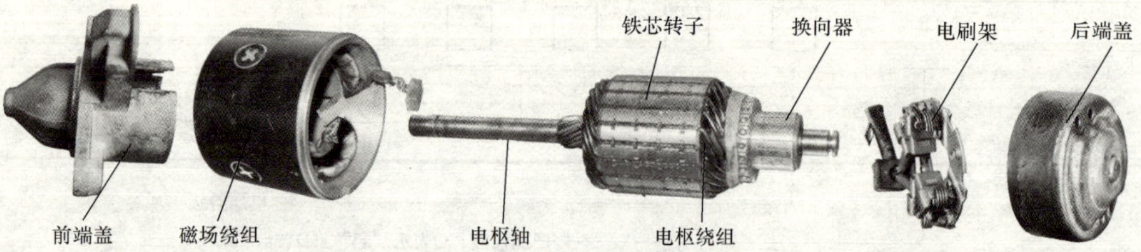

图 3-6　直流电动机的组成

图 3-7　起动机机壳

2. 磁极

磁极的作用是产生磁场。由固定在机壳上的磁极铁芯和励磁绕组组成，一般是 4 个，两对磁极相对交错安装在电动机定子内壳上［见图 3-8（a)］。四个励磁线圈可互相串联后再与电枢绕组串联，也可两两串联后并联再与电枢绕组串联［见图 3-8（b)］。

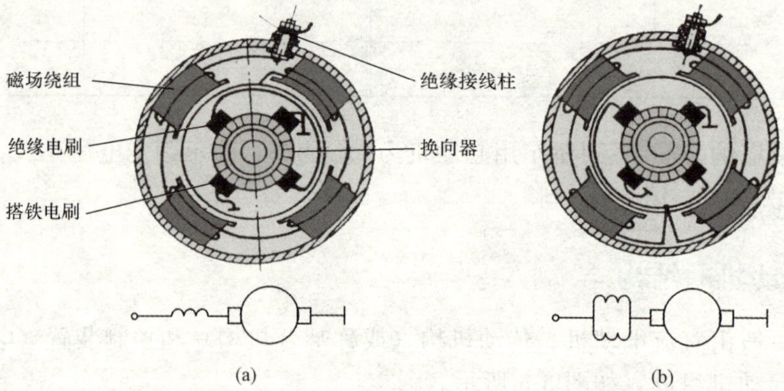

图 3-8　励磁绕组的接法

(a) 4 个绕组相互串联；(b) 两串两并

3. 电枢

电枢的作用是产生电磁转矩。它主要由电枢轴、电枢铁芯、电枢绕组和换向器等组成。电枢的组成，如图 3-9 所示，电枢铁芯是由许多相互绝缘的硅钢片叠装而成，其圆周表面上有槽，用来安放电枢绕组，电枢绕组用矩形截面的裸通条绕制，绕线形式多采用波绕法。

4. 换向器

换向器装在电枢轴上，它由许多换向片组成。换向片嵌装在轴套上，各换向器片之间用云母绝缘。

5. 电刷及电刷架

电刷及电刷架的作用是将电流引入电动机。一般有 4 个电刷及电刷架，电刷及电刷架的组合，如图 3-10 所示。电刷架固定在前端盖上，其中两个对置的电刷架与端盖绝缘，称为绝缘电刷架；另外两个对置的电刷架与端盖直接铆合而搭铁，称为搭铁电刷架。

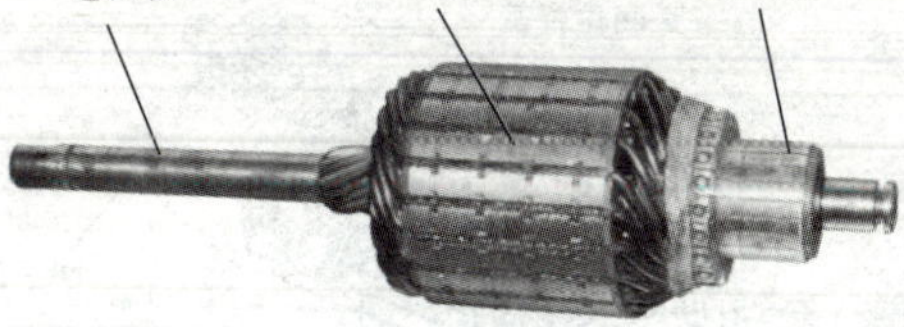

图 3-9 电枢的组成

图 3-10 电刷及电刷架的组合

电刷由铜粉与石墨粉压制而成，加入铜粉是为了减少电阻并增加耐磨性。电刷装在电刷架中，借弹簧压力将它紧压在换向器铜片上。电刷弹簧的压力一般为 12～15 N。

6. 端盖

端盖有前、后之分。前端盖一般用钢板压制而成，其上装有 4 个电刷架，后端盖为灰铸铁浇铸而成。它们分别装在机壳的两端，靠两根长螺栓与起动机机壳紧固在一起。两端盖内均装有青铜石墨轴承套或铁基含油轴承套，以支承电枢轴。

（二）传动机构

传动机构的作用是把直流电动机产生的转矩传递给飞轮齿圈，再通过飞轮齿圈把转矩传递给发动机的曲轴，使发动机起动后，飞轮齿圈与驱动齿轮自动打滑脱离。传动机构一般由驱动齿轮、单向离合器、拨叉、啮合弹簧等组成。起动机的传动机构，如图 3-11 所示。

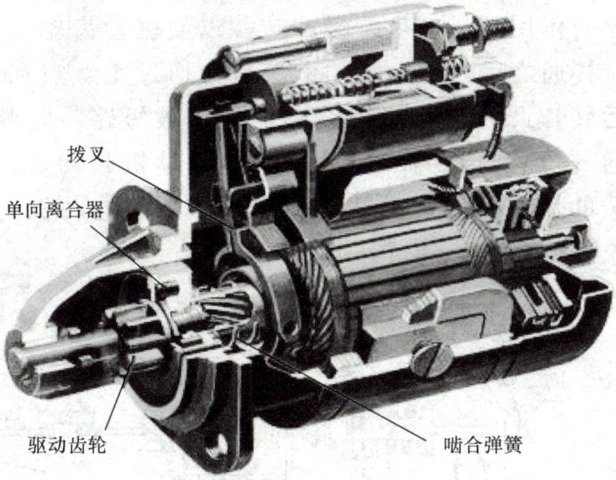

图 3-11 起动机的传动机构

传动机构中，结构和工作情况比较复杂的是单向离合器。它的作用是传递电动机转矩，起动发动机，而在发动机起动后自动打滑，保护起动机电枢不致飞散。常用的单向离合器主要有滚柱式、摩擦片式和弹簧式等几种。滚柱式离合器结构，如图 3-12 所示。

（三）控制装置

控制装置的作用是控制驱动齿轮和飞轮的啮合与分离，并且控制电动机电路的接通与切断。常用的装置有机械式和电磁式，现代汽车上广泛使用的是电磁式控制装置（电磁开关）。电磁式控制装置，如图 3-13 所示。电磁式控制装置主要由吸引线圈、保持线圈、回位弹簧、可动铁芯、接触片等组成。其中，端子 50 接点火开关，通过点火开关再接电源，端子 30 直接接电源。

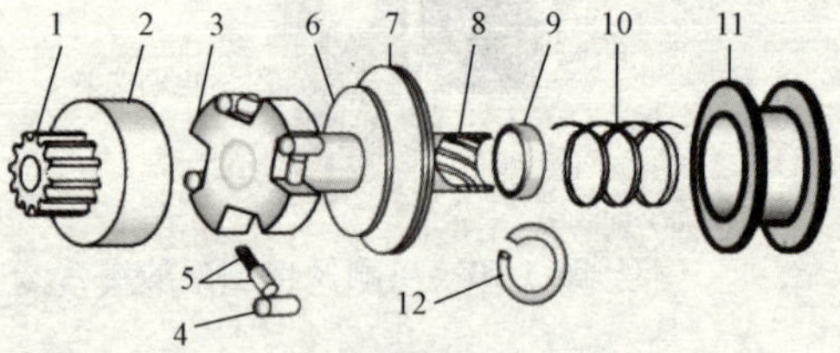

图 3-12　滚柱式离合器结构

1—驱动齿轮；2—外壳；3—十字块；4—滚柱；5—压帽与弹簧；6—垫圈；7—护盖；8—花键套筒；9—弹簧座；10—缓冲弹簧；11—拨环；12—卡簧

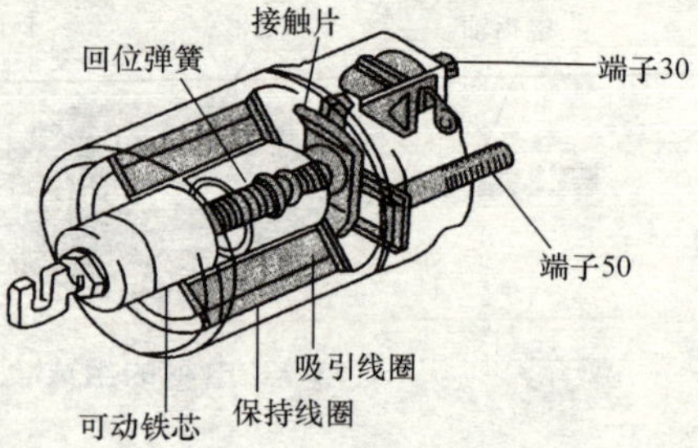

图 3-13　电磁式控制装置

电磁式控制装置的基本工作过程（见图 3-14），当起动电路接通后，保持线圈的电流经起动机接线柱 50 进入，经线圈后直接搭铁，吸引线圈的电流也经起动机接线柱 50 进入，但通过线圈后未直接搭铁，而是进入电动机的励磁线圈和电枢后再搭铁。两线圈通电后产生较强的电磁力，克服回位弹簧弹力使活动铁芯移动，一方面通过拨叉带动驱动齿轮移向飞轮齿圈并与之啮合。另一方面推动接触片移向接线柱 50 和 C 的触点，在驱动齿轮与飞轮齿圈进入啮合后，接触片将两个主触点接通，使电动机通电运转。在驱动齿轮进入啮合之前，由于经过吸引线圈的电流经过了电动机，所以电动机在这个电流的作用下会产生缓慢旋转，以便驱动齿轮与飞轮齿圈进入啮合。在两个主接线柱触点接通之后，蓄电池的电流直接通过主触点和接触片进入电动机，使电动机进入正常运转，此时通过吸引线圈的电路被短路，因此，吸引线圈中无电流通过，主触点接通的位置靠保持线圈来保持。发动机起动后，切断起动电路，保持线圈断电，在弹簧的作用下，可动铁芯回位，切断了电动机的电路，同时也使驱动齿轮与飞轮齿圈脱离啮合。

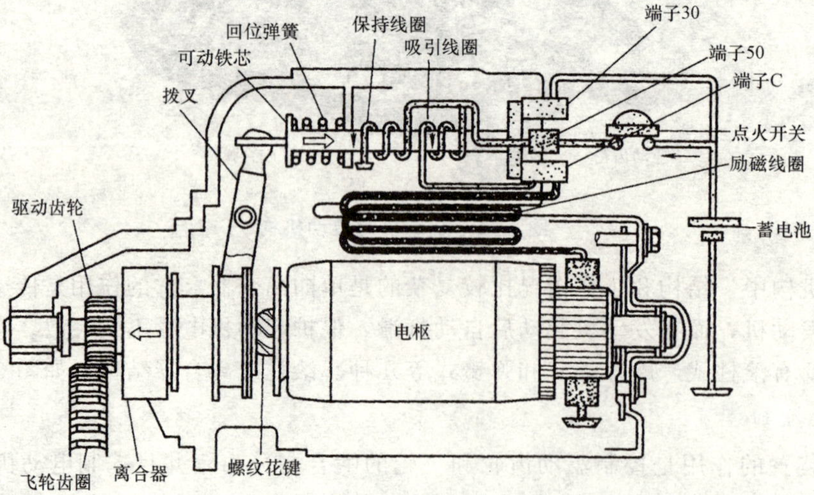

图 3-14　电磁式控制装置的基本工作过程

（四）起动机的正确拆装工艺

1. 起动机就车拆装步骤

（1）断开蓄电池负极端子。

（2）断开起动机电缆及连接器。

（3）拆卸起动机固定螺栓。

（4）拆卸起动机。

（5）安装时，检查起动机的紧固螺钉是否正常，调整起动机到最佳位置，最后以标准力矩拧紧紧固螺钉，安装起动机各连接线和搭铁线。

2. 起动机的分解步骤（以桑塔纳 2000 系列轿车采用的起动机 QD1225 为例）

（1）用扳手旋下电磁开关的接线柱 30 及 50 的螺母，取下导线（见图 3-15）。

（2）旋下起动机贯穿螺钉和衬套螺钉，取下衬套座和端盖，并取出垫片组件和衬套（见图 3-16）。

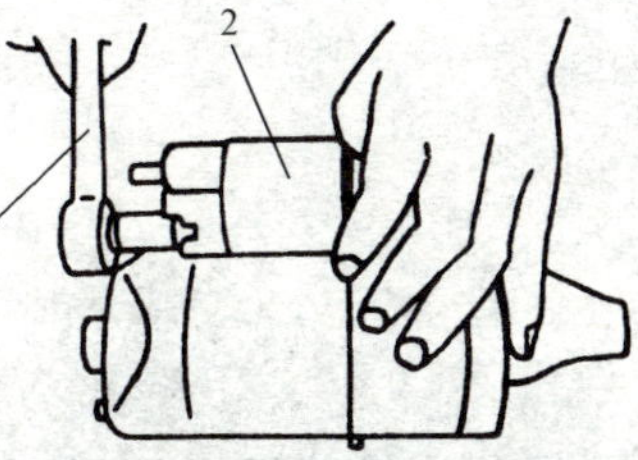

图 3-15 起动机导线的拆卸

1—扳手；2—电磁开关

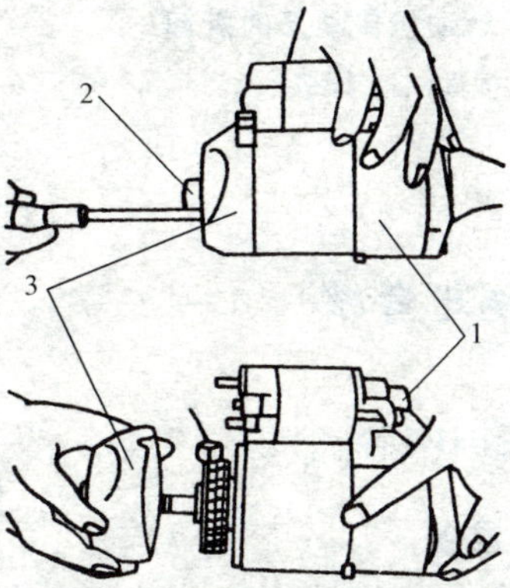

图 3-16 起动机衬套及端盖的拆卸

1—起动机；2—衬套座；3—端盖

（3）用尖嘴钳将电刷弹簧抬起，拆下电刷架及电刷（见图 3-17）。

（4）取下励磁绕组后，用扳手旋下螺栓，从驱动端端盖上取下电磁开关总成（见图 3-18）。

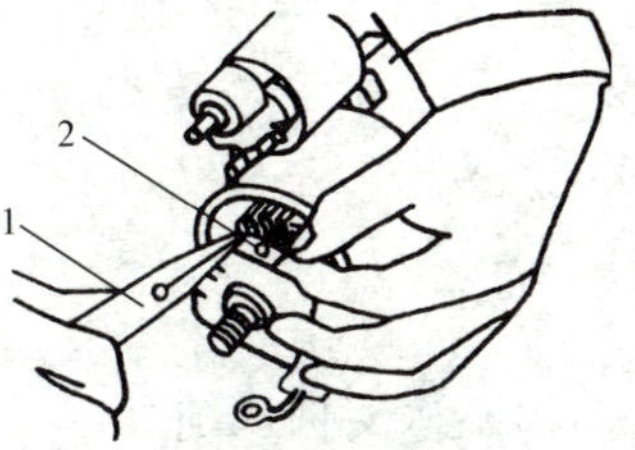

图 3-17 起动机电刷的拆卸

1—尖嘴钳；2—电刷弹簧

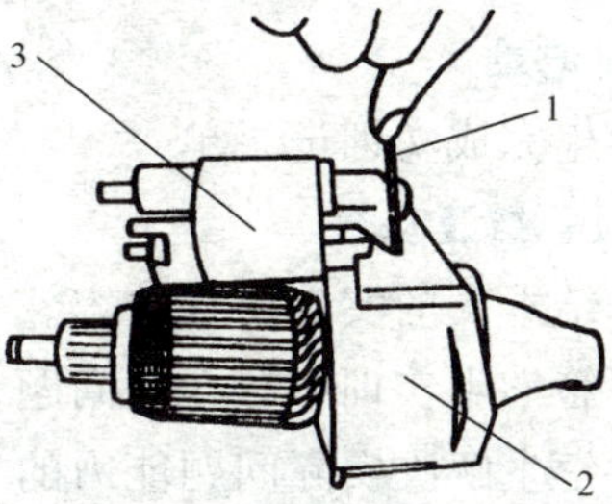

图 3-18 起动机电磁开关的拆卸

1—扳手；2—驱动端盖；3—电磁开关

（5）在取出转子后，从端盖上取下传动叉，然后取出驱动齿轮与单向离合器，再取出驱动齿轮端衬套（见图 3-19）。

3. 起动机的组装

起动机的组装可按起动机的分解相反顺序进行，但应注意以下事项：

(1) 安装时，衬套中应涂上润滑脂。

(2) 如图 3-20 所示，用止推垫圈调整驱动齿轮的轴向间隙（推到极限位置），标准值为 0.3～1.5 mm。起动机驱动齿轮轴向间隙的调整。

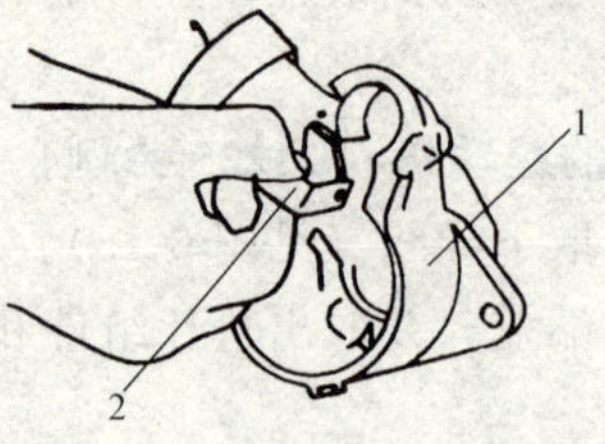

图 3-19 起动机传动叉的拆卸

1—端盖；2—传动叉

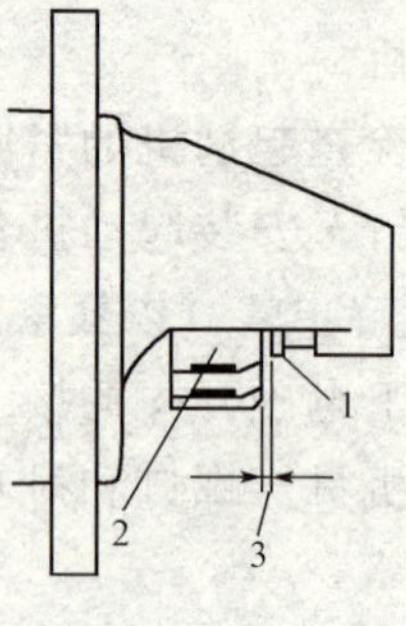

图 3-20 起动机驱动齿轮轴向间隙的调整

1—止推垫圈；2—驱动齿轮；3—驱动齿轮轴向间隙

实施与考核

一、实训内容

1. 实训准备

(1) 准备好桑塔纳 2000 型轿车整车、汽车电气试验台、起动机、常用工具、万用表等。

(2) 强调实训中的安全注意事项。

2. 实训流程

(1) STN2000 起动机的结构认知。

(2) STN2000 轿车的实车操作：写出你拆装起动机的流程。

(3) STN2000 轿车起动机的分解和组装。

3. 实训记录

组织学生完成实训记录单。

4. 教师总结及反馈

(1) 总结本次的实训要点内容。

(2) 解答学生实训中存在的问题。

(3) 对学生解决实际问题能力的考核做出点评，给出本次实训成绩。

二、任务实施与考核

(1) 教师组织学生分组分工。在充分掌握上述知识与技能的前提下，各组按要求完成任务工作单（表 3-2）。

(2) 教师根据完成的情况完成教师考核记录（表 3-3）。

表 3-2 任务工作单

实训项目：起动机的就车拆装与分解

班级学号		姓 名	
实训车型		VIN 码	

1. STN2000 起动机的结构认知。根据图示写出起动机的部件名称：

1 ______ 2 ______ 3 ______

4 ______ 5 ______ 6 ______

7 ______ 8 ______ 9 ______

10 ______ 11 ______ 12 ______

13 ______ 14 ______ 15 ______

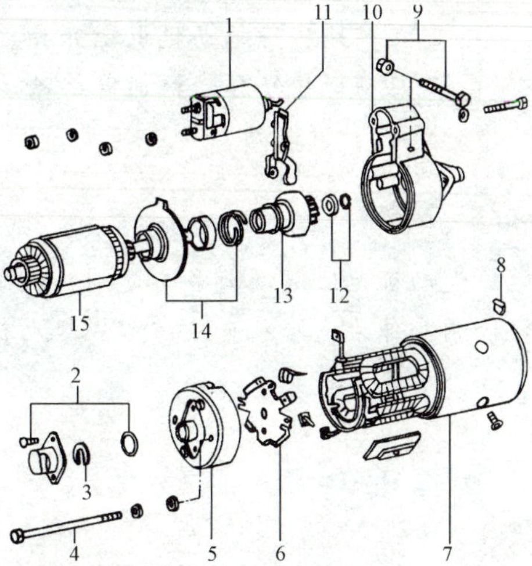

2. 根据 STN2000 轿车的实车操作写出你拆装起动机的流程。

3. STN2000 轿车起动机的分解与组装过程记录。

4. 自我评价（个人技能掌握程度）：□非常熟练 □比较熟练 □一般熟练 □不熟练

教师评语：

实训记录成绩______ 教师签字：______ ______年______月______日

表 3-3 教师考核记录

实训项目：起动机的就车拆装与分解

班级学号		姓 名	
项目	必要的记录	分值	评分
课堂参与情况		40	
语言表达情况		20	
任务单填写情况		20	
反馈建议情况		10	
实训准备、清洁情况		10	
总分			

教师签字：

______年______月______日

任务二　起动机的检修

任务 目标

1. 能正确地检修起动机电枢。
2. 能正确地检修起动机定子励磁线圈。
3. 能正确地检修起动机电磁开关。
4. 能正确地检修起动机通电试验。

任务 分析

发动机无法起动大多与起动机故障有关。如何确定起动机故障？起动机零部件如何检测？作为汽修人员应该掌握起动机零部件的检修知识。

基础知识

一、起动机的就车检修

1. 电磁开关的检修

将变速器至于空挡或 P 挡，用短接线短接电磁开关 30 号接线柱与 C 接线柱，若起动机不运转则起动机有故障。电磁开关的检修，如图 3-21 所示。

2. 起动线路的检修

拔下起动机电磁开关连接插头，在点火开关起动挡时用试灯检测插头电压，试灯应点亮；或用万用表，应有 12 V 左右的电压，无电压或试灯不亮则检查起动线路，起动线路的检修，如图 3-22 所示。

图 3-21　电磁开关的检修

图 3-22　起动线路的检修

二、起动机解体后的检修及技术要求

（一）电枢总成的检修

1. 电枢轴

用游标卡尺检测轴颈外径与衬套内径，配合间隙应为0.035～0.077 mm，最大不超过 0.15 mm，间隙过大应更换衬套并重新铰配。电枢轴弯曲可用百分表检测，其径向

跳动应不大于 0.10～0.15 mm，否则应予以校正，电枢轴的检测，如图 3-23 所示。

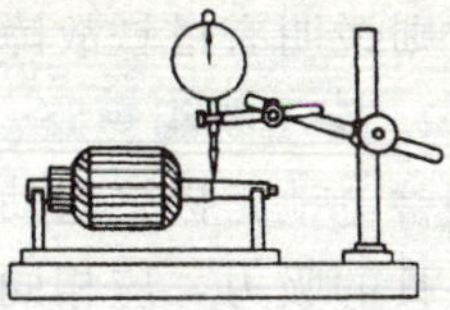

图 3-23 电枢轴的检测

2. 换向器

检查换向器表面有无烧蚀和圆度误差是否合格。轻微烧蚀用 00 号砂纸打磨，严重时应车削，换向器与电枢轴的同轴度误差不大于 0.03 mm，否则应在车床上修整。换向器直径不小于标准值 1.10 mm，换向片高出云母片 0.40～0.80 mm。换向器的检查，如图 3-24 所示。

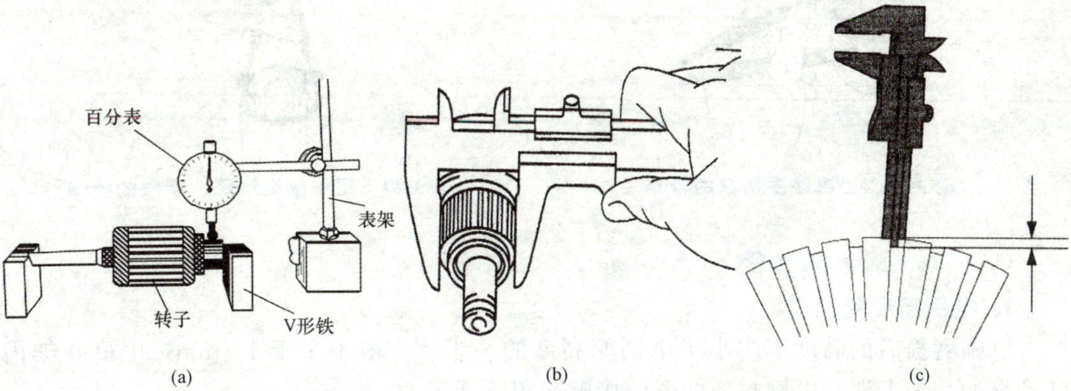

图 3-24 换向器的检查

（a）换向器径向跳动检查；（b）换向器直径的检查；（c）换向器凹槽深度的检查

3. 电枢

（1）电枢线圈搭铁的检查。用万用表检查时，其表笔分别搭在换向器和铁芯（或电枢轴）上，阻值应为无穷大；若阻值为零，则为搭铁，应更换。电枢线圈搭铁的检修，如图 3-25 所示。

（2）电枢线圈短路的检查。把电枢放在万能试验台检验器上，接通电源，将锯片放在检验器上并转动电枢。锯片不振动表明电枢线圈无短路，否则为电枢线圈短路，应予以修理或更换，电枢线圈短路的检查，如图 3-26 所示。

（3）电枢线圈断路的检查。检查电枢线圈的导线是否甩出或脱焊。用万用表两表笔分别依次与相邻换向器接触，其读数应一致，否则说明电枢线圈断路，断路应更换。电枢线圈断路的检查，如图 3-27 所示。

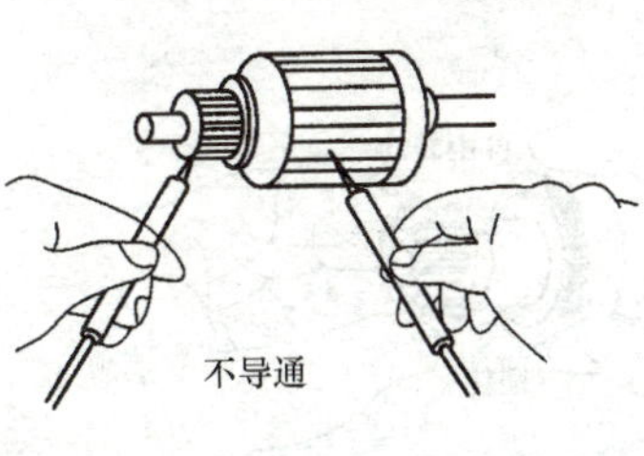

图 3-25 电枢线圈搭铁的检修

图 3-26 电枢线圈短路的检查

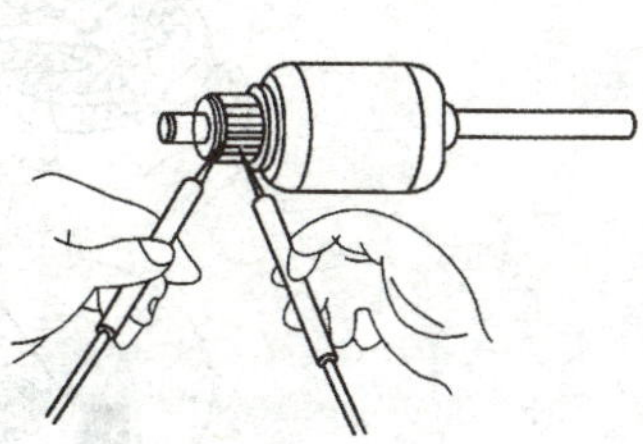

图 3-27 电枢线圈断路的检查

（二）定子绕组的检修

1. 励磁线圈搭铁的检修

用万用表的两表笔分别接励磁接线柱和外壳，若阻值为无穷大，则正常；若阻值为零，则说明有搭铁故障。励磁线圈搭铁的检修，如图 3-28 所示。

2. 定子绕组短路、断路的检修

蓄电池正极接起动机接线柱，负极接正电刷，将旋具放在每个磁极上迅速检查磁极对旋具的吸力，应相同。磁极吸力弱的为匝间短路，各磁极均无吸力为断路。若用万用表置于电阻挡，测接线柱与正电刷的导通情况，如不导通，说明断路。定子绕组短路，断路的检修，如图 3-29 所示。

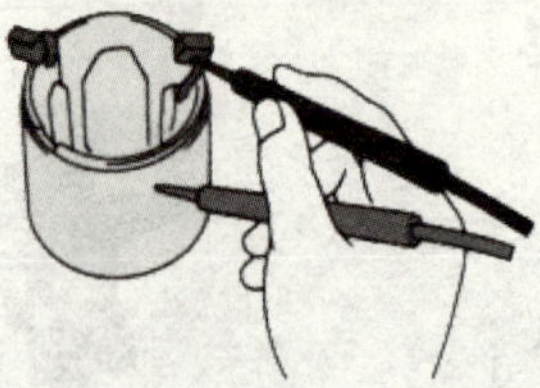

图 3-28　励磁线圈搭铁的检修

图 3-29　定子绕组短路、断路的检修

（三）电刷总成的检修

1. 电刷高度的检查

电刷磨损后的高度不应小于电刷原高度的一半，一般不小于 10 mm。电刷在架内活动自如，无卡滞，电刷与换向器的接触面积不低于 80％。

2. 电刷架的检查

用万用表的电阻挡位测两绝缘电刷架与电刷架座盖，阻值应为无穷大，否则说明绝缘体损坏；相同方法测两搭铁电刷架与电刷架座盖，阻值为零，否则说明电刷架松动，搭铁不良。

3. 电刷弹簧的检查

用弹簧秤检查弹簧的弹力，应为 11.76～14.7 N，如过弱应更换。电刷弹簧的检查，如图 3-30 所示。

（四）传动机构的检修

1. 单向离合器的检查

按顺时针转动驱动齿轮，应自由转动；逆时针转动时应该被锁住。单向离合器的检查，如图 3-31 所示。

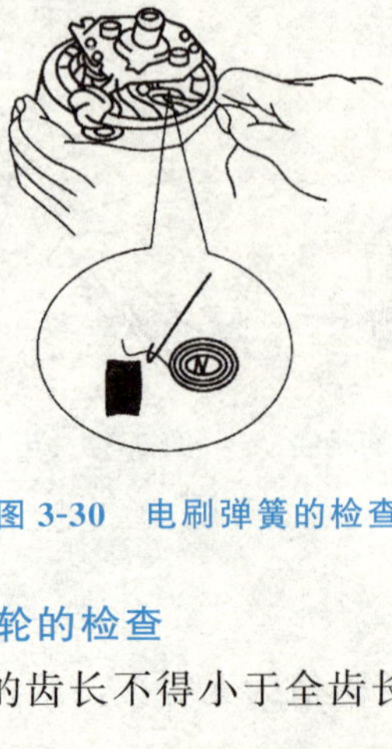

图 3-30　电刷弹簧的检查

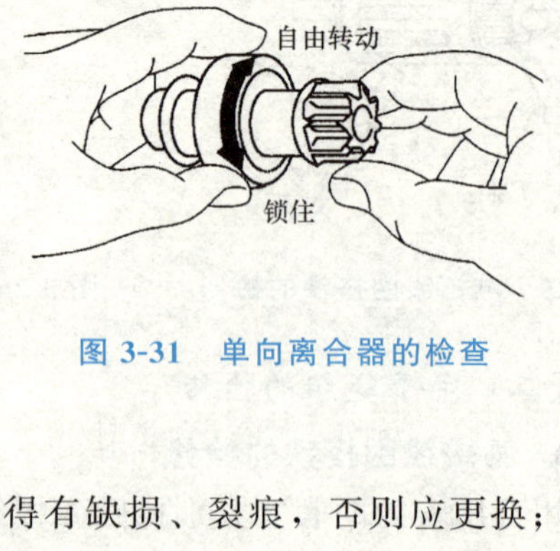

图 3-31　单向离合器的检查

2. 驱动齿轮的检查

驱动齿轮的齿长不得小于全齿长的 1/3，且不得有缺损、裂痕，否则应更换；齿轮磨损严重或扭曲变形，也应更换。

3. 拨叉的检查

拨叉应无变形、断裂、松旷等现象，回位弹簧应无锈蚀，弹力正常，否则应更换。

（五）电磁开关的检修

（1）将两表笔分别接于励磁接线柱和电磁开关外壳，若有电阻，说明保持线圈良好；若电阻为零，则为短路；若电阻无穷大，则为断路，短路或断路都应更换，如图 3-32 所示。

（2）将两表笔分别接于励磁接线柱和起动机接线柱，若有电阻，说明吸拉线圈良好；若电阻为零，则为短路；若电阻无穷大，则为断路，短路或断路都应更换。吸拉线圈的检查，如图 3-33 所示。

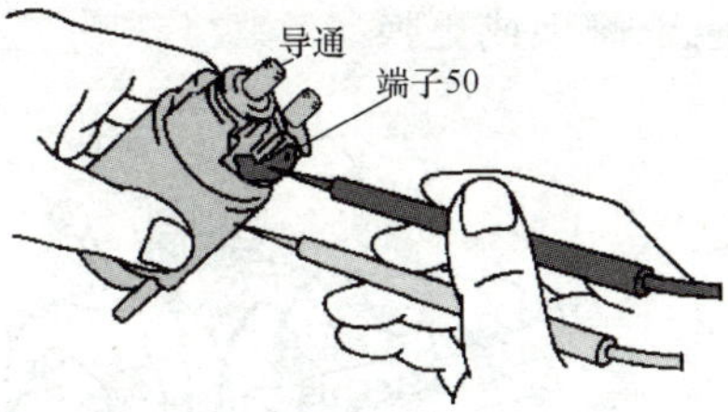

图 3-32　保持线圈的检查

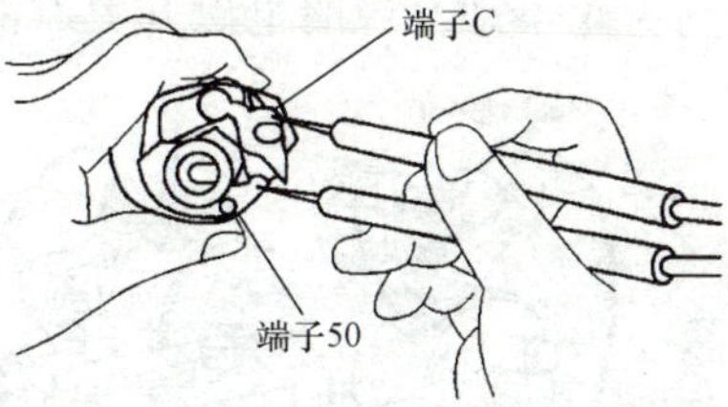

图 3-33　吸拉线圈的检查

（3）用手将接触盘铁芯压住，让电磁开关上的电源接线柱与起动机接线柱连通，测量两接线柱间的电阻值应为零，否则为接触不良。

三、起动机整机性能检测

起动机性能试验包括空载性能试验、电磁开关试验和全制动性能试验。下面以桑塔纳 2000 车系起动机的检测为例，介绍试验内容及方法。

（一）空载性能试验

修复后的起动应对电磁开关和电动机进行性能试验。试验时，先将蓄电池充足电，每项试验应在 3～5 s 内完成，以防线圈被烧坏。

起动机的空载试验，如图 3-34 所示。线路将起动机与蓄电池和电流表（量程为 0～100 A 以上的直流电流表）连接。蓄电池正极与电流表正极连接，电流表负极与起动机端子 30 连接，蓄电池的负极与起动机外壳连接。

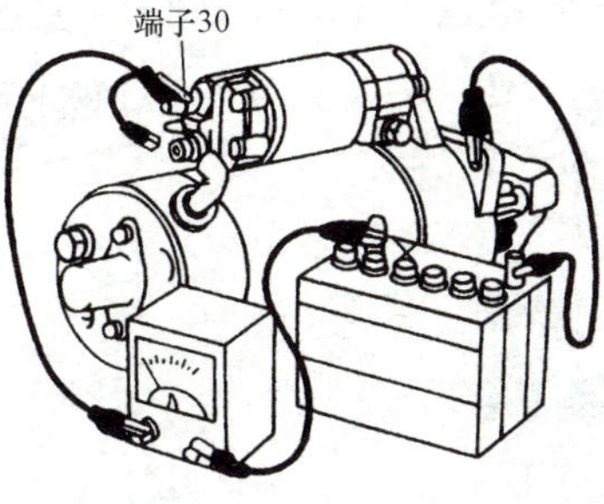

图 3-34　起动机的空载试验

接通端子 50 进行试验，如图 3-35 所示，用带夹电缆将端子 30 与端子 50 连接起来，此时驱动齿轮应向外伸出，起动机应平稳运转。当蓄电池电压大于或等于 11.5 V 时，消耗电流应不超过 50 A，用转速表测量电枢轴的转速应不低于 5 000 r/min。

如电流大于 50 A 或转速低于 5 000 r/min，说明起动机装配过紧或电枢绕组和磁场绕组有短路或搭铁故障。如电流和转速都低于标准值，说明电动机电路接触不良，如电刷与换向器接触不良或电刷弹簧弹力不足等。

（二）电磁开关试验

1. 吸拉动作试验

将起动机固定到台虎钳上，拆下起动机端子 C 上的磁场绕组电缆引线端子，用带夹电缆将起动机端子 C 和电磁开关壳体与蓄电池负极连接，吸拉动作试验线路，如图 3-36 所示。用带夹电缆将起动机端子 50 与蓄电池正极连接，此时驱动齿轮应向外移动。如驱动齿轮不动，说明电磁开关有故障，应予修理或更换。

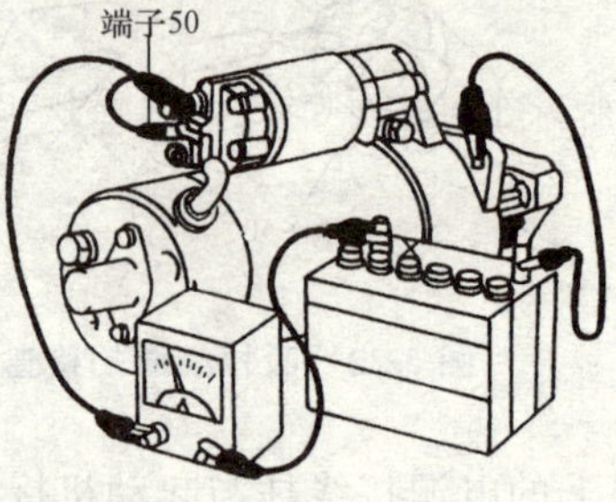

图 3-35　接通端子 50 进行试验

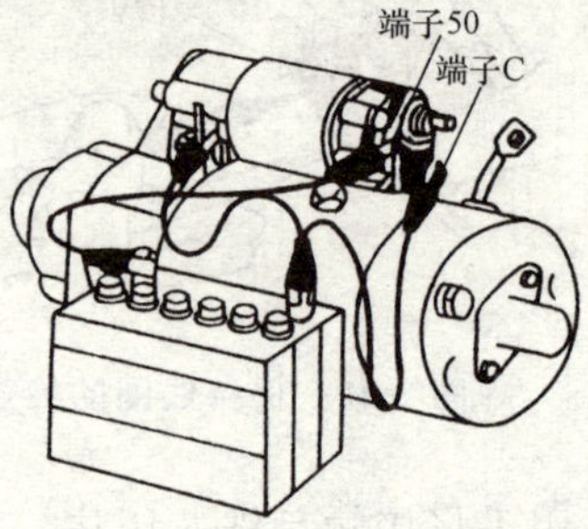

图 3-36　吸拉动作试验线路

2. 保持动作试验

在吸拉动作基础上，当驱动齿轮保持在伸出位置时，拆下电磁开关端子 C 上的电缆夹，保持动作试验方法，如图 3-37 所示。此时驱动齿轮应保持在伸出位置不动。如驱动齿轮回位，说明保持线圈断路，应予修理。

3. 回位动作试验

在保持动作的基础上，再拆下起动机壳体上的电缆夹。此时驱动齿轮应迅速回位。如驱动齿轮不能回位，说明回位弹簧失效，应更换弹簧或电磁开关总成。回位动作试验方法，如图 3-38 所示。

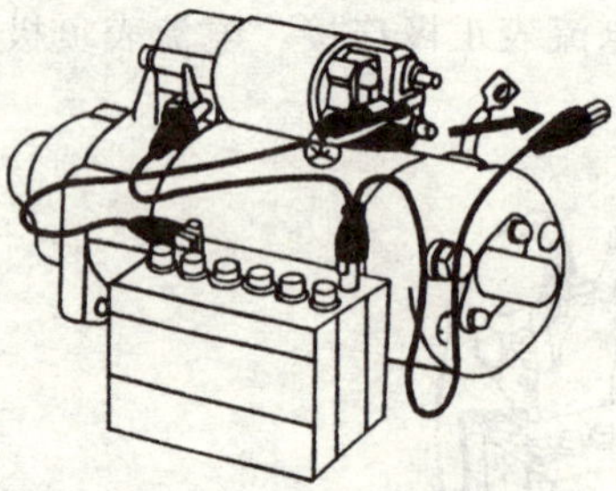

图 3-37　保持动作试验方法

图 3-38　回位动作试验方法

4. 全制动性能试验

起动机的全制动性能试验，如图 3-39 所示，将起动机放在测矩台上，用弹簧秤测出其发出的力矩，当制动电流小于 480 A 时，输出最大力矩不小于 13 N·m。

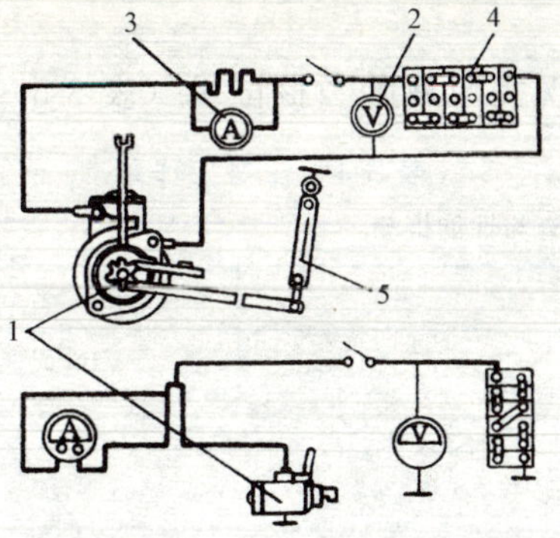

图 3-39 起动机的全制动性能试验

1—起动机；2—电压表；3—电流表；4—蓄电池；5—弹簧秤

四、起动机使用与维修时注意事项

（1）起动机每次的起动时间不得超过 5 s，重复启动时应停歇 15 s 左右。若连续三次不能起动，则应检查和排除故障后再使用。

（2）发动机起动后，应及时松开起动开关使起动机停止工作。

（3）在发动机工作时，不要接通起动开关以避免损坏起动机驱动齿轮和飞轮齿圈。

（4）在做起动机性能试验和检查起动机是否能工作时，起动机的接通时间不能过长。

实施与考核

一、实训内容

1. 实训准备

（1）准备好试验用的各种起动机、检测工具、实训车辆。

（2）强调实训中的安全注意事项。

2. 实训流程

（1）起动机的拆装分解。

（2）起动机的主要零部件的检测。

（3）起动机整机性能检测。

3. 实训记录

组织学生完成实训记录单。

4. 教师总结及反馈

（1）总结本次的实训要点内容。

（2）解答学生实训中存在的问题。

（3）对学生解决实际问题能力的考核做出点评，给出本次实训成绩。

二、任务实施与考核

（1）教师组织学生分组分工。在充分掌握上述知识与技能的前提下，各组按要求完

成任务工作单（表 3-4）。

（2）教师根据完成的情况完成教师考核记录（表 3-5）。

表 3-4　任务工作单

实训项目：起动机的零部件检查与性能检测

班级学号		姓　名	
实训车型		VIN 码	

1. 连接起动系统电路。

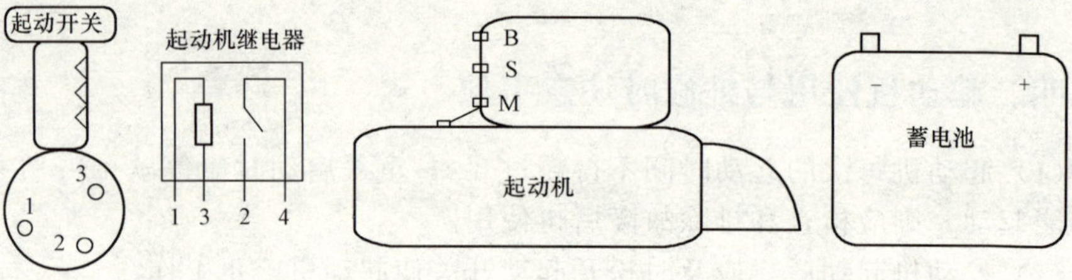

2. STN2000 起动机电枢及绕组的检修。

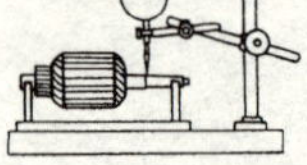

①电枢轴的检修。

修量值＿＿＿＿＿＿

结果分析＿＿＿＿＿＿

维修方案＿＿＿＿＿＿

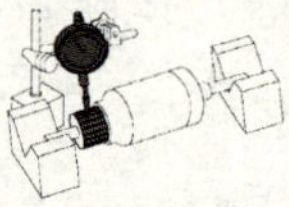

②换向器圆跳动量的检修。

修量值＿＿＿＿＿＿

结果分析＿＿＿＿＿＿

维修方案＿＿＿＿＿＿

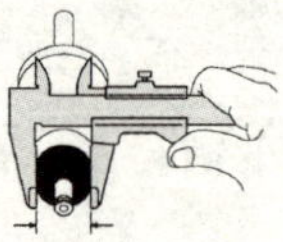

③换向器的直径检修。

修量值＿＿＿＿＿＿

结果分析＿＿＿＿＿＿

维修方案＿＿＿＿＿＿

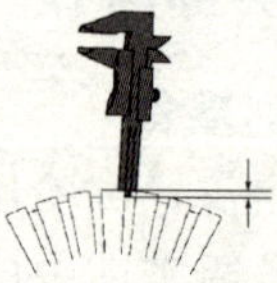

④凹槽深度的检修。

修量值＿＿＿＿＿＿

结果分析＿＿＿＿＿＿

维修方案＿＿＿＿＿＿

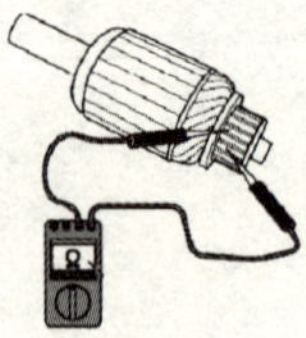

⑤换向器片之间的检修。

修量值＿＿＿＿＿＿

结果分析＿＿＿＿＿＿

维修方案＿＿＿＿＿＿

⑥换向器与电枢的检修。

修量值＿＿＿＿＿＿

结果分析＿＿＿＿＿＿

维修方案＿＿＿＿＿＿

续表

3. 励磁绕组及电刷的检修。

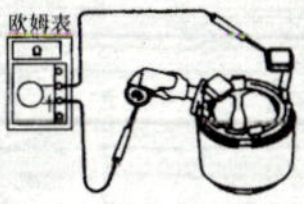

①励磁绕组导通的检修。

修量值____________

结果分析____________

维修方案____________

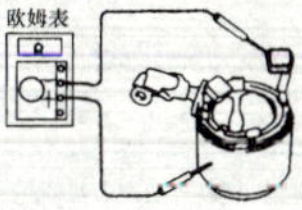

②励磁绕组搭铁的检修。

修量值____________

结果分析____________

维修方案____________

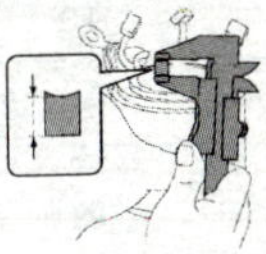

③电刷的检修。

修量值____________

结果分析____________

维修方案____________

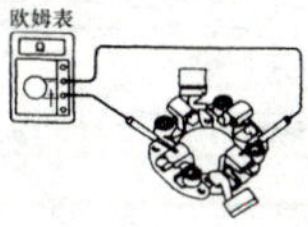

④电刷架的检修。

修量值____________

结果分析____________

维修方案____________

4. 电磁开关及单向离合器的检修。

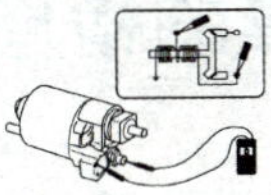

①吸引线圈的检修。

修量值____________

结果分析____________

维修方案____________

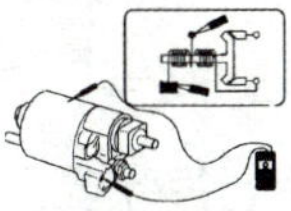

②保持线圈的检修。

修量值____________

结果分析____________

维修方案____________

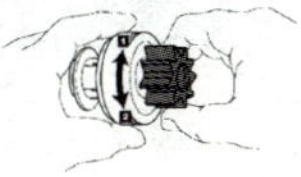

③单向离合器的检修。

修量值____________

结果分析____________

维修方案____________

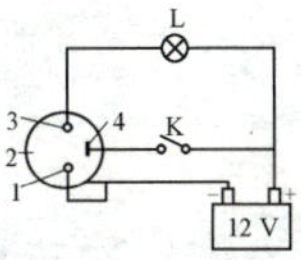

④电磁开关的通电检修。

修量值____________

结果分析____________

维修方案____________

5. 起动机整机检测。

①描述吸拉动作检测过程。

②描述保持动作检测过程。

③描述回位动作检测过程。

6. 自我评价（个人技能掌握程度）：□非常熟练 □比较熟练 □一般熟练 □不熟练

教师评语：

实训记录成绩____________ 教师签字：____________ ______年______月______日

表 3-5　教师考核记录

实训项目：起动机的零部件检查与性能检测

班级学号		姓　名	
项目	必要的记录	分值	评分
课堂参与情况		40	
语言表达情况		20	
任务单填写情况		20	
反馈建议情况		10	
实训准备、清洁情况		10	
总分			
教师签字： ____年____月____日			

任务三　起动系统电路故障的检修

任务目标

1. 能掌握起动系统电路。
2. 能分析起动系统电路。
3. 能排除起动系统电路的故障。

任务分析

不同的车型可能有不同的起动控制电路，有的车是由点火开关直接控制起动机的电磁开关；有的车在起动电路中加装了起动继电器，由起动继电器控制电磁开关；有的车在起动电路中加装起动保护电路，具有防操作错误操作功能。所以作为汽修人员掌握多种起动控制电路工作原理，对维修起动系统故障有很大帮助。

基础知识

一、起动系统控制电路分析

1. 点火开关直接控制电路

在无起动继电器的起动线路中，由点火开关直接控制起动机的电磁开关。桑塔纳轿车起动控制电路，如图 3-40 所示。

当点火开关置于起动挡时，接通起动机电磁开关内的吸引和保持线圈，其电磁开关电流走向为：蓄电池正极→红色导线→中央线路板单端子插座 P 端子 2→中央线路板内部线路→中央线路板单端子插座 P 端子 6→红色导线→点火开关端子 30→点火开关端子 50→红黑双色导线→中央线路板 B8 端子→中央线路板内部线路→中央线路板 C18 端子→起动机端子 50→进入电磁开关→搭铁→蓄电池负极；产生电磁力接通起动机主电路，其主电路电流走向为：蓄电池正极→黑色蓄电池线→起动机接线柱→电磁开关接触盘→起动机→搭铁→蓄电池负极。

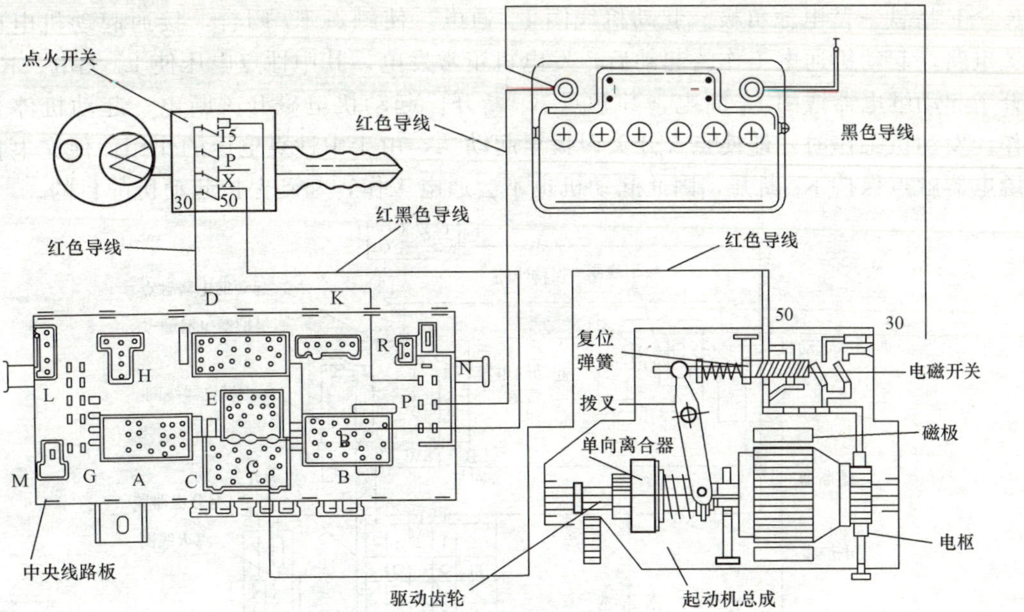

图 3-40 桑塔纳轿车起动控制电路

2. 起动继电器控制电路

为了产生足够的吸力，起动机电磁开关的电流较大，如果用点火开关直接控制如此大的电流，会影响点火开关的寿命，同时也不安全。为此，有些汽车在控制电路中安装有起动继电器，由起动继电器触点的开闭控制电磁开关的通断，而点火开关只控制起动继电器线圈电路的通断，因而减小了点火开关的通过电流。起动继电器控制电路，如图 3-41 所示。

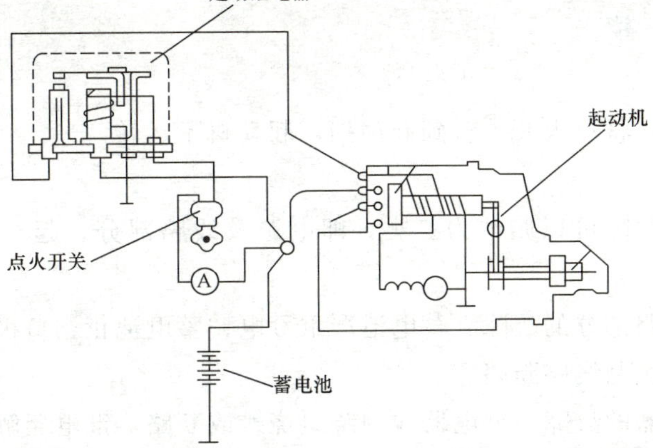

图 3-41 起动继电器控制的起动机电路

3. 保护继电器控制电路

CA1091 货车起动机保护电路就是典型的保护继电器控制的起动机控制电路。

CA1091 货车起动机保护电路，如图 3-42 所示。

起动时，点火开关接通，充电指示灯亮，组合继电器处的起动继电器 L_1 通电，其电路为：蓄电池正极→起动机电源接线柱→电流表→点火开关→SW→线圈 L_1→触点 K_2→E 搭铁→蓄电池负极。起动机线圈 L_1 通电，使触点 K_1 闭合，接通起动机电磁开关电路，起动机通电工作。起动后，发电机正常发电，其中性点电压使 L_2 无电，K_2 断开，起动继电器线圈 L_1 断电，其触点 K_1 断开，起动机电磁开关断电，起动机停止工作。发动机工作时，即使点火开关误拨至起动挡，由于中性点电压的作用而使充电指示继电器触点保持 K_2 断开，因此起动机也不会通电工作，起到保护起动机的目的。

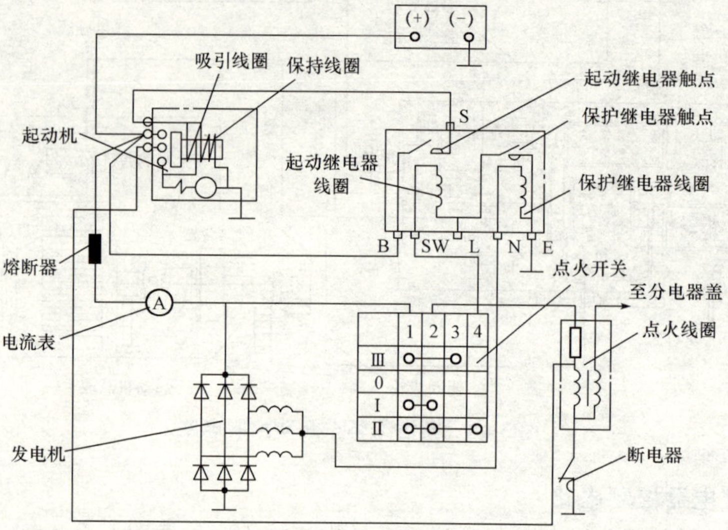

图 3-42　CA1091 货车起动机保护电路

二、起动系统故障排除

汽车起动机常见的故障主要为起动机不转、运转无力、空转或有异响等。

（一）起动机不转

1. 故障现象

起动发动机时，将点火开关转到起动挡，起动机不运转。

2. 故障原因

起动机不转的故障可以归纳为三类，即电源及线路部分、起动继电器、起动机的故障。

（1）电源及线路部分的故障。蓄电池严重亏电；蓄电池正、负极极柱上的电缆接头松动或接极不良；控制线路断路。

（2）起动继电器的故障。继电器线圈绕组烧毁或断路；继电器触点严重烧蚀或触点不能闭合。

（3）起动机的故障。起动机电磁开关触点严重烧蚀或两触点高度调整不当，从而导致触点表面不在同一平面内，使触盘不能将两个触点接通；换向器严重烧蚀而导致电刷与换向器接触不良；电刷弹簧压力过小或电刷卡死在电刷架中；电刷与励磁绕组断路或电刷搭铁；励磁绕组或电枢绕组有断路、短路或搭铁故障；电枢轴的铜衬套磨损过多，使电枢轴偏心或电枢轴弯曲，导致电枢铁芯“扫膛”（即电枢铁芯与磁极发生摩擦或碰撞）。

3. 故障诊断与排除方法

在未接通起动开关前，打开前照灯，观察灯光亮度。如果灯光暗淡，则可能是蓄电池亏电过多或连接线松脱所致。在蓄电池正常的情况下，起动机不工作故障诊断方法，如图 3-43 所示。

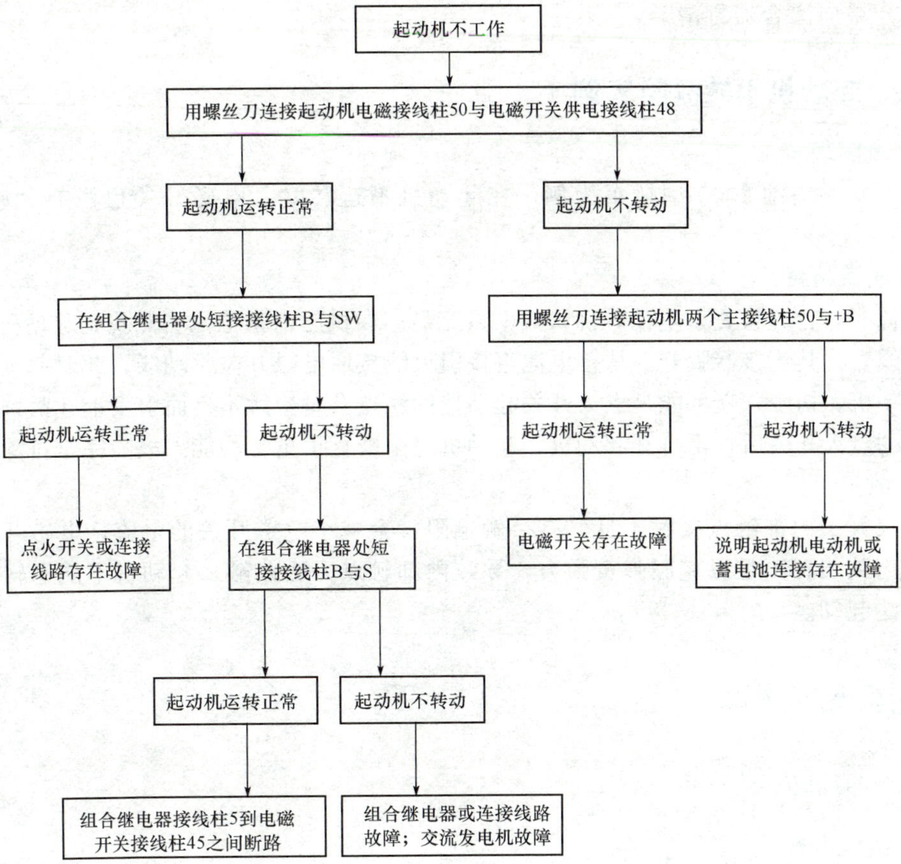

图 3-43 起动机不工作故障诊断方法

（二）起动机运转无力

1. 故障现象

起动机转动缓慢无力，带动发动机困难；接通起动开关后，起动机只有“咔哒”一声并不转动。

2. 故障原因

（1）蓄电池亏电或导线接触不良。

（2）电磁开关触点烧蚀、接触不良。

（3）电磁开关内部线圈断路或短路。

（4）起动机换向器过脏或电刷磨损严重。

（5）磁场绕组或电枢绕组局部短路。

（6）起动机装配过紧或电枢轴弯曲轴承间隙过大导致转子与定子碰擦。

（三）起动机空转

1. 故障现象

接通起动开关，起动机只是空转，不能带动发动机运转。

2. 故障原因

（1）飞轮齿圈磨损过大或损坏。

（2）电磁开关铁芯行程太短，驱动小齿轮与飞轮齿圈不能啮合。

（3）单向离合器打滑。

三、起动机不转故障实例

1. 故障现象

以一辆桑塔纳2000型轿车为例，在起动机不运转时，电磁开关也没有“嗒、嗒”的吸合声。

2. 故障检修

检修时，首先检查蓄电池，确认其电量充足。在机舱内蓄电池右侧找到起动机电磁开关驱动线，将其连接器脱开。从蓄电池直接引火线接通电磁开关驱动线，此时起动机正常驱动发动机。初步判断可能是点火开关起动挡的触点有时接触不良而引发上述故障。换装一只新的点火开关后，再打开起动机，起动机完全恢复了正常功能。故障完全排除。

3. 故障分析

点火开关内部触点接触不良，有接触电阻，会减小电磁开关的电流，电磁开关产生的吸引力就弱，不足以克服弹簧弹力，导致内部触点无法接触，起动机不能运转，发动机则无法起动。

实施与考核

一、实训内容

1. 实训准备

（1）准备好试验用的实训车辆、万用表、导线、试灯和维修手册。

（2）强调实训中的安全注意事项。

2. 实训流程

（1）对起动系统进行基本检查。

（2）分析试验用车的起动电路的走向。

（3）起动机不工作的故障检测。

3. 实训记录

组织学生完成实训记录单。

4. 教师总结及反馈

（1）总结本次的实训要点内容。

（2）解答学生实训中存在的问题。

（3）对学生解决实际问题能力的考核做出点评，给出本次实训成绩。

二、任务实施与考核

（1）教师组织学生分组分工。在充分掌握上述知识与技能的前提下，各组按要求完成任务工作单（表 3-6）。

（2）教师根据完成的情况完成教师考核记录（表 3-7）。

表 3-6 任务工作单

实训项目：起动机不工作故障诊断

班级学号		姓　名	
实训车型		VIN 码	

1. 写出图示起动系统的电路走向。

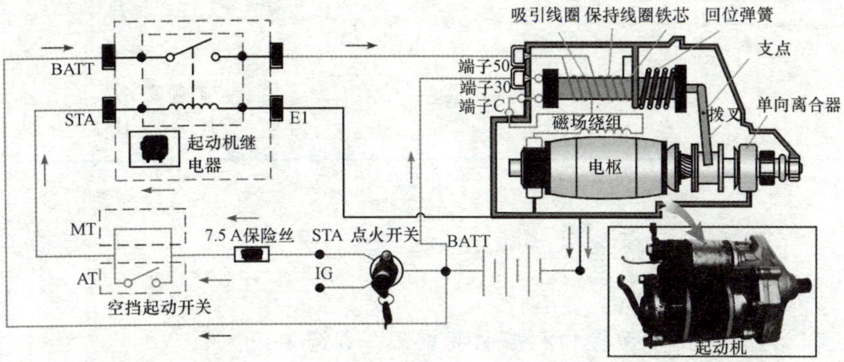

2. 依据电路图分析 STN2000 起动系统电路。

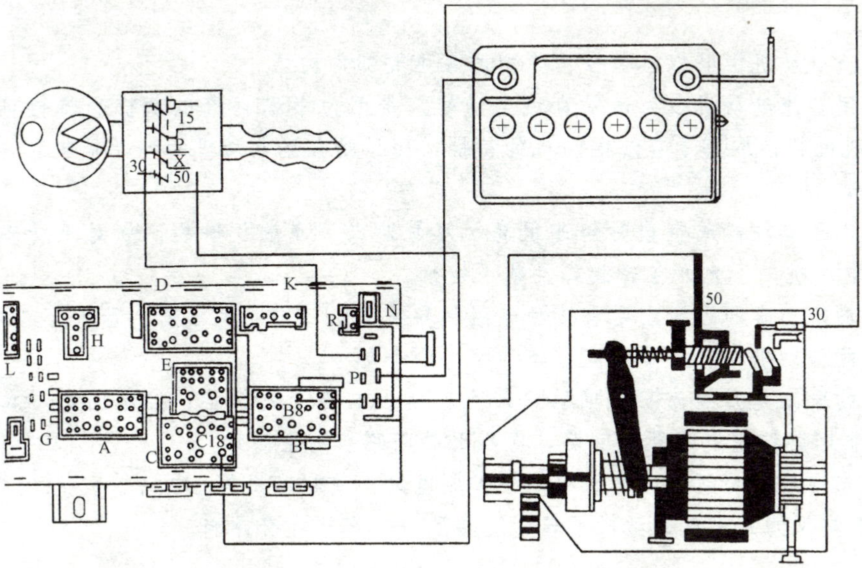

3. 描述 STN2000 起动机不工作的故障排除。

4. 自我评价（个人技能掌握程度）：□非常熟练　□比较熟练　□一般熟练　□不熟练

教师评语：

实训记录成绩__________　教师签字：__________　____年____月____日

表 3-7　教师考核记录

实训项目：起动机不工作故障诊断

班级学号		姓　名	
项目	必要的记录	分值	评分
课堂参与情况		40	
语言表达情况		20	
任务单填写情况		20	
反馈建议情况		10	
实训准备、清洁情况		10	
总分			
教师签字： ____年____月____日			

项目小结

1. 起动机由直流电动机、传动机构和控制装置三个部分组成。

2. 按传动机构的啮合方式分为强制啮合式起动机、电枢移动式起动机、减速式起动机。

3. 串励直流电动机由电枢、磁极、换向器等主要部件构成。

4. 起动机用直流电动机多为串励直流电动机，是因为串励直流电动机的特性可满足需要。起动机的特性取决于直流电动机的特性，而串励直流电动机的特性是起动转矩大，机械特性软。

5. 起动机由于其轻载或空载时转速很高，容易造成“飞散”事故，故对于功率较大的串励直流电动机，不允许在轻载或空载下运行。

6. 影响起动机功率的因素主要有接触电阻和导线电阻、蓄电池容量、温度。

7. 起动机的传动机构包括单向离合器和拔叉两个部分。

8. 起动机的电路可归纳为三条回路，即主回路、电磁开关回路、控制回路。其控制关系是：控制回路控制电磁开关回路，电磁开关回路控制主回路。

9. 发动机起动后，必须立即切断起动机控制电路，使起动机停止工作。

10. 起动机常见的故障有起动机不转、运转无力、空转或有异响。

习题与思考

一、选择题

1. 讨论起动机励磁线圈与电枢线圈的连接方式，甲认为串联，乙认为并联。你认为(　　)。

A. 甲对　　B. 乙对　　C. 甲乙都对　　D. 甲乙都不对

2. 为了获得足够的转矩，通过电枢绕组的电流很大，一般汽油机的起动电流为(　　)。

A. 20～60 A　　B. 100～200 A　　C. 200～600 A　　D. 2 000～6 000 A

3. 探讨起动系统，下面正确的是(　　)。

A. 测量吸拉线圈是指测量起动机接线柱与壳体

B. 起动机的工作原理是动电生磁

C. 四个磁极起动机相对的两个磁极的内侧是同性磁极

D. 起动机换向器的作用是维持电枢定向运转

4. 起动机无力起动时，短接起动开关两主线柱后，起动机转动仍然缓慢无力，甲认为是起动机本身的故障，乙认为是蓄电池电量不足，你认为(　　)。

A. 甲对　　B. 乙对　　C. 甲乙都对　　D. 甲乙都不对

5. 在将起动机传动叉压到极限位置时，驱动小齿轮与止推垫圈之间必须保持适当的间隙，这个间隙一般为(　　)。

A. (1.5±1) mm　　B. (2.5±1) mm　　C. (3.5±1) mm　　D. (4.5±1) mm

6. 起动机在汽车的起动过程中是(　　)。

A. 先接通起动电源，然后让起动机驱动齿轮与发动机飞轮齿圈正确啮合

B. 先让起动机驱动齿轮与发动机飞轮齿圈正确啮合，然后接通启动电源

C. 在接通起动电源的同时，让起动机驱动齿轮与发动机飞轮齿圈正确啮合

D. 以上都不对

7. 起动系统故障分析：点火开关在起动位置时，不能起动，但有磁吸声，用一字螺具短接，电源接线柱与电磁开关接线柱能起动，甲认为控制电流过小，导致磁力不足，乙认为起动继电器触点接触不良或连接线接触不良。你认为(　　)。

A. 甲对　　B. 乙对　　C. 甲乙都对　　D. 甲乙都不对

8. 起动机电刷的高度如不符合要求，则应予以更换。一般电刷高度不应低于标准高度的(　　)。

A. 1/2　　B. 2/3　　C. 1/4　　D. 1/5

9. 电刷与换向器的接触面积不低于(　　)。

A. 60%　　B. 70%　　C. 80%　　D. 90%

10. 电枢轴弯曲可用百分表检测，其径向跳动应不大于(　　)。

A. 0.05～0.1 mm　B. 0.1～0.15 mm　C. 0.15～0.2 mm　D. 0.2～0.25 mm

11. 换向器直径不小于标准值(　　)。

A. 1.00 mm　　B. 1.10 mm　　C. 1.20 mm　　D. 1.30 mm

12. 电枢轴的轴向间隙应为(　　)。

A. 0.05～1.00 mm　　B. 0.1～1.05 mm

C. 0.15～1.1 mm　　D. 0.2～1.15 mm

13. 起动机就车拆装第一步应为(　　)

A. 拆卸起动机　　B. 断开起动机电缆及连接器

C. 断开蓄电池负极端子　　D. 拆卸起动机固定螺栓

14. 下列不是传动机构部件的是(　　)。

A. 驱动齿轮　　B. 单向离合器　　C. 拨叉　　D. 电磁开关

15. 换向器表面轻微烧蚀用(　　)砂纸打磨。

A. 00 号　　B. 10 号　　C. 50 号　　D. 100 号

二、判断题

1. 串励直流式电动机中“串励”的含义是四个励磁绕组相串联。(　　)
2. 起动机转速越高，流过起动机的电流越大。(　　)
3. 对功率较大的起动机可在轻载或空载下运行。(　　)
4. 驱动小齿轮与止推垫圈之间的间隙大小视不同的起动机型号而稍有出入。(　　)
5. 判断起动机电磁开关中吸拉线圈和保持线圈是否已损坏，应以通电情况下看其能否有力地吸动活动铁芯为准。(　　)
6. 发动机在起动时需要的转矩较大，而起动机所能产生的最大转矩只有它的几分之一，因此，在结构上就采用了通过小齿轮带动大齿轮来增大转矩的方法解决。(　　)
7. 单向滚柱式啮合器的外壳与十字块之间的间隙是宽窄不等的。(　　)
8. 起动机开关断开而停止工作时，继电器的触点张开，保持线圈的电路便改道，经吸拉线圈、电动机开关回到蓄电池的正极。(　　)
9. 起动机电磁开关保持线圈开路时，在起动过程中电磁开关会出现反复的“咔哒”。(　　)
10. 起动机空载测试时，转速过高，耗电过大，表明电枢绕组有短路故障。(　　)
11. 起动机一般由交流电动机、传动机构和控制装置三部分组成。(　　)
12. 直流电动机主要由机壳、磁极、转子、换向器及电刷等组成。(　　)
13. 电刷与换向器的接触面积不低于80%。(　　)
14. 单向离合器的检查：按顺时针转动驱动齿轮，应该被锁住；逆时针转动时应可自由转动。(　　)
15. 起动机不转故障在检修时应先检查蓄电池电压。(　　)

三、简答题

1. 起动机由哪些部分组成？各组成部分的作用是什么？
2. 起动机是如何分类的？
3. 起动机单向离合器有哪几种？
4. 简述起动机的工作过程。
5. 起动机不转的故障是哪些原因引起的？怎样判断与排除？
6. 简述起动机电磁开关电流走向。

项目四　汽车照明与信号系统

任务一　识别照明与信号系统

任务目标

1. 了解照明与信号系统的基本组成。
2. 能正确识别汽车灯系统。
3. 掌握照明系统的拆装方法。

任务分析

汽车照明与信号系统是汽车安全行驶的必备系统之一，因此我们要掌握汽车照明与信号的种类及基本组成，能够对其进行正确的识别与判断。

基础知识

汽车灯具按照功能功用划分，主要有两类：汽车照明灯和汽车信号灯。

一、汽车照明灯

汽车照明灯又分为外部和内部照明系统。

1. 汽车外部照明系统

汽车外部照明系统按照其安装的位置及功用包括：前照灯、雾灯、倒车灯、牌照灯等。

（1）**前照灯。**前照灯又叫前大灯，装于汽车头部两侧，用于夜间行车道路的照明。有两灯制和四灯制之分。每辆车安装 2 只或 4 只，装于外侧的一对应为近、远光双光束灯，装于内侧的一对应为远光单光束灯。前照灯系统，如图 4-1 所示。

前照灯灯光光色为白色，灯泡功率远光灯为 45～60 W，近光灯为 25～55 W。要求前照灯应能保证提供车前 100 m 以上路面明亮、均匀的照明，并且不应对迎面来车的驾驶员造成眩目。随着车速的不断提高，汽车上的前照灯的照明距离可达到 200～300 m。

（2）**雾灯。**雾灯安装于汽车的前部和后部。用于在雨雾天气行车时照明道路和为迎面来车及后面来车提供信号。前雾灯安装在前照灯附近，一般比前照灯的位置稍低，因为雾天能见度低，驾驶员视线受到限制。红色和黄色是穿透力最强的颜色，前雾灯光色为黄色，这是因为黄色光光波较长，具有良好的透雾性能，灯泡功率一般为 35 W。后雾灯采用单只时，应安装在车辆纵向平面的左侧，与制动灯间的距离应大于 100 mm，后雾灯灯光光色为红色，以警示尾随车辆保持安全距离，灯泡功率一般为 21 W 或 6 W。雾灯，如图 4-2 所示。

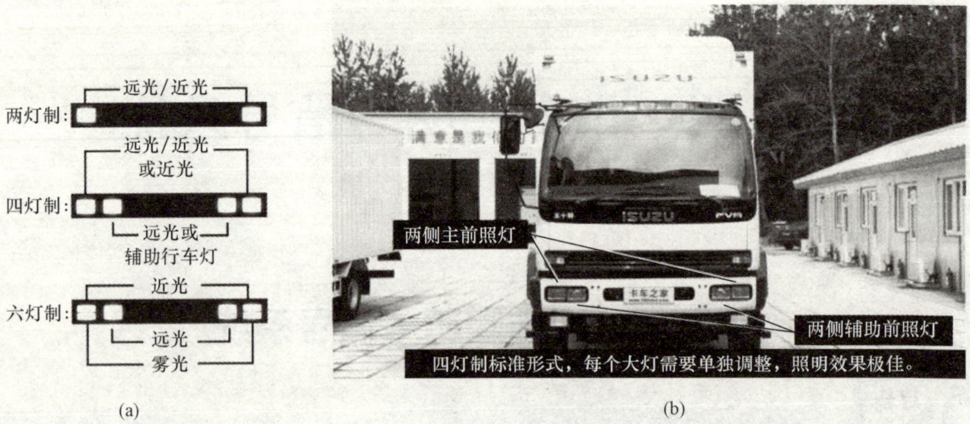

图 4-1　前照灯系统

(a) 前照灯系统；(b) 前照灯系统实物

(3) **倒车灯。**倒车灯装于汽车尾部，用于倒车时汽车后方道路照明和警告其他车辆和行人，表示该车正在倒车，兼有灯光信号装置的功能。倒车灯灯光光色为白色，功率一般为 20～25 W。倒车灯，如图 4-3 所示。

图 4-2　雾灯

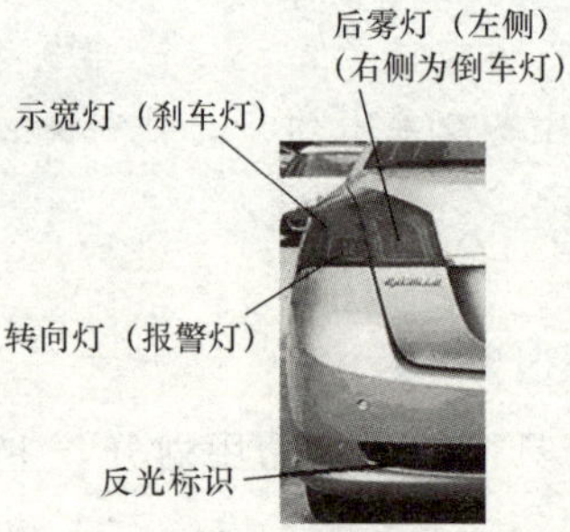

图 4-3　倒车灯

(4) **牌照灯。**牌照灯用于照亮车辆牌照，要求夜间在车后 20 m 处能看清牌照号码。牌照灯装在汽车尾部牌照的上方或左右两侧，灯光光色为白色，灯泡功率为 8～10 W。它没有单独的开关控制，受示宽灯或前照灯开关控制。按照规定要求牌照灯必须与小灯受同一个开关控制。牌照灯，如图 4-4 所示。

图 4-4　牌照灯

2. 汽车内部照明系统

汽车内部照明系统由顶灯、仪表灯、踏步灯、工作灯、后备厢灯等组成。主要是为驾驶员、乘员提供方便。灯光光色为白色，灯泡功率在 2～20 W。

(1) **顶灯：**安装在驾驶室或车厢内顶部，为驾驶室或车厢内的照明灯具。灯光颜色一般为白色。

（2）**仪表灯：**安装于仪表盘内，它用来照明汽车仪表。灯光颜色一般为白色。仪表灯，如图 4-5 所示。

（3）**踏步灯：**一般安装在汽车的上下车台阶的左右两侧，作用是用来照明车门的踏步处，方便乘员上下车，灯光颜色一般为白色。

（4）**工作灯：**是车辆维修时可以移动使用的一种随车低压照明工具，电源来自发电机或蓄电池。常常带有挂钩或夹钳，插头有点烟器式或两柱插头式两种。工作灯，如图 4-6 所示。

图 4-5 仪表灯

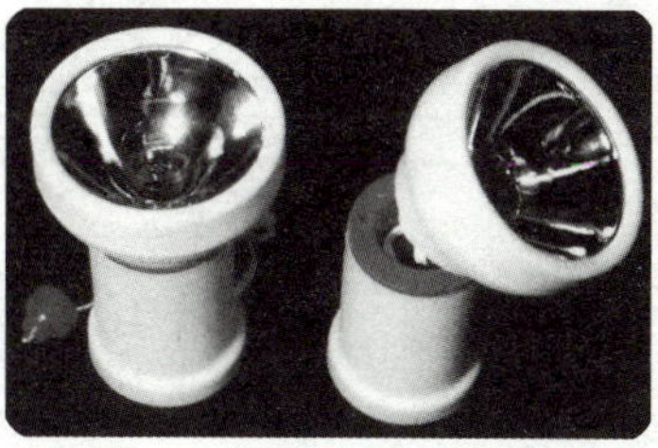

图 4-6 工作灯

（5）**后备厢灯：**为轿车后备厢内的灯具，灯光为白色。

二、汽车信号灯

汽车信号灯包括：转向信号灯、危险报警信号灯、制动灯、示廓灯等。

（1）转向信号灯。装于汽车前、后、左、右角，用于汽车转弯时发出明暗交替的闪光信号，使前后车辆、行人、交警知其行驶方向。转向信号灯的灯光光色为琥珀色，灯泡功率一般为 20 W。汽车转向信号灯的指示距离，要求前、后转向信号灯白天距 100 m 以外可见，侧转向信号灯白天距 30 m 以外可见。转向信号灯的闪光频率应控制在 1.0～2 Hz。

（2）危险报警信号灯。危险报警信号灯用于车辆遇到紧急危险情况时，同时点亮前后左右转向灯以发出警告信号。与转向信号灯有相同的要求。

（3）制动灯。制动灯用于指示车辆的制动或减速信号。制动灯安装在车尾两侧，两制动灯应与汽车的纵轴线对称并在同一高度上，制动灯灯光光色为红光，应保证白天距 100 m 以外可见。

（4）示廓灯。示廓灯安装在汽车前、后、左、右侧的边缘。用于汽车夜间行车时标志汽车的宽度和高度，因此也相应地被称为“示宽灯”和“示高灯”。示廓灯灯光标志在夜间 300 m 以外可见。前示廓灯的灯光光色为白色，后示廓灯的灯光光色多为红色，灯泡功率为 8～10 W。

实施与考核

一、实训内容

1. 实训准备

（1）准备好试验用的实训车辆及相关图样。

（2）强调实训中的环境保护和人身安全。

2. 实训流程

（1）在汽车上指出外照明灯都有哪些（见图 4-7）。

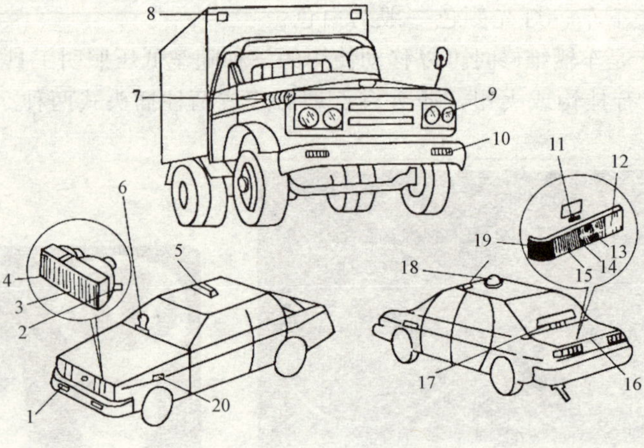

图 4-7 外部灯具

（2）在汽车上指出内照明灯都有哪些（见图 4-8）。

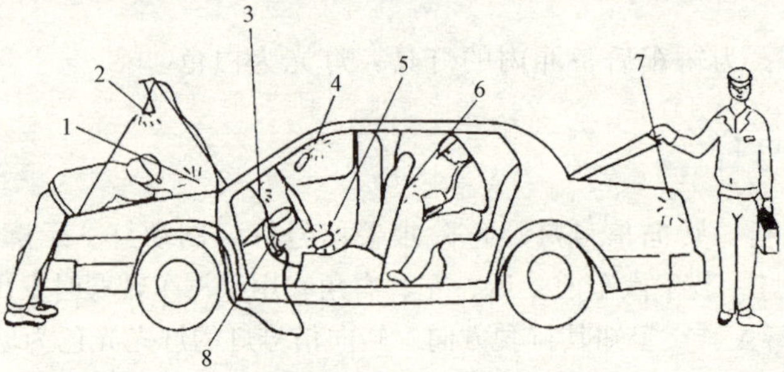

图 4-8 内部灯具

（3）根据图片，指出图片上都有哪些灯（见图 4-9）。

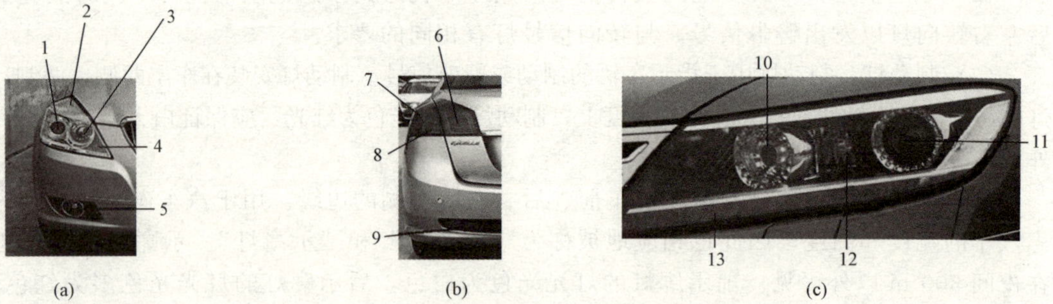

图 4-9 看图识灯

3. 实训记录

组织学生完成实训，并完成实训记录单。

4. 教师总结及反馈

（1）总结本次的实训要求内容。

（2）解答学生实训中存在的问题。

（3）对学生解决实际问题能力的考核做出点评，给出本次实训成绩。

二、任务实施与考核

（1）教师组织学生分组分工。在充分掌握上述知识与技能的前提下，各组按要求完成任务工作单（表 4-1）

（2）教师根据完成的情况完成教师考核记录（表 4-2）。

表 4-1 任务工作单

实训项目：照明系统的识别

班级学号		姓名	
实训车型		VIN 码	

1. 在汽车上指出外照明灯都有哪些。
2. 在汽车上指出内照明灯都有哪些。
3. 根据下列图片，指出图片上都有哪些灯。

（　　　　　）

（　　　　　）

（　　　　　）

（　　　　　）

（　　　　　）

（　　　　　）

（　　　　　）

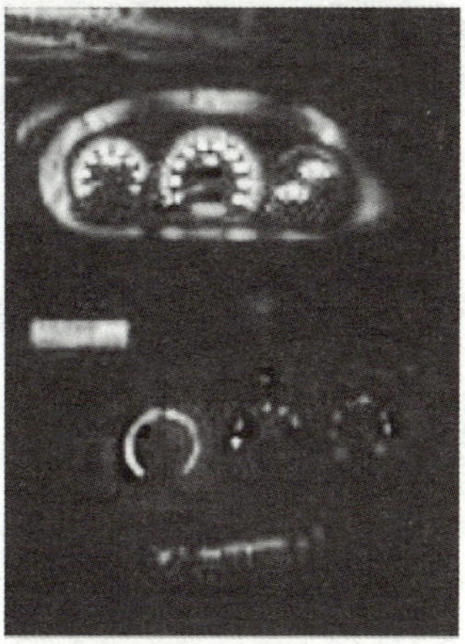

（　　　　　）

4. 自我评价（个人技能掌握程度）：□非常熟练　□比较熟练　□一般熟练　□不熟练

教师评语：

实训记录成绩＿＿＿＿＿＿　教师签字：＿＿＿＿＿＿　＿＿＿年＿＿月＿＿日

表 4-2　教师考核记录

实训项目：照明系统的识别

班级学号		姓　名	
项　　目	必要的记录	分值	评分
课堂参与情况		40	
语言表达情况		20	
任务单填写情况		20	
反馈建议情况		10	
实训准备、清洁情况		10	
总分			
教师签字： ____年____月____日			

任务二　汽车照明系统

任务目标

1. 能够表述汽车前照灯的基本组成和工作原理。
2. 会进行前照灯的安装及调整。
3. 能够对照明系统的故障进行分析与诊断。
4. 能够对照明系统灯具的故障进行分析及排除。

任务分析

汽车前照灯是保障汽车夜间或阴暗天气情况下安全行车的有效装备，为避免会车时对方驾驶员眩目，应使汽车前照灯的近光分布的大部分光直接照在“目标区”，少量或微量照在“眩目区”。汽车维修人员一定要掌握前照灯的基本结构，了解其工作原理与控制电路情况，必要时对前照灯的光束进行调整，使之不直接影响车辆行驶安全。

基础知识

一、前照灯的结构

汽车前照灯又叫前大灯，装于汽车头部两侧，用于夜间行车道路的照明，具有行驶用和交会车用两种光束。有两灯制和四灯制之分。每辆车安装 2 只或 4 只，装于外侧的一对应为近、远光双光束灯，装于内侧的一对应为远光单光束灯。

汽车前照灯按结构形式可分为半封闭式和全封闭式两种类型。

（一）汽车半封闭式前照灯结构特点

配光镜和反射镜靠卷曲在反射镜边缘上的牙齿紧固在一起，用橡胶圈密封，再用螺钉固定，灯泡从反射镜的后面装入，更换损坏的灯泡时不必拆开配光镜。目前，半封闭式前照灯在汽车上使用还比较常见。半封闭式前照灯，如图 4-10 所示。半封闭式前照灯实物，如图 4-11 所示。

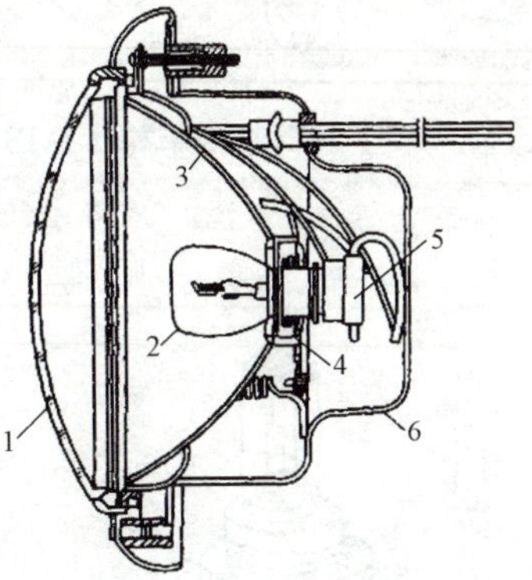

图 4-10　半封闭式前照灯

1—配光镜；2—灯泡；3—反射镜；
4—插座；5—接线盒；6—灯壳

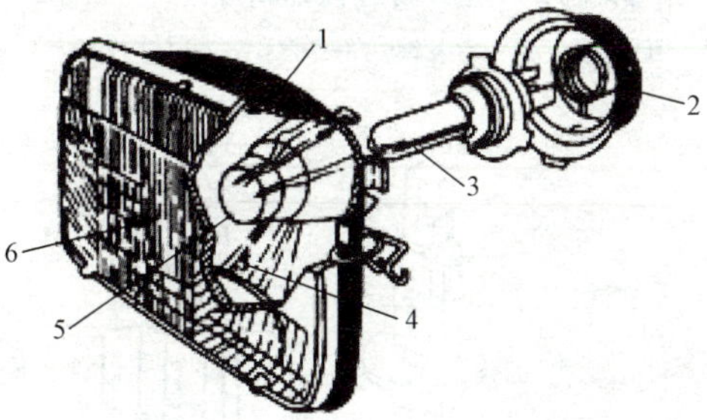

图 4-11　半封闭式前照灯实物

1—灯壳；2—灯泡卡盘；3—灯泡；
4—反射镜；5—玻璃球面；6—配光镜

（二）汽车全封闭式前照灯（真空灯）结构特点

封闭式前照灯又称真空灯，反射镜和配光镜制成一体，形成一个整体，内部充以惰性气体，灯丝焊接在反射镜底座上。全封闭式前照灯因可避免反射镜被污染，所以反光效率高、使用寿命长。然而，当灯丝烧坏后，要更换前照灯整个光学总成；全封闭结构形式使用日渐广泛，全封闭式前照灯实物，如图 4-12 所示。

汽车前照灯由灯泡（光源）、反射镜和配光镜三个光学组件组成。

1. 光源

（1）灯泡。灯泡是前照灯的光源，前照灯的灯泡分为充气灯泡和卤钨灯泡两类。充气灯泡灯丝用钨丝制成，灯泡内充满氩、氖和氮的混合惰性气体。充入惰性气体可以在灯丝发热膨胀后，增加玻璃壳内的压强，减少钨的蒸发，从而可提高灯丝的设计温度和发光效率，延长灯泡使用寿命。充气灯泡结构示意图，如图 4-13 所示。

卤钨灯泡的灯丝用钨丝制成，充入的气体中加入卤族元素，如碘、溴、氯、氟等。灯泡工作时，在其内部形成卤钨再生循环反应，即从灯丝炽热蒸发的气态钨与卤素反应，生成一种挥发性的卤化钨，它扩散到灯丝附近的高温区又受热分解，使钨又重新回到灯丝上，被释放的卤素又继续扩散参与下一轮循环反应，从而防止钨的蒸发，避免了灯泡发黑。

（2）卤素灯。卤素灯（见图 4-14），就是在灯泡内渗入少量的惰性气体碘，从灯丝蒸发出来的钨原子与碘原子相遇而发生反应，生成碘化钨化合物；当碘化钨化合物一接触白热化的灯丝（温度超过1 450℃），又会分解还原为钨和碘，钨又重新回到灯丝中去，碘则重新进入气体中。如此循环不已，灯丝几乎不会烧断，灯泡也不会发黑，所以它要比传统的白炽前照灯寿命更长，亮度更大。现在的汽车普遍采用的都是这种前照灯。

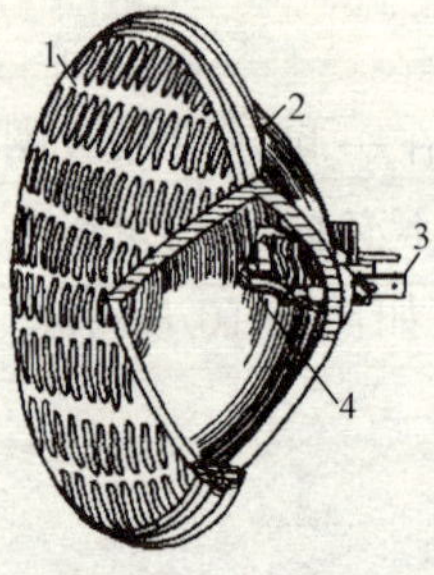

图 4-12 全封闭式前照灯实物

1—配光镜；2—反射镜；3—插片；4—灯丝

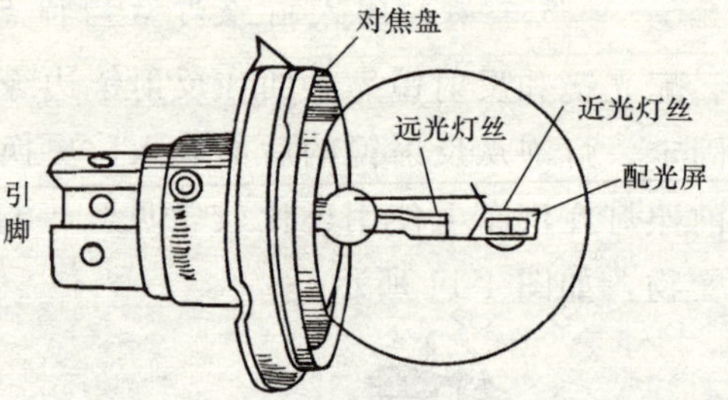

图 4-13 充气灯泡结构示意图

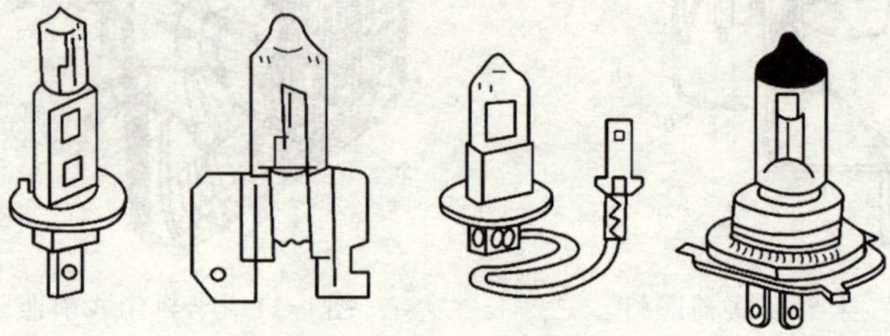

(a) (b) (c) (d)

图 4-14 卤素灯

(a) H_1 型；(b) H_2 型；(c) H_3 型；(d) H_4 型

卤素灯有其独特的配光结构，每只灯内有两组灯丝，一组是主光束灯丝，发出的灯光经灯罩反射镜反射后径直向前射去，这种光源就是我们平常所说的“远光”。另一种是偏光束灯丝，发出的光被遮光板挡到灯罩反射镜子的上半部分，其反射出去的光线都是朝下漫射向地面，不会给对面来车的驾驶者造成眩目，这种光源就是我们平常所说的“近光”。

(3) 氙气灯。氙气灯，英文简称是 HID。它所发出的光照亮度是普通卤素灯的 2 倍，而能耗仅为其 2/3，使用寿命可达普通卤素灯的 10 倍。氙气灯极大地增加了驾驶的安全性与舒适性，还有助于缓解人们夜间行驶的紧张与疲劳。驾车员可在第一时间内发现危险，从而获得足够的反应时间，很大程度减少了夜间事故发生率。目前国内推出的全新奥迪、帕萨特、别克君威、马自达等豪华款均配备了氙气前照灯。从市场上看，氙气前照灯将会成为市场的主流。

2. 反射镜

反射镜（见图 4-15）用薄钢板冲压而成，其形状为旋转抛物面，其内表面进行镀银、镀铝或镀铬，经抛光加工而成。反射镜将灯泡的光线聚合、反射后照射前方。经反射镜反射后，尚有少量的散射光线，照向侧方和下方的散射光线有助于照亮两侧 5～10 m 的路面。反射镜的作用是将灯泡的光线聚合并导向前方。由于前照灯灯泡灯丝发出的光亮有限，功率仅 40～60 W。如果无反射镜，只能照清车前 6 m 左右的路面。有了反射镜之后，前照灯照距可达 150 m 或更远。反射镜聚光示意图（见图 4-16）。

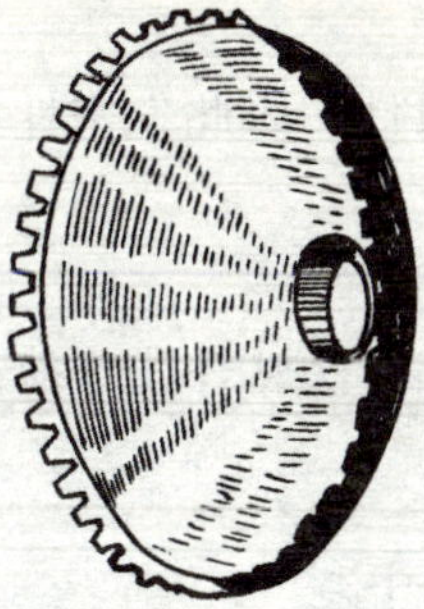

图 4-15 反射镜

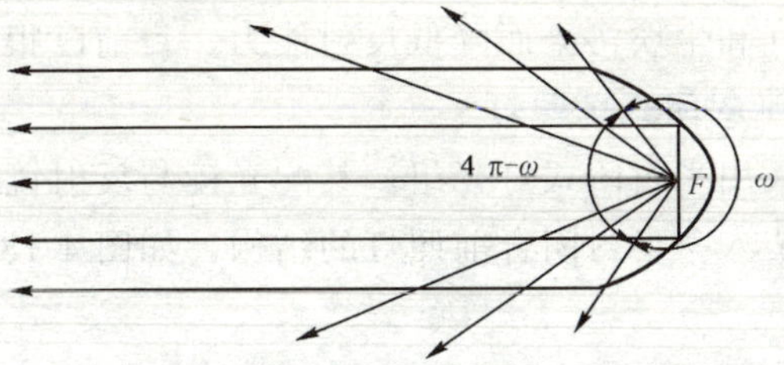

图 4-16 反射镜聚光示意图

3. 配光镜（散光玻璃）

配光镜是由透镜和棱镜组合而成的散光玻璃，其外形一般为圆形或方形，配光镜的外表面平滑，内侧精心设计成由许多特殊的凸透镜和棱镜组成的组合体。配光镜的作用是将反射镜反射出来的光线进行散射与折射，以扩大光照范围，使前照灯 100 m 以内的路面和路缘有良好而均匀的照明，使照射区域的光照度分布符合标准要求。配光镜具有水平方向的散射和垂直方向的折射作用。配光镜散光原理，如图 4-17 所示。

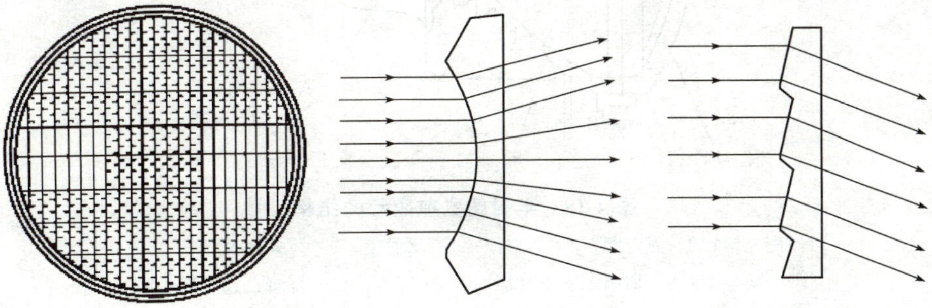

图 4-17 配光镜散光原理

（三）对汽车前照灯的基本要求

（1）前照灯的上缘距地面高度不大于 1.2 m，外缘距车外侧不大于 0.4 m。

（2）汽车的前照灯应有远、近光变换装置，并且当远光变为近光时，所有远光应能同时熄灭。

（3）四灯制前照灯并排安装时，装于外侧的一对应为远、近光双光束灯；装于内侧的一对应为远光单光束灯。

（4）夜间远光灯亮时，应能至少照清前方 100 m 远的道路；近光灯亮时，应能照清前方 40 m 远的道路并不得眩目。

二、前照灯的类型

按照灯光组件的结构不同，前照灯可分为可拆式前照灯、半封闭式前照灯、封闭式前照灯、投射式前照灯和高亮度弧光灯。

1. 可拆式前照灯

由于可拆式前照灯是由反射镜和配光镜等安装而成的组件，因此气密性差，反射镜易受湿气和尘埃污染而降低反射能力。目前已很少使用。

2. 半封闭式前照灯

它采用半封闭式灯光组。其配光镜与反射镜用黏结剂等方法黏合，灯泡可以从反射镜后端装入。半封闭合前照灯的结构，如图 4-18 所示。

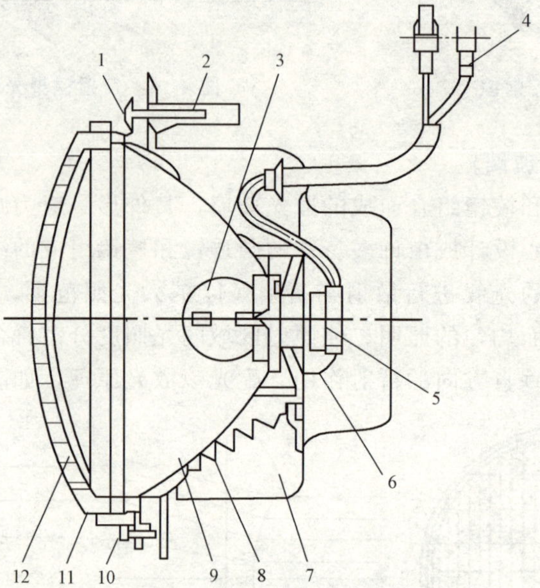

图 4-18　半封闭式前照灯的结构

1—配光镜；2—固定圈；3—调整圈；4—反射镜；5—拉紧弹簧；6—灯壳；7—防尘罩；8—插座；9—接线片；10—灯泡；11—灯罩；12—配光镜

3. 封闭式前照灯

它采用封闭式灯光组。其反射镜和配光镜熔焊为一个整体，形成灯泡，灯丝焊在反射镜底座上，封闭式前照灯，如图 4-19 所示。这种结构的优点是密封性能好，反射镜不会受到大气的污染，反射效率高，使用寿命长。但灯丝烧坏之后，需要更换整个灯光组，成本较高。

4. 投射式前照灯

投射式前照灯采用很厚的无刻纹的凸形散光镜，由于反射镜是近似圆形的，所以外径很小。投射式前照灯结构，如图 4-20 所示。

5. 高亮度弧光灯

高亮度弧光灯的结构，如图 4-21 所示。这种灯没有传统的灯丝，取而代之的是装在石英管内的两个电极，管内充有氙气及微量金属（或金属卤化物）。弧光灯由弧光灯组件、电子控制器和升压器 3 个部件组成。其灯泡发出的光色成分和日光灯非常相似，亮度是目前卤素灯泡的 2.5 倍，寿命可达卤素气体灯泡的 5 倍。由于灯泡点燃达到灯泡正常工作温度后，维持电弧放电的功耗仅为 35 W，所以可节约 40%的电能。

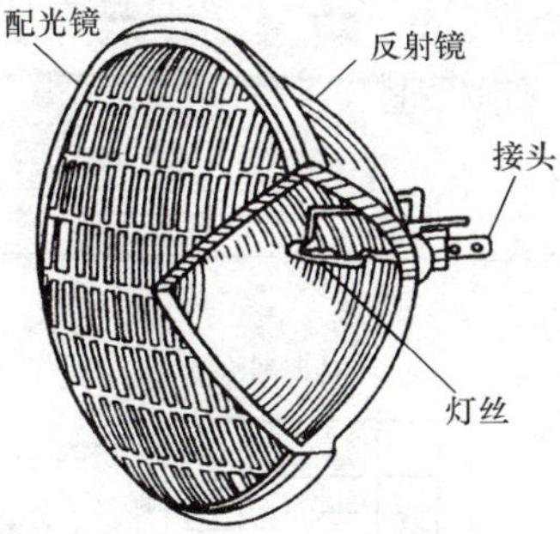

图 4-19 封闭式前照灯

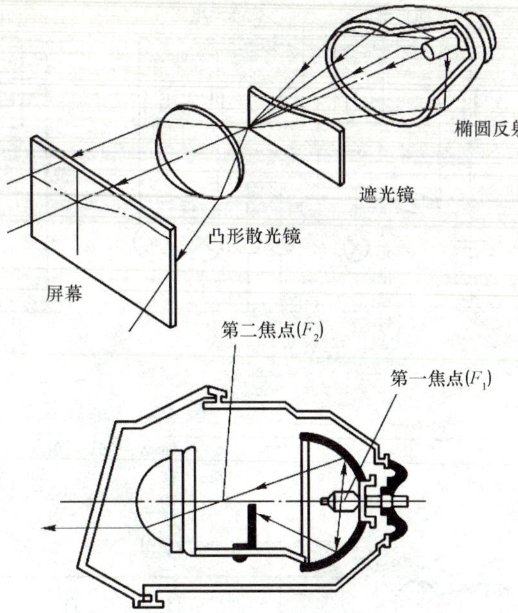

图 4-20 投射式前照灯结构

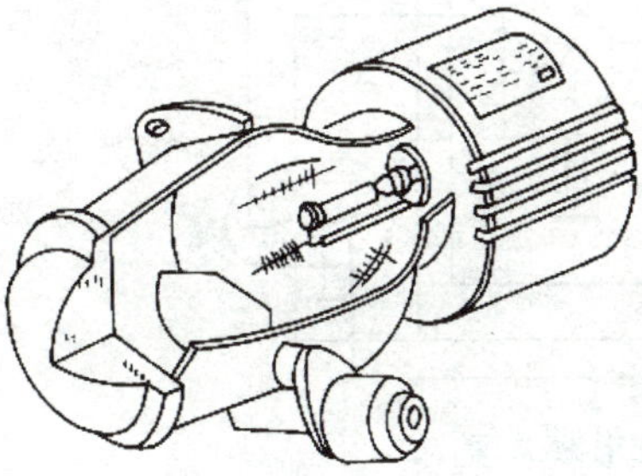

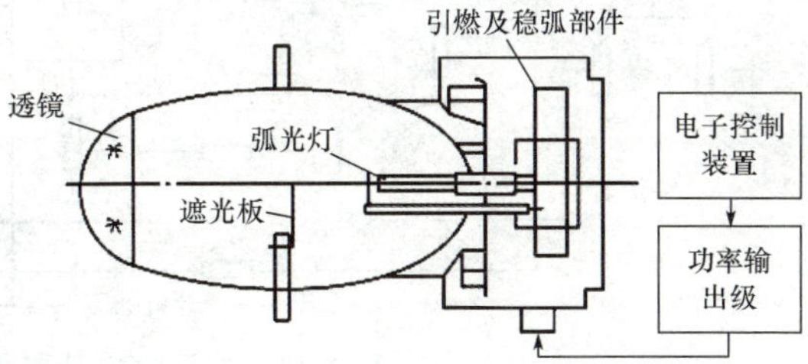

图 4-21 高亮度弧光灯的结构

三、前照灯的控制电路

1. 前照灯的控制电路

汽车前照灯随车型不同，控制方式有差异。当灯的功率较小时，灯的电流直接受灯光总开关控制，前照灯的控制电路，如图 4-22 所示。当灯的数量多、功率大时，为减少开关热负荷，减少线路压降，采用继电器控制。同时，分路保险器的个数也增加。车型不同，继电器控制线路也有控制火线式［见图 4-22（a)］和控制搭铁线式［见图 4-22（b)］之分。

2. 前照灯自动变光电路

在夜间行驶时，为了防止迎面来车驾驶员眩目，驾驶员必须频繁使用变光开关，这样会分散驾驶员的注意力，影响行车安全。前照灯自动变光装置可以根据迎面来车的灯光强度调节前照灯的远光或近光。前照灯自动变光电路原理，如图 4-23 所示。其工作原理如下：

当迎面来车的前照灯光线照射到传感器时，通过透镜将光线聚焦到光敏元件上，通

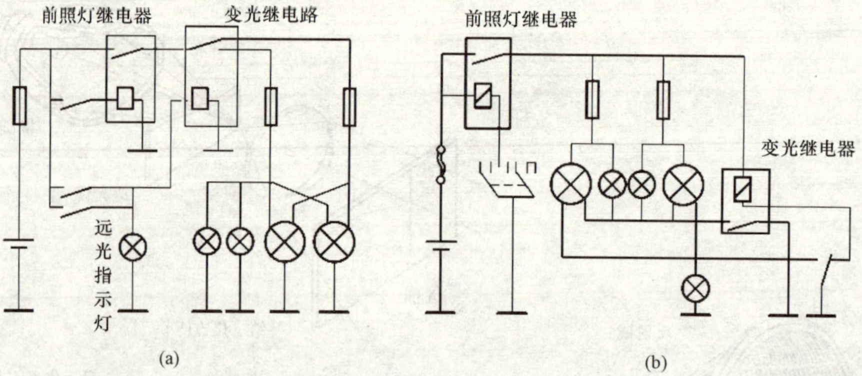

图 4-22 前照灯的控制电路

(a) 控制火线式；(b) 控制搭铁线式

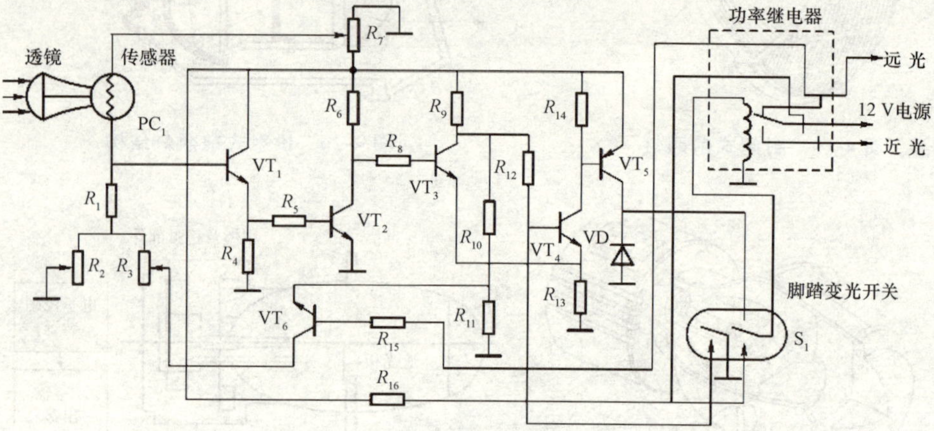

图 4-23 前照灯自动变光电路原理

过放大器输出信号触发功率继电器，继电器将前照灯自动从远光变为近光。当迎面来车驶过后，传感器不再有灯光照射，于是放大器不再向功率继电器输送信号，继电器触点又恢复到远光照明。

光敏电阻 PC_1 用来传感光照情况，其电阻值与光强成反比。在受到光线照射前，其电阻值较高，但受光照后，其电阻值迅速下降，PC_1 和 R_1、R_2、R_3、R_7 以及 VT_6 组成 VT_1 的偏压电路。当远光接通时，VT_6 导通，PC_1 受到光照作用，电阻减小到一定值时，VT_1 基极上偏压刚好能产生光束转换，即从远光变为近光；近光接通后，VT_6 截止，这时偏压电路中只有 R_7、PC_1、R_1 和 R_2，因而灵敏度增加，当迎面来车驶过后，PC_1 电阻增大，VT_1 截止，前照灯立即由近光变为远光。

射极输出器 VT_1 的输出，由 VT_2 放大并反相，VT_2 的输出加在施密特触发器 VT_3 和 VT_4 上，VT_4 的集电极控制继电器激励极 VT_5。当 VT_2 集电极电压超过施密特触发器的阈值时，VT_3 导通，VT_4 截止，VT_5 加偏压截止，继电器的触点接通远光灯。当 PC_1 受到迎面来车的光线照射时，其电阻下降，放大器 VT_1 和 VT_2 的输出低于施密特触发器的阈值，VT_3 截止，VT_4、VT_5 导通，继电器线圈有电流通过，从而接通近光灯丝，直到迎面来车驶过后继电器又接通远光灯丝。

当脚踏变光开关 S_1 踏下时，继电器断电，VT_4 基极搭铁，前照灯始终使用远光灯丝。

3. 灯光提示报警与自动关灯电路

汽车在白天行驶时，如果遇到阴沉沉的雨雪天气，或通过黑暗的涵洞、隧道，则驾驶员为了行车安全而打开前照灯，可有时在光线转亮之后一直到停车断开点火开关，容易忘记关灯。灯光提示报警与自动关灯电路能够自动发出报警，警告驾驶员关闭前照灯和尾灯，或者自动关闭灯光。提醒关灯电路原理，如图 4-24 所示。

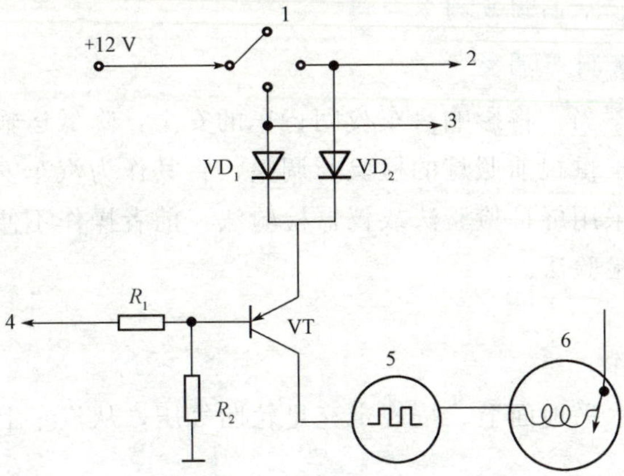

图 4-24 提醒关灯电路原理

1—车灯开关；2—至前照灯；3—至停车灯；
4—接点火开关；5—闪光器；6—蜂鸣器

四、汽车前照灯的调换

（一）前照灯的拆卸与装复

1. 前照灯的拆卸

（1）先拆卸保险杠总成。

（2）取出前照灯总成：用套筒松开前照灯在前仓横梁上的两个固定螺栓。拆下前照灯下面的固定螺栓。拔下前照灯插头，取出前照灯总成。

2. 分解前照灯

（1）用手拧开前照灯远光灯灯座护盖。

（2）用手拔下两根线束插头。

（3）取出远光灯灯泡。

（4）拆开前照灯近光灯灯座卡子。

（5）拔下两根线束插头。

（6）取出近光灯灯泡：取下灯泡后，先观察一下灯泡是否烧毁，灯丝是否断开，如看不清楚，可用万用表电阻挡检测灯丝，以确定灯泡的好坏。然后换上新灯泡，进行装复。

3. 前照灯的装复

（1）装上前照灯近光灯灯泡。

（2）连接两根线束插头。

(3) 盖上前照灯近光灯灯座卡子。

(4) 装上前照灯远光灯灯泡。

(5) 接上两根线束插头。

(6) 用手拧紧前照灯远光灯灯座护盖。

(7) 安装时，各安装顺序与拆卸时相反。

注：在安装灯泡时，切勿用手接触灯泡。否则，留在上面的手印会在灯点亮后受热挥发，沉积在镜面上，从而使反射器变暗。

(二) 前照灯的检测与调整

前照灯光束调整不当，将影响汽车夜间行车的安全，降低运输效率，增加驾驶员的疲劳强度。因此各国均重视前照灯的检验与调整，将其作为汽车安全检验项目之一。

前照灯检测可以采用屏幕检验法或仪器检验法，前者操作不便，精确度低，所以汽车检测站多采用仪器检验法。

1. 屏幕检验法

检测前的准备工作：

(1) 将汽车停在水平地面上，按规定充足轮胎气压，从汽车上卸下所有负荷（驾驶员除外）。

(2) 在距离前照灯 S（m）处挂一白幕巾（或利用白墙），在屏幕上画两条垂直线和一条水平线，水平线的高度与前照灯离地面的高度等高。再画一条比水平线低 D（mm）的水平线，该水平线与两条前照灯的垂直中心分别交于 a、b 两点。前照灯光束的检查，如图 4-25 所示。

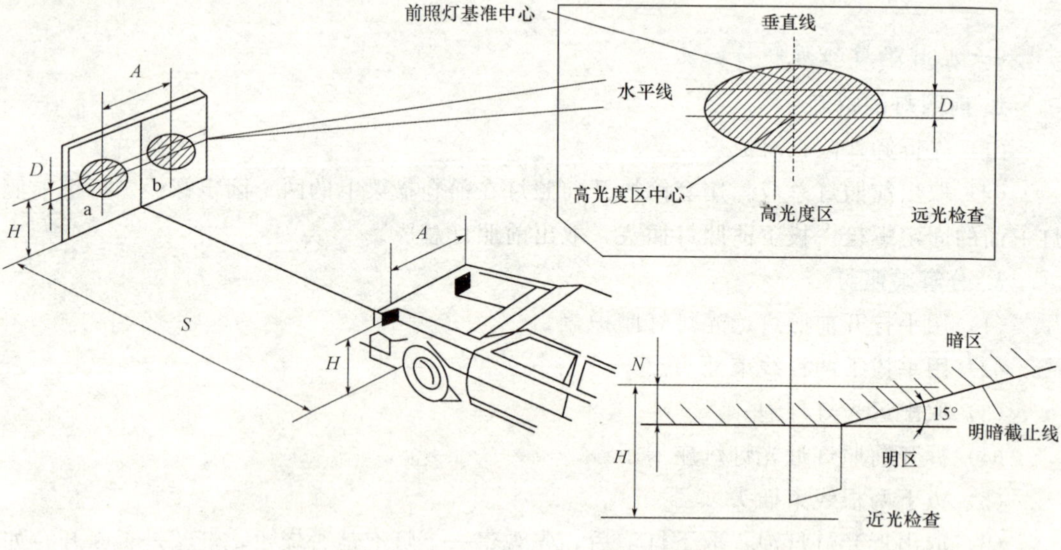

图 4-25 前照灯光束的检查

(3) 起动发动机，并使之以 2 000 r/min 的转速旋转，即在蓄电池不放电的情况下点亮前照灯远光（有些车则用近光调整）。

屏幕检验法的检测步骤：

（1）应先将一只灯遮住，然后检查另一只前照灯的光束，使其光束中心对准 a 点（同一侧的光照中心）。

（2）若不符合要求，则可拆下前照灯罩圈。用螺丝刀旋入或旋出侧面调整螺丝钉，可做水平方向上的调整；用螺丝刀旋入或旋出上面的调整螺丝钉，可做高低方向上的调整。前照灯调整部位，如图 4-26 所示。

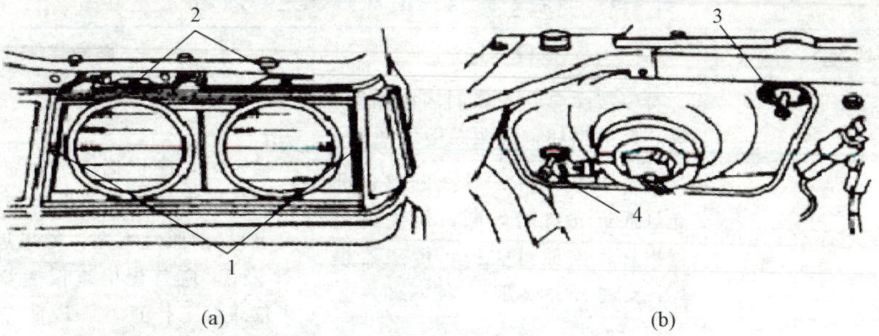

图 4-26　前照灯调整部位

（a）外侧调整式；（b）内侧调整式

1—左右调整螺钉；2—上下调整螺钉；3—左右调整钮；4—上下调整钮

（3）待一只前照灯调整好后，再按同样的方法调整另一只前照灯，使其光束中心对准 b 点。

检测后的检查：

当远光调好后，应打开近光灯，检查屏幕上是否有明显的明暗截止线，其高度是否符合规定。一般规定动作是：前照灯上边缘距地面不大于 1 350 mm 的汽车，在距灯 10 m 远处屏幕上的明暗截止线水平部分，应比前照灯基准中心低 $H/3$ 左右。

对于按近光调整的四灯制前照灯，使其光形的最高点在近光切断面的上方。

2. 仪器检验法

检测前的准备工作：

（1）指示仪表的检查（是否零位）。

（2）聚光透镜和反射镜的检查（是否模糊不清）。

（3）水准器和导轨的检查（气泡位置、有无杂物）。

（4）擦掉前照灯上的污垢。

（5）轮胎气压应符合规定。

（6）蓄电池处于充电状态。

（7）装有空载的车辆，应将发动机运转 4～5 min，以使车辆达到正常高度。

仪器检验法的检测步骤：

（1）将汽车尽可能地与检测仪的导轨保持垂直方向驶进检测，直到前照灯距检测受光器 3 m 为止。

（2）打开前照灯，用布遮住一侧前照灯；接通仪器电源，操作控制盒上的位置开关，调整受光器的上下与左右位置，使被检测前照灯光线照射到受光器上。

（3）按下控制盒上的检测开关，受光器即自动追踪前照灯光轴，即可测得光轴的上下与左右偏移量和发光强度值。

五、照明系统常见故障的诊断及检修

1. 常见故障及原因

照明系统常见的故障及主要原因，见表 4-3。

表 4-3　照明系统常见的故障及主要原因

故障现象	故障原因	诊断排除
所有灯都不亮	蓄电池至总开关之间火线断路；灯总开关损坏；电源总熔丝断	诊断时，应根据不同的故障现象采取不同的诊断方法。下面举两个例子说明一下： (1) 前照灯不亮：如果远光灯和近光灯都不亮，应首先检查仪表灯是否正常。如果仪表灯工作正常，说明车灯开关的电源线正常。将点火开关接通，车灯开关置于 2 挡位置，检查变光开关上的火线接线柱电压是否正常。若电压为零，说明车灯开关至变光开关之间的线路断路或车灯开关故障；若电压正常可以短接变光开关试验。灯亮说明变光开关损坏，应更换。否则检查变光开关后的线路和灯丝，必要时给予修理和更换； (2) 前照灯都比较暗淡：如果前照灯都比较暗淡，应首先检查电源电压是否正常。如果偏低，检查充电系统；否则检查前照灯及其线路接触情况，视情形处理
远光灯或近光灯不亮	变光开关损坏；导线断路；远光灯或近光灯熔丝断；灯光继电器损坏；前照灯失效，传感器损坏；灯总开关损坏	
前照灯灯光暗淡	熔丝松动；导线接头松动；前照灯开关或继电器触点接触不良；发电机输出电压低，用电设备漏电，负荷增大；接触不良	
一侧前照灯亮，另一侧前照灯暗	前照灯暗的一处搭铁不良或变光开关处接触不良	
前照灯大灯亮，仅小灯不亮	前照灯总开关损坏；熔丝断；小灯灯泡坏；小灯线路断路；继电器损坏	
接通小灯一侧小灯亮，另一侧小灯亮度变弱，且左转向指示灯也亮，但不闪光	亮度暗淡的小灯搭铁不良（指灯壳接地的灯）	
灯泡经常烧坏	发电机输出电压过高	

照明系统常见的故障分析，如图 4-27 所示。

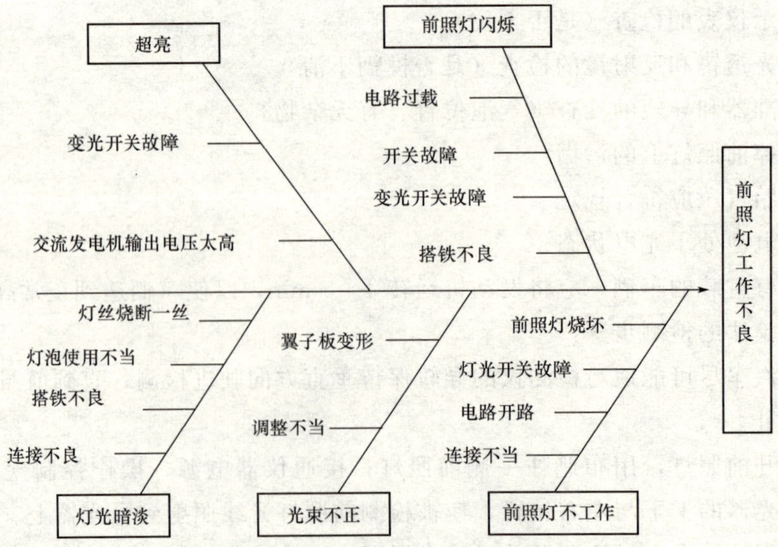

图 4-27　照明系统常见的故障分析

2. 灯光线路检测方法

(1) 断路检测法。自制一试灯（车用灯泡 2～5 W），一端焊铁夹，另一端为触针。铁夹搭铁，触针从点火开关到用电器之间的开关、保险丝、插接器等。试灯应点亮，否则表明在亮与不亮之间的线路上存在断路故障。前照灯的断路故障检查，如图 4-28 所示。

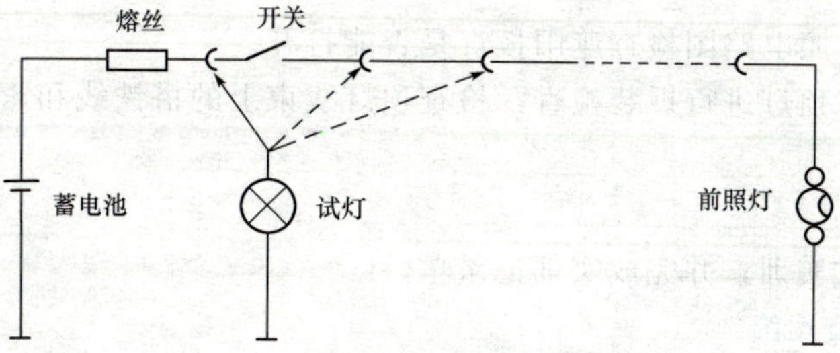

图 4-28 前照灯的断路故障检查

(2) 短路检测法。当闭合开关时，若烧了保险丝，则不能只更换保险丝，而应检查漏电情况。断开用电器的搭铁，试灯铁夹夹到电源正极，触针分别从电源正极到用电器正极之间的线路，试灯应不亮，否则表明在不亮与应亮之间的线路上有短路现象。前照灯的短路故障检查，如图 4-29 所示。

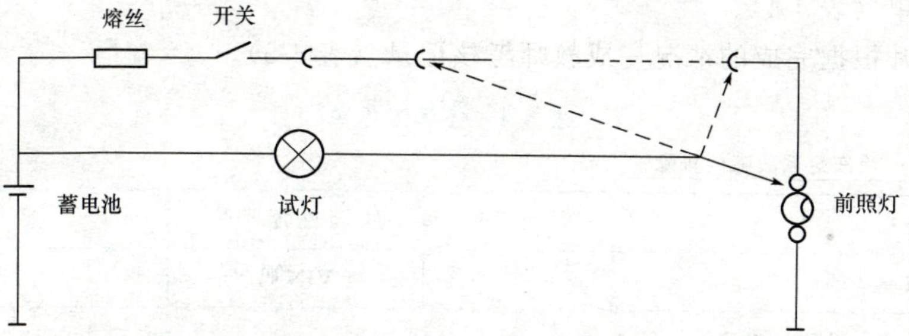

图 4-29 前照灯的短路故障检查

实施与考核

一、实训内容

1. 实训准备

(1) 准备好试验用的实训车辆及常用工具。

(2) 强调实训中的环境保护和人身安全。

2. 实训流程（汽车顶灯不亮的故障排除）

(1) 故障现象：车内前顶灯不能正常打开。

(2) 车内前顶灯不亮，问题可能出现在两个方面：一方面，顶灯灯泡烧坏；另一方面，顶灯的保险丝烧坏。

于是可以从这两个方面进行检查，步骤如下：

①查看保险丝：打开机舱盖，拆开前舱电器盒的上护盖，查看保险丝情况，若完好无损，则对照电路图，看出车内后顶灯在门开后能正常发光。因此认为故障原因属于第一种情况——顶灯灯泡烧坏。

②查看灯泡：迅速拆下顶灯，拿出灯泡观察，发现灯泡是否完好无损，否则需更换。

③再进一步对照电路图检查遮阳板灯是否能打开。

④最后对汽车顶灯进行拆装检查：检查顶灯线束上的搭铁线和紧固螺钉是否松动或者解除不良。

3. 实训记录

组织学生完成实训，并完成实训记录单。

4. 教师总结及反馈

（1）总结本次的实训要求内容。

（2）解答学生实训中存在的问题。

（3）对学生解决实际问题能力的考核做出点评，给出本次实训成绩。

二、任务实施与考核

（1）教师组织学生分组分工。在充分掌握上述知识与技能的前提下，各组按要求完成任务工作单（表 4-4）。

（2）教师根据完成的情况完成教师考核记录（表 4-5）。

表 4-4　任务工作单

实训项目：汽车灯系故障的排除

班级学号		姓名	
实训车型		VIN 码	
1. 观看故障现象。 2. 查找故障原因。 ①查看保险丝； ②查看灯泡； ③对照电路图检查遮阳板灯是否能打开； ④最后对汽车顶灯进行拆装检查。 3. 自我评价（个人技能掌握程度）：☐非常熟练　☐比较熟练　☐一般熟练　☐不熟练			
教师评语： 实训记录成绩________　教师签字：________　____年____月____日			

表 4-5 教师考核记录

实训项目：汽车灯系故障的排除

班级学号		姓　名	
项　　目	必要的记录	分值	评分
课堂参与情况		40	
语言表达情况		20	
任务单填写情况		20	
反馈建议情况		10	
实训准备、清洁情况		10	
总分			
教师签字： ____年____月____日			

任务三　汽车信号系统

任务目标

1. 了解汽车信号系统的基本组成。
2. 掌握汽车电子闪光器的知识。
3. 掌握电喇叭的基本结构与工作原理，并对其进行调整的方法。
4. 能对转向信号灯不亮这一故障进行分析及排除。

任务分析

汽车上除照明灯外，还有用以指示其他车辆或行人的灯光信号标志，这些灯称为信号灯。如汽车转向灯、电喇叭主要用于指示车辆的转弯方向，已引起交通民警、行人和其他驾驶员的注意，提高车辆行驶的安全性，还用闪光器来实现危险报警功能。通过对本任务内容的学习，能够正确简述常见汽车信号系统的组成、各元件功能、工作原理及系统的控制方法，能进行汽车信号系统的故障排除及诊断。

基础知识

汽车信号系统由蓄电池、熔断器、开关、继电器、喇叭、灯泡等部件组成。汽车信号系统模型，如图 4-30 所示。

汽车信号系统工作过程：起动汽车电源后，按一下喇叭按钮，继电器线圈通电，其触点开关闭合，接通喇叭电路，喇叭发声；倒车灯开关闭合，接通倒车灯及倒车蜂鸣器，倒车灯发亮，倒车蜂鸣器发声；当转向灯总开关闭合时，转向灯切换开关达到左挡，左转向灯电路接通发光，反之切换到右挡时，右转向灯电路接通发光。

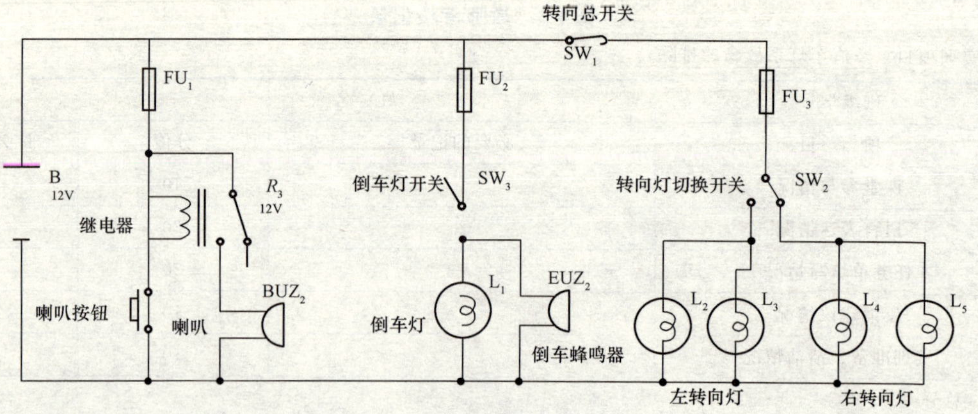

图 4-30 汽车信号系统模型

一、汽车灯光信号系统

汽车灯光信号系统主要由转向信号灯、制动信号灯、危险报警信号灯等组成。

（一）转向信号灯

转向信号灯用于汽车转弯时发出明暗交替的闪光信号，使前后车辆、行人、交警知其行驶方向。有些汽车在行驶过程中如遇危险或紧急情况，可由该车的信号系统、转向灯同时发出闪光信号或由蜂鸣器发出响声，以作为危险报警信号。转向信号灯是能在夜间看清车辆的转向提示的信号灯，一般位于汽车两侧和尾部。

转向信号灯的闪烁是靠闪光器来实现的，汽车转向灯和闪光器是汽车灯光信号系统的一个重要组成部分，转向信号灯主要由闪光器、转向灯开关和转向灯组成，其中闪光器又是转向信号灯的一个主要装置。

1. 闪光器

闪光器按其结构不同，可分为阻热式、电容式和电子式三种。其中阻热式又可分为热丝式（电热式）和翼片式（弹跳式），而电子式又可分混合式（带触点式的继电器与电子元件）和全电子式（无继电器）。比如弹跳式闪光器，利用电流热效应原理，以热胀冷缩为动力，使弹簧片产生突变动作，来接通和断开触点，实现灯光闪烁。现分别介绍几种闪光器的结构与原理。

（1）电热式闪光器。电热式闪光器结构主要由电磁铁、触点、触点臂、电热丝及附加电阻等组成。电热式闪光器，如图 4-31 所示。

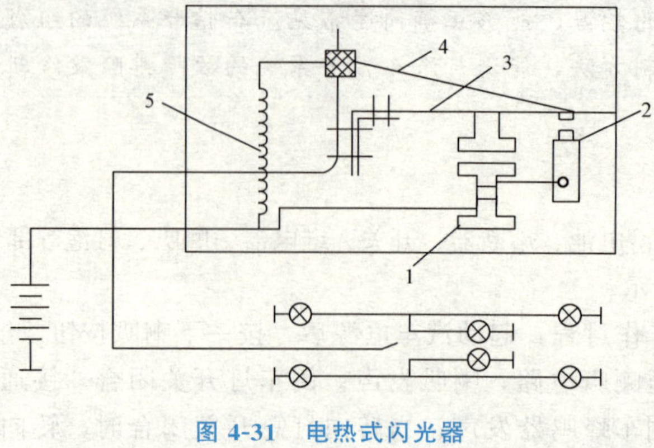

图 4-31 电热式闪光器

1—电磁铁；2—触点；3—触点臂；4—电热丝；5—附加电阻

电热式闪光器的工作原理：触点臂的一端用弹片铆在支架上，另一端用和支架绝缘的电热丝拉紧，平时由于电热丝的拉力大于弹片的弹力，触点保持在张开状态。在转向时，当把开关拨至所要转向的一方，电流经过附加电阻、电热丝和转向灯泡构成回路。由于电热丝通过电流后，受热膨胀而伸长，就放松了对触点臂的拉力，触点在弹片作用下闭合，使附加电阻和电热丝短路，电流经触点和电磁铁线圈构成回路。因电热丝被短路，便冷却收缩，又重新拉开触点，电流经过电热丝和附加电阻，如此反复循环。当附加电阻串联电路时，流过的电流很小，灯泡亮度很弱；当附加电阻被短路之后，电流增大，灯泡亮度增强，转向灯变为一明一暗地闪烁。电热式闪光器的工作原理，如图 4-32 所示。

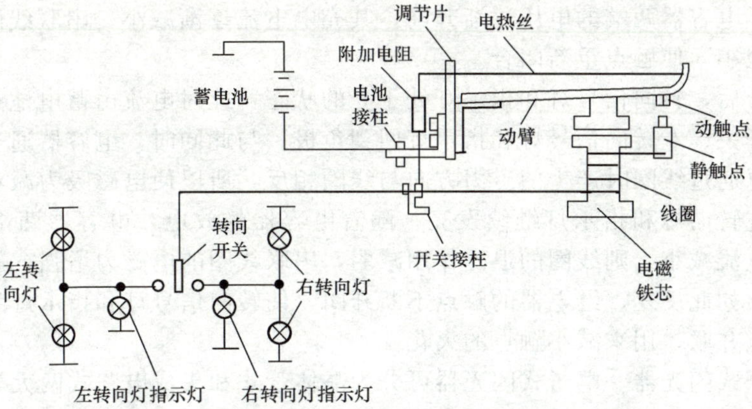

图 4-32 电热式闪光器的工作原理

（2）电容式闪光器。电容式闪光器的结构与工作原理，如图 4-33 所示。

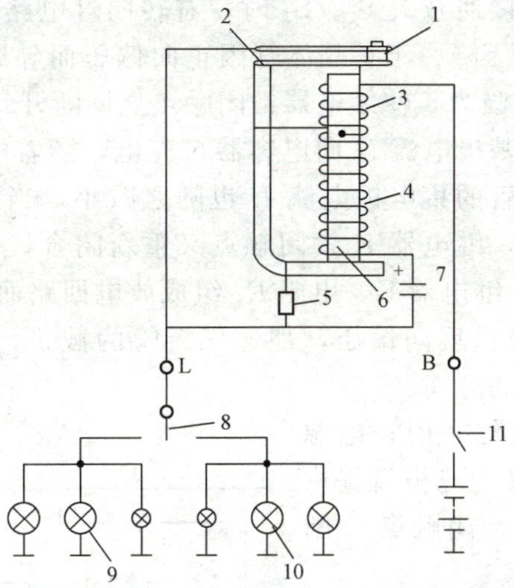

图 4-33 电容式闪光器的结构与工作原理

1—触点；2—弹簧片；3—串联线圈；4—并联线圈；5—灭弧电阻；6—铁芯；7—电解电容器；8—转向灯开关；9—左转向信号灯和指示灯；10—右转向信号灯和指示灯；11—电源开关

它是由一个继电器和一个电容器组成，在继电器的铁芯上绕有串联线圈和并联线圈，电容器采用大容器的电解电容。电容式闪光器是利用电容器充放电延时特性，使继电器的两个线圈的电磁吸力时而相加时而相减，继电器便产生周期的开关动作，从而使信号灯闪烁。

当汽车向右转弯时，接通转向灯开关，左转向信号灯就被串入电路中，电流由蓄电池正极、电源开关到串联线圈，经常闭触点到转向灯开关、左转向灯和指示灯、搭铁回到蓄电池负极。此时并联线圈、电容器及电阻被触点短路，两电流通过串联线圈产生的吸力克服弹簧片的作用力，触点迅速打开，转向信号灯处于暗的状态。

触点打开后，蓄电池向电容器充电，其充电电流由蓄电池正极经电源开关、串联并联线圈、电容器到转向灯开关、左转向信号灯和指示灯左后回到蓄电池负极形成回路。由于线圈阻值较大，充电电流很小，不足以使转向灯亮，则转向信号灯仍处于暗的状态。同时充电电流通过串并联线圈产生的电磁吸力方向相同，使触点继续打开，随着电容器的充电，电容器两端的电压逐渐升高，其充电电流逐渐减小，串联线圈和并联线圈的电磁吸力减小，使触点重新闭合。

触点闭合后，转向信号灯和指示灯处于亮的状态，此时电流由蓄电池正极经串联线圈、转向灯开关、左转向信号灯和指示灯回到负极。与此同时，电容器通过线圈和触点放电，其放电通过线圈时产生的磁力方向与线圈相反，所以使电磁吸力减小，故触点仍保持闭合，左转向灯和指示灯继续发亮。随着电容器的放电，电容器两端电压逐渐下降，其放电电流减小，则线圈的退磁作用减弱，串联线圈的电磁力增强，触点又重新打开，灯变暗，如此反复，继电器的触点不断开闭，使转向信号灯和指示灯发出闪光。灭弧电阻与触点并联，用来减小触点的火花。

(3) 电子式闪光器。电子式闪光器可分为晶体管式和集成电路式两大类。晶体管式闪光器又分为有触点式和无触点式两大类。

有触点式晶体管式闪光器主要由一个晶体三极管所组成的开关电路和一小型继电器构成。其工作原理如下：

当汽车向右转弯，且接通开关 S_1、S_2 时，右转向灯电路接通，且点亮。当电流通过 R_1 时，在 R_1 上产生电压降，于是晶体管因正向偏压而导通，集电极电流 I_c 通过继电器 K 的线圈，产生电磁吸力，使继电器常闭触点立即断开，右转向信号灯灭。

当晶体管导通时，其基极电流 I_b 向电容器 C 充电，随着电容器 C 两端电荷的积累，充电电流逐渐减小，三极管的集电极电流 I_c 也随之减小，当此电流减小到不足维持继电器衔铁的吸合而释放时，继电器 K 常闭触点又重新闭合，右转向灯再次发亮。这时电容器 C 则通过电阻 R_2、继电器 K、电阻 R_3 组成放电回路而进行放电，其放电电流在 R_2 上的电压降为三极管提供反向偏压，加速三极管的截止，使继电器触点保持闭合，从而延长了右转向灯点亮的时间。

当电容器 C 接近放电终了时，电源加于电阻 R_1 上的电压降又为三极管提供偏压而使其导通，继电器常闭触点 K 断开，右转向灯熄灭。

由此可见，电容器 C 的不断充电和放电，晶体管不断地导通和截止，控制着继电器的常闭触点不断打开与闭合，从而使汽车转向灯发出闪光信号，并由于继电器衔铁周期性的吸合或释放而发出有节奏的响声。如图 4-34 所示。

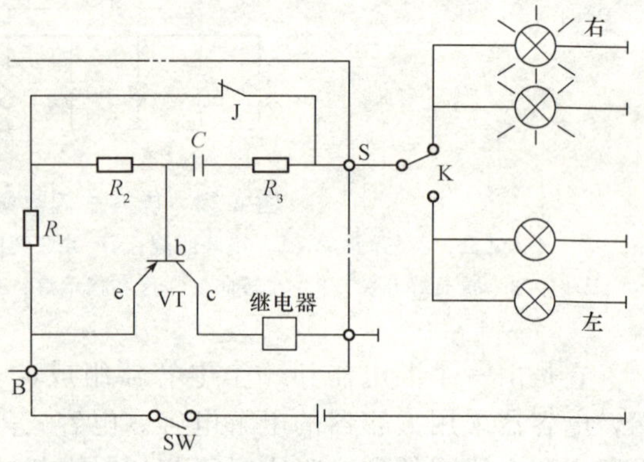

图 4-34 有触点式晶体管式闪光器原理

无触点式晶体管式闪光器的结构原

理，如图 4-35 所示，其电路主要结构由晶体三极管 VT_1、VT_2，电阻 R_1～R_4，电容 C_1、C_2 组成一个典型无稳定多谐振荡器。当汽车转弯时，只要扳动转向灯开关 S，转向灯就会以一定频率发出闪光。其闪光频率为 60～75 次/min，亮灭比为 1∶1，且闪光清晰，工作稳定，使用寿命长。

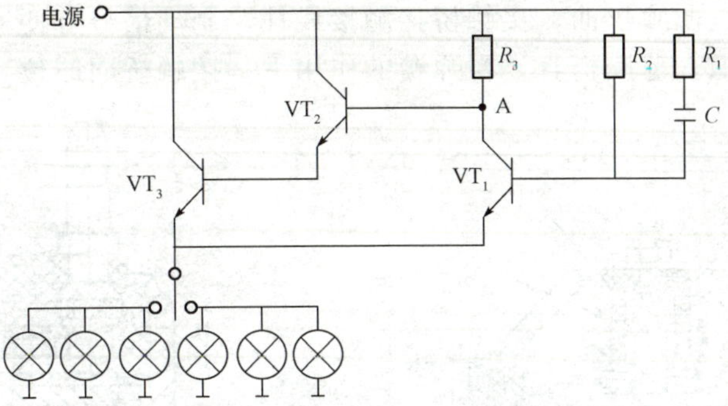

图 4-35　无触点式晶体管式闪光器的结构原理

2. 转向灯开关

转向灯开关与前照灯开关组合在一起构成组合开关，拨动转向灯开关，可接通转向灯电路，左或右转向灯闪烁。当按下危险警告灯时，左右转向灯将同时闪烁。

（二）制动信号灯

制动信号灯安装在汽车的尾部，当汽车制动时，红色信号灯亮，给尾随其后的车辆发出制动信号，以避免造成追尾事故。目前一些发达国家，还规定了轿车必须安装高位制动信号灯，它装在后窗中心线，靠近窗底部附近。这样当前后两辆车靠得太近时，后面汽车驾驶员就能从高位制动信号灯的工作情况，判断前面汽车的行驶状况。

制动信号灯大多与后灯合为一体，用双丝灯泡或两个单丝灯泡支撑，功率小的灯泡在下部，作为车后的红光标志并照明拍照，功率大的为制动信号灯。制动信号灯电路，如图4-36所示。

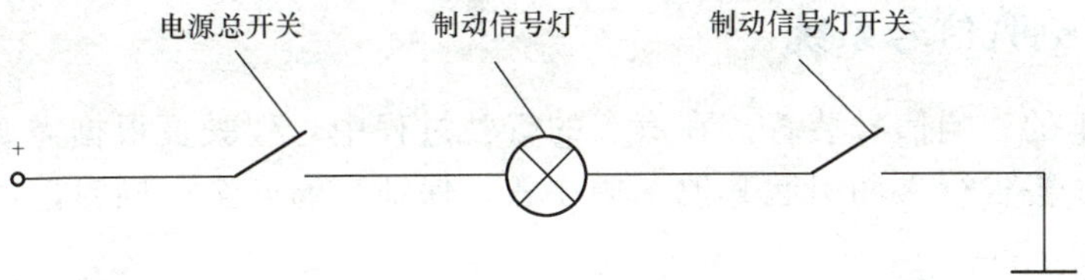

图 4-36　制动信号灯电路

制动信号灯由制动开关控制。按控制方式的不同分为液压式、气压式和机械式三种。其中液压式和气压式制动开关一般装于制动管路中，工作情况都是利用气压或液压使开关中两接线柱相连，从而导通制动信号灯电路，这两种开关经常在载货汽车上使用。小型轿车经常使用机械式开关，一般安装于制动踏板下方，当踩下制动踏板时，制动开关的活动触点便将两接线柱接通，使制动灯点亮；当松开制动踏板后，断开制动灯电路。机械式制动开关的安装位置，如图 4-37 所示。

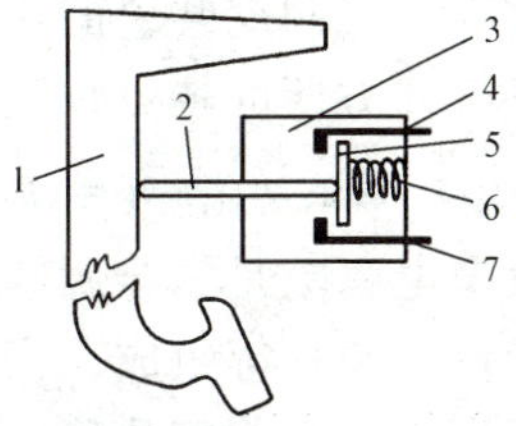

图 4-37　机械式制动开关的安装位置

1—制动踏板；2—推杆；3—制动灯开关；4、7—接线柱；5—接触桥；6—回位弹簧

气压式制动开关，如图 4-38 所示，装在汽车的制动阀上，控制制动灯的线路，制动时，气压推动橡皮膜向上拱曲，压缩弹簧，使触点接通制动信号灯电路，制动信号灯亮。当抬起制动踏板时，气压下降，橡皮膜复原，触点断开，切断电路，制动灯熄灭。

液压式制动开关结构，如图 4-39 所示，装在制动总泵的前端。当踏下制动踏板时，制动系中液压增大，薄膜拱曲，接触桥接触接线柱，制动信号灯便通电发光。当松开制动踏板时，液压降低，薄膜挺直，在弹簧的作用下，接触桥回原位，信号灯熄灭。

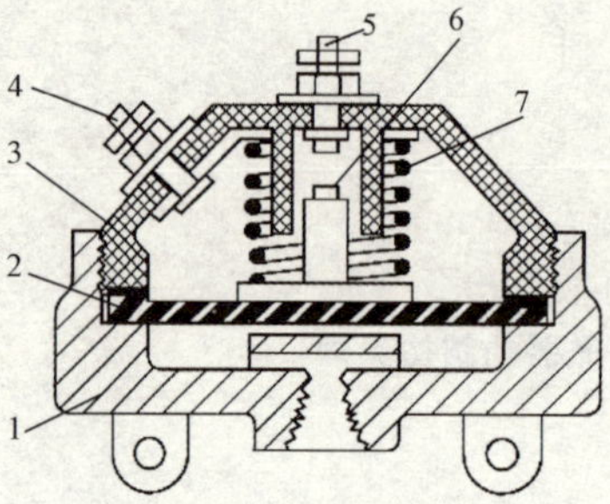

图 4-38 气压式制动开关结构

1—壳体；2—橡胶膜片；3—胶木盖；4、5—接线柱；6—触点；7—弹簧

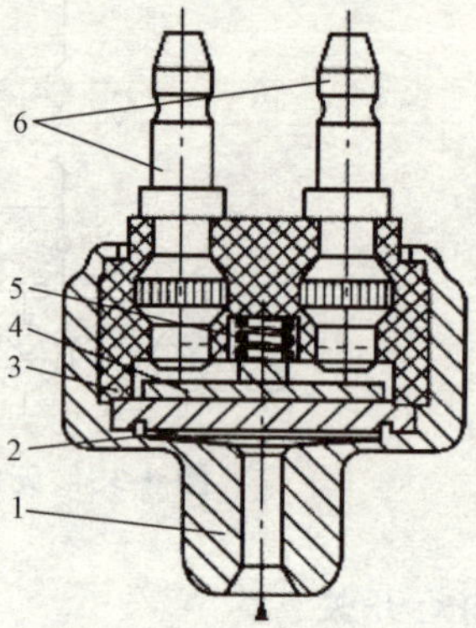

图 4-39 液压式制动开关结构

1—壳体；2—膜片；3—胶木底座；4—接触桥；5—弹簧；6—接线柱

（三）危险报警信号灯

危险报警信号灯，通常称为“双蹦”，是一种提醒其他车辆与行人注意本车发生了特殊情况的信号灯。在驾车过程中遇到浓雾，能见度低于 50 m 时，由于视线不好，不但应该开启前、后防雾灯，还应该开启危险报警闪光灯，以提醒过往车辆及行人的注意，特别是后方行驶的车辆，保持应有的安全距离和必要的安全车速，避免紧急刹车而引起的追尾。

二、汽车喇叭信号系统

喇叭是汽车的音响信号装置。在汽车的行驶过程中，驾驶员根据需要和规定发出必需的音响信号，警告行人和引起其他车辆注意，保证交通安全，同时还用于催行与传递信号。

汽车喇叭按其发音动力有电喇叭和气喇叭之分；按外形分有螺旋形、筒形和盆形三类；按声频可分为高音和低音喇叭；按接线方式可分为单线制和双线制喇叭；按有无触点可分为有触点式（普通式）电喇叭和无触点式（电子式）电喇叭。其中，气喇叭主要用于具有空气制动装置的重型载重车上，电喇叭具有结构简单、体积小、质量轻、声音悦耳且维修方便的特点，因而在中小型车辆中获得了广泛应用。

（一）电喇叭结构与工作原理

汽车电喇叭是靠金属膜片的振动从而发出声音。汽车电喇叭由铁芯、磁性线圈、触点、衔铁、膜片等组成。当驾驶员按下喇叭开关时，电流经触点通过线圈，线圈产生磁力吸下衔铁，强制膜片移动，衔铁移动使触点断开，电流中断，线圈磁力消失，膜片在自身弹性和弹簧片作用下同衔铁一起恢复原位，触点闭合电路再次接通，电流通过触点流经线圈产生磁力，重复上述动作。如此反复循环，膜片不断振动，从而发出音响。共鸣板与膜片刚性连接，可使振动平顺，发出时声音更加悦耳。

1. 筒形电喇叭

筒形电喇叭是由振动部分和电路断续机构两部分组成（见图 4-40）。振动机构有振动膜、底板、山形铁芯、电磁线圈、衔铁、中心杆和共鸣板等组成。为防止中心杆在振动时与铁芯相碰，用弹簧片支撑在螺柱上，衔铁与铁芯间具有一定的间隙，其大小可用旋转衔铁进行调整。电路断续机构主要由串联在电磁线圈中的一对触点组成。为了使触点打开与闭合，在中心杆的一端装有压开触点调整螺母及锁紧螺母，触点在开闭时，由于线圈的自感电动势会在触点间产生电火花，易烧蚀触点，为保护触点，在触点间并联一个电容器，或并联一只灭弧电阻。

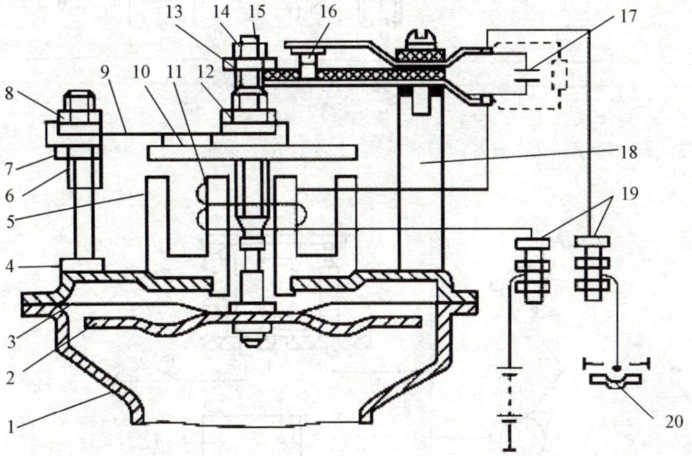

图 4-40 筒形电喇叭的结构

1—扬声筒；2—共鸣板；3—膜片；4—底板；5—山形铁芯；6—螺柱；
7、13—调整螺母；8、12、14—锁紧螺母；9—弹簧片；10—衔铁；11—线圈；
15—中心杆；16—触点；17—电容器；18—支架；19—接线柱；20—按钮

工作原理如下：当按下喇叭按钮时，电流由蓄电池正极线圈、活动触点臂到固定触点臂、按钮、搭铁回到蓄电池负极。当电流通过线圈时，将铁芯磁化，便吸动衔铁下行，使中心杆推动振动膜，膜片向下拱曲。与此同时，中心杆上的调整螺母便压下活动触点臂，使触点分开，而切断了线圈的电流。当线圈的电流被切断后，铁芯磁性消失，衔铁在振动膜和弹簧片的作用下，回到原位，触点又重新闭合，线圈电路再次被接通。如此循环工作，使振动膜与共鸣板产生高频振动而发出一定频率的声波，由喇叭筒传出。共鸣板与振动膜刚性连接，此板在振动时发出“啪”音，使喇叭的声音更加悦耳。

2. 盆形电喇叭

盆形电喇叭的特点是体积小，安装方便，耐水、防尘、音色悦耳、噪声低。盆形电喇叭的结构，如图 4-41 所示，工作原理与筒形电喇叭相同。

（二）喇叭继电器

汽车上装有两个喇叭时，由于消耗电流大，如果直接用喇叭按钮操纵，按钮容易烧坏，为此采用了喇叭继电器，喇叭继电器的工作原理，如图 4-42 所示。继电器由线圈、铁芯、触点臂、触点等组成，在外部有喇叭、电池和按钮三个接线柱。

工作原理：按下喇叭按钮时，电流会通过回路流到喇叭继电器的电磁线圈上，继电器的动触点开关闭合，电流就会流到喇叭处。电流使喇叭内部的电磁铁工作，从而使振动膜振动而发出声音。当放开按钮时，继电器线圈的电流被切断，电磁铁的磁性消失，触点在弹簧的作用下而分开，从而切断了喇叭电路。

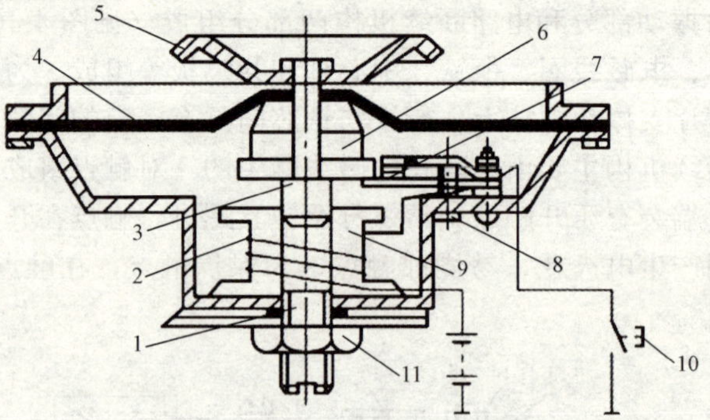

图 4-41　盆形电喇叭的结构

1—下铁芯；2—线圈；3—上铁芯；4—膜片；5—共鸣板；6—衔铁；7—触点；8—调整螺钉；9—铁芯壳；10—按钮；11—锁紧螺母

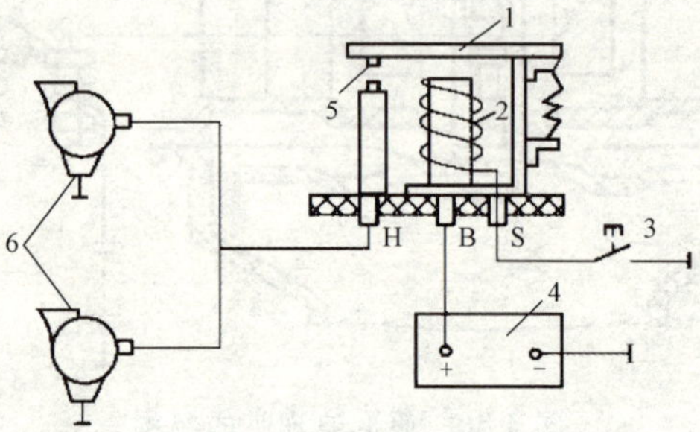

图 4-42　喇叭继电器的工作原理

1—触点臂；2—线圈；3—喇叭按钮；4—蓄电池；5—触点；6—喇叭；H、B、S—接线柱

三、汽车信号系统的检修

汽车信号系统的检修主要有汽车转向信号灯的检修、电喇叭的检修。

（一）转向信号灯的检修

1. 转向信号灯的维护

清洗信号灯（组合车灯）的玻璃表面灰尘，并用抹布擦干。

2. 信号灯外观的检查

（1）检查信号灯（组合车灯）玻璃是否破裂。如破裂，则更换信号灯（组合车灯）。

（2）检查信号灯（组合车灯）安装是否牢固。如果有松动，则予以紧固。

（3）检查信号灯是否正常工作。如不正常，则予以检修。

3. 转向信号灯的常见故障与排除

转向信号灯常见故障有灯光不亮、灯光常亮不闪、闪光频率变化等。其中，灯光不亮包括所有转向信号灯不亮、一侧（左侧或右侧）转向信号灯不亮、个别转向信号灯不亮等。

转向信号灯的常见故障与排除方法见表 4-6。

表 4-6 转向信号灯的常见故障与排除方法

故障现象	故障原因	故障排除
所有转向灯都不亮	转向信号灯电路熔断器烧断	更换
	蓄电池至开关之间有断路或接触不良	查线，重接
	转向信号灯开关不良	拆修或更换
	转向灯烧坏	更换
	闪光器损坏	打磨触点、调整气隙，必要时更换
左或右转向灯不亮	导线接头脱落或接地不良	重接
	闪光器接线松脱或断路	重接
转向灯闪烁频率过高或过低	灯泡功率不当	更换
	闪光器故障	调整、更换
	电源电压过高或过低	调整调节器
转向指示灯不亮	闪光器不匹配	更换
	转向指示灯损坏，接线不良	重接、更换
转向灯常亮	闪光器故障	打磨触点、更换
	发电机输出电压过高	调整调节器
	转向开关故障	检修
	接错线或短路	改接
有时灯亮有时不亮	闪光器接线不良	检修或更换
	导线接触不良	重接
转向灯电路的熔断器一再熔断	转向灯电路的火线短路	查出短路、排除
	灯泡或灯座短路	
	转向开关短路	
	闪光器内部短路	

(二) 电喇叭的检修

1. 检查

(1) 检查触点接触情况，触点应保持清洁，而且接触良好，接触面积不应小于80%，触点厚度不少于0.30 mm。

(2) 检查线圈的灭弧电阻或电容器是否损坏，若损坏应重绕或更换。

(3) 检查喇叭膜片和喇叭筒是否破裂，膜片破裂必须更换，更换时要注意高低膜片不可装错。

2. 调整

一般汽车电喇叭的音调和音量是可以调整的，通过调整衔铁与铁芯之间的间隙可调节音调，调节触点压力可调节音量，一旦调节音量，线圈电流也会随之变化。为了保持规定的音质音量，有一些电喇叭是全密封的，不允许调整，坏了就整个更换。

3. 电喇叭的维护

(1) 经常保持喇叭外表清洁，各接线要牢靠。

（2）经常检查、紧固喇叭和支架的固定螺钉，保证其搭铁可靠。

（3）喇叭的固定方法对其发音影响较大。为了使喇叭的声音正常，喇叭不能做刚性安装，因而固定在缓冲支架上，即在喇叭与固定支架之间要装有片状弹簧或橡皮垫。

（4）经常检查发电机输出电压。电压过高会烧坏喇叭触点，电压过低（低于喇叭的额定电压），喇叭将发出异常声音。

（5）洗车时，不能用水直接冲洗喇叭筒，以免水进入喇叭筒而使喇叭不响。

（6）在检修喇叭时，应注意各金属垫和绝缘垫的位置，不可装错。

（7）喇叭连续发音不得超过 10 s，以免损坏喇叭。

（8）不可将各类异物放入喇叭，以免造成异常音。

4. 电喇叭常见故障与故障排除

（1）按下喇叭按钮喇叭不响。

首先应检查喇叭继电器电池接线柱是否有电，用旋具或导线将继电器电池接线柱瞬间触碰。若无火花，则说明继电器接线柱至蓄电池间断路或熔断器烧坏，也可用试灯测试。

若有火花，再用旋具将喇叭继电器的电池与喇叭两接线柱短接，若喇叭仍不响，说明喇叭有故障或搭铁不良；若喇叭响，则说明喇叭继电器或按钮及连接线有故障。

用旋具或导线将继电器按钮搭铁，若继电器内有动作，但喇叭不响，则为继电器触点烧蚀；若继电器无动作喇叭不响，则为继电器线圈断路；若喇叭响，则为继电器按钮接线柱到喇叭按钮间导线断路或喇叭按钮搭铁不良，可拆开按钮，将继电器通往按钮的导线搭铁；若喇叭响，则为按钮接触或搭铁不良；若喇叭不响，则为继电器到按钮间的导线断路。

（2）喇叭声音低哑。

蓄电池容量不足时，喇叭声音低哑。故应在发动机中等转速，发电机供电时来试验，如发音仍低哑，则为继电器触点和喇叭本身有故障，可用旋具或导线短接继电器的电池和喇叭的两接线柱，直接给喇叭供电，如喇叭声音正常，则为继电器故障，若喇叭发音仍低哑，则故障在喇叭内部。一般由下列原因引起：触点烧蚀，或接触不良；扬声筒或共鸣板破裂；铁芯气隙调整不当；触点压力调整不当，弹簧片折断等；灭弧电阻或电容失效；电喇叭固定方法不当，喇叭与车架支座刚性连接，筒形喇叭传声筒及盆形的振动片与其他物体相碰。

（3）喇叭常响。

常响的原因有按钮卡死、继电器触点烧结、继电器按钮线搭铁。检修时应及时拔下喇叭熔断器制止长鸣现象，然后按上述原因所在部位逐点检查，排除故障。

（4）按下或放松按钮时，只响一声而以后不再响。

此情况说明铁芯虽然能吸引衔铁，但不能使线圈电路切断，因而无法连续振动发声。产生这种情况的主要原因是调整螺母松动，使触点不能张开；触点间发生短路；电容器或灭弧电阻短路；活动触点臂钢片断裂，使触点不能张开。故对以上原因进行修理或换件。

实施与考核

一、实训内容

1. 实训准备

(1) 准备好试验用的实训车辆、实训设备、常用工具及防护用具。

(2) 强调实训中的环境保护和人身安全。

(3) 相关车辆的维修手册。

2. 实训流程（汽车转向信号灯不亮的故障排除）

(1) 故障现象。一辆雅阁 2.3 L 轿车的车主反映：转向信号灯不亮。需要对转向信号灯电路进行检测，确定故障部位并进行修理。

(2) 原因分析。转向信号灯不亮，问题可能会出现在转向信号灯开关和转向信号继电器，因此从这两个方面进行检查。

(3) 工艺流程。转向信号灯不亮的检测工艺流程，如图 4-33 所示。

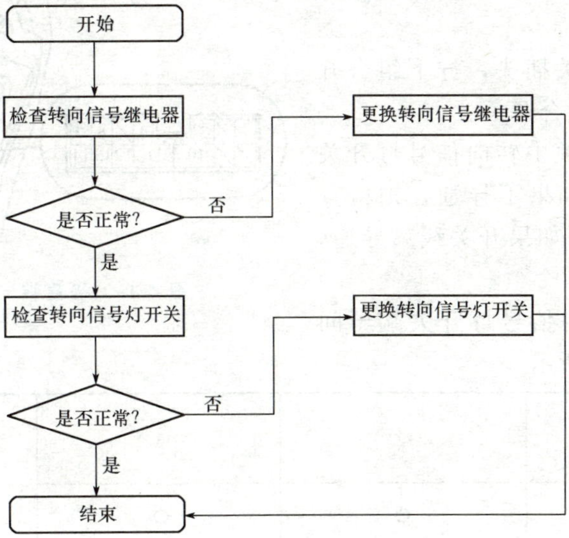

图 4-43 转向信号灯不亮的检测工艺流程

(4) 故障排除。

①检查转向信号继电器（见图 4-44）。

a. 从驾驶席侧仪表板下熔断丝/继电器盒上拆下转向信号/危险警告继电器。

b. 将蓄电池正极接转向信号/危险警告继电器 2 端子，负极接 1 端子，用万用表电阻挡检查 2 端子与 3 端子应导通，否则，应更换转向信号/危险警告继电器。

c. 用万用表电阻挡检查熔断丝/继电器盒转向信号/危险警告继电器插座 1 端子（搭铁）与车身之间应导通，否则，应检查搭铁线是否断路。

d. 用跨接线连接熔断丝/继电器盒转向信号/危险警告继电器插座 2 插孔与 3 插孔，打开点火开关，并将转向信号开关置于右转向位置，右转向信号灯应亮，否则，应检查转向开关至右转向信号灯之间线路是否断路。

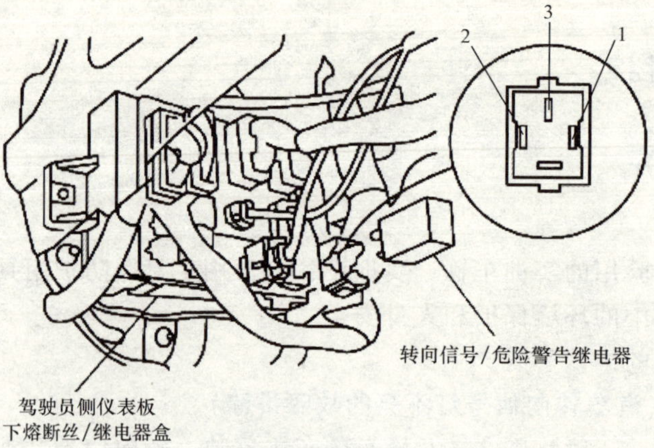

图 4-44　检查转向信号继电器

e. 装上转向信号/危险警告继电器。

②检查转向信号灯开关（见图 4-45）。

a. 拆下驾驶席侧仪表板下盖和转向柱盖。

b. 拔下组合开关插头，拧下组合开关 2 个螺钉，取下组合开关。

c. 检查组合开关中转向信号灯开关端子间的导通性。如果不导通，则检查开关线束的导通性。如果开关线束导通，则更换组合开关。

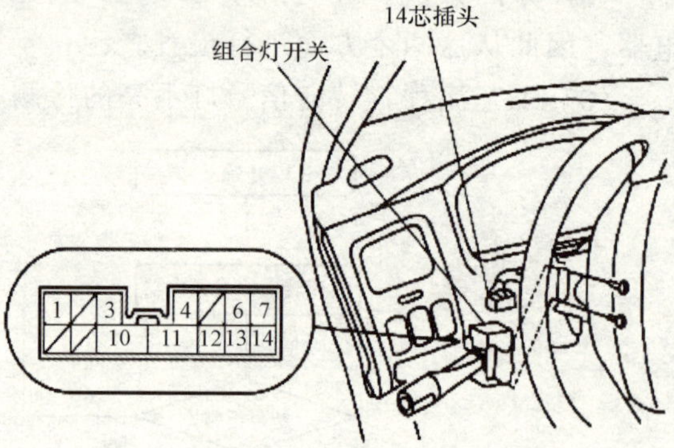

图 4-45　检查转向信号灯开关

组合开关中转向信号灯开关端子间导通性，如图 4-46 所示。

端子 / 开关位置	12	13	14
左	○	○	
中间	○	○	○
右		○	○

图 4-46　组合开关中转向信号灯开关端子间导通性

d. 装上组合开关，插上组合开关插头。

e. 装上驾驶席侧仪表板下盖和转向柱盖。

3. 实训记录

组织学生完成实训，并完成实训记录单。

4. 教师总结及反馈

（1）总结本次的实训要求内容。

（2）解答学生实训中存在的问题。

（3）对学生解决实际问题能力的考核做出点评，给出本次实训成绩。

二、任务实施与考核

（1）教师组织学生分组分工。在充分掌握上述知识与技能的前提下，各组按要求完成任务工作单（表 4-7）。

（2）教师根据完成的情况完成教师考核记录（表 4-8）。

表 4-7　任务工作单

实训项目：转向信号灯不亮

班级学号		姓名	
实训车型		VIN 码	

1. 观看故障现象。

2. 查找故障原因及诊断。

（1）原因分析：转向信号灯不亮，问题可能会出现在转向信号灯开关和转向信号继电器，因此从这两个方面进行检查。

（2）工艺流程：

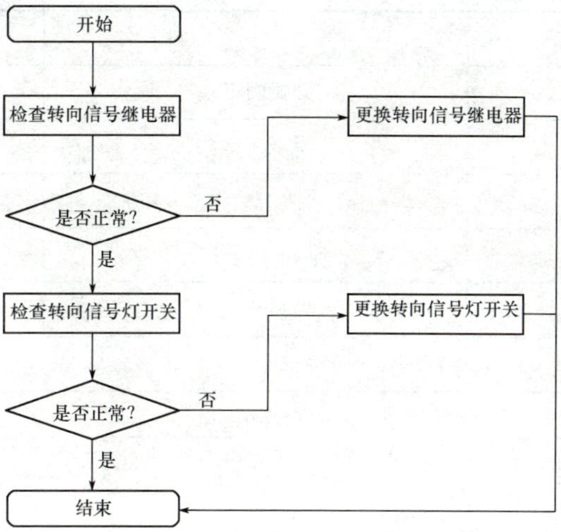

转向信号灯不亮的检测工艺流程

（3）故障排除：

①检查转向信号继电器。

a. 从驾驶席侧仪表板下熔断丝/继电器盒上拆下转向信号/危险警告继电器。

b. 将蓄电池正极接转向信号/危险警告继电器 2 端子，负极接 1 端子，用万用表电阻挡检查 2 端子与 3 端子应导通，否则，应更换转向信号/危险警告继电器。

c. 用万用表电阻挡检查熔断丝/继电器盒转向信号/危险警告继电器插座 1 端子（搭铁）与车身之间应导通，否则，应检查搭铁线是否断路。

d. 用跨接线连接熔断丝/继电器盒转向信号/危险警告继电器插座 2 插孔与 3 插孔，打开点火开关，并将转向信号开关置于右转向位置，右转向信号灯应亮，否则，应检查转向开关至右转向信号灯之间线路是否断路。

e. 装上转向信号/危险警告继电器。

续表

②检查转向信号灯开关。

a. 拆下驾驶席侧仪表板下盖和转向柱盖。

b. 拔下组合开关插头，拧下组合开关 2 个螺钉，取下组合开关。

c. 检查组合开关中转向信号灯开关端子间的导通性。如果不导通，则检查开关线束的导通性。如果开关线束导通，则更换组合开关。

d. 装上组合开关，插上组合开关插头。

e. 装上驾驶席侧仪表板下盖和转向柱盖。

3. 自我评价（个人技能掌握程度）：□非常熟练　□比较熟练　□一般熟练　□不熟练

教师评语：

实训记录成绩________　教师签字：________　____年____月____日

表 4-8　教师考核记录

实训项目：转向信号灯不亮

班级学号		姓　名	
项　　目	必要的记录	分值	评分
课堂参与情况		40	
语言表达情况		20	
任务单填写情况		20	
反馈建议情况		10	
实训准备、清洁情况		10	
总分			

教师签字：

____年____月____日

项目小结

1. 汽车照明系统的分类与组成。

2. 汽车灯光信号灯又包括：转向信号灯、危险报警灯、示宽灯、尾灯、制动灯、倒车灯。

3. 汽车前照灯又叫前大灯，装于汽车头部两侧，用于夜间行车道路的照明，具有行驶用和交会车用两种光束。有两灯制和四灯制之分。按照灯光组的结构不同，前照灯可分为可拆式前照灯、半封闭式前照灯、封闭式前照灯、投射式前照灯和高亮度弧光灯。

4. 前照灯的检验可以采用屏幕检验法或仪器检验法，前者操作不便，精确度低、汽车检测站多用仪器检验法。

5. 汽车信号系统由蓄电池、熔断器、开关、继电器、喇叭、灯泡等部件组成。汽车灯光信号系统主要由转向信号灯、制动信号灯、危险报警信号灯等组成。

6. 汽车信号系统的检查主要有汽车转向信号灯的检修、电喇叭的检修以及制动信号灯的检修。

7. 闪光器按其结构不同，可分为阻热式、电容式和电子式三种。其中阻热式又可分为热丝式（电热式）和翼片式（弹跳式），而电子式又可分混合式（带触点式的继电器与电子元件）和全电子式（无继电器）。

8. 汽车喇叭按其发音动力有电喇叭和气喇叭之分；按外形分有螺旋形、筒形和盆形三类；按声频可分为高音和低音喇叭；按接线方式可分为单线制和双线制喇叭；按有无触点可分为有触点式（普通式）电喇叭和无触点式（电子式）电喇叭。

习题与思考

一、填空题

1. 汽车外部照明系统按照其安装的位置及功用包括：工作灯、仪表灯、顶灯、__________、__________、__________。

2. 汽车内部照明系统由__________、__________、__________、__________、__________组成。

3. 汽车灯光信号灯又包括：__________、__________、__________、__________、制动灯、倒车灯。

4. 前照灯检测可以采用__________或__________，前者操作不便，精确度低，所以汽车检测站多采用仪器检验法。

5. 汽车信号系统由__________、__________、开关、__________、__________、灯泡等部件组成。

6. 汽车灯光信号系统主要由__________、__________、危险报警信号灯等组成。

7. 转向信号灯常见故障有灯光不亮、__________、闪光频率变化等。其中，灯光不亮包括__________、__________、__________等。

二、简答题

1. 前照灯的类型与作用是什么？
2. 汽车照明系统的常见故障有哪些？
3. 闪光器的类型及其组成是什么？
4. 汽车喇叭的作用及类型有哪些？
5. 试述筒形电喇叭的工作原理。
6. 电喇叭的常见故障有哪些？

项目五　汽车仪表与报警信号系统

任务一　汽车仪表的认知

任务目标

1. 了解汽车仪表的种类及工作原理。
2. 了解汽车电子显示装置的结构与组成。
3. 掌握汽车仪表常见故障的检修方法，并能熟练地对仪表进行拆装。

任务分析

为了使驾驶员随时观察与掌握汽车各系统的工作状态，在驾驶室的仪表板上装有各种指示仪表和相应的报警装置、电子显示装置。

基础知识

随着汽车越来越普及，人们对汽车的关注和要求也越来越高。除了汽车性能，汽车的内饰、汽车的整体设计等都成了人们关注的新领域。仪表板在汽车中属于内饰的重要组成，同时也是汽车各种信息显示和控制功能实现的载体，具有重要作用。

一、汽车仪表的类型及工作原理

汽车仪表总成安装有各种仪表，驾驶员可以及时掌握有关信息。这些装置结构简单、观察方便，而且耐振动、抗冲击，在任何情况下都能指示平稳，数值清晰准确，不受电源波动和温度变化的影响。

汽车仪表主要由转速表、水温表、燃油表、机油压力表和车速里程表等组成（见图 5-1）。

图 5-1　汽车仪表

（一）汽车仪表的分类

1. 按原理分

（1）电热式：利用双金属片的电热效应原理，当金属片的加热线区中有电流流过时，双金属片受热变形，带动仪表指针偏转而指示出读数。

（2）电磁式：利用电磁感应原理，当电流通过电磁线圈时，产生电磁力使仪表指针偏转而指示出相应的读数。

2. 按安装方式分

（1）组合式：就是将各仪表组合安装在一起。

（2）分装式：就是将各仪表单独安装。

（二）汽车仪表的工作原理

1. 发动机转速表

为了检查和调整发动机，并监视发动机的工作状况，更好地掌握换挡时机，大多数汽车都安装发动机转速表。转速表信号源主要有两种：一种信号取自点火系统初级电路的脉冲电压；另一种信号则取自安装在飞轮壳上的转速传感器。转速表的电路类型很多，现主要介绍下面两种。

（1）电容充放电式转速表。电容充放电脉冲式电子转速表电路，如图 5-2 所示。

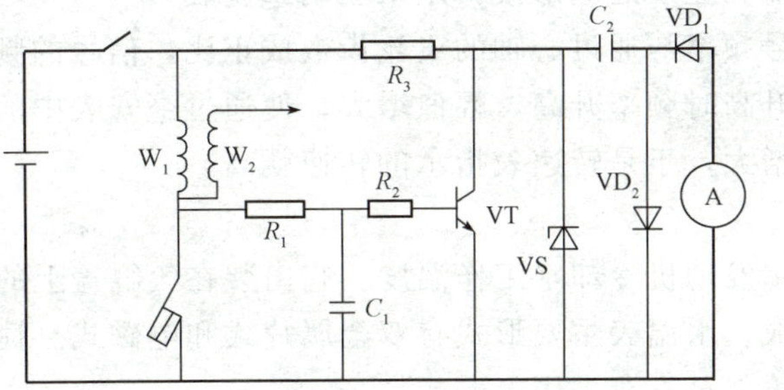

图 5-2　电容充放电脉冲式转速表电路

其工作原理如下：

当触点闭合时，晶体管 VT 无偏压而处于截止状态，电容 C_2 被充电。其充电电路为：蓄电池正极→R_3→C_2→VD_2→蓄电池负极，构成回路。

当触点分开时，晶体管的基极得正电位而导通，此时 C_2 便通过导通的三极管 VT、电流表 A 和 VD_1 构成放电回路，从而驱动电流表。

当发动机工作时，分电器触点不断开闭，其开闭次数与发动机转速成正比。所以当触点不断开闭时，对电容 C_2 不断进行充放电，其放电电流平均值与发动机转速成正比，于是将电流表刻度值经过标定刻成发动机转速即可。稳压管 VS 起稳压作用，使 C_2 再次充电电压不变，以提高测量精度。

（2）电磁感应式转速表。这种转速表由装在飞轮壳上的转速传感器和装在仪表板上的转速表表头（包括电子线路）组成。磁感应式转速传感器的结构原理，如图 5-3 所示。它由永久磁铁、感应线圈、心轴、外壳等组成。

当飞轮转动时，齿顶与齿底不断地通过心轴，空气隙的大小发生周期性变化，使穿过心轴的磁通也随之发生周期性的变化，于是在感应线圈中感应出交变电动势。该交变电动

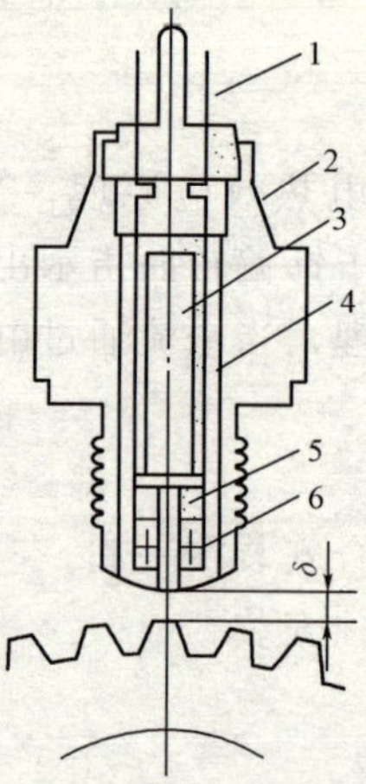

图 5-3　磁感应式转速传感器的结构原理

1—接线片；2—外壳；3—永久磁铁；4—连接线；5—心轴；6—感应线圈；δ—空气隙

势的频率与心轴中磁通变化的频率成正比，也即与通过心轴端面的飞轮齿数成正比。

磁感应式转速传感器输出的近似正弦波频率信号加在转速表线路，经电路处理后，输出具有一定的幅值和宽度的矩形波，用来驱动毫安表。

由于输入的信号频率与通过心轴的飞轮齿数成正比，信号的频率和幅值与发动机转速成正比，当转速升高时频率升高，幅值增大，使通过毫安表中的平均电流增大，则指针摆动角度也相应增大，于是转速表指示的转速就高。

2. 水温表

水温表用来指示发动机冷却水工作温度。它由装在气缸盖上的温度传感器和装在仪表板上的水温表组成。水温表主要形式有双金属片式和电磁式。捷达、桑塔纳等欧洲车多用双金属片式，美、日汽车多用电磁式。

(1) 双金属片式水温表。双金属片式水温表由传感器和指示表组成。指示表的构造和工作原理与油压表相同，只是刻度值不一样。水温传感器是一个密封的套筒，内装有条形双金属片 2，其上绕有加热线圈，一端与触点相接，另一端通过接触片、接线柱与水温表加热线圈串联。双金属片式水温表，如图 5-4 所示。

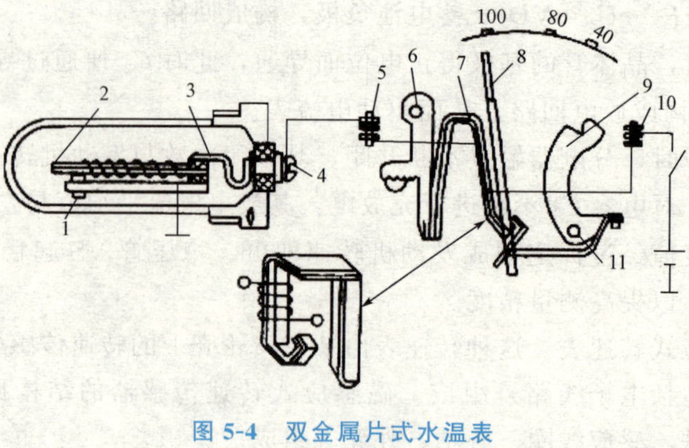

图 5-4　双金属片式水温表

1—固定触点；2、7—双金属片；3—接触片；

4、5、10—接线柱；6、9—调节齿扇；8—指针；11—弹簧片当水温很低时，双金属片 2 经加热变形向上弯曲，触点分开，由于四周温度较低，很快冷却，触点又重新闭合。故流经加热线圈的平均电流大，指示表中双金属片 7 变形大，指针指向低温。

当水温增高时，传感器密封套筒内温度也增高，因此，双金属片受热变形后，冷却的速度降慢，所以触点分离时间增长，触点闭合时间缩短，流经加热线圈的平均电流减小，双金属片 7 变形减小，指针偏转小，指示较高温度。

(2) 电磁式水温表。电磁式水温表工作原理如图 5-5 (a) 所示。电磁式水温表等效电路，如图 5-5 (b) 所示。

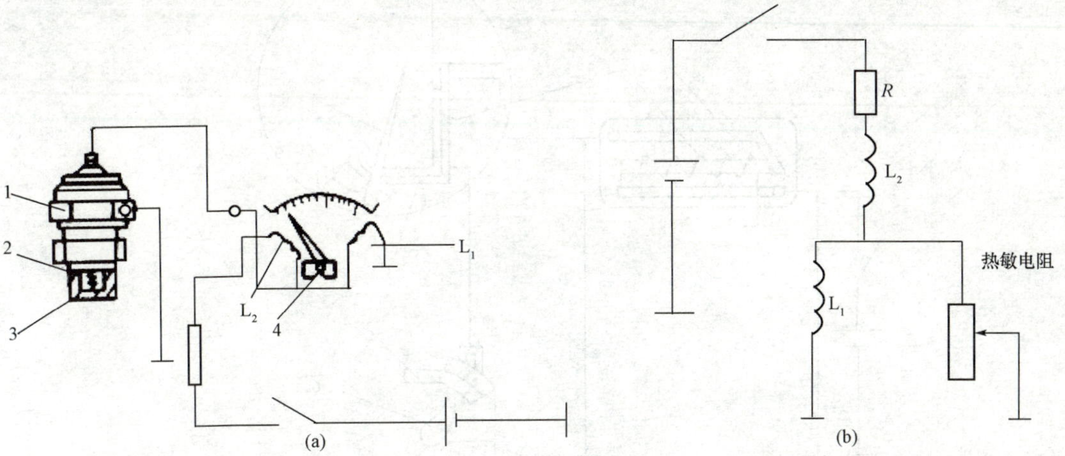

图 5-5 电磁式水温表

(a) 电磁式水温表工作原理；(b) 电磁式水温表等效电路

1—热敏电阻；2—弹簧；3—传感器壳体；4—衔铁

温度传感器内装有负温度系数的热敏电阻，其阻值随温度的升高而减小。指示表内有两个线圈，L_2 与传感器串联，L_1 与传感器并联。两个线圈中间装有指针可转动的衔铁。串联电阻 R 用来限制流经线圈 L_2 的电流。当水温低时，热敏电阻阻值大，流经 L_1 线圈与 L_2 线圈电流相差不多，但 L_1 匝数多，产生磁场强，吸引衔铁使指针偏向 0℃。当水温增高时，热敏电阻阻值减小，分流作用增强，流经 L_1 的电流减小，磁力减弱，衔铁被 L_2 吸引，指针向右偏转指向较高温度。

3. 燃油表

燃油表的作用是用来指示燃油箱内储存燃油量的多少，它由传感器和指示表组成。传感器均为可变电阻式，但指示表有电磁式和双金属片式两种。

(1) 电磁式燃油表。电磁式燃油表结构与工作原理如图 5-6 所示。传感器由可变电阻滑片和浮子组成。当燃油箱油位高低变化时，浮子带动滑片移动，从而改变电阻大小，相当于热敏电阻感

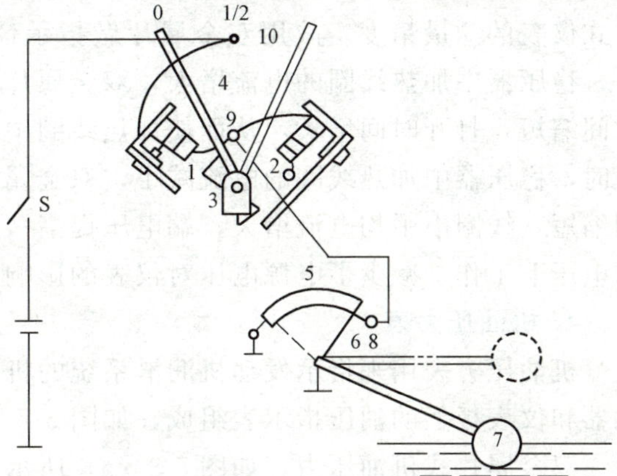

图 5-6 电磁式燃油表结构与工作原理

1—左线圈 (L_1)；2—右线圈 (L_2)；3—转子；4—指针；5—可变电阻；6—滑片；7—浮子；8、9、10—接线柱

受温度变化的作用。L_2 与可变电阻并联，L_1 与可变电阻串联，因此其工作原理与电磁式水温表相似。

（2）双金属片式燃油表。双金属片式燃油表的传感器与电磁式相同，指示表用双金属片。

带稳压器的双金属片式燃油表（见图 5-7）。通过油面高低的变化可改变可变电阻值的大小，从而改变与之串联的加热线圈电流，使双金属片变形推动指针，指示相应的燃油液面高度。

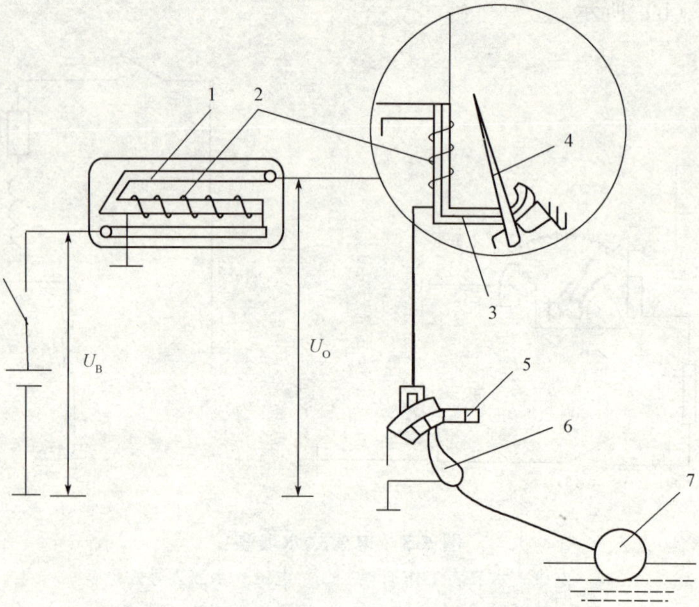

图 5-7　双金属片式燃油表

1—稳压电源；2—加热线圈；3—双金属片；4—指针；5—可变电阻；6—滑片；7—浮子

由于流经加热线圈 2 的电流，除与可变电阻值有关外，还与供电电压有关。汽车的电源是蓄电池，它与发电机并联，两者的电位差一般为 2 V 左右，且发电机的端电压，虽然经调节器调整，但受负载电流的影响也较大。因此，电源电压变化必然影响双金属片式仪表的测量精度。故用双金属片做指示仪表的，需加装稳压器。当电源电压提高时，稳压器中加热线圈的电流增大，双金属片温度升高，使触点间接触压力减小，闭合时间缩短，打开时间增长，从而使加热线圈中的电流减小，端电压下降。当电源电压下降时，稳压器中加热线圈的电流减小，双金属片温度降低，触点闭合时间增长，打开时间缩短，线圈中平均电流增大，端电压提高。这样，就使指示仪表始终在一个比较稳定的电压下工作，减少了电源电压对仪表的影响。

4. 机油压力表

机油压力表用来指示发动机润滑系统的机油压力，由装在发动机主油道上的油压传感器和仪表板上的油压指示表组成，如图 5-8 所示。

双金属片式机油压力，如图 5-8（a）所示。它装在发动机主油道上，膜片中心顶着弯曲的弹簧片 3，一端焊有触点，另一端通过壳体搭铁。双金属片 4 上绕有加热电阻丝，它一端与双金属片的触点相连，另一端则通过接触片 6、接线柱 7 与油压指示表相

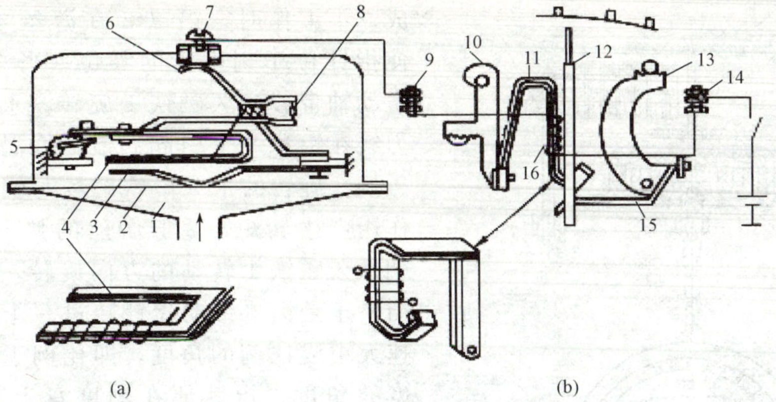

图 5-8 双金属片式机油压力表

(a) 油压传感器；(b) 油压指示表

1—油腔；2—膜片；3，15—弹簧片；4，11—双金属片；5—调节齿轮；6—接触片；7、9、14—接线柱；8—校正电阻；10、13—调节齿扇；12—指针；16—加热线圈

连。校正电阻 8 与加热电阻丝并联。油压指示表中的双金属片 11，一端固定在调节齿扇 10 上，另一端与指针 12 相连，其上绕有加热线圈 16。

双金属片是由两种热膨胀系数不同的金属做成（如锌和钢）的。加热线圈受热后由于膨胀系数不同，双金属片产生弯曲变形。机油压力表正是利用这一原理工作。当电源开关接通时，电流通过双金属片 4 和 11 上的加热线圈，使双金属片受热变形。

若油压很低，传感器膜片几乎不变形，这时作用在触点上的压力很小，所以加热线圈中虽只有小电流通过，但只要温度略有上升，双金属片 4 稍有弯曲，就会使触点分开，切断电路。过后双金属片冷却伸直，触点又闭合，电流重新导通，但很快触点又分开，如此反复循环。因为在油压很低时，只要有较小的电流通过加热线圈，温度略有升高，触点就会分开，故触点打开的时间长，闭合时间短，变化频率也低，通过加热线圈平均电流值很小，油压表内双金属片变形不大，指针只略微向右摆偏，指示低油压。

当油压升高时，膜片向上拱曲，触点之间的压力增大，从而使双金属片向上弯曲。加热线圈通过较长时间的电流，双金属片才有较大的变形使触点分开，而且分开后稍一冷却就会很快闭合，故触点打开的时间短，闭合的时间长，变化频率增大，电流增大，机油压力表内双金属片变形大，指针右偏多，指示高油压。

为使油压的指示值不受外界温度的影响，双金属片 4 制成“Ⅱ”字形，其上绕有加热线圈的一边称为工作臂；另一边称为补偿臂。当外界温度变化时，工作臂的附加变形被补偿臂的相应变形所补偿，指示值保持不变。在安装传感器时，必须使传感器壳上的箭头向上，不应偏出±30°位置，使工作臂产生的热气上升时，不致对补偿臂产生影响，造成误差。

5. 车速里程表

车速里程表用来指示汽车行驶速度和累计行驶里程数的仪表，有机械式与电子式两种。

(1) 机械式车速里程表。捷达轿车机械式车速里程表，如图 5-9 所示。

它的主动轴由变速器传动蜗杆经软轴驱动。车速表是由与主动轴紧固在一起的永久磁铁 1，带有轴与指针 6 的铝罩 2，罩壳 3 和紧固在车速里程表外壳上的刻度盘 5 等组

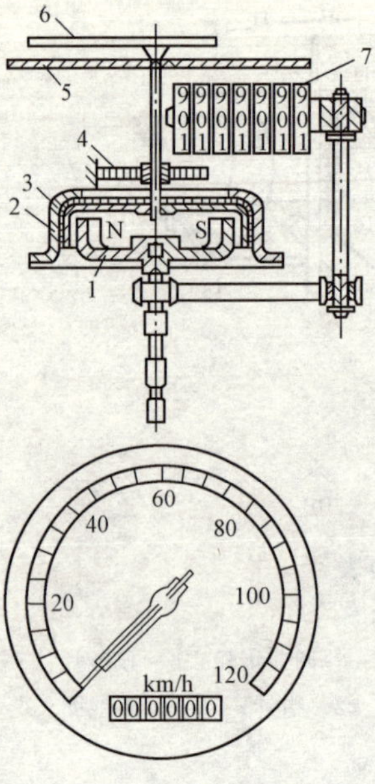

图 5-9 捷达轿车机械式车速里程表

1—永久磁铁；2—铝罩；3—罩壳；4—游丝；5—刻度盘；6—指针；7—十进制里程表

成。不工作时，铝罩 2 在游丝 4 的作用下，使指针位于刻度盘的零位。当汽车行驶时，主动轴带着永久磁铁 1 旋转，永久磁铁的磁力线在铝罩 2 上引起涡流，这涡流产生一个磁场。旋转的永久磁铁磁场与铝罩磁场相互作用产生转矩，克服游丝的弹力，使铝罩 2 朝永久磁铁 1 转动的方向旋转，与游丝相平衡。于是铝罩带动指针转过一个与主动轴转速大小成比例的角度，即比例于汽车行驶速度的角度，指针便在刻度盘上指示相应的车速。

车速越高，永久磁铁 1 旋转越快，铝罩 2 上的涡流也就越大，因而转矩越大，使铝罩带着指针偏转的角度越大，指针在刻度盘上指示的车速也就越高。车速里程表的传动路线，如图 5-10 所示。

里程记录部分由三对蜗轮蜗杆、中间齿轮、单程里程计数轮、总里程计数轮及复零机构等组成。捷达轿车的蜗轮蜗杆与软轴的传动比为 1∶45。

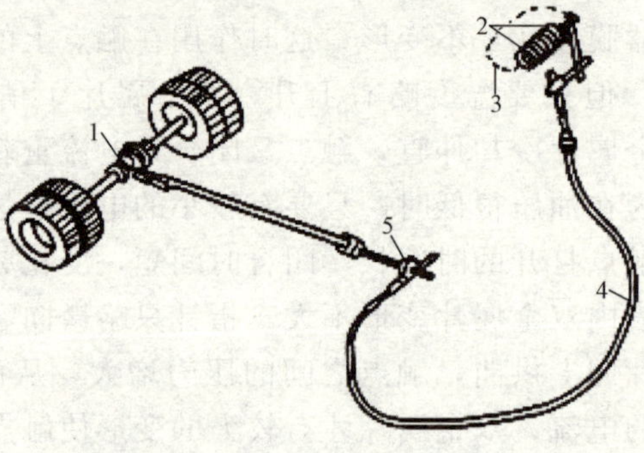

图 5-10 车速里程表的传动路线

1—差速器传动路线；2—里程表数字轮表；3—刻度盘；4—传动轮轴；5—变速器第二轴传动蜗轮蜗杆

汽车行驶时，软轴带动主动轴，并由主动轴经三对蜗轮蜗杆驱动里程表最右边的第一数字轮。第一数字轮上所刻的数字为 1/10 km。每两个相邻的数字轮之间，又通过本身的内齿和进位数字轮传动齿轮，形成 1/10 的传动比。即当第一数字轮转动一周，数字由 9 翻转到 0 时，便使相邻的左面第二数字轮转动 1/10 周，呈十进位递增。这样汽车行驶时，就可累计出其行驶里程数。里程表的减速轮系统和计数轮，如图 5-11 所示。车速表上还有单程里程表复位杆，只要按一下复位杆，单程里程表的四个数字均复位为零。

（2）电子式车速里程表。电子式车速里程表被广泛地应用于现代汽车。它主要由车速传感器、电子电路、车速表和里程表四部分组成。奥迪、红旗轿车都采用电子式车速里程表。

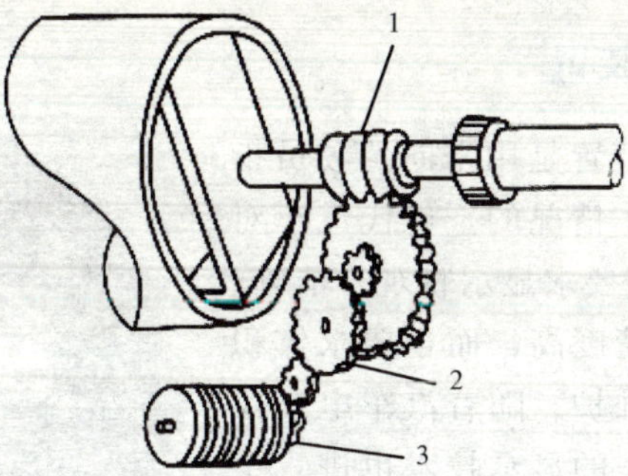

图 5-11 里程表的减速轮系统和计数轮

1—车速表蜗杆；2—减速齿轮系统；3—计数轮

车速传感器由变速器驱动，能够产生正比于汽车行驶速度的电信号。电子式车速传感器，如图 5-12 所示，它由一个舌簧开关和一个含有 4 对磁极的转子组成。转子每转一周，舌簧开关中的触点闭合 8 次，产生 8 个脉冲信号，汽车每行驶 1 km，车速传感器将输出4 127 个脉冲。

电子电路是将车速传感器送来的具有一定频率的电信号，经整形、触发，输出一个与车速成正比的电流信号。电子车速里程表的电子电路，如图 5-13 所示，该电子电路主要包括稳压电路、单稳态触发电路、恒流 1 源驱动电路、64 分频电路和功率放大电路。

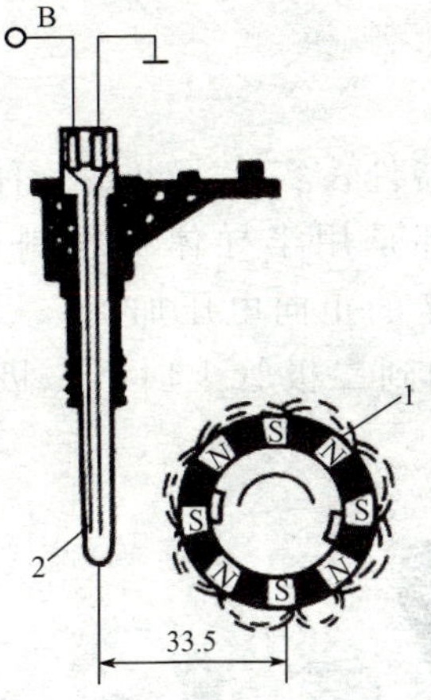

图 5-12 电子式车速传感器

1—转子；2—舌簧开关

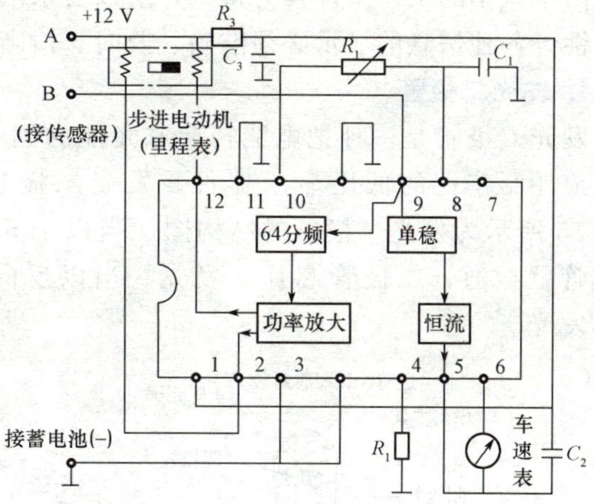

图 5-13 电子车速里程表的电子电路

车速表实际上是一个磁电式电流表，当汽车以不同车速行驶时，从电子电路接线端 6 输出的与车速成正比的电流信号便驱动车速表指针偏转，即可指示相应的车速。车速表刻度盘上 50～130 km/h 的区域用红色标志，表示经济车速区域。

里程表由一个步进电动机及六位数字的十进位齿轮计数器组成。步进电动机是一种利用电磁铁的作用原理将脉冲信号转换为线位移或角位移的电动机。车速传感器输出的频率经 64 分频后，再经功率放大器放大到具有足够的功率，驱动步进电动机，带动六位数字的十进位齿轮计数器工作，从而积累行驶的里程。

二、汽车电子显示装置

汽车电子仪表的显示装置是用来向驾驶员指示汽车上各个主要系统工作情况的。现代汽车对显示的要求越来越高，不仅要求显示直观、清晰、稳定、响应速度快、显示精度高，而且要求体积小、质量轻、便于装配和维护。随着汽车电子仪表的开发和使用，汽车仪表的显示技术也进入了电子化时代。这些装置功能更加完善、性能更优越。目前汽车电子仪表中的显示装置的显示方式主要有指针指示、数字显示、声光和图形辅助显示等（图 5-14）。

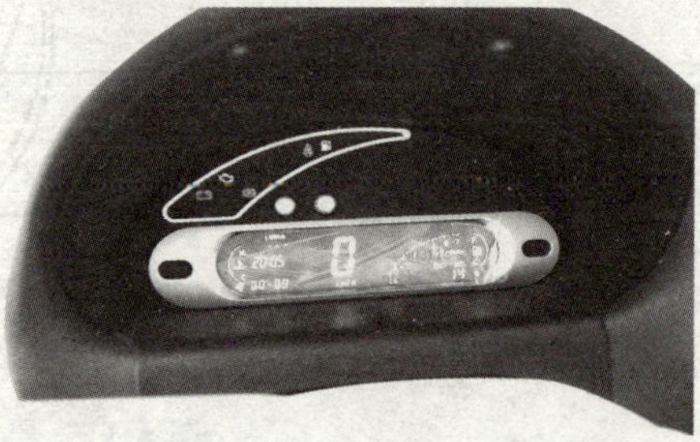

图 5-14 汽车电子仪表的显示装置

（一）汽车常用电子显示器件的种类和要求

显示器件在汽车电子仪表中是重要的元器件之一，只有通过它们正确、清晰的显示，驾驶员才能获得汽车状态的重要信息。目前在汽车上使用的显示器件有许多不同的类型，并且各有特点。最常用的电子显示器件可分为发光型和非发光型两大类。发光型显示器自身发光，容易获得鲜艳的流行色显示，非发光型显示器靠反射环境光显示。目前常用的显示器件有以下几种：发光二极管、真空荧光管、液晶显示屏和阴极射线管等。

由于汽车的工作条件较为苛刻，所以要求汽车电子仪表所用的显示器件具有较高的可靠性，各种信息的显示必须准确、及时、清晰、可靠。

1. 发光二极管

发光二极管是一种把电能转换成光能的固态发光器件，实际上也是一种晶体管，它是应用最广泛的低压显示器件。发光二极管一般都是用半导体材料制成的。如图 5-15 所示为发光二极管的结构图。当以 1.5～2.0 V 的正向电压加到二极管上时，二极管就导通，二极管芯片变发光。当以反向电压加到二极管上时，二极管截止，不再发光。

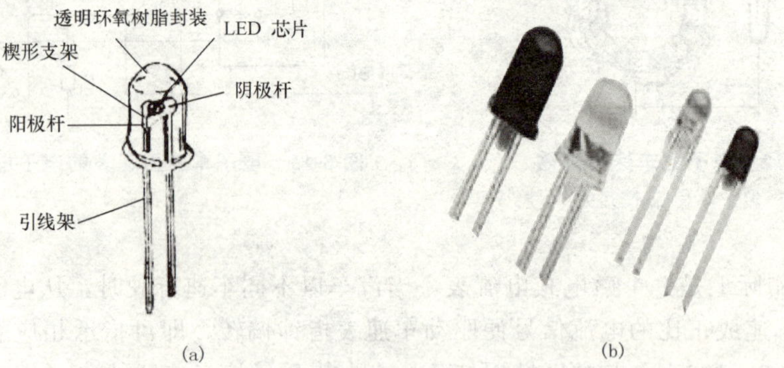

图 5-15 发光二极管

(a) 发光二极管构造；(b) 发光二极管实物

发光二极管可通过透明的塑料壳发出红、绿、黄、橙等不同颜色的光，以便需要时使用。发光二极管可单独使用，也可用于组成数字、字母或光条图。发光二极管响应速度较快、工作稳定、可靠性高、体积小、质量轻、耐震动、寿命长，因此汽车电子仪表中常用发光二极管作为汽车仪表板上的指示灯，数字符号段或不太复杂的图符显示。

2. 真空荧光管

真空荧光管实际上是一种低压真空管，它是最常用的数字显示器，其发光原理与电视机中的显像管相似。真空荧光管的结构和工作原理如图 5-16 所示。图 5-16（a）为汽车用的数字式车速表的真空荧光显示屏。其阳极为 20 个组成字形的笔画小段，上面涂有荧光体，各与一个接线柱连接；阴极为灯丝；在灯丝和笔画小段插入一栅格；整个装置密封在一个被抽空了的玻璃罩内。其工作原理如图 5-16（b）所示：恒定电压作用于阴极灯丝上，它被加热到 600℃左右，其表面放出热电子，因栅格和阳极都有较高的正电位，因而使电子加速，通过栅格射向阳极，当电子轰击笔画小段表面的荧光体时，小段就发出光来。

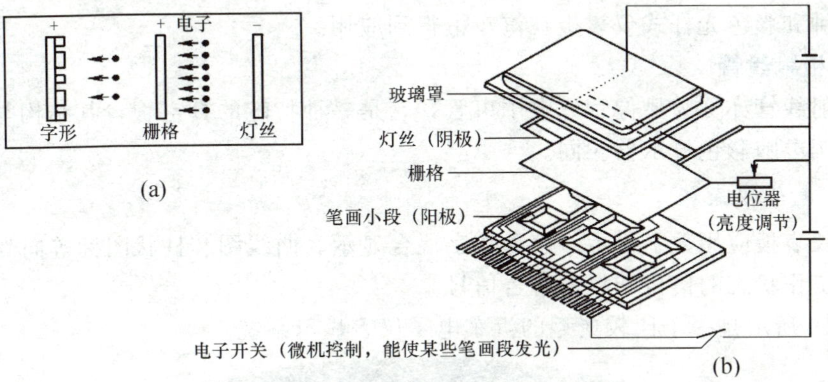

图 5-16 真空荧光管

（a）真空荧光管结构；（b）真空荧光管工作原理

真空荧光显示具有彩色鲜艳、可见度高、立体感强等特点，是最早引入汽车仪表中的发光型显示器件，也是目前汽车上采用最多的一种。但由于做成大型的多功能真空荧光显示屏成本较高，故现在大多有一些单功能的真空荧光屏组合成汽车电子式仪表盘。

3. 液晶显示屏

液晶显示屏是一种被动型显示装置。它具有显示面积大、耗电量小、显示清晰、通过滤光镜还可显示不同颜色、在阳光下直接照射下显示不受影响等特点。液晶显示屏，如图 5-17 所示。

液晶显示屏是一种新型的非发光型平板显示器件，有两块厚约 1 mm 的玻璃基板，基板上涂有透明的导电材料，以形成电极图形，两基板间注入一层 5～20 μm 厚的液晶，再在两玻璃基板的外表面分别贴上前偏振片和后偏振片，并将整个显示板完全密封，以防湿气和氧侵入，这便构成透射式 LCD。

若在后玻璃基板的后面再加上反射镜，便组成反射－透射式 LCD。图 5-18 所示为反射－透射式 LCD 结构原理，如图 5-18 所示。

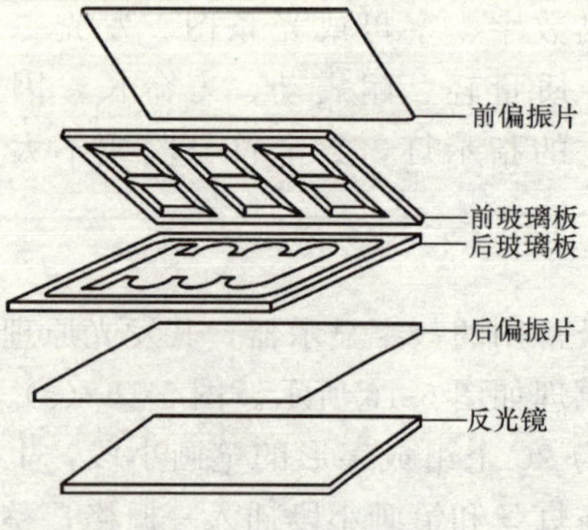

图 5-17 液晶显示屏

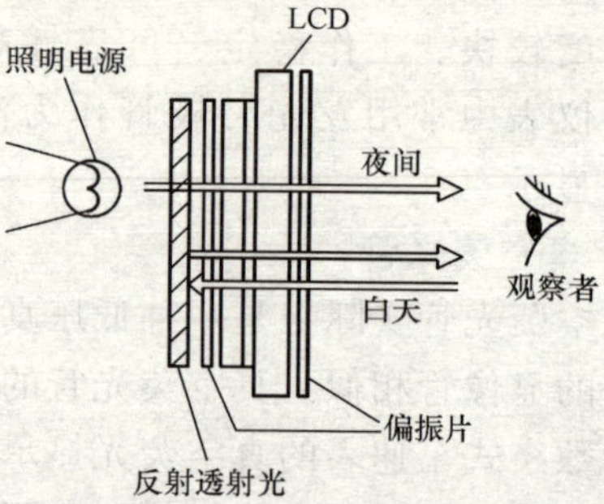

图 5-18 反射一透射式 LCD 结构原理

液晶显示的电极图形设计的自由度极高，设计成任意显示图形的工艺都很简单，这是做汽车用显示器件的一个很重要的优点，而且其工作电压低，一般为 3 V 左右，功耗小（1 $\mu W/cm^2$），且能很好地与 CMOS 电路相匹配。因为它有这些优点，LCD 常作为汽车电子钟和彩色光杆式仪表板在汽车上得到应用。

4. 阴极射线管

阴极射线管亦称为显像管或电子束管，它是一种特殊的真空管。其结构与原理与家用及办公用电脑彩色显示器相同。

（二）电子仪表板

电子仪表板应用数字显示、字母数字混合显示、曲线图和柱状图标等向驾驶员发出汽车各种工作状态的信号和故障警告信号。

图 5-19 所示是一个比较典型的汽车电子仪表显示系统。

图 5-19 汽车电子仪表显示系统

三、汽车仪表常见故障检修

（一）车速表不工作或误差大

1. 故障现象

车辆行驶时，车速里程表不工作或车速表指示与实际车速存在较大误差。

2. 故障原因

（1）车速里程表霍尔车速传感器故障。

（2）车速里程表指针卡住。

（3）变速器输出轴驱动齿轮磨损严重或齿轮啮合间隙过大。

（4）车速里程表损坏。

（5）发动机损坏。

(6) 连接线路故障。

3. 故障诊断与排除

(1) 如果出现车速里程表不工作的故障，先应检查霍尔车速传感器及驱动齿轮的啮合有无故障。如正常，再拆检车速里程表。

(2) 如果只出现车速表指示不准的故障，一般是仪表内部损坏。

(3) 检查车速信号到发动机的电脑连线，以及发动机至仪表的信号线。

(二) 温度表不工作

1. 故障现象

发动机运转后，冷却液温度表指针不指示。

2. 故障原因

(1) 温度表损坏；

(2) 冷却液温度传感器失效；

(3) 温度表线路断路；

(4) 稳压器损坏；

(5) 发动机电脑损坏。

3. 故障诊断与排除

(1) 打开发动机舱盖，拔下冷却液温度传感器插头。检查冷却液温度传感器电阻是否正常。如正常，检查传感器信号至发动机电脑信号，以及发动机电脑至仪表信号。

(2) 如果上述线路正常，接上组合仪表插头，打开点火开关，检查冷却液温度传感器插头的黄/红线是否有电，如果有电，则说明冷却液温度传感器损坏；如果无电，则为冷却液温度表本身或稳压器故障。

(3) 拆下仪表板，线束保持正常连接，将万用表连接在稳压器正极输出端和搭铁端之间测量电压。如果电压值高于 10.5 V 或低于 9.5 V，则表明稳压器有故障；否则冷却液温度表本身故障。

(三) 燃油表不工作

1. 故障现象

接通点火开关，但燃油表指针不动。

2. 故障原因

(1) 燃油表损坏。

(2) 燃油表传感器失效。

(3) 燃油表线路断路。

(4) 稳压器损坏。

(5) 燃油箱内无汽油。

3. 故障诊断与排除

(1) 检查油箱内是否有汽油。

(2) 接通点火开关，观察燃油表是否工作。如果燃油表工作，则说明组合仪表上的稳压器工作正常。

(3) 拔下燃油表传感器插头，用万用表测量紫/黑色线是否有电，再检查棕色线与车身搭铁情况。如果紫/黑色线有电、棕色线正常，则说明燃油表传感器有故障，应更换。

（4）如果紫/黑色线无电，则检查燃油表传感器插头紫/黑色至组合仪表插头的插孔之间线路是否断路，线路传递为：燃油表传感器插头紫/黑色→继电器插头 M 的插孔→继电器盘插头 U1 的插孔→棕色线→组合仪表插头的插孔。

（5）如果线路导通、棕色线正常，则为燃油表有故障。

实施与考核

一、实训内容

1. 实训准备

（1）准备好试验用的实训车辆、实训设备、常用工具及防护用具。

（2）强调实训中的环境保护和人身安全。

2. 实训流程

（1）拧出仪表框与仪表台板的连接固定螺钉（见图 5-20）。

（2）取下仪表框（见图 5-21）。

图 5-20　拧出仪表框与仪表台板的连接固定螺钉

图 5-21　取下仪表框

（3）拧出仪表总成与仪表台连接的固定螺栓（见图 5-22），并拉出仪表总成。

图 5-22　拧出仪表总成与仪表台连接的固定螺栓

此时需要注意，仪表有一个小按钮（里程复位），操作时不要碰到，以免弄断按钮。

（4）断开仪表总成的线束插头，最后取出仪表总成。

（5）安装时，安装顺序与拆卸顺序相反。

3. 实训记录

组织学生完成实训，并完成实训记录单。

4. 教师总结及反馈

（1）总结本次的实训要求内容。

（2）解答学生实训中存在的问题。

（3）对学生解决实际问题能力的考核做出点评，给出本次实训成绩。

二、任务实施与考核

(1) 教师组织学生分组分工。在充分掌握上述知识与技能的前提下，各组按要求完成任务工作单（表 5-1）。

(2) 教师根据完成的情况完成教师考核记录（表 5-2）。

表 5-1 任务工作单

实训项目：汽车仪表盘的拆装

班级学号		姓　名	
实训车型		VIN 码	
1. 拧出仪表框与仪表台板的连接固定螺钉。 2. 取下仪表框。 3. 拧出仪表总成与仪表台连接的固定螺栓，并拉出仪表总成。 此时需要注意，仪表有一个小按钮（里程复位），操作时不要碰到，以免弄断按钮。 4. 断开仪表总成的线束插头，最后取出仪表总成。 5. 安装时，安装顺序与拆卸顺序相反。 6. 自我评价（个人技能掌握程度）：□非常熟练 □比较熟练 □一般熟练 □不熟练			
教师评语： 实训记录成绩________ 教师签字：________ ____年____月____日			

表 5-2 教师考核记录

实训项目：汽车仪表盘的拆装

班级学号		姓　名	
项　　目	必要的记录	分值	评分
课堂参与情况		40	
语言表达情况		20	
任务单填写情况		20	
反馈建议情况		10	
实训准备、清洁情况		10	
总分			
教师签字： ____年____月____日			

任务二　汽车报警装置

任务目标

1. 了解汽车报警装置的种类。
2. 掌握汽车报警灯电路的工作原理。
3. 能够对汽车报警装置的常见故障进行检修。

任务分析

汽车是高速行驶的交通工具，为使汽车驾驶员和行人及时了解汽车运行过程中的各种信息，以便其采取果断措施，确保行车安全，提高车辆的可靠性，因此在汽车上安装了许多报警装置。

基础知识

一、汽车报警装置的种类

为了警示汽车、发动机或某一系统处于不良或特殊状态，引起汽车驾驶员的注意，保证汽车可靠工作和安全行驶，防止事故发生，汽车上安装了多种报警装置，这些报警装置一般由传感器和红色报警灯组成。

报警灯由报警开关控制，当被监测的系统或总成工作不正常时，开关自动接通而使报警灯发亮，以提醒驾驶员注意，如大灯、尾灯故障报警灯、水温报警灯、机油压力报警灯、燃油不足报警灯、气压不足报警灯、制动信号灯断线报警灯、液面过低报警灯等。

报警灯通常安装在仪表板上，功率为1～4 W，在灯泡前设有滤光片，使报警灯发出黄光或红光，滤光片上通常制有标准图形符号。有些汽车报警灯采用发光二极管显示，标准图形符号标在发光二极管旁边。常见的汽车报警指示灯图形符号如图5-23所示。

二、汽车报警灯电路工作原理

1. 机油压力报警装置

在现代大多数汽车上，除了机油压力表之外，还会配有一个红色的报警灯，用来表示机油压力安全值的情况。当润滑系统机油压力降低或升高到允许限度时，报警灯即亮，以便引起汽车驾驶员的注意。

机油压力报警装置以报警灯形式出现。常见报警装置有膜片式和弹簧管式两种。

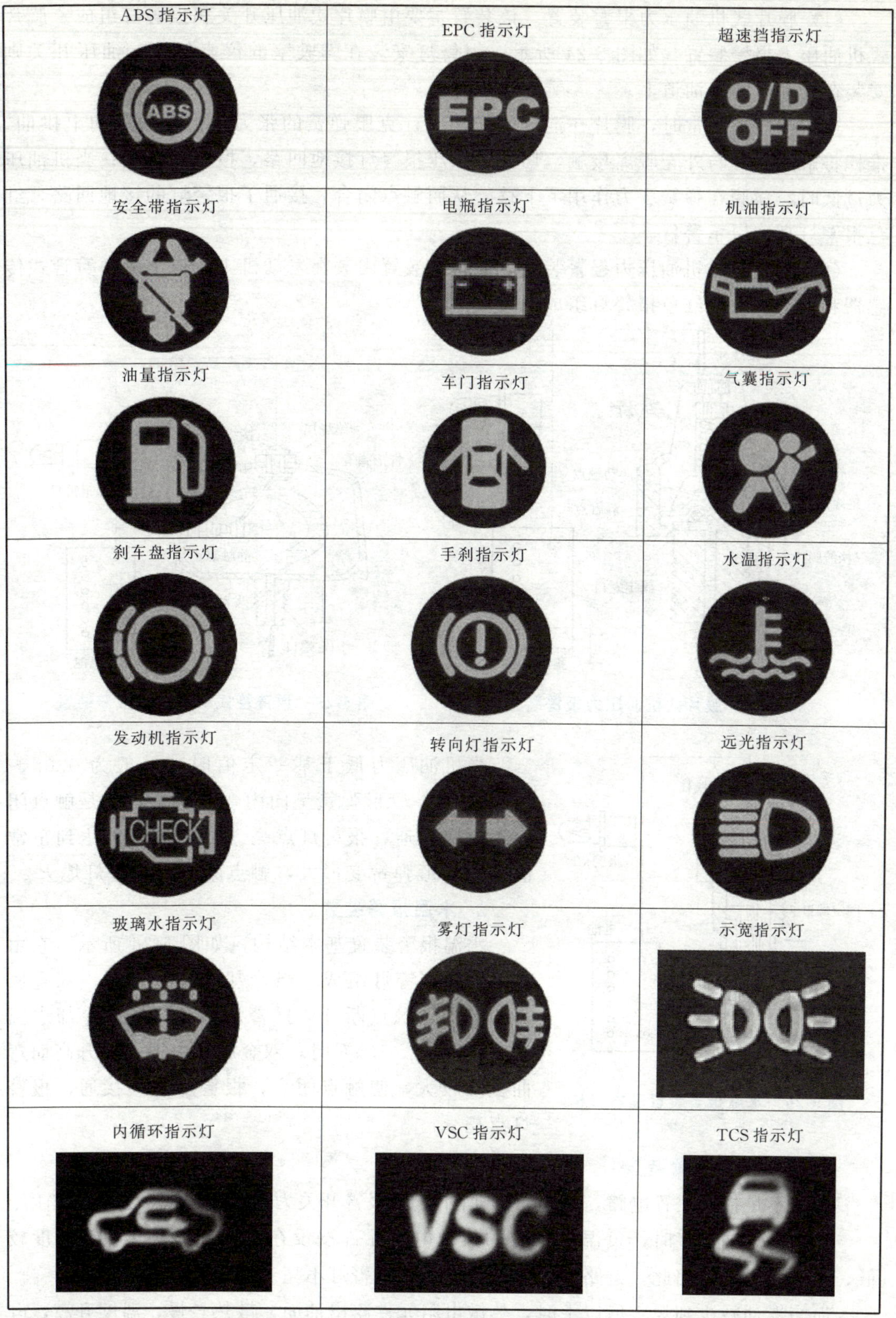

图 5-23　常见的汽车报警指示灯图形符号

（1）膜片式机油压力报警装置。该装置主要由膜片式油压开关和报警灯组成。膜片式机油压力报警装置，如图 5-24 所示。报警灯安装在驾驶室的仪表板上，油压开关则安装在发动机的主油道上。

当机油压力正常时，膜片在油压的作用下，克服弹簧的张力，推动薄膜向上拱曲，推杆将触点打开与外壳脱离接触，切断了油压报警灯接地回路，报警灯不亮；当机油压力过低时，薄膜在弹簧压力作用下下移，从而触点闭合，接通了报警灯的接地回路，红色报警灯亮，以示警告。

（2）弹簧管式机油压力报警装置。此报警装置由装在发动机主油道上的弹簧管式传感器和仪表板上的红色报警灯组成（见图 5-25）。

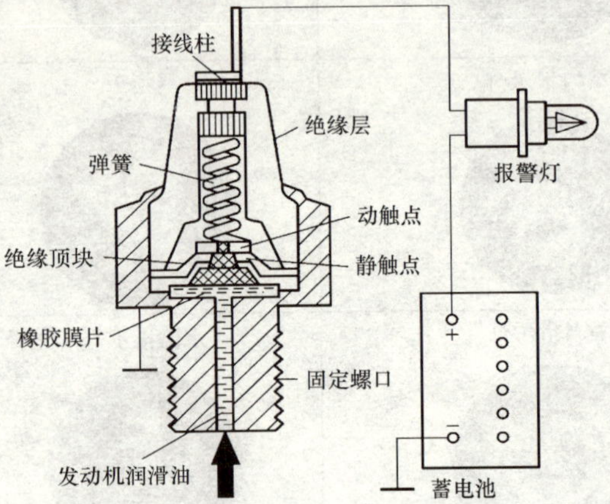

图 5-24　膜片式机油压力报警装置

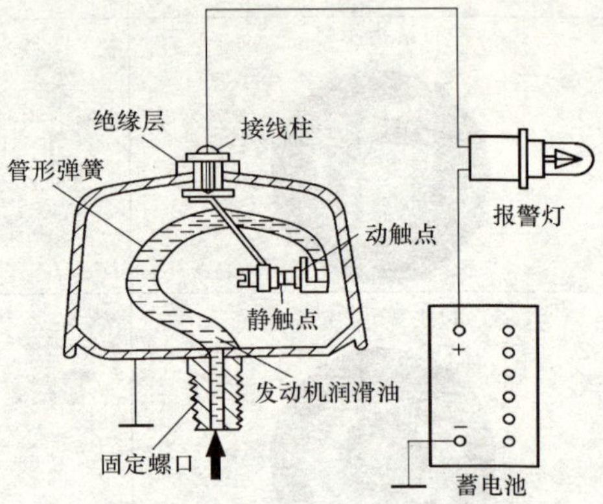

图 5-25　弹簧管式机油压力报警装置

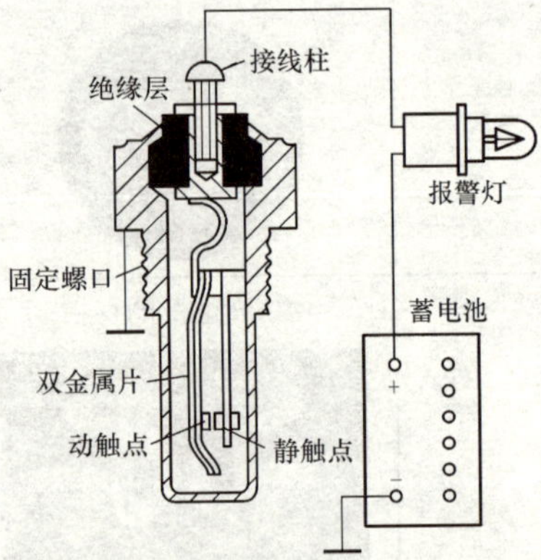

图 5-26　水温报警装置基本结构

当机油压力低于某一定值时（一般为 0.05～0.1 MPa），管形弹簧呈向内弯曲状态，于是触点闭合，电路接通，报警灯点亮。当机油压力达到正常值时，管形弹簧变形大，触点断开，报警灯熄灭。

2. 水温报警装置

水温报警装置基本结构，如图 5-26 所示。它由传感器和报警灯组成。当冷却水温正常时，双金属片变形小，触点断开，报警灯不亮。如果冷却水温升高到 95℃～105℃时，双金属片由于温度升高而弯曲变形较大，使触点闭合，报警灯电路接通，报警灯点亮。

3. 燃油不足报警装置

燃油不足报警装置电路，如图 5-27 所示。其报警开关为热敏电阻式，装在油箱内。

当箱内燃油量多时，负温度系数的热敏电阻元件浸没在燃油中，散热快，温度较低，电阻值较大。因此，电路中几乎没有电流，报警灯不亮。

而当燃油减少到规定值以下时，热敏电阻元件露出油面，散热较慢，温度升高，电阻值减小，电路中电流增大，则报警灯点亮。

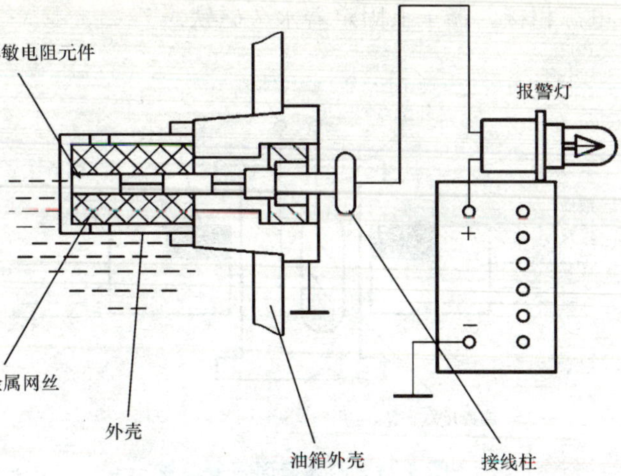

图 5-27 燃油不足报警装置

4. 气压过低报警装置

在采用气制动的汽车上，如果制动气压降低到一定数值，制动机构就会失灵，很可能酿成大的事故。为此有的汽车上安装了气压过低报警装置（见图 5-28），如制动系统气压过低时，报警灯即发亮，警告驾驶员迅速采取措施。

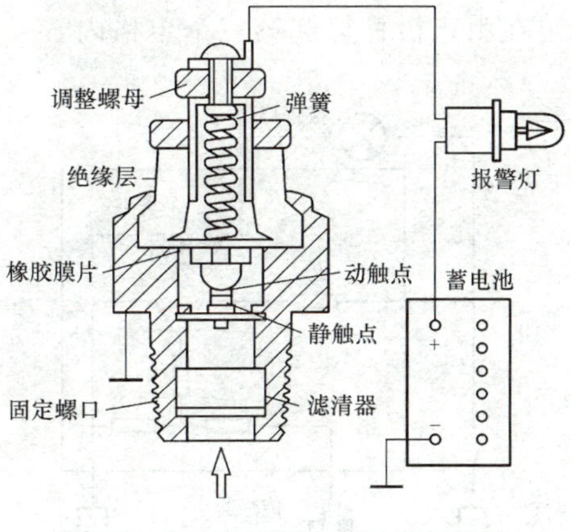

图 5-28 气压过低报警装置

气压过低报警开关装在储气筒或制动阀压缩空气输入管中。

接通电源，当出气筒内的气压低于 0.35～0.45 MPa 时，由于作用在气压报警开关膜片下方的空气压力减小，于是膜片在复位弹簧的作用下向下移动，使触点闭合，电路接通，报警灯发亮，当出气筒中的气压升到 0.45 MPa 以上时，由于膜片下方气压增大，使复位弹簧压缩，触点打开，电路切断，报警灯熄灭。在行车中气压过低，报警灯突然亮时，应立即停车，查找原因，排除故障，使气压恢复正常值。

5. 制动液面报警装置

制动液面报警装置适用于发动机冷却水、制动液、风窗玻璃清洗液等液面过低的报警。制动液面报警装置结构，如图 5-29 所示，外壳内装有舌簧开关、开关的两个接线柱与液面报警灯、电源相接，浮子上固定着永久磁铁。

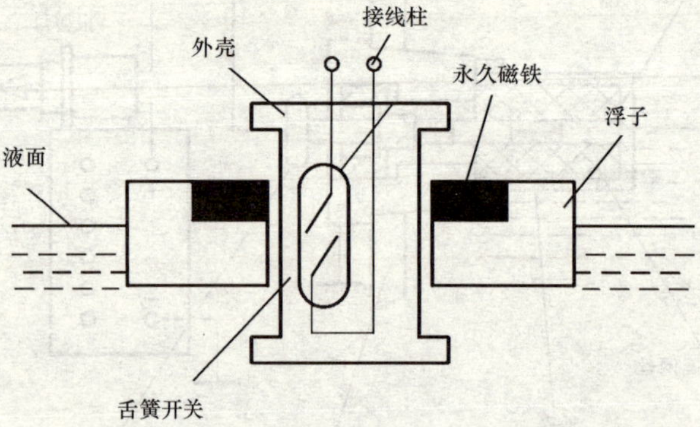

图 5-29　制动液面报警装置

其工作原理是：当浮子随液面下降到规定值以下时，永久磁铁吸动舌簧开关使之闭合，接通电路，使报警灯点亮，以示告警。当液面在规定位置以上时，浮子上升，磁铁吸力不足，舌簧开关在自身弹力作用下，使电路断开，报警灯熄灭。

6. 蓄电池液面过低报警装置

蓄电池液面过低报警装置，如图 5-30 所示。其报警开关，由传感器和放大器组成，传感器为一铅棒，通常安装在由正极柱算起第三个单格内。

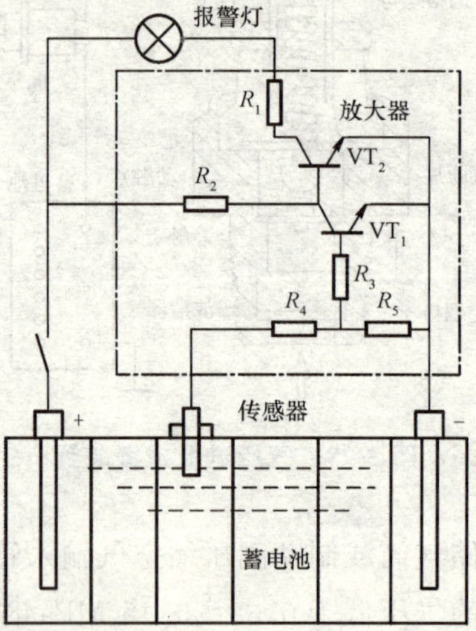

图 5-30　蓄电池液面过低报警装置

当蓄电池液面高度正常时，传感器铅棒上的单位为 8 V，从而使 VT_1 导通，VT_2 截止，报警灯不亮。

当电解液在最低线以下时，铅棒无法与电解液接触，也就无正电位，从而使 VT_1 截止，VT_2 导通，报警灯点亮。

三、汽车报警装置常见故障的检修

（一）机油压力报警灯常亮

1. 故障现象

汽车在行驶过程中，发动机机油压力报警灯常亮。

2. 故障原因

(1) 机油压力报警开关故障（有的车辆采用两个报警开关同时监控）。

(2) 润滑油路压力达不到规定要求。

(3) 线路故障。

3. 故障诊断与排除

当出现机油压力过低报警灯常亮故障时，首先要区分是润滑系统故障还是报警系统自身故障，通常采用测量油压的方法进行诊断。

（二）冷却液报警灯常亮

1. 故障现象

汽车在行驶过程中，无论是冷态还是热态，冷却液报警灯常亮。

2. 故障原因

(1) 储液罐中冷却液液面过低。

(2) 冷却液液位开关故障。

(3) 冷却液温度报警开关故障。

(4) 报警灯线路有搭铁处。

3. 故障诊断与排除

(1) 检查发动机冷却液温度是否真的过高以及储液罐液面是否过低。

(2) 上述检查都正常，拔下储液罐液位开关插头。如报警灯熄灭，说明液位开关有故障。

(3) 如果报警灯仍然亮，接好液位开关插头，拔下冷却液温度报警开关插头。如果报警灯熄灭，说明冷却液温度报警开关有故障；如果报警灯仍然亮，说明线路有搭铁处。

（三）制动报警灯常亮

1. 故障现象

再放开驻车制动杆的情况下，制动报警灯仍亮。

2. 故障原因

(1) 制动液液面过低。

(2) 制动液液位开关有故障。

(3) 驻车制动开关有故障。

(4) 报警灯线路有故障。

3. 故障诊断与排除

(1) 检查制动液液面过低。

(2) 如液面正常，拔下制动液位开关插头。如果报警灯熄灭，说明驻车制动开关有故障。

（3）如果报警灯仍然亮，拔下驻车制动开关插头。如果报警灯熄灭，说明驻车制动开关有故障；如果报警灯仍然亮，说明线路有搭铁处。

实施与考核

一、实训内容

1. 实训准备

（1）准备好试验用的实训车辆、常用工具及机油压力表。

（2）强调实训中的环境保护和人身安全。

2. 实训流程

只有正常的机油压力才能保证将机油输送到发动机的所有摩擦件表面，过高或过低都会影响发动机正常工作，甚至造成发动机零部件的损伤。所以，当机油灯报警时应立即停机查找原因，待排除故障后方可继续工作。

（1）检查是否缺机油，机油油量不足，使机油泵的泵油量减少或因进空气而泵不上油，致使机油压力下降。

（2）用机油压力表直接测机油压力，看看实际的机油压力到底如何（用来判断机油泵及轴瓦间隙的情况）。

（3）机油选用不当：如果用错或牌号选用不当，发动机运转时会因机油黏度太低而加大泄漏量，从而使油压降低。

（4）发动机温度过高，容易使机油变稀，从配合间隙中大量流失而导致油压下降。

（5）当机油泵零部件损坏或因磨损、装配等问题出现间隙过大时，将会造成机油泵不出油或出油不足的故障。

（6）曲轴与大、小瓦之间的配合间隙不当，过紧会使机油压力升高，过松会使机油压力降低。

（7）机油管路中有漏油、堵塞现象，以及机油滤清器、吸油盘堵塞同样会使机油压力降低。

（8）回油阀损坏或失灵：当主油道回油阀弹簧疲劳软化或调整不当，阀座与钢珠的配合面磨损或被脏物卡住而关闭不严时，回油量便明显地增加，主油道的油压也随之下降。

（9）机油选用不当：如果用错或牌号选用不当，发动机运转时会因机油黏度太低而加大泄漏量，从而使油压降低。

根据以上所述，查找原因，给予适当的检查、修理与更换，进而排除故障。

3. 实训记录

组织学生完成实训，并完成实训记录单。

4. 教师总结及反馈

（1）总结本次的实训要求内容。

（2）解答学生实训中存在的问题。

（3）对学生解决实际问题能力的考核做出点评，给出本次实训成绩。

二、任务实施与考核

（1）教师组织学生分组分工。在充分掌握上述知识与技能的前提下，各组按要求完成任务工作单（表 5-3）。

（2）教师根据完成的情况完成教师考核记录（表 5-4）。

表 5-3 任务工作单

实训项目：机油报警灯常亮

班级学号		姓名	
实训车型		VIN 码	

1. 检查是否缺机油，机油油量不足，使机油泵的泵油量减少或因进空气而泵不上油，致使机油压力下降。
2. 用机油压力表直接测机油压力，看看实际的机油压力到底如何（用来判断机油泵及轴瓦间隙的情况）。
3. 机油选用不当：如果用错或牌号选用不当，发动机运转时会因机油黏度太低而加大泄漏量，从而使油压降低。
4. 发动机温度过高，容易使机油变稀，从配合间隙中大量流失而导致油压下降。
5. 当机油泵零部件损坏或因磨损、装配等问题出现间隙过大时，将会造成机油泵不出油或出油不足的故障。
6. 曲轴与大、小轴瓦之间的配合间隙不当，过紧会使机油压力升高，过松会使机油压力降低。
7. 机油管路中有漏油、堵塞现象，以及机油滤清器、吸油盘堵塞同样会使机油压力降低。
8. 回油阀损坏或失灵：当主油道回油阀弹簧疲劳软化或调整不当，阀座与钢珠的配合面磨损或被脏物卡住而关闭不严时，回油量便明显地增加，主油道的油压也随之下降。
9. 机油选用不当：如果用错或牌号选用不当，则发动机运转时会因机油黏度太低而加大泄漏量，从而使油压降低。

根据以上所述，查找原因，给予适当的检查、修理与更换，进而排除故障。

拧出仪表框与仪表台板的连接固定螺钉。

10. 自我评价（个人技能掌握程度）：□非常熟练 □比较熟练 □一般熟练 □不熟练

教师评语：

实训记录成绩______ 教师签字：______ ____年___月___日

表 5-4 教师考核记录

实训项目：机油报警灯常亮

班级学号		姓 名	
项 目	必要的记录	分值	评分
课堂参与情况		40	
语言表达情况		20	
任务单填写情况		20	
反馈建议情况		10	
实训准备、清洁情况		10	
总分			

教师签字：

____年___月___日

项目小结

1. 汽车仪表主要由转速表、水温表、燃油表、机油压力表和车速里程表等组成。

2. 目前在汽车上使用的显示器件有许多不同的类型，并且各有特点。最常用的电子显示器件可分为发光型和非发光型两大类。发光型显示器自身发光，容易获得鲜艳的流行色显示，非发光型显示器靠反射环境光显示。目前常用的显示器件有以下几种：发光二极管、真空荧光管、液晶显示屏和阴极射线管等。由于汽车的工作条件较为苛刻，所以要求汽车电子仪表所用的显示器件具有较高的可靠性，各种信息的显示必须准确、及时、清晰、可靠。

3. 电子仪表板应用数字显示、字母数字混合显示、曲线图和柱状图标等向驾驶员发出汽车各种工作状态的信号和故障警告信号。

4. 为了警示汽车、发动机或某一系统处于不良或特殊状态，引起汽车驾驶员的注意，保证汽车可靠工作和安全行驶，防止事故发生，汽车上安装了多种报警装置，这些报警装置一般由传感器和红色报警灯组成。报警灯由报警开关控制，当被监测的系统或总成工作不正常时，开关自动接通而使报警灯发亮，以提醒驾驶员注意。

5. 机油压力报警装置以报警灯形式出现。常见报警装置有膜片式和弹簧管式两种。

6. 水温报警装置由传感器和报警灯组成。当冷却水温正常时，双金属片变形小，触点断开，报警灯不亮。如果冷却水温升高到95℃～105℃，则双金属片由于温度升高而弯曲变形较大，使触点闭合，报警灯电路接通，报警灯点亮。

7. 燃油不足报警灯电路的报警开关为热敏电阻式，装在油箱内。

8. 气压过低报警开关装在储气筒或制动阀压缩空气输入管中。

9. 蓄电池液面过低报警装置的报警开关，由传感器和放大器组成，传感器为一铅棒，通常安装在由正极柱算起第三个单格内。

习题与思考

一、填空题

1. 汽车仪表主要由__________、__________、__________、__________和车速里程表等组成。

2. 汽车电子仪表的显示装置是用来______________________________。

3. 报警灯由__________控制，通常安装在__________上。

4. 机油压力报警装置以____________形式出现。常见报警装置有____________和____________两种。

5. 电子仪表板应用__________、__________、__________等向驾驶员发出汽车各种工作状态的信号和故障警告信号。

6. 发光二极管是一种____________________，实际上也是一种__________，它是应用最广泛的低压显示器件。发光二极管一般都是用____________________制成的。

7. 目前常用的显示器件有以下几种：__________、__________、液晶显示屏和__________等。

8. 车速里程表用来指示____________________的仪表，有__________与电子式两种。

9. 燃油表的作用是____________________，它由__________和__________组成。传感器均为__________，但指示表有__________和__________两种。

10. 转速表信号源主要有两种：一种信号取自____________________；另一种信号则取自____________________。

二、简答题

1. 汽车仪表都有哪些类型？
2. 叙述机油压力表的工作原理。
3. 汽车常用电子显示器件有哪些种类和要求？
4. 汽车仪表常见的故障有哪些？
5. 叙述燃油不足报警装置的工作原理。
6. 汽车报警装置常见故障有哪些？
7. 冷却液报警灯常亮的故障原因有哪些？
8. 车速表不工作或误差大的故障原因有哪些？

项目六　汽车辅助电气设备

任务一　电动刮水器与风窗洗涤器

任务目标

1. 知道电动刮水器的作用、种类。
2. 掌握电动刮水器电动机的变速与自动复位原理。
3. 知道风窗洗涤器的组成和工作原理。
4. 了解电动刮水器的拆装与检修。
5. 掌握电动刮水器和风窗洗涤器的故障检修。

任务分析

作为辅助电器的电动刮水器，它的作用是用来清除风窗玻璃上的雨水、雪或尘土，以确保驾驶员有良好的视野。在行驶中，由于泥土的飞溅或其他原因会污染风窗玻璃，所以风窗刮水器还设有洗涤装置。作为维修人员，必须知道电动刮水器和风窗洗涤器的组成、工作原理、检测和常见故障排除方法。

基础知识

一、电动刮水器组成及工作原理

（一）电动刮水器的作用

为了清扫风窗玻璃上的雨水、雪或尘土，保证汽车在雨天、雪天行驶时驾驶员有良好的视线，确保行车安全，汽车上都装有刮水器。目前使用最多的是电动刮水器。

（二）刮水电动机的分类

风窗刮水器根据安装位置的不同，可分为前风窗刮水器和后风窗刮水器两种；根据风窗刮水器的驱动机构的不同，可分为真空式、气动式和电动式三种；根据刮水片连动方式的不同，可分为平行连动式、对向连动式和单臂式三种。刮水片连动方式，如图 6-1 所示。

现代汽车均使用电动机驱动平行连动式风窗刮水器，这样可以保持一定速度摆动，不受发动机转速与负荷变动的影响，且可以随驾驶员需要，视雨势大小调整动作速度。

（三）电动刮水器的组成

电动风窗刮水器主要由直流电动机、蜗轮箱、曲柄、连杆、摆杆、摆臂和刮水片等

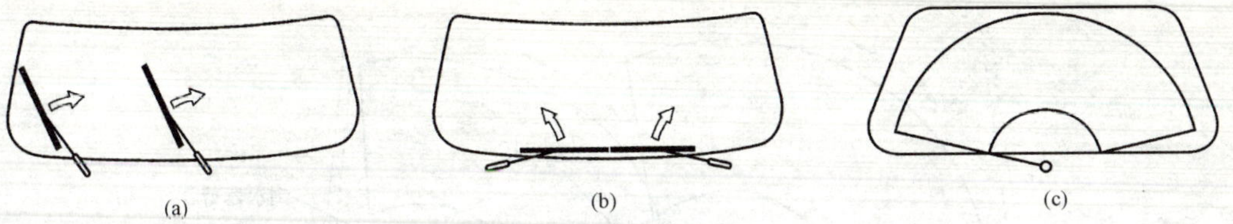

图 6-1 刮水片连动方式

(a) 平行连动式；(b) 对向连动式；(c) 单臂式

组成电动风窗刮水器的组成，如图 6-2 所示。一般电动机和蜗杆箱结合成一体组成风窗刮水器电动机总成，刮水片采用橡胶条式，刮水片结构，如图 6-3 所示。

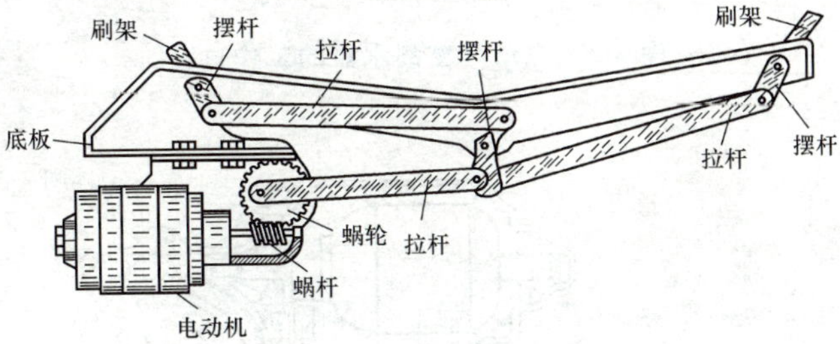

图 6-2 电动风窗刮水器的组成

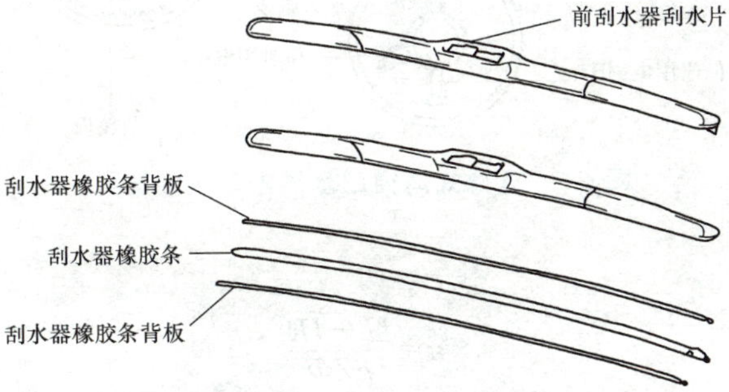

图 6-3 刮水片结构

电动风窗刮水器的工作过程，如图 6-4 所示。曲柄、连杆和摆杆等杆件可以把蜗轮的旋转运动转变为摆臂的往复摆动，使摆臂上的刮水片实现刮水动作。当风窗刮水器电动机转动时，蜗轮上的曲臂旋转，经连杆使短臂以电枢为中心做扇形运动，此短臂上安装右侧的风窗刮水器臂，另一连杆与左侧的短臂连接，左、右两侧的风窗刮水器臂以电枢为中心做同方向左右平行的运动。

（四）风窗刮水器电动机的结构及工作原理

1. 风窗刮水器电动机的结构

风窗刮水器电动机有绕线式和永磁式两种。绕线式风窗刮水器电动机的磁极绕有励磁绕组，通电流时产生磁场，而永磁式风窗刮水器电动机的磁极用永久磁铁制成。

永磁式风窗刮水器电动机体积小，质量轻，结构简单，使用广泛。永磁式风窗刮水器电动机的结构，如图 6-5 所示，主要由外壳、磁铁总成、电枢、电刷安装板及复位开关、输出齿轮及蜗轮、输出臂等组成。

2. 风窗刮水器电动机工作原理

刮水器的变速是利用直流电动机变速原理来实现的，由直流电动机电压平衡方程式

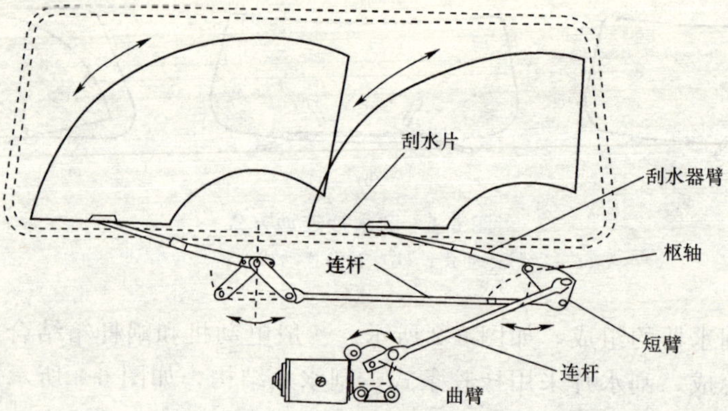

图 6-4　电动风窗刮水器的工作过程

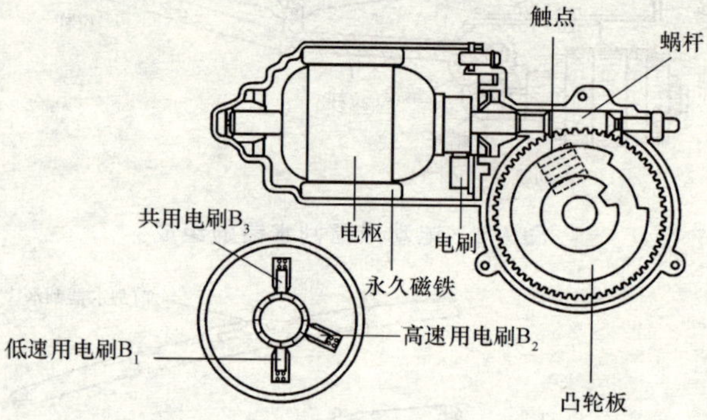

图 6-5　永磁式风窗刮水器电动机的结构

可得转速公式为

$$n=\frac{U-IR}{kZ\Phi}$$

式中：U——电动机端电压，单位为 V；

I——通过电枢绕组的电流，单位为 A；

R——电枢绕组的电阻，单位为 Ω；

k——常数；

Z——正、负电刷间串联的绕组（导体）数；

Φ——磁极磁通，单位为 Φ。

在电压 U 和直流电动机定型的条件下，即 I、R、k 均为常数时，若磁极磁通 Φ 增大，则转速 n 下降，反之则转速上升。当两电刷之间的电枢绕组（导体）数 Z 增多时，转速 n 也下降，反之则上升。所以，刮水器变速是在直流电动机变速的理论基础上，采取改变电动机磁极磁通的强弱，或者改变两电刷之间的导体（绕组）数多少来实现的。

为了满足实际使用的需要，风窗刮水器电动机需有不同的工作转数，并且需要具备自动复位功能，能够在任意时刻刮水结束后刮水片应能自动回到风窗玻璃的最下端。

（1）变速原理。永磁式风窗刮水器电动机是利用三个电刷来改变正、负电刷之间串联线圈的个数实现变速的。永磁式风窗刮水器电动机的变速原理，如图 6-6 所示。其原理是：风窗刮水器电动机工作时，在电枢内同时产生反电动势，其方向与电枢电流的方向相反。如要使电枢旋转，外加电压必须克服反电动势的作用。当电动机转速升高时，反电动势增高，只有当外加电压等于反电动势时，电枢的转速才能稳定。

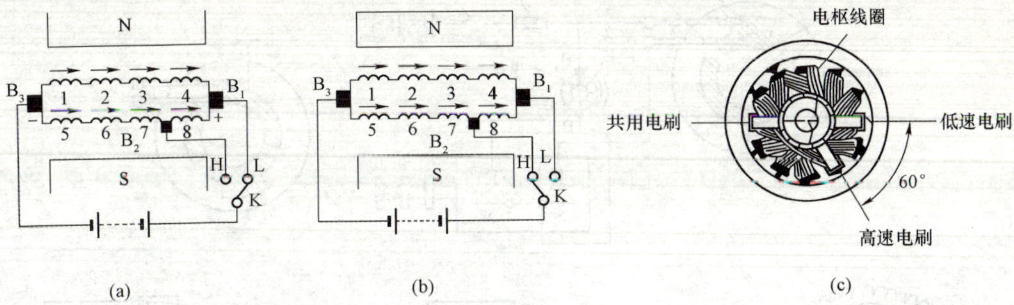

图 6-6 永磁式风窗刮水器电动机的变速原理

(a) 低速旋转；(b) 高速旋转；(c) 电刷的布置

三刷永磁式风窗刮水器电动机工作时，电枢绕组产生的反电动势的方向见图 6-6 中箭头所示。当将风窗刮水器开关 K 拨向 L（低速）时，电源电压 U 加在电刷 B_1 和 B_3 之间。在电刷 B_1 和 B_3 之间的两条并联支路中，每条支路中各有 4 个串联绕组，反电动势的大小与支路中反电动势的大小相等。由于外加电压需要平衡 4 个绕组所产生的反电动势，故电动机转速较低，见图 6-6（a）。

当将风窗刮水器开关 K 拨向 H（高速）时，电源电压 U 加在电刷 B_1 和 B_2 之间。绕组 1、2、3、4、8 同在一条支路中，其中绕组 8 与绕组 1、2、3、4 的反电动势方向相反，相互抵消后，使每条支路变为 3 个绕组［见图 6-6（b）］。由于电动机内部的磁场方向和电枢的旋转方向没有变化，所以各绕组内反电动势的方向与低速时相同。但是，外加电压只需平衡 3 个绕组所产生的反电动势，故电动机的转速增高。

（2）电动风窗刮水器自动复位原理。铜环式风窗刮水器自动复位装置，如图 6-7 所示。风窗刮水器的开关有三个挡位，它可以控制风窗刮水器的速度和自动复位。四个接线柱分别接复位装置、电动机低速电刷、搭铁、电动机高速电刷。0 挡为复位挡，Ⅰ挡为低速挡，Ⅱ挡为高速挡。复位装置在减速蜗轮（由塑料或尼龙材料制成）上，嵌有铜环。此铜环分为两部分，其中一部分铜环与电动机外壳相连（为搭铁）。触点臂用磷铜片或其他弹性材料制成，其一端分别铆有两个触点。由于触点臂具有一定的弹性，因此在蜗轮转动时，触点与蜗轮的端面和铜滑环保持接触。

当接通电源开关，并把风窗刮水器开关拉出到Ⅰ挡（低速）位置时，电流从蓄电池正极→电源开关熔断丝→电刷 B_3→电枢绕组→电刷 B_1→风窗刮水器开关接线柱②→接触片→风窗刮水器开关接线柱③→搭铁→蓄电池负极，构成回路，电动机以低速运转。

把风窗刮水器开关拉出到Ⅱ挡（高速）位置时，电流从蓄电池正极→电源开关→熔断丝→电刷 B_3→电枢绕组→电刷 B_2→风窗刮水器接线柱④→接触片→风窗刮水器接线柱③→搭铁→蓄电池负极，构成回路，电动机以高速运转。

当把风窗刮水器开关退回到 0 挡时，如果刮水片没有停止到规定的位置，触点与铜环相接触，则电流继续流入电枢，其电路为蓄电池正极→电源开关→熔断丝→电刷 B_3→电枢绕组→电刷 B_1→接线柱②→接触片→接线柱①→触点臂→铜环→搭铁→蓄电池负极。由此可以看出，电动机仍以低速运转，直至蜗轮旋转到复位位置，电路中断。由于电枢的运动惯性，电动机不能立即停止转动，此时电动机以发电机方式运行。因此电枢绕组通过触点臂与铜环接通而短路，电枢绕组将产生强大制动力矩，电动机迅速停止运转，使刮水片复位到风窗玻璃的下部。

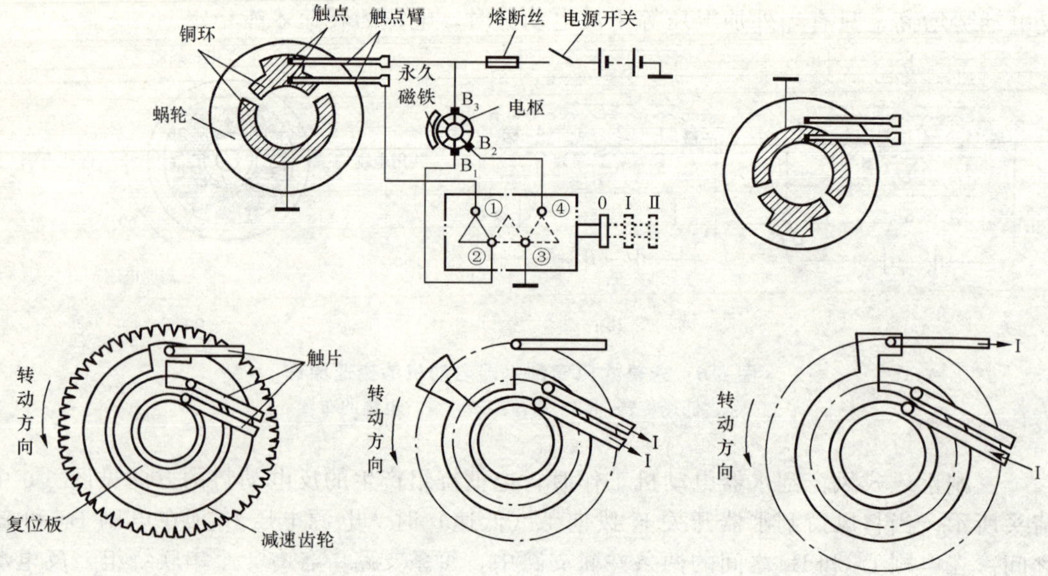

图 6-7 铜环式风窗刮水器自动复位装置

(3) 电动风窗刮水器的间歇控制原理。现代汽车电动风窗刮水器上都加装了电子间歇控制系统，使风窗刮水器能按照一定的周期停止和刮水，这样汽车在小雨或雾天中行驶时，玻璃上不至于形成发黏的表面，从而使驾驶员获得更好的视线。汽车风窗刮水器的间歇控制一般是利用自动复位装置和电子振荡电路或集成电路实现的，风窗刮水器的间歇控制按照间歇时间可调分为可调节型和不可调节型。

同步间歇风窗刮水器内部控制电路，如图 6-8 所示。当风窗刮水器开关置于间歇挡位置（开关处于 0 位，且间歇开关闭合）时，电源将通过自动复位开关向电容器 C 充电，随着充电时间的增长，电容器两端的电压逐渐升高。当电容器 C 两端的电压升高到一定值时，晶体管 T_1 和 T_2 先后相继由截止转为导通，从而接通继电器磁化线圈的电路，在电磁吸力的作用下，继电器常闭触点打开，常开触点闭合，从而接通了风窗刮水器电动机的电路，此时电动机将低速旋转。

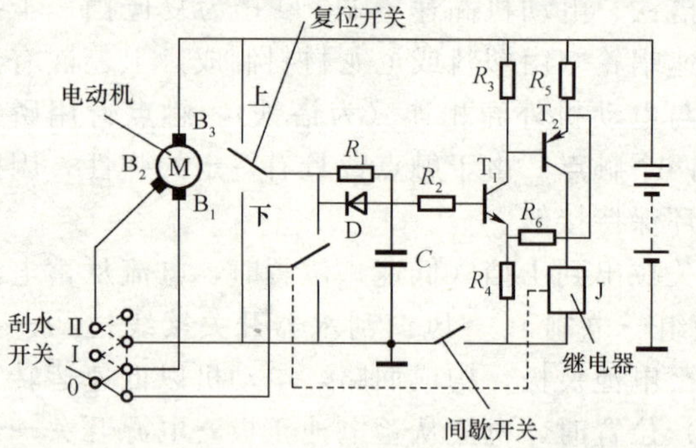

图 6-8 同步间歇风窗刮水器内部控制电路

当复位装置将自动复位开关的常开触点（下）接通时，电容器 C 通过二极管 D、自动复位装置常开触点迅速放电，此时风窗刮水器电动机的通电回路不变，电动机继续转动。随着放电时间的增长，T_1 和 T_2 由导通转为截止，从而切断了继电器磁化线圈的电路，继电器复位，常开触点打开，常闭触点闭合。此时由于自动复位开关的常开触点处于闭合状态，电动机仍将继续转动，只有当刮水片回到原位（不影响驾驶员视线位置），自动复位开关的常开触点打开，常闭触点闭合时，电动机方能停止转动。继而电源将再次向电容器 C 充电，重复以上过程。如此反复，实现刮水片的间歇动作，其间歇时间的长短取决于 R、C 电路充电时间的常数大小。

二、风窗洗涤器组成及工作原理

1. 风窗洗涤器的作用

汽车行驶时，风窗玻璃上常附着灰尘、沙砾等，若不冲洗就直接使用风窗刮水器，会使风窗刮水器片损伤，并易使风窗玻璃刮伤；同时风窗玻璃太干燥时，也使风窗刮水器片受到过大的阻力，易使风窗刮水器电机烧坏。故使用风窗刮水器前，先使洗涤器向风窗玻璃喷水，洗净玻璃上的灰尘、沙砾等，并减少风窗刮水器片的阻力。

2. 风窗洗涤器的组成

目前汽车使用的风窗洗涤器均为电动式，其结构包括储水箱、喷水管及喷嘴等部分，电动机及水泵装在储水箱上。洗涤器系统的组成，如图 6-9 所示。

3. 风窗洗涤器的工作原理

风窗洗涤装置的工作原理，如图 6-10 所示。当点火开关和喷水开关都闭合时，风窗洗涤器喷水电动机接通，开始转动，并带动与其同轴的水泵旋转，将储水箱中的洗涤液加压后通过水管由喷嘴喷出。喷嘴安装在风窗玻璃下面，其喷嘴的方向可调整，洗涤泵连续工作时间一般不超过 5 s，使用间隔时间不小于 10 s。无洗涤液时，不开动洗涤泵。使用洗涤器时，刮水器也工作且应先喷水后刮水，在喷水停止后，刮水器应继续刮 3～5 次，这样可以把风窗玻璃上的水滴刮干。所以洗涤器电路一般都与刮水器开关联合工作。

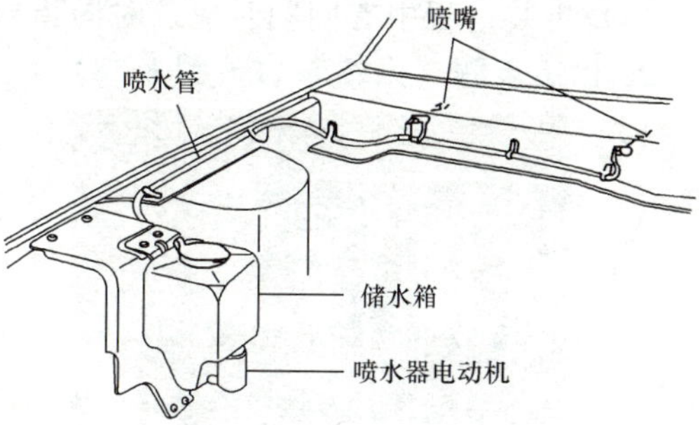

图 6-9 洗涤器系统的组成

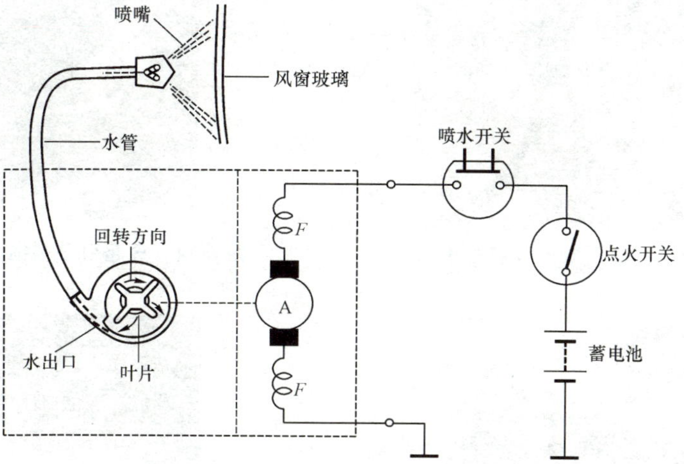

图 6-10 风窗洗涤装置的工作原理

4. 洗涤液的加注

(1) 洗涤液储液罐位于发动机舱左侧，拉开盖帽可打开储液罐。

(2) 在加注前，一定要事先阅读制造厂家的说明书。

(3) 若驾车的区域气温可能下降到 0℃以下，则应使用有足够防冻能力的洗涤液。

三、电动刮水器的拆装与检查

汽车上一般都装有刮水器和洗涤器，以清洁挡风玻璃，其控制开关一般都装在转向柱上。下面介绍刮水器和洗涤器的拆装与检查方法。

（一）电动刮水器的拆装步骤

以本田汽车为例，熟悉电动刮水器拆装操作顺序，为电动刮水器的维修打好基础。

1. 注意事项

（1）拆卸时不能丢失和损坏零部件。

（2）保证装复质量，不能漏装有关小零件。

（3）由于曲臂和电动机的安装角度在出厂前已调整好，因此非必要时不要把它们拆开。如果需要拆开时，一定要在它们的安装位置上做记号后再拆开。

（4）拆装过程中有问题时应及时向指导教师报告。

2. 拆装步骤（见图 6-11～图 6-28）

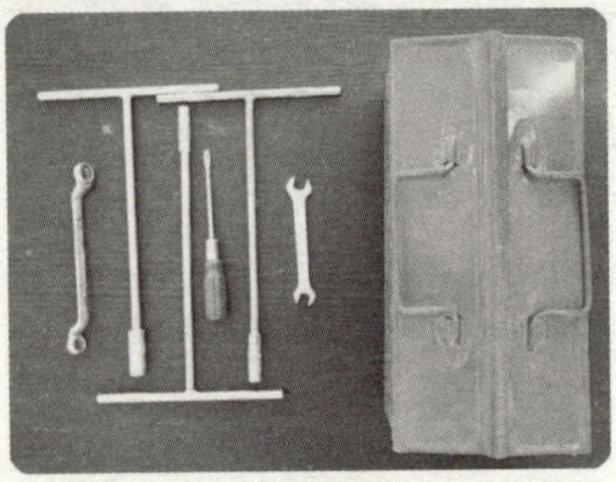

图 6-11　准备好拆装刮水器所需要的工具

图 6-12　将刮水器移至风挡中间位置

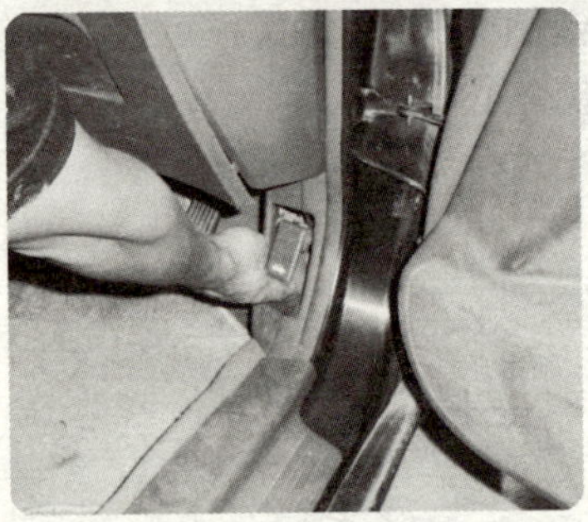

图 6-13　提起引擎盖开启拉手

图 6-14　提起引擎盖锁扣；掀开引擎盖

图 6-15　用支杆固定好引擎盖的位置

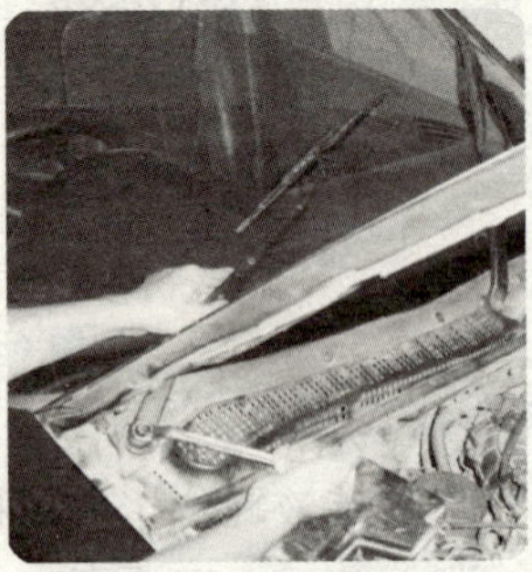

图 6-16　一手按住刮水器摆臂，一手用 12 号套筒拧下摆臂固定螺钉

图 6-17 将摆臂上折弯曲后再上提将摆臂取下

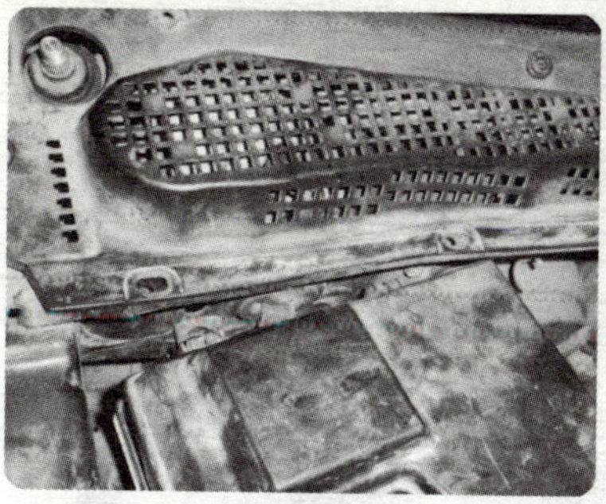

图 6-18 用相同的方法拆卸另一个摆臂

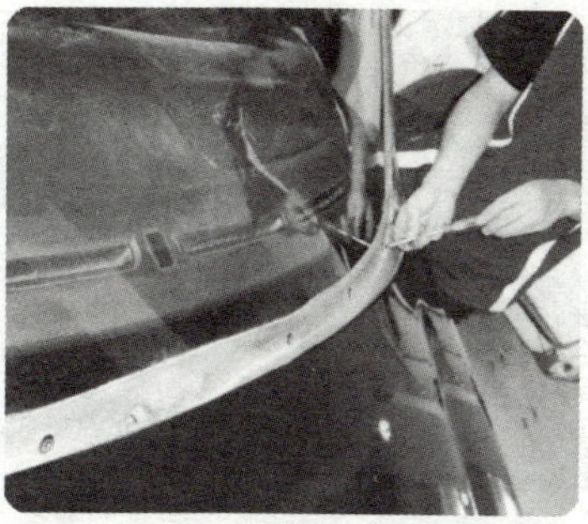

图 6-19 用螺丝刀撬起挡水板塑料卡扣（共 4 个）

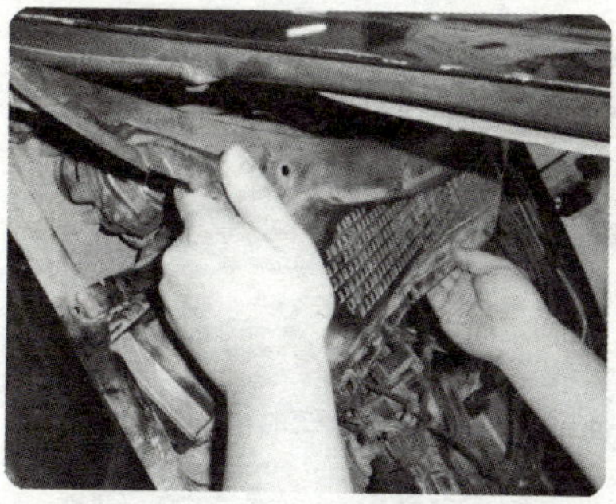

图 6-20 取下挡水板

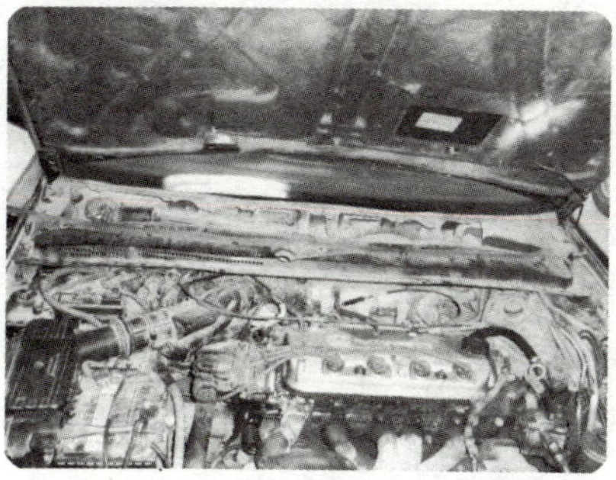

图 6-21 挡水板放置在发动机舱

图 6-22 用 19 号套筒拧下保险盒固定螺丝

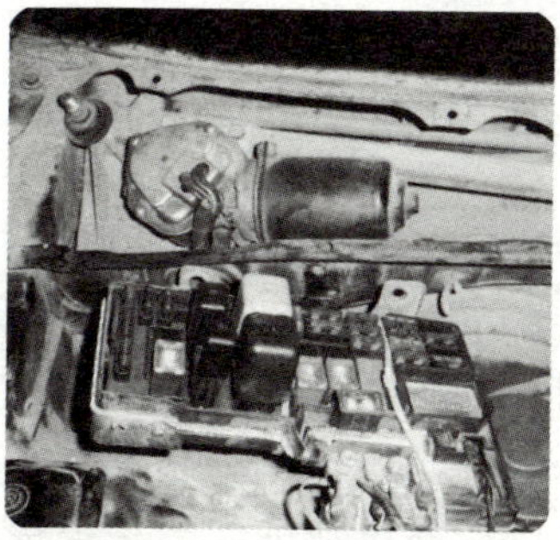

图 6-23 移开保险盒

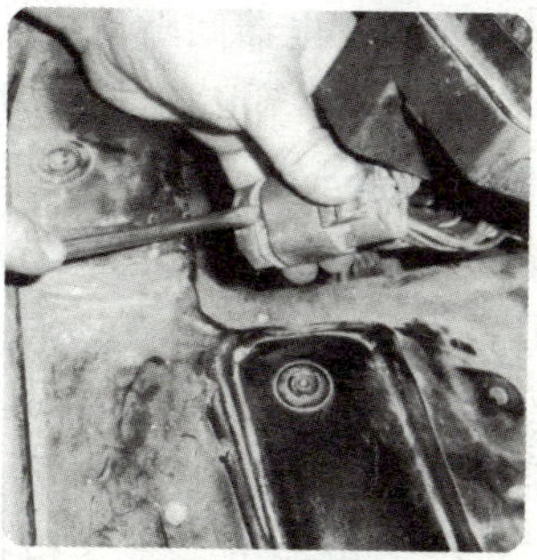

图 6-24 用一字螺丝刀撬开刮水器电动机线束接头

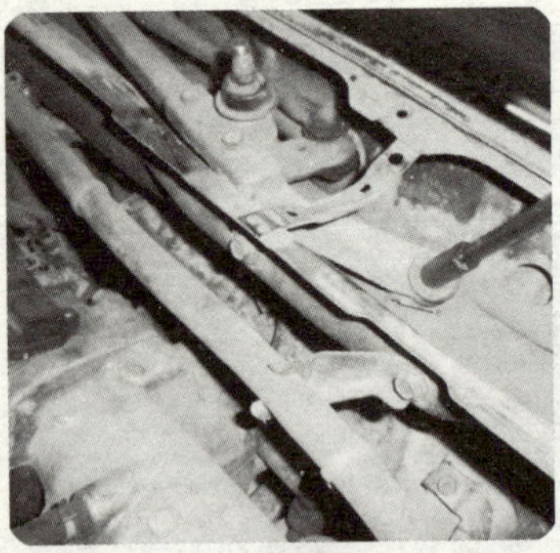

图 6-25　旋出刮水器联动杆底板固定螺丝

图 6-26　一共有 3 个螺丝

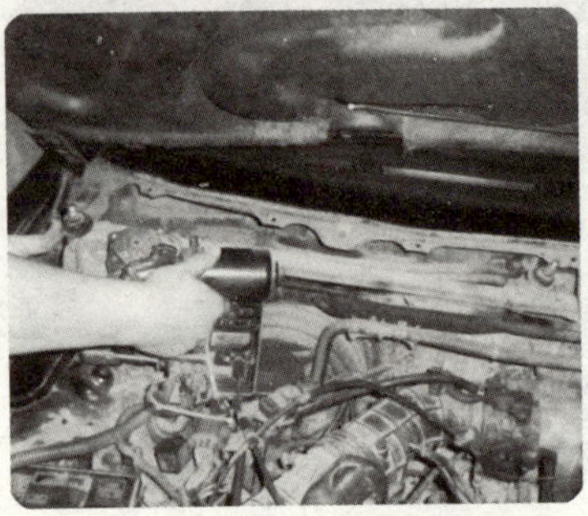

图 6-27　取出刮水器总成

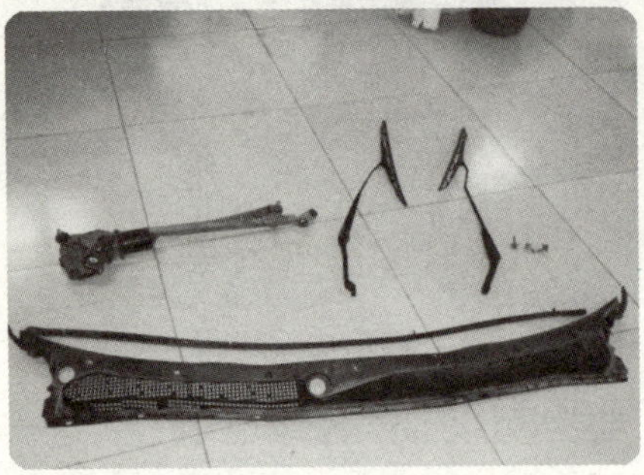

图 6-28　刮水器所有部件全部拆完

安装步骤与拆装步骤相反。

（二）刮水器和洗涤器的检查

1. 刮水器的检查

（1）检查刮水器电动机。在脱开电器配线连接器后，在电动机仍被安装在车身上的状态下检查刮水器电动机。把蓄电池连接到刮水器电动机上，使电动机在低速和高速下运转。检查刮水器电动机在停止位置的动作状况时，在低速下运转刮水器电动机，脱开蓄电池使电动机停止运转。再重新连接蓄电池，确认电动机开始在低速下运转后是否在自动停止位置停止运动。

（2）刮水器和洗涤器开关的检查。脱开开关连接器，检查各开关连线接头之间的导通状况。

（3）间歇刮水器继电器间歇动作的检查。连接好开关的连接器，把点火开关置于 ACC 位置，当把刮水器开关转到 INT 位置时，检查刮水器动作的间隔时间是否为 3～6 s。

2. 洗涤器的检查

（1）洗涤器电动机的检查。在洗涤器电动机被装在洗涤液箱的状态下，向箱内注入清水。连接好蓄电池，检查水是否被强力地喷出。左、右刮水器摆臂的运动状况是不同的，因此在安装时应确认它们的辨别标记。把刮水器刮片装到规定的位置。

（2）后刮水器、洗涤器的功能检查。把电压表的“＋”端子接到端子 2，“－”端子接到端子 7。把蓄电池的“＋”极接到端子 4、8，蓄电池的“－”极接到端子 7 时，检查是否有蓄电池电压。

（3）后间歇刮水器功能检查。把电压表的“＋”端子接到端子 2，“－”端子接到端子 7。把蓄电池的“+”极接到端子 4、5，蓄电池的“−”极接到端子 7 时，检查是否每隔 8 s 有蓄电池电压。

(4) 后刮水器接通功能的检查。把电压表的“+”端子接到端子 2，“−”端子接到端子 7。把蓄电池的“+”极接到端子 4、6，蓄电池的“−”极接到端子 7 时，检查是否有蓄电池电压。

(5) 前灯洗涤器开关的检查。脱开开关连接器，检查各开关的各线接头之间的导通状况。

(6) 前灯洗涤器继电器的检查。给继电器接上蓄电池和检验灯。当线接头 2 接上蓄电池负极（−）时，如果灯亮起（约 0.3 s），则装置操作正常。单向阀的检查：给单向阀进气口施以标准数值的压力，同时检查压力有没有从排气口渗漏。初始压力为 0.049～0.11 MPa。

(7) 前灯洗涤器电动机的检查。在洗涤器电动机被装在洗涤液箱的状态下，向洗涤液箱内注入清水。把蓄电池的“+”和“−”极电缆分别连接到线接头 2 和 1，检查洗涤器电动机的运转状况和喷水状况。

四、电动刮水器与风窗洗涤器的常见故障

（一）刮水器电动机不转动的故障检修

如果刮水器电动机不转动，可能的原因有刮水器线路和开关有断路之处、刮水器电路熔断器熔丝烧断、电动机损坏等。检修方法如下：

(1) 检查熔断器是否正常、线路有无断脱之处，若熔断器断路，更换相同规格的熔断器，并检查相关线路有无短路故障；若有线路松脱，接好线路；若熔断器和线路均正常，则进行下一步检修。

(2) 检查刮水器开关，看其触点是否接触良好。可将刮水器开关短路，看刮水器能否工作，若刮水器能工作，则为刮水器开关有故障，需检修开关内部触点或更换刮水器开关；若刮水器仍不能工作，则进行下一步检修。

(3) 检查刮水器电动机的电阻，以判断其内部是否断路或接触不良，或直接连接 12 V 电源看其转动情况，若不正常，则更换电动机。如果刮水器电动机转动，但刮水片不动，则可能的原因是传动机构连接杆有松脱或传动机构铰接点松脱，需检修或更换传动机构。

（二）刮水片摆动速度偏低的故障检修

如果刮水器的刮水片摆动速度明显低于正常情况，可能的原因有电器和机械两方面。检修方法如下：

(1) 检查电器是否正常，可通过开前照灯或按电喇叭的方式检验电源电压是否过低；若前照灯暗淡或电喇叭声音低哑，则需检修电源线路、发电机及调节器、蓄电池的状况；若电源电压正常，则检查刮水器电动机线路连接处有无松动和发热情况。

(2) 在刮水器电源线路良好的情况下，需检查刮水片与风窗玻璃的接触状况。可将刮水片的摇架立起，在无阻力的情况下看其摆动速度是否正常。若正常，擦净风窗玻璃和刮水片表面或更换刮水片；若仍不正常，则需检修或更换电动机。

（三）刮水器工作噪声大的故障检修

刮水器工作噪声来自以下三个方面：

（1）刮水片与风窗玻璃刮擦噪声。风窗玻璃干燥或有脏污、刮水片磨损变形，导致刮水片摆动时产生噪声，这时需清洁风窗玻璃，或更换刮水片。

（2）传动机构运动噪声。传动机构工作时发出摩擦或刮碰时，需检修或更换传动机构。

（3）电动机工作噪声。电动机工作时，若有异常声响，则需检修或更换电动机。

（四）汽车风窗玻璃洗涤器不喷水的故障检修

拨动组合开关开启风窗玻璃洗涤器时，洗涤器喷嘴不喷水。故障检修方法：

（1）检查洗涤器喷嘴是否堵塞。

（2）检查间歇刮水控制继电器。拨动组合开关至低速、高速及间歇挡，刮水器均能正常工作，说明间歇刮水控制继电器良好。

（3）检查洗涤器开关及线路。拔下洗涤器电动机线路插头。在接通洗涤器开关时测量插头两端子之间的电压，若有 12 V，则说明洗涤器开关及线路良好，故障在电动机或喷水泵。

（4）检查喷水泵。将喷水泵拆下后，用手转动喷水泵叶片，若不能转动，则说明喷水泵已损坏，需更换新的喷水泵。

实施与考核

一、实训内容

（一）实训准备

（1）准备好汽车电器常用拆装工具、实训车辆。

（2）强调实训中的安全注意事项。

（二）实训流程

1. 刮水器摆臂总成的拆卸

（1）检查点火开关是否拨到 ACC 位置。

（2）将刮水器开关置于间歇（INT）位置。

（3）当刮水器摆臂位于停止位置时，关闭点火开关。

（4）从螺母上揭去防水盖。

（5）从刮水器摆臂上拆去螺母（见图 6-29）。

（6）通过摇动从刮水器变速器驱动轴上拆去刮水器摆臂总成。

图 6-29　刮水器摆臂总成的拆卸

2. 刮水器摆臂总成的安装

（1）将刮水器摆臂总成安装到刮水器变速器驱动轴上。

①将点火开关放到 ACC 位置。

②将刮水器开关置于间歇（INT）位置。风窗玻璃刮水器电动机应运行。

③当刮水器传动系统处于停止时，关闭点火开关。

④在刮水器变速器驱动轴上安装刮水器摆臂，同时保持刮刷盖住前风窗玻璃下方黑

边上的白线。

(2) 将螺母安装到刮水器变速器驱动轴和刮水器摆臂上。将螺母紧固至18～22 N·m。

(3) 在螺母上盖上防水盖。

(4) 操作刮水器并且检查工作是否正常。

(三) 实训记录

组织学生完成实训记录单。

(四) 教师总结及反馈

(1) 总结本次的实训要点内容。

(2) 解答学生实训中存在的问题。

(3) 对学生解决实际问题能力的考核做出点评，给出本次实训成绩。

二、任务实施与考核

(1) 教师组织学生分组分工。在充分掌握上述知识与技能的前提下，各组按要求完成任务工作单（表 6-1）。

表 6-1 任务工作单

实训项目：刮水器摆臂总成的更换

班级学号		姓　名	
实训车型		VIN 码	

1. 刮水器摆臂总成的拆卸。
①检查点火开关是否拨到 ACC 位置。
②将刮水器开关置于间歇（INT）位置。
③当刮水器摆臂位于停止位置时，关闭点火开关。
④从螺母上揭去防水盖。
⑤从刮水器摆臂上拆去螺母（图 6-29）。
⑥通过摇动从刮水器变速器驱动轴上拆去刮水器摆臂总成。

2. 刮水器摆臂总成的安装。
①将刮水器摆臂总成安装到刮水器变速器驱动轴上。
a. 将点火开关拨到 ACC 位置。
b. 将刮水器开关置于间歇（INT）位置。风窗玻璃刮水器电动机应运行。
c. 当刮水器传动系统处于停止时，关闭点火开关。
d. 在刮水器变速器驱动轴上安装刮水器摆臂，同时保持刮刷盖住前风窗玻璃下方黑边上的白线。
②将螺母安装到刮水器变速器驱动轴和刮水器摆臂上。将螺母紧固至 18～22 N·m。
③在螺母上盖上防水盖。
④操作刮水器并且检查工作是否正常。

3. 自我评价（个人技能掌握程度）：□非常熟练　□比较熟练　□一般熟练　□不熟练

教师评语：

实训记录成绩＿＿＿＿＿＿　教师签字：＿＿＿＿＿＿　＿＿＿年＿＿＿月＿＿＿日

（2）教师根据完成的情况完成教师考核记录（表 6-2）。

表 6-2　教师考核记录

实训项目：刮水器摆臂总成的更换

班级学号		姓　名	
项目	必要的记录	分值	评分
课堂参与情况		40	
语言表达情况		20	
任务单填写情况		20	
反馈建议情况		10	
实训准备、清洁情况		10	
总分			
教师签字： ＿＿年＿＿月＿＿日			

任务二　电动后视镜

任务目标

1. 知道电动后视镜的功能、分类。
2. 掌握电动后视镜的组成。
3. 掌握电动后视镜工作原理。
4. 掌握电动后视镜常见故障及排除方法。

任务分析

早期汽车的后视镜是采用人工调节的，后来发展到中高级汽车上的后视镜采用了电动。驾驶员只要坐在驾驶室里操作调节开关即可实现后视镜的调节，既方便又快捷。通过本任务的学习，能够对电动后视镜的组成和工作原理有一定的了解，会通过现象找出故障并排除。

基础知识

一、电动后视镜概述

（一）作用

后视镜是驾驶员坐在驾驶室直接获取汽车后方、侧方等外部信息的工具。为了使驾驶员操作方便，防止行车安全事故的发生，保障人身安全，各国均规定了汽车上必须安装后视镜，且所有后视镜都必须能调整方向。由于后视镜的位置直接关系到驾驶员能否观察到车后的情况，而驾驶员调整它的位置又比较困难，尤其是前排乘员车门一侧的后视镜。因此，现代汽车的后视镜都改为电动的，由电气控制系统来操纵。

（二）分类

现代汽车的后视镜大都为电动的，由电气控制系统来操纵。其分类方式主要有以下四种：

1. 按安装位置分类

按安装位置分类，后视镜可分为内后视镜、外后视镜和下视镜 3 种。内后视镜安装在汽车驾驶室内部，供驾驶员观察和注视车内后部乘员或物品的情况。现在多数轿车采用电动外后视镜，而对于内后视镜仍采用传统的方式。

2. 按后视镜的镜面形状分类

按后视镜的镜面形状分类，后视镜可分为平面镜、球面镜和曲率镜 3 种。另外，还有一种菱形镜，其镜表面平坦，截面为菱形，通常用作防眩目的内后视镜。

3. 按反射膜材料分类

按制镜时涂用的反射膜材料分类，可分为铝镜、铬镜、银镜和蓝镜 4 种。

4. 按调节方式分类

按后视镜的调节方式分类，可以分为车外调节式和车内调节式两种，两者在结构上有较大的差别。

（1）车外调节式。车外调节式是在车停止状态下，通过用手直接调节镜框或镜面位置的方式来完成的调节。一般的大型汽车、载货汽车和低档客车都采用车外调节式。

（2）车内调节式。车内调节式是指驾驶员在行驶中调节后视镜。中、高档轿车大都采用车内调节式。该方式又分为手动调节式（钢丝索传动调节或手柄调节）和电动调节式两种。电动调节式后视镜是目前中、高档轿车普遍采用的标准装备。

（三）组成

电动后视镜主要由永磁式电动机、传动机构和控制开关等组成。每个后视镜都有两套驱动装置，由电动后视镜开关进行操纵，其中一个电动机和传动机构用于后视镜水平方向的转动，另一个电动机和传动机构则用于后视镜垂直方向的转动。

驾驶员通过控制器发出调整后视镜角度位置指令给永磁式直流电动机，永磁式直流电动机驱动联动机构以达到调整后视镜的角度位置，并通过霍尔传感器进行后视镜所在位置控制，电动后视镜的结构和控制开关，如图 6-30 所示，它主要以电枢轴为中心，由使后视镜能上下、左右方向灵活变换位置的两个独立的微电动机、永久磁铁和霍尔集成电路等构成。根据霍尔集成电路产生的信号电压，可对后视镜的所在位置进行检测。

有的汽车的电动后视镜还带有可伸缩功能，由后视镜伸缩开关控制电动机工作，驱动伸缩传动装置带动后视镜收回和伸出。

有的汽车的后视镜控制电路具有存储功能，它由驱动位置存储器、回复开关和位置传感器等组成。上述操作功能的数据可自动存储在存储器中，如果需要，可直接将存储器中存储的数据调出使用。

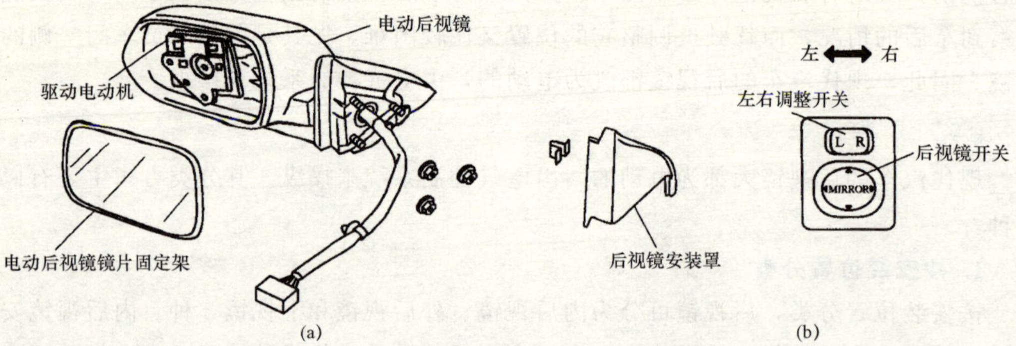

图 6-30　电动后视镜的结构和控制开关

(a) 后视镜的结构；(b) 后视镜的控制开关

二、电动后视镜的工作原理

电动后视镜控制系统的基本原理，如图 6-31 所示。当控制开关向下扳时，触头 B 与触头 D、C 及 E 分别相通，电流经电源→触头 E→触头 C→电动机→触头 B→触头 D→接地，电动机即转动，使后视镜做垂直方向运动；当开关向上扳时，触头 B 与 E、C 与 D 分别接触，电流经电源→触头 E→触头 B→电动机→触头 C→触头 D→接地，由于流过电动机的电流发生改变，因此电动机反方向转动，后视镜做水平方向运动。

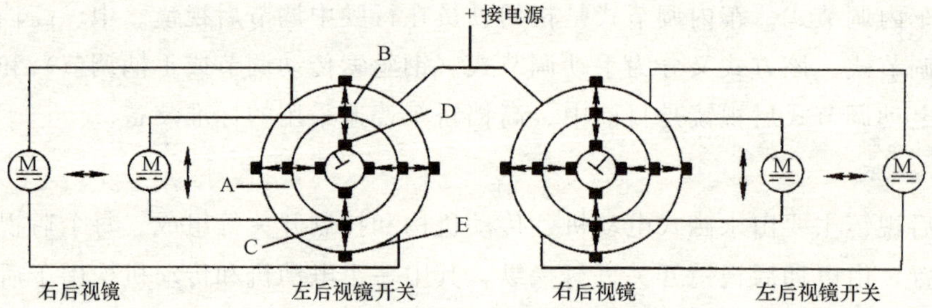

图 6-31　电动后视镜控制系统的基本原理

下面以本田雅阁轿车的左侧后视镜为例，说明电动后视镜控制电路的工作原理。

此电动后视镜开关中上面的 4 个开关为共用的后视镜方向调节开关，下面两个开关为控制左侧或右侧电动后视镜的联动分开关。

1. 左侧电动后视镜向下倾斜

本田雅阁轿车电动后视镜电路，如图 6-32 所示电路，首先将电动后视镜开关中下面的联动分开关按至“左”位置，然后按下“下”，此时电路的电流方向为：蓄电池+→熔断丝 22 和 23→点火开关→熔断丝30→电动后视镜开关端子 6→联动开关“下”的左端→左侧后视镜开关→电动后视镜开关端子 9→左电动后视镜“上下”调节电动机→电动后视镜开关端子 2→左侧后视镜开关→联动开关“下”的右端→搭铁，左侧电动后视镜实现向下倾斜。

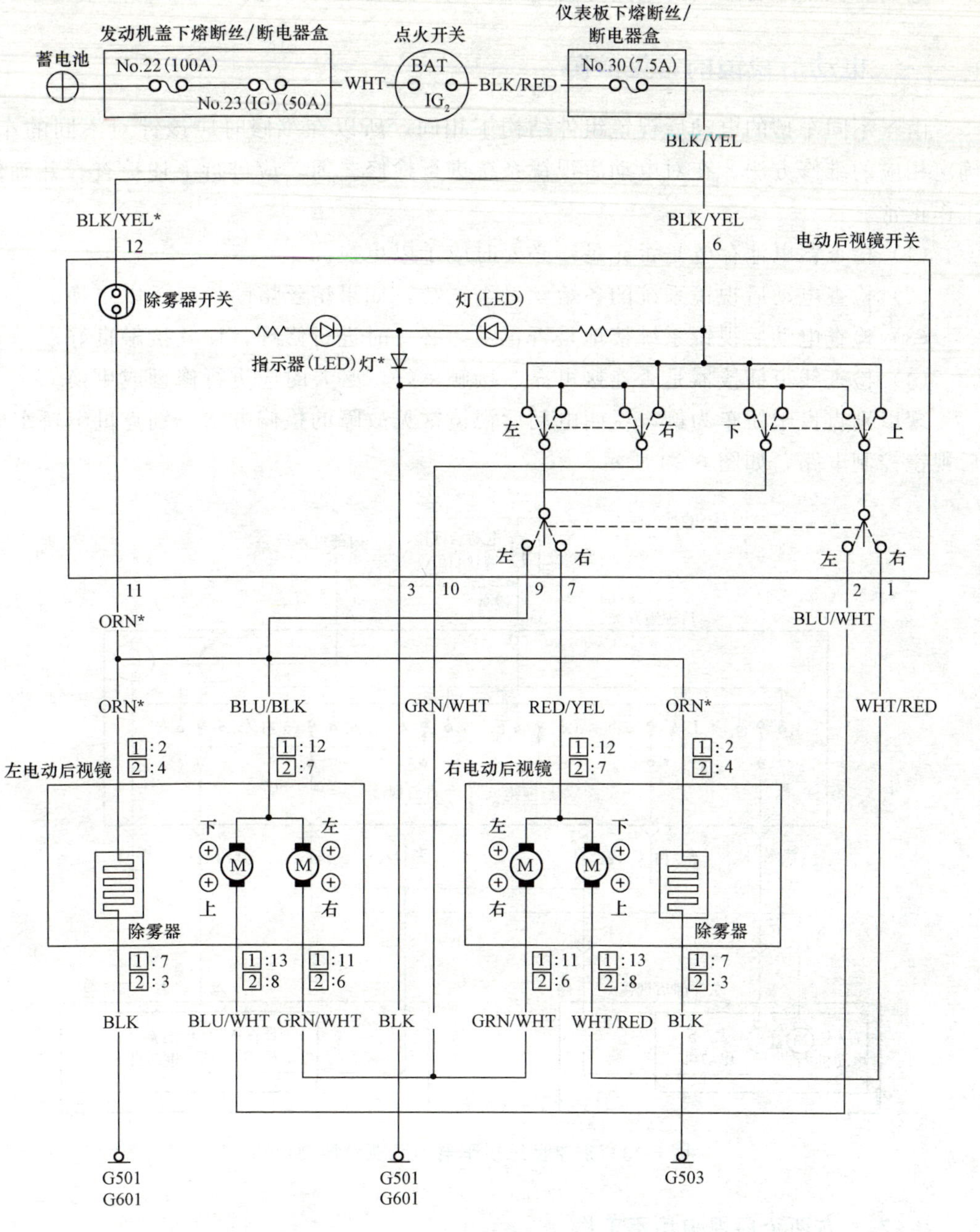

图 6-32 本田雅阁轿车电动后视镜电路

2. 左侧电动后视镜向上倾斜

此时，电动后视镜开关中下面的联动开关依然在“左”的位置，按下“上”，电流的流向为：蓄电池＋→熔断丝 22 和 23→点火开关→熔断丝 30→电动后视镜开关端子 6→联动开关“上”的右端→左侧后视镜开关→电动后视镜开关端子 2→左电动后视镜“上下”调节电动机→电动后视镜开关端子 9→左侧后视镜开关→联动开关

“上”的右端→搭铁，左侧电动后视镜实现向上倾斜。

电动后视镜左右运动的电路分析与此类似，此处不再赘述。

三、电动后视镜的常见故障

由于不同车型的电动后视镜组件结构不相同，所以在维修时应该针对不同的车型，确定相应的维修方法。在对电动后视镜系统进行检修之前，应进行下述检查，并确保其工作正常。

（1）检查蓄电池存电是否充足，必要时应予以更换。

（2）检查电动后视镜系统的各熔丝是否正常，如果熔丝熔断，应予以更换。

（3）检查电动后视镜系统接地是否正常，必要时进行修理，使其接触良好。

（4）检查线束插接器是否连接可靠、接触良好，必要时应进行修理或更换。

现以别克世纪轿车为例，说明电动后视镜常见故障的检修方法。别克世纪轿车电动后视镜控制电路，如图 6-33 所示。

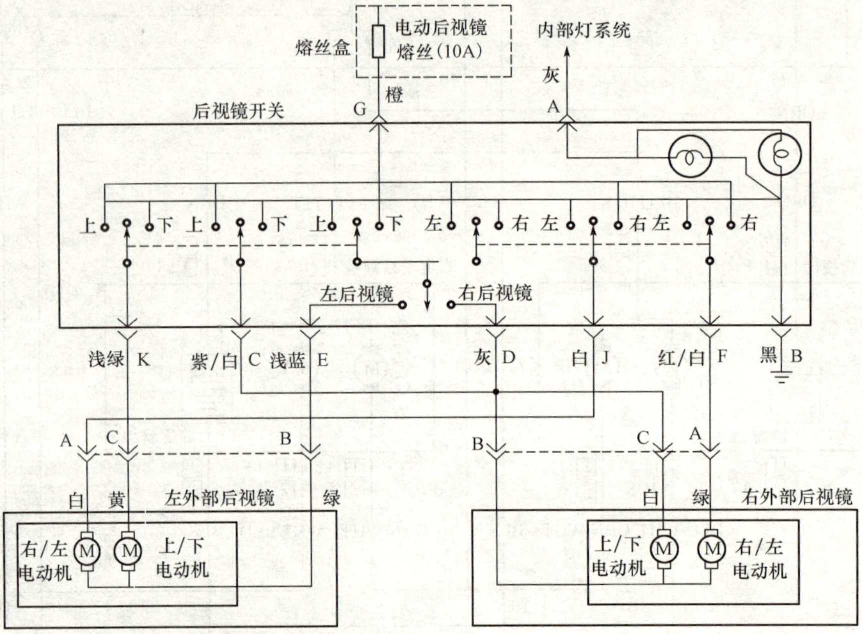

图 6-33 别克世纪轿车电动后视镜控制电路

1. 左、右两个后视镜均不工作

（1）在线束侧把试灯接在电动后视镜开关插接器的橙色线端子 G 与车身接地之间，若试灯不亮，则说明电动后视镜开关插接器端子 G 与熔丝盒之间的橙色线断路，应检查并排除断路故障。

（2）在线束侧把试灯接在电动后视镜开关插接器的橙色线端子 G 与黑色线端子 B 之间，若试灯不亮，则说明电动后视镜开关插接器端子 B 与车身接地之间的黑色线断路，应检查并排除断路故障。

（3）如果上述两种检测试灯都亮，则应检查电动后视镜开关配线连接是否正常。如果电动后视镜开关配线连接都正常，则故障在电动后视镜开关上，应更换该开关。

2. 一个后视镜在上、下位置不工作

（1）左后视镜上、下位置不工作。断开左后视镜线束插接器，在线束侧将试灯接在左后视镜插接器浅绿色线端子C（K）与车身接地之间。选择左后视镜，并将电动后视镜开关置于向上的位置，如果试灯不亮，应检查电动后视镜开关与左后视镜之间的浅绿色线是否断路。若电路连接正常，则说明电动后视镜开关有故障。如果试灯点亮，则故障在电动后视镜电动机上，应更换新的后视镜电动机。

（2）右后视镜上、下位置不工作。断开右后视镜线束插接器，在线束侧将试灯接在右后视镜插接器紫/白色线端子C与车身接地之间。选择右后视镜，并将电动后视镜开关置于向上的位置。如果试灯不亮，则说明电动后视镜开关与右后视镜之间的紫/白色线断路，或是电动后视镜开关有故障。如果试灯点亮，则说明电动后视镜电动机有故障，应更换新的后视镜电动机。

3. 一个后视镜在左、右位置不工作

（1）左后视镜左、右位置不工作。断开左后视镜线束插接器，在线束侧将试灯接在左后视镜插接器白色线端子A（J）与车身接地之间。选择左后视镜，并将电动后视镜开关置于向左的位置。如果试灯不亮，应检查电动后视镜开关与左后视镜之间的白色线是否断路。若电路连接正常，则说明电动后视镜开关有故障。如果试灯点亮，则故障在电动后视镜电动机上，应更换新的后视镜电动机。

（2）右后视镜左、右位置不工作。断开右后视镜线束插接器，在线束侧将试灯接在右后视镜插接器红/白色线端子A（F）与车身接地之间。选择右后视镜，并将电动后视镜开关置于向右的位置。如果试灯不亮，则说明电动后视镜开关与右后视镜之间的红/白色线断路，或是电动后视镜开关有故障；若试灯点亮，则说明电动后视镜电动机有故障，应更换新的后视镜电动机。

4. 一个后视镜不工作

（1）左后视镜不工作。断开左后视镜线束插接器，在线束侧将试灯接在左后视镜插接器浅蓝色线端子B（E）与车身接地之间。选择左后视镜，并将电动后视镜开关置于向左的位置。如果试灯不亮，则说明电动后视镜开关与左后视镜之间的浅蓝色线断路，或是电动后视镜开关有故障。若试灯点亮，则故障在左后视镜电动机上，应更换新的左后视镜电动机。

（2）右后视镜不工作。断开右后视镜线束插接器，在线束侧将试灯接在右后视镜插接器灰色线端子B（D）与车身接地之间。选择右后视镜，并将电动后视镜开关置于向右的位置。如果试灯不亮，则说明电动后视镜开关与右后视镜之间的灰色线断路，或是电动后视镜开关有故障。若试灯点亮，则故障在右后视镜电动机上，应更换新的右后视镜电动机。

实施与考核

一、实训内容

1. 实训准备

（1）准备好汽车电气设备常用检测工具、实训车辆、桑塔纳试验台。

（2）强调实训中的安全注意事项。

2. 实训流程

桑塔纳试验台上的后视镜是通过后视镜开关进行调节的。下面以桑塔纳试验台为例，介绍电动后视镜的使用方法。

（1）实训开始前请先用汽车万用表检测蓄电池两端的直流电压应不小于 11.5 V，以防电量不足导致实训效果不明显。

（2）把实训平台下的蓄电池负极连接头安装到蓄电池负极接头上。关闭控制屏左侧的电动机开关，把单相三芯白色电源插头插入相应插座，合上电动机开关。

（3）插好点火开关钥匙。

（4）控制屏面板左侧上的后视镜开关可进行旋动和摇动（“L”为左侧，“R”为右侧），当旋动后视镜开关到“L”或“R”处时，再上、下、左、右拨动后视镜开关可分别使左、右后视镜内镜片在一定范围内上、下、左、右移动。

（5）检测。

①左后视镜。故障点 K11 的按钮按下后，左后视镜不工作，用万用表测量 TP13 与 TP11 之间的电压值。如果电压值≤0.5 V，则说明左后视镜回路有故障，应进行相应的排除。

②右后视镜。故障点 K15 的按钮按下后，右后视镜不亮，用万用表测量 TP56 与 TP58 之间的电压值。如果电压值≤0.5 V，则说明右后视镜回路有故障，应进行相应的排除。

3. 实训记录

组织学生完成实训记录单。

4. 教师总结及反馈

（1）总结本次的实训要点内容。

（2）解答学生实训中存在的问题。

（3）对学生解决实际问题能力的考核做出点评，给出本次实训成绩。

二、任务实施与考核

（1）教师组织学生分组分工。在充分掌握上述知识与技能的前提下，各组按要求完成任务工作单（表 6-3）。

（2）教师根据完成的情况完成教师考核记录（表 6-4）。

表 6-3 任务工作单

实训项目：汽车电动后视镜的结构认识及检测

班级学号		姓　名	
实训车型		VIN 码	

1. 实训开始前请先用汽车万用表检测蓄电池，两端的直流电压应不小于 11.5 V，以防电量不足导致实训效果不明显。

2. 把实训平台下的蓄电池负极连接头安装到蓄电池负极接头上。关闭控制屏左侧的电动机开关，把单相三芯白色电源插头插入相应插座，合上电动机开关。

3. 插好点火开关钥匙。

4. 控制屏面板左侧上的后视镜开关可进行旋动和摇动（“L”为左侧，“R”为右侧），当旋动后视镜开关到“L”或“R”处时，再上、下、左、右拨动后视镜开关可分别使左、右后视镜内镜片在一定范围内上、下、左、右移动。

5. 检测。

（1）左后视镜。故障点 K11 的按钮按下后，左后视镜不工作，用万用表测量 TP13 与 TP11 之间的电压值。如果电压值≤0.5 V，则说明左后视镜回路有故障，应进行相应的排除。

（2）右后视镜。故障点 K15 的按钮按下后，右后视镜不亮，用万用表测量 TP56 与 TP58 之间的电压值。如果电压值≤0.5 V，则说明右后视镜回路有故障，应进行相应的排除。

6. 自我评价（个人技能掌握程度）：□非常熟练　□比较熟练　□一般熟练　□不熟练

教师评语：

实训记录成绩＿＿＿＿＿＿　教师签字：＿＿＿＿＿＿　＿＿＿年＿＿＿月＿＿＿日

表 6-4 教师考核记录

实训项目：汽车电动后视镜的结构认识及检测

班级学号		姓　名	
项目	必要的记录	分值	评分
课堂参与情况		40	
语言表达情况		20	
任务单填写情况		20	
反馈建议情况		10	
实训准备、清洁情况		10	
总分			

教师签字：

＿＿＿年＿＿＿月＿＿＿日

任务三 电动车窗

任务目标

1. 了解汽车电动车窗的作用和分类。
2. 掌握汽车电动车窗的组成。
3. 掌握电动车窗工作原理。
4. 能正确拆装车窗升降器总成。
5. 会正确使用检测工具及仪器对电动车窗的故障进行检修。

任务分析

汽车电动车窗是汽车的辅助电气设备，在现代汽车中都是标配（标准配置），由驾驶员或乘员通过按键开关对其进行操作。因此，通过对此任务的学习，要懂得电动车窗的组成及工作原理，并能够轻松地拆装电动车窗总成，排除故障。

基础知识

一、电动车窗概述

（一）作用

许多中高级轿车，用电动机取代了传统的门窗摇把。电动车窗是以电为动力，利用开关使车窗玻璃自动升降。驾驶员或乘员操纵开关接通车窗升降电动机的电路，电动机产生动力，通过一系列的机械传动，使车窗玻璃按要求进行升降。其优点是操作简便并有利于行车安全。

其功能有：手动升/降、自动升/降、车窗锁止、防夹保护、延时操作、门锁联动关闭等。

（二）组成

电动车窗系统由车窗玻璃升降器、双向电动机、电动门窗控制电路等装置组成。

1. 车窗玻璃升降器

车窗玻璃升降器有两种形式。一种是用齿扇来实现换向作用。齿扇上连有螺旋弹簧。当车窗上升时，弹簧伸展，放出能量，以减轻电动机负荷；当车窗下降时，弹簧压缩，吸收能量，从而使车窗无论是上升还是下降，电动机的负荷基本相同。电动车窗齿扇式升降器，如图 6-34 所示。另一种换向器是使用柔性齿条和小齿轮，车窗连在齿条的一端，电动机带动轴端小齿轮转动，使齿条移动，以带动车窗升降。电动车窗齿条式升降器，如图 6-35 所示。

2. 双向电动机

车窗电动机都是双向的，分永磁式和双绕组串励式两类。

永磁式直流电动机电动车窗通过改变电动机电枢的电流方向来改变电动机的旋转方向使车窗玻璃上升或下降。凌志 LS400 轿车电动车窗控制系统线路，如图 6-36 所示。

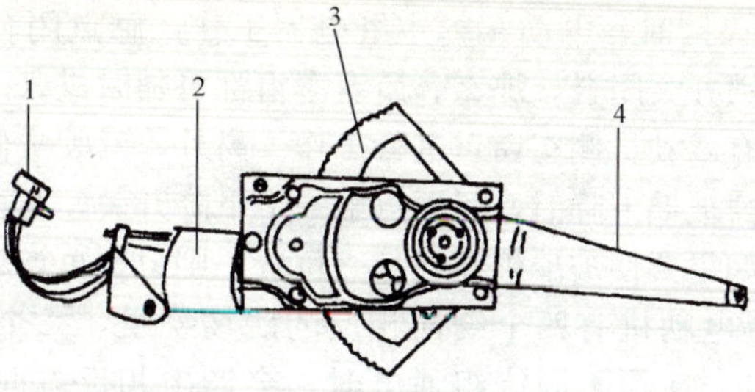

图 6-34 电动车窗齿扇式升降器

1—电缆接头；2—电动机；3—齿扇；4—推力杆

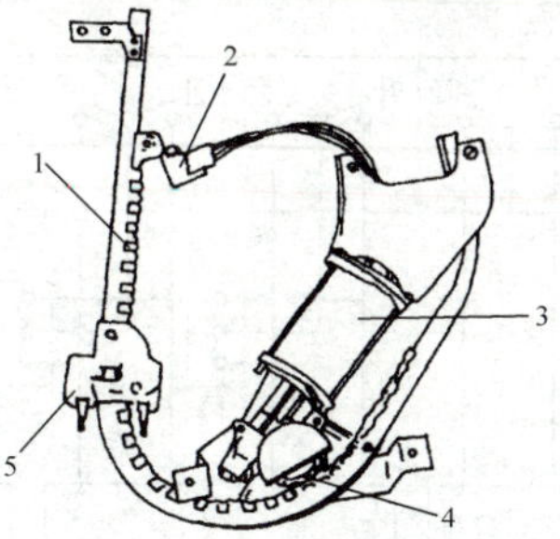

图 6-35 电动车窗齿条式升降器

1—齿条；2—电缆接头；3—电动机；4—小齿轮；5—定位架

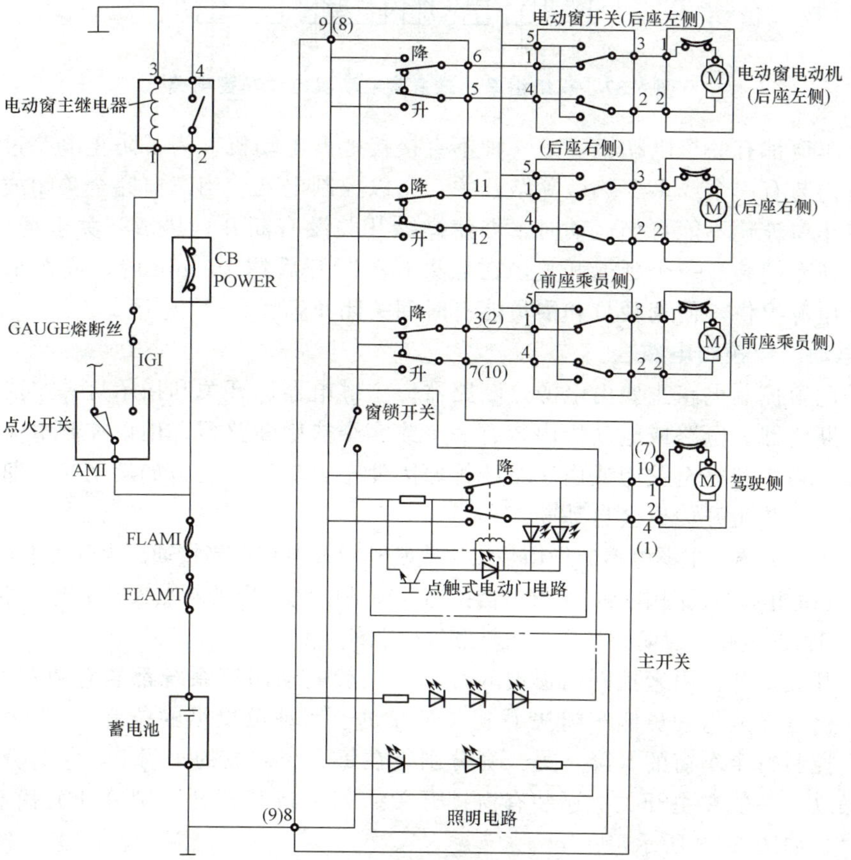

注:括号“()”内数字表示使用于RHD车。

图 6-36 凌志 LS400 轿车电动车窗控制系统线路

当点火开关打至点火挡时，电动车窗主继电器工作，触点闭合，给电动车窗提供了电源；若将主开关上的窗锁开关闭合，那么，所有车窗都可随时进入工作状态；若主开关上的车窗锁开关断开，则只有驾驶员侧车窗可进行工作。另外，驾驶员侧的车窗开关由点触式电路控制，驾驶员要使车窗玻璃下降时，只要点触一下下降开关，车窗玻璃就会自动下降到最低点。在下降过程中，如果要使玻璃停止在某一位置，则只要再点触一下开关即可。

双绕组串励式直流电动机有两个绕向相反的磁场绕组：一个称为“上升”绕组；另一个称为“下降”绕组，在给不同绕组通电时，会产生相反方向的磁场，电动机的旋转方向也就不同，从而实现车窗玻璃上升或下降。双绕组串励式直流电动机电动车窗电路，如图 6-37 所示。

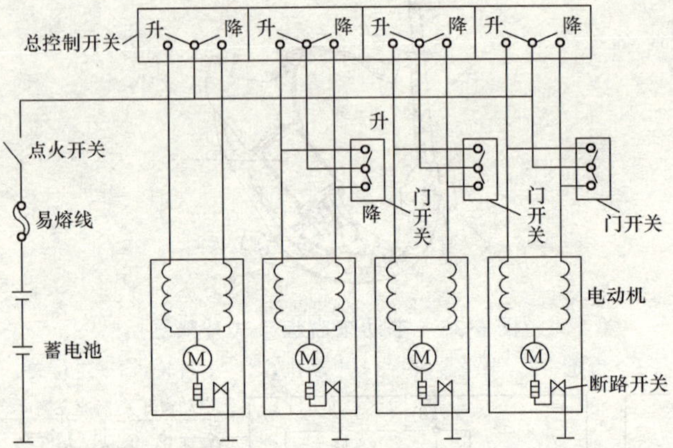

图 6-37　双绕组串励式直流电动机电动车窗电路

每个车窗都有一个电动机，是一种不直接接地型电动机。为了防止电路过载，电路或电动机内装有一个或多个热敏断路开关，用以控制电流。当车窗完全关闭或由于结冰等原因使车窗玻璃不能自如运动时，即使操纵开关没有断开，热敏开关也会自动断路。有的车上还专门装有一个延迟开关，在点火开关断开后约 10 min 内，或在车门打开以前，仍有电源提供，使驾驶员和乘员能有时间关闭车窗。

3. 电动门窗控制电路

电动门窗控制电路主要由电源、断路器、主继电器、开关和指示灯等组成。

（1）断路器。电路或电动机内装有一个或多个热敏断路器，用以控制电流，防止电动机过载。当车窗完全关闭或由于结冰等原因使车窗玻璃不能自如运动时，即使操纵开关没有断开，热敏开关也会自动断路。

（2）主继电器。主继电器的作用是接通或断开门窗电路。当接通点火开关电路时，同时也接通了主继电器的线圈电路，主继电器接通门窗的电路。当关断点火开关时，主继电器同时也断开门窗的电路，以防损坏电气组件和发生意外。

（3）开关。开关用来控制门窗玻璃升降。一般电动门窗系统都装有两套控制开关。一套装在仪表板或驾驶员侧车门扶手上（即方便于驾驶员操纵的位置），为主开关，它由驾驶员控制每个车窗的升降。另一套分别装在每一个乘员的车门上，它为分开关，可由乘员操纵。一般在主开关上还装有窗锁开关。如果将其断开，则分开关就不起作用。控制开关，如图 6-38 所示。

（4）指示灯。指示灯是用来指示门窗电路的工作状态。它主要有电源指示灯、乘员门窗电路指示灯和驾驶员侧门窗升降状态指示灯几种。电源指示灯的点亮或熄灭表示电

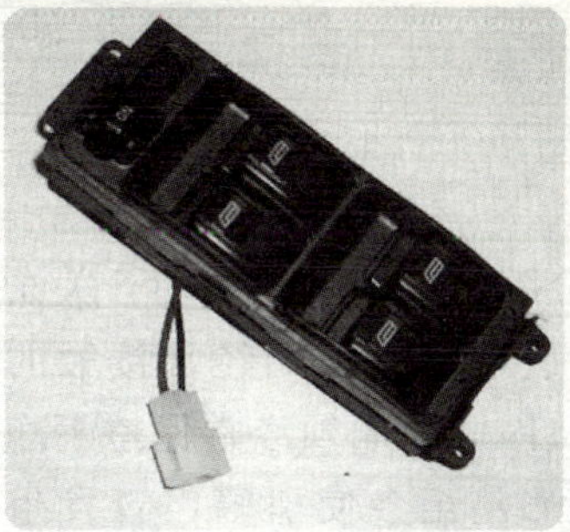

图 6-38 控制开关

源电路的通断。即门窗电路导通时，电源指示灯点亮，电源断开时指示灯熄灭。当接通窗锁开关时，乘员门窗电路指示灯点亮，断开时熄灭。

（三）电动门窗的工作原理

1. 驾驶员操纵

当驾驶员按下主开关相应的前乘员车窗上升开关时，其电流由蓄电池正极→易熔线→断路器→主继电器→主开关→前乘员开关左触点→电动机→断路器→乘员开关的右触点→窗锁开关→搭铁→蓄电池负极，构成闭合回路。驾驶员主控开关控制左后车窗上升时电流方向，如图 6-39 所示。

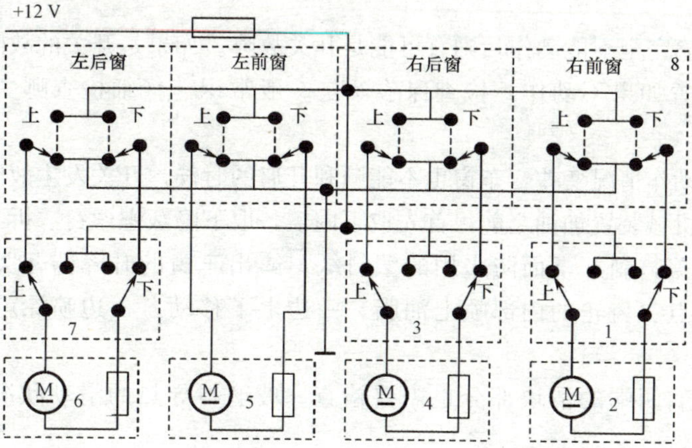

图 6-39 驾驶员主控开关控制左后车窗上升时电流方向

1—右前车窗开关；2—右前车窗电机；3—右后车窗开关；4—右后车窗电机；5—左前车窗电机；6—左后车窗电机；7—右前车窗开关；8—驾驶员主控开关组件

2. 乘员操纵

乘员接通前乘员车窗上升开关时，其电流由蓄电池正极→易熔线→断路器→乘员开关左触点→电动机→断路器→乘员开关的右触点→窗锁开关→搭铁→蓄电池负极，构成闭合电路。独立操作开关控制左后车窗下降时电流方向，如图 6-40 所示。

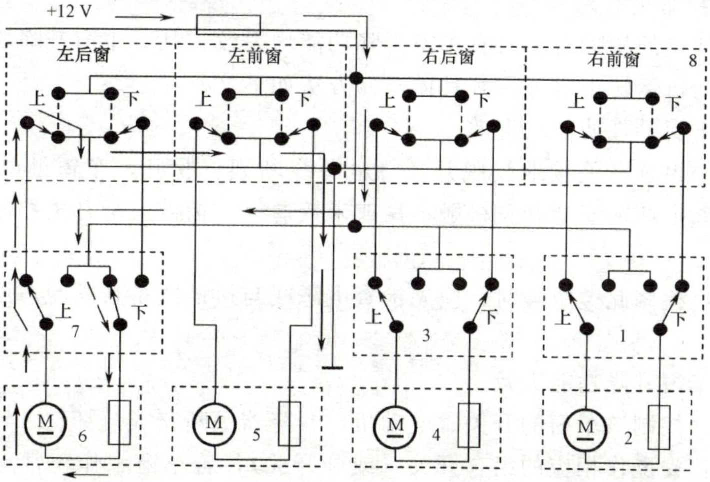

图 6-40 独立操作开关控制左后车窗下降时电流方向

二、电动车窗的故障检修

（一）使用注意事项

车窗玻璃的污损不仅会影响外观，还会影响视野，过分脏污更影响到电动开关车窗的动作。为了防止雨水流入车内，窗框上端附有橡胶带，这也是与玻璃经常接触的地方。玻璃污损后与橡胶带的摩擦增大，开关也会受到影响，因此玻璃须经常保持干净。

电动开关车窗的耗电量很大，慢车状态时激活的一刹那甚至会使引擎声音发生变化，所以电池较弱的汽车，注意不要将车窗同时开或关。

（1）电动开关车窗动作不顺畅的原因多为车门内部升降机里的油分耗尽，应取下内盖加上油。

（2）若是玻璃完全不能动作，则有可能是开关故障。如果是开关的故障，则只能更换。

（3）电子装置如果不动作，检查保险丝是一般常识。仔细检查哪一条保险丝是用于电动车窗的。

（4）开关的动作情况变差，车窗也不能顺利开启的时候，开关发生故障的可能性很高。

（5）为内部机械装置加油之前，首先取下内盖，取下隐蔽螺丝钉、拆下快动开关即可。

（6）取下内盖，剥开下面防水用的塑料纸，露出车窗的升降器开关。

（7）在臂支点、齿轮的内部喷上油脂。一边上下移动，一边喷涂就可以使很细小的部分也能涂上。

（8）支撑玻璃两端的滑块部分也需要检查。玻璃与导热的滑动状况差时，可涂上增亮剂。

（9）为使玻璃顺利滑动，重要的是尽量减少阻力。玻璃的污损也会成为阻力，应经常保持车窗的洁净。

（二）电动车窗常见故障排除

1. 初步检查

如果车窗无法正常升降，应先从不同方向轻轻摇动玻璃，以此判断故障属于机械方面还是电路方面。一般玻璃能够向所有方向稍微运动的，机械方面就基本没有问题。

2. 电动车窗常见故障

电动车窗常见的故障有：所有车窗升降功能均失效、某一车窗升降功能失效、升降器不工作但电动机运转正常等。其具体检修方法如下：

（1）所有车窗升降功能均失效。

故障原因：组合开关接地线脱开，总电源线断裂、脱开，车窗继电器触点接触不良、损坏或线圈损坏，安全开关接触不良或未接通等（指被安全开关控制的车窗控制功能失效）。

检修方法：检修此类故障时，应先检查电源线与接地线是否断脱，以及检查车窗继电器等。

（2）某一车窗升降功能失效。

故障原因：控制该车窗的开关、电动机、升降器等断路或损坏。

检修方法：先操作相应的组合开关（或分开关），若车窗工作正常，则说明分开关（或组合开关）损坏。若车窗仍无动作，则可能是相应的电动机、升降器或相应的连线有问题。

(3) 升降器不工作但电动机运转正常。

故障原因：钢丝绳断、滑动支架断裂或支架内的传动钢丝夹铆接点松动等。

检修方法：对于折断的钢丝绳或滑动支架，只有更换新的；对于松动的传动钢丝夹，则要将其拆下来重新对其接点铆接。

三、车窗升降器总成的拆装

(一) 车门玻璃升降器的拆卸

1. 前车窗玻璃与升降器的拆卸

(1) 撬出固定销，拆除升降器摇把。

(2) 拆除内车门把手罩、上下门饰板及防水胶布。

(3) 用升降器将车窗玻璃降下，至升降器与玻璃固定螺钉自内嵌板的作业孔露出为止。

(4) 用旋具伸入上述作业孔，将升降器与玻璃的固定螺钉旋松，但是不要将螺钉拆除。

(5) 将导槽滑向一侧，并且从所空降螺钉头拆离导槽，使玻璃脱离升降器。

(6) 使车窗玻璃脱离门框并将其取下。

(7) 车窗玻璃与升降器的安装依拆卸的反顺序进行。

2. 后车窗玻璃与升降器的拆卸

(1) 撬出定位销，拆下升降器摇把。

(2) 拆下车门内把手罩、上下门饰板及防水胶布。

(3) 用升降器摇把将玻璃摇下，至升降器与玻璃的固定螺钉自内嵌板的作业孔露出为止。

(4) 用旋具伸入内嵌板作业孔，将玻璃与升降器的固定螺栓拧松，但是不要将螺栓拆下。

(5) 将导槽推向一旁，将螺钉头拆离导槽，使玻璃与升降器脱离。

(6) 使后角窗弯曲，从车窗玻璃门框的下端将玻璃拆下。

(7) 拆除升降器的固定螺栓，自作业孔取出升降器。

(二) 加装电动车窗实图

加装电动车窗实物，如图 6-41～图 6-48 所示。

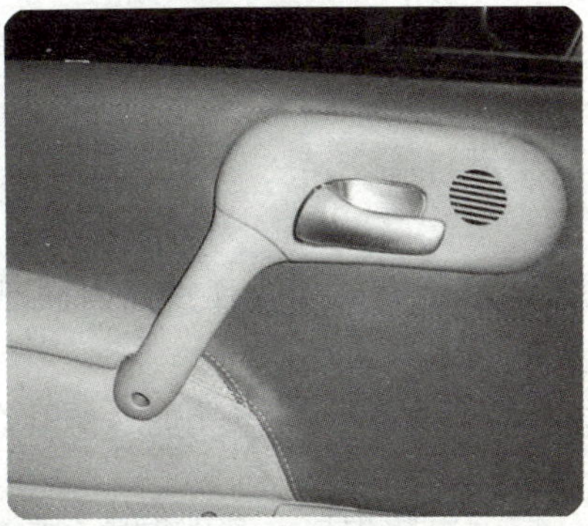

图 6-41 拆下门内饰板

图 6-42 拆开门灯连接线束接头

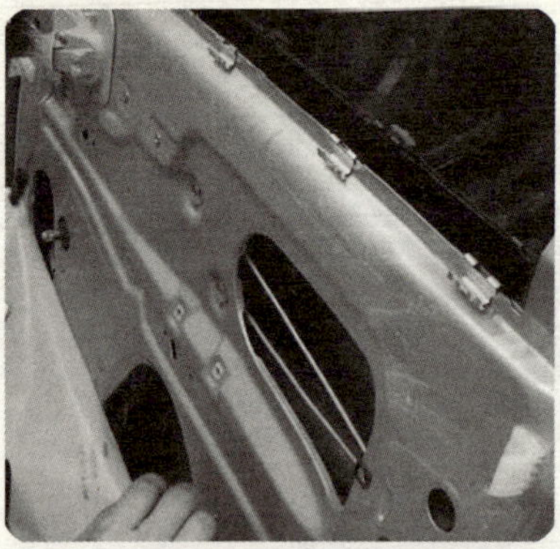

图 6-43　拆下防尘薄膜

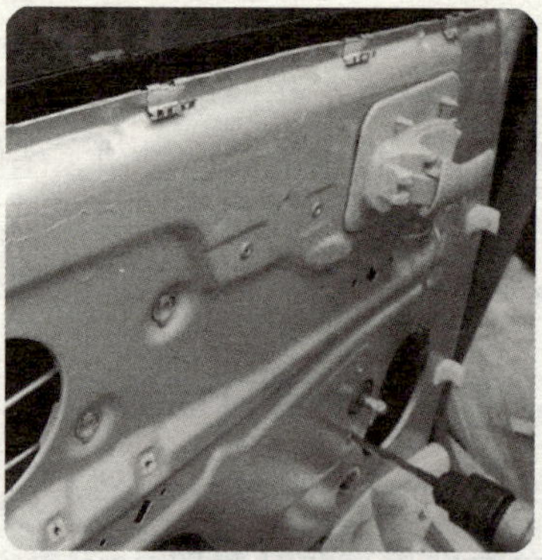

图 6-44　攻丝

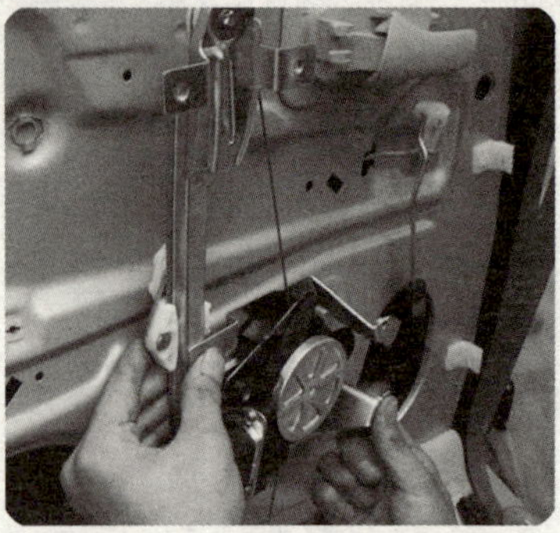

图 6-45　安装玻璃升降器

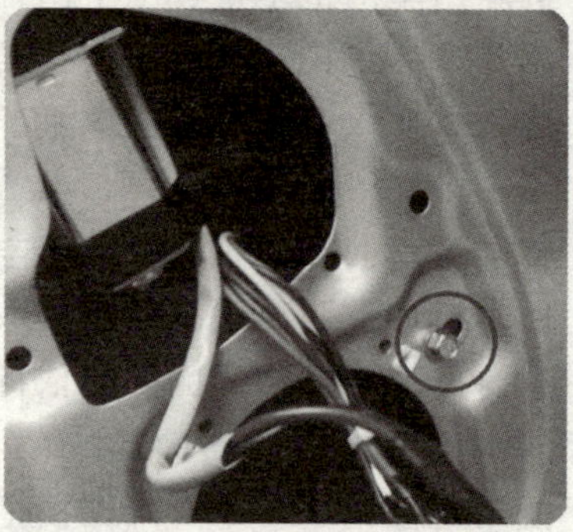

图 6-46　调整升降器定位螺钉

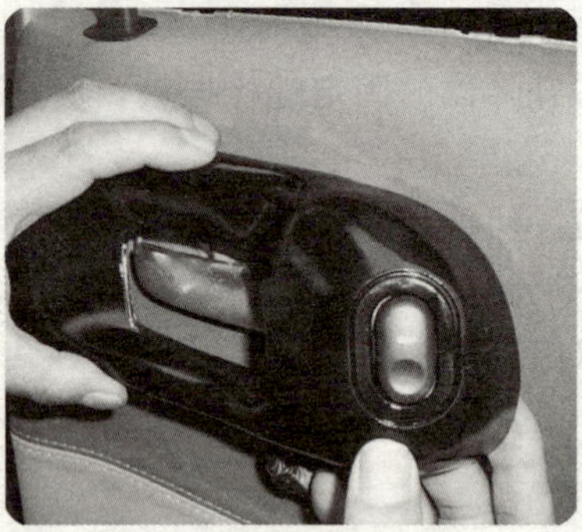

图 6-47　安装防尘薄膜及门内饰板

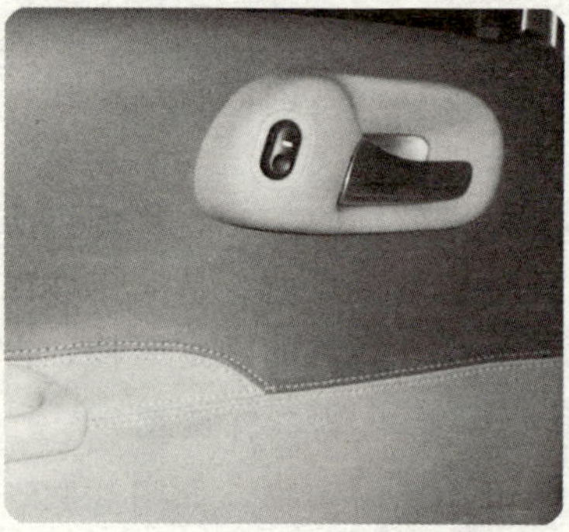

图 6-48　任务完成

车窗玻璃、后角窗及升降器的拆卸依安装的反顺序进行。

（三）电动车窗拆装注意事项

（1）拆装电动车窗时一定要注意正确的安装位置，其所有的螺栓连接孔为椭圆孔，定位前车窗升降一定不要发生干涉。

（2）车门的尺寸精度将严重影响车窗升降器电动机的寿命。因为导槽安装在车门上，升降器又在导槽中运动。

（3）车门的密封与防尘尤为重要：车门内板有一层塑料防护层，其破损后会导致灰尘进入车门内，严重时将干涉电动车窗的运动。

实施与考核

一、实训内容

1. 实训准备

（1）准备好汽车电气设备常用检测工具、实训车辆。

（2）强调实训中的安全注意事项。

2. 实训流程

（1）合作探究，形成方案

以小组为单位，认识试验台各实物，熟悉各开关及操作步骤。

①结合实物回顾理论。

电动车窗由__________、__________、__________、__________等组成。其中电动机一般采用__________电动机，通过控制__________使其正反向转动，达到车窗升降功能。

②帕萨特电动辅助装置示教板实物分布图解（见图 6-49）。

一般的电动车窗系统都装有两套控制开关。一套装在仪表板或__________，为主开关，它由驾驶员控制每个车窗的升降。另一套分别装在__________，为分开关，可由乘员进行操纵。一般在主开关上还装有__________开关，如果它断开，分开关就不起作用。

注意事项：

①注意用电安全，爱护试验设备。

②拔下电源插头前，不允许插拔 ECU 接插件。

③点火开关置于 ON 时，不允许插拔继电器及任何接插件。

④正确使用各开关。

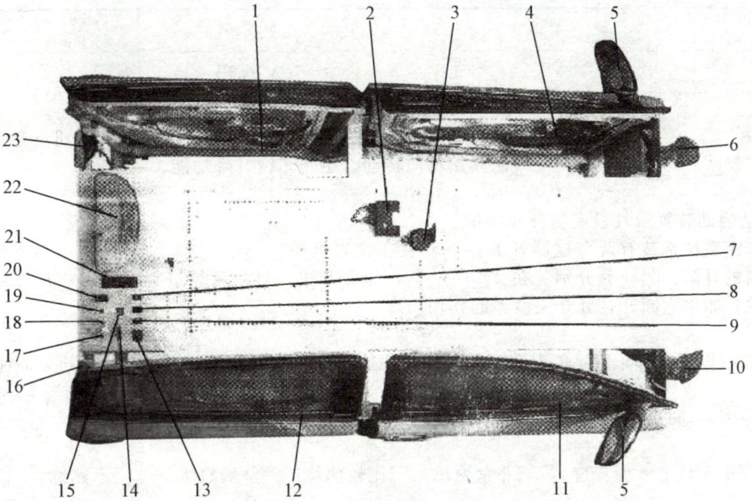

图 6-49 帕萨特电动辅助装置示教板实物分布

1—左后电动车窗电动机；2—舒适系统控制模块；3—报警喇叭；4—左前电动车窗电动机；5—后视镜；6—左前转向灯；7—左后电动车窗副开关；8—右后电动车窗副开关；9—右前电动车窗副开关；10—右前转向灯；11—右前电动车窗电动机；12—右后电动车窗电动机；13—后视镜开关；14—检测连接器；15—电源开关；16—右后转向灯；17—点火开关；18—后备厢指示灯；19—发动机室盖接触开关；20—危险报警灯开关；21—电动车窗主开关；22—组合仪表；23—左后转向灯

（2）实训步骤

①接通电源，打开电源开关，打开点火开关。

②操作控制箱上的车窗开关，观察相应电器的工况现象。

③按下遥控钥匙的“中央锁开”命令键，车门开锁；手动打开车门，再关闭车门，按下遥控钥匙的“中央锁关”命令键，车门上锁。

④通过故障模拟设置全部车窗不能升降和某个车窗不能升降（老师协助制造）后，再进行操作门窗升降开关，观察现象。

⑤分析故障原因，通过检测数据确诊故障。

⑥排除故障后再进行操作验证。

⑦实训完毕，关闭点火开关，关闭电源开关，拔掉电源。

3. 实训记录

组织学生完成实训记录单。

4. 教师总结及反馈

（1）总结本次的实训要点内容。

（2）解答学生实训中存在的问题。

（3）对学生解决实际问题能力的考核做出点评，给出本次实训成绩。

二、任务实施与考核

（1）教师组织学生分组分工。在充分掌握上述知识与技能的前提下，各组按要求完成任务工作单（表 6-5）。

（2）教师根据完成的情况完成教师考核记录（表 6-6）。

表 6-5　任务工作单

实训项目：电动车窗组成的认识和使用

<table>
<tr><td>班级学号</td><td></td><td>姓　名</td><td></td></tr>
<tr><td>实训车型</td><td></td><td>VIN 码</td><td></td></tr>
<tr><td colspan="4">1. 电动车窗由________、________、________、________等组成。其中电动机一般采用________电动机，通过控制________________使其正反向转动，达到车窗升降功能。

2. 帕萨特电动辅助装置示教板实物分布图解。
一般的电动车窗系统都装有两套控制开关。一套装在仪表板或________________，为主开关，它由驾驶员控制每个车窗的升降。另一套分别装在________，为分开关，可由乘员进行操纵。一般在主开关上还装有________开关，如果它断开，分开关就不起作用。

3. 通过故障模拟设置全部车窗不能升降和某个车窗不能升降后，再进行操作门窗升降开关，观察现象。

4. 分析故障原因，通过检测数据确诊故障。排除故障后再进行操作验证。

5. 自我评价（个人技能掌握程度）：□非常熟练　□比较熟练　□一般熟练　□不熟练</td></tr>
<tr><td colspan="4">教师评语：

实训记录成绩____________　教师签字：____________　______年______月______日</td></tr>
</table>

表 6-6 教师考核记录

实训项目：电动车窗组成的认识和使用

班级学号		姓 名	
项目	必要的记录	分值	评分
课堂参与情况		40	
语言表达情况		20	
任务单填写情况		20	
反馈建议情况		10	
实训准备、清洁情况		10	
总分			
教师签字： ____年____月____日			

任务四 电动座椅

任务目标

1. 了解汽车电动座椅的组成及特点。
2. 掌握汽车电动座椅的工作原理。
3. 会根据电动座椅的故障现象排除故障。

任务分析

电动座椅是相对于手动座椅而言，手动调节方式需要乘员先通过手柄放松座椅的锁止机构，之后通过改变身体的坐姿和位置来带动座椅移动，最后将锁止机构的手柄放松，将座椅固定在所选择的位置上。这种调节方式的主动施力方是座椅上的乘员，座椅调节起来也不是十分的方便。电动座椅是由坐垫、靠背、靠枕、骨架、悬挂和调节机构等组成。电动调节的座椅在调节时，座椅是施力方，乘员只需扳动控制键就可以令座椅移动，无须主动改变身体的坐姿。电动座椅还可以提供更加精准的调节位置。电动座椅的使用让驾驶员能够轻松地找到最适合自己的驾驶姿势，提供良好的视野，提高了行车安全性并能有效减轻驾驶疲劳。

基础知识

一、电动座椅概述

（一）作用

电动座椅为驾驶员提供便于操作、舒适而又安全的驾驶位置，为乘员提供不易疲劳、舒适而又安全的乘坐位置。电动座椅是指以电动机为动力，通过传动装置和执行机构来调节座椅的各种位置，使驾驶员或乘员乘坐舒适的座椅。

（二）类型

在一些中、高级轿车中，乘员的电动座椅控制系统依靠电力可以实现座椅滑行、倾斜的调整；驾驶员的电动座椅控制系统不仅可以实现座椅滑行、倾斜的调整，而且还可以实现前垂直、后垂直、头枕和腰垫位置的调整，有的还带有位置存储功能。

电动座椅的类型根据分类方式的不同可分为以下几种：

1. 根据使用电动机的数量分类

根据使用电动机的数量，电动座椅可分为单电动机式、双电动机式、三电动机式和四电动机式等。

（1）单电动机式。单电动机式只能对电动座椅的前后两个方向进行调整。

（2）双电动机式。双电动机式可以对电动座椅的 4 个方向进行调整，即不仅前后两个方向的位置可以移动，其高低也可以进行自动调整。

（3）三电动机式。三电动机式可以对电动座椅的 6 个方向进行调整，即不仅能向前后两个方向移动，还可分别对座椅的前部和后部的高低进行调整。

（4）四电动机式。四电动机式的调整功能除了具有以上三电动机式的调整功能以外，还可对靠背的倾斜度进行调整。

电动座椅装用的电动机最多可达 8 个，除了保证上述基本运动外，还可对头枕高度、座椅长度和扶手的位置进行调整。

2. 根据有无加热器分类

根据有无加热器，电动座椅可分为无加热器式与有加热器式两种。有加热器式电动座椅可以在冬季寒冷的时候对座椅的坐垫进行加热，以使驾驶员或乘员乘坐更舒适。

3. 根据有无存储功能分类

根据有无存储功能，电动座椅可分为无存储功能与有存储功能两种。有存储功能的电动座椅，可以将每次驾驶员或乘员调整电动座椅后的数据存储下来，作为以后重新调整座椅位置时的基准。

此外，在座椅中还附加了一些特种功能的装置，如在气垫座椅上使用电动气泵，对各个专用气囊（腰椎支撑气囊、侧背支撑气囊、座位前部的大腿支撑气囊）进行充气，起到调节支撑腰椎、侧背、大腿的作用。具有 8 种功能的电动座椅，如图 6-50 所示，具有全方位可调节功能的电动座椅，如图 6-51 所示。

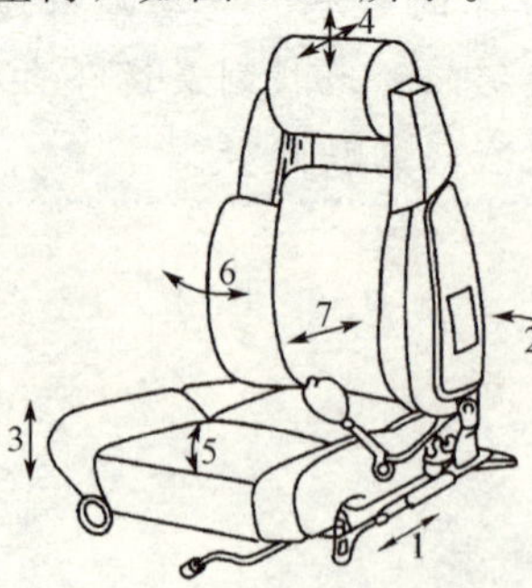

图 6-50 具有 8 种功能的电动座椅

1—座椅前后调节；2—靠背倾斜调节；3—座椅上下调节；4—靠枕上下、前后调节；
5—座椅前部支撑调节；6—侧背支撑调节；7—腰椎支撑气垫调节

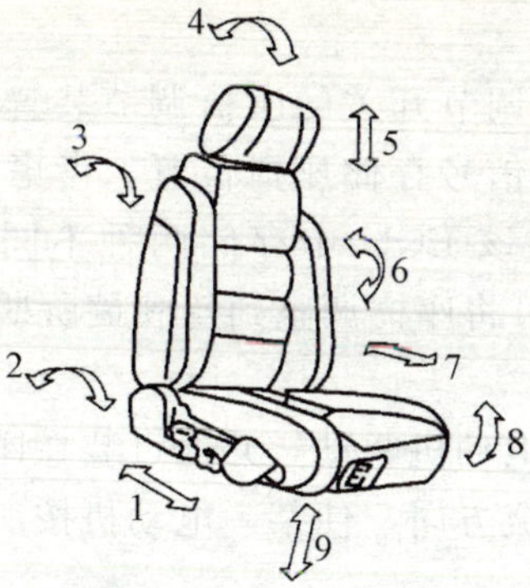

图 6-51 具有全方位可调节功能的电动座椅

1—座椅前后移动调节；2—靠背倾斜度调节；3—靠背上部调节；4—靠枕前后调节；
5—靠枕上下调节；6—侧背支撑调节；7—腰椎支撑气垫调节；8—座椅前部支撑调节；9—座椅高度调节

（三）组成

电动座椅主要由座椅开关和位置传感器、电子控制器 ECU、执行机构的驱动电动机三大部分组成。开关和位置传感器包括座椅各位置（头枕、靠背、腰部、滑动、前垂直、后垂直）的电动开关、座椅各位置传感器、安全带扣环传感器及转向盘倾斜传感器等；ECU 包括转向柱倾斜与伸缩 ECU 和电动座椅 ECU；执行机构的驱动电动机主要包括座椅调整、安全带扣环及转向盘倾斜调整的驱动电动机等，而且这些电动机均可灵活地进行正反转，以执行各种装置的调整功能。

1. 座椅开关和位置传感器

手动调节开关主要是用来调整座椅的各种位置。当按下此开关后，电控单元就会控制相应电动机运转，按照驾驶员的要求调整座椅的位置。存储和复位开关主要是用来存储或恢复驾驶员已经调整好的座椅位置。只要按下此按钮，就能按存储的各个座椅位置的要求调整座椅的位置。座椅调节开关，如图 6-52 所示。

位置传感器主要是用来检测座椅的各种位置。它主要由齿轮、滑块和螺旋杆（可变电阻器）组成，其工作原理和一般电位计相似。螺旋杆由电动机通过齿轮驱动旋转，并带动滑块在电阻器上滑动，从而使输出电压信号发生变化。电控单元根据此电压信号决定座椅的位置。只要座椅位置调定后，驾驶员按下存储和复位开关，电控单元就把这些电压信号存储起来，作为重新调整位置时的基准。座椅位置传感器，如图 6-53 所示。

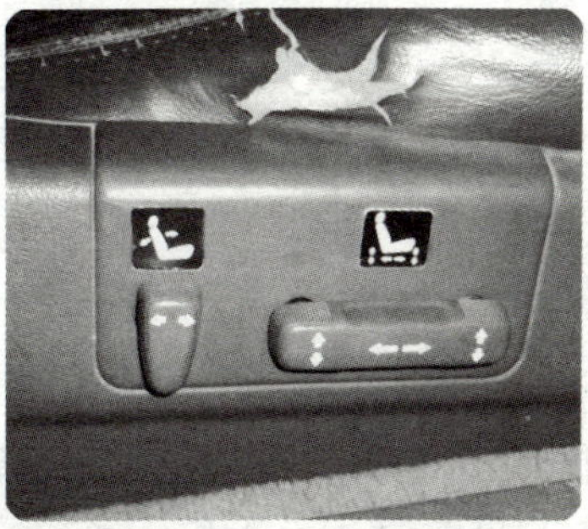

图 6-52 座椅调节开关

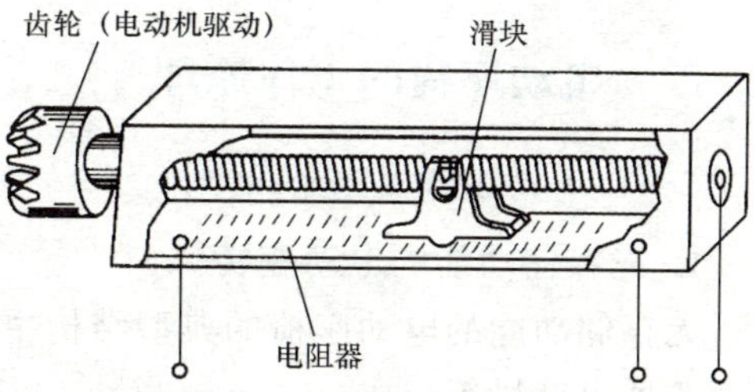

图 6-53 座椅位置传感器

2. 电子控制器 ECU

ECU 主要用来控制靠手动调节开关的座椅调节装置，也能根据从转向柱倾斜与伸缩 ECU、位置传感器等送来的信号存储座椅位置。考虑到驾驶员的不同体型和喜好的驾驶姿势，自动调节系统能在该 ECU 中存储两种不同的座椅位置（供选择），靠一“单独”开关的点动，ECU 即可将座椅调整到驾驶员所期望的位置。

3. 执行机构的驱动电动机

电动座椅大多采用永磁式电动机驱动，并通过装在座位侧板上或门扶手上的肘节式控制开关来控制电路通路和电流方向，使某一电动机按所需的方向运转，以达到调整座椅的目的。

为了防止电动机过载，大多数永磁式电动机内装有热过载保护断路器。有些电动座椅采用串激电动机来驱动，并装有两个磁场线圈，使其可做双向运转。这种电动机多使用继电器控制电流方向，当开关换向时，可听到继电器动作的“咔哒”声。电动机及传动机构，如图 6-54 所示。

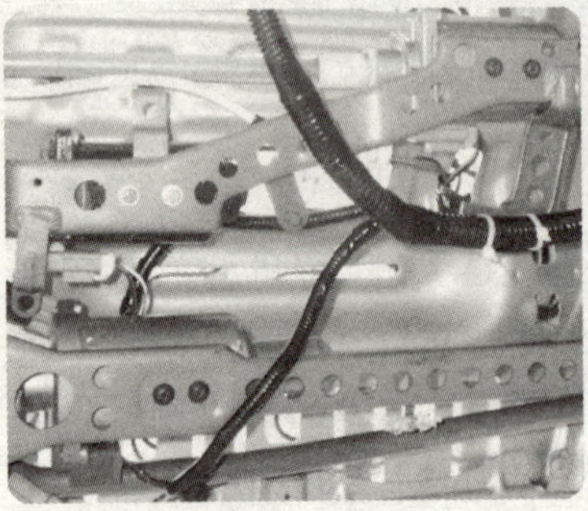

图 6-54　电动机及传动机构

座椅进行调整时，由手动调节开关通过电控单元控制调整量，然后利用存储和复位开关控制某一位置的数据存储；座椅位置信号取自变阻器上的电压降。根据每个自由度上的电动机驱动座椅，从而使变阻器随动。根据变阻器的电压降，控制单元识别座椅的运动机构是否到达“死点”；当到达“死点”位置时，电控单元会及时切断供电电源，以保护电动机和座椅驱动机构。

（四）功能

电动座椅的八种调节功能（全程移动所需时间为 8～10 s）：

（1）座椅的前后调节：前后方向调节量度为 100～160 mm。

（2）座椅的上下调节。

（3）座椅前部的上下调节：为 30～50 mm。

（4）靠背的倾斜调节。

（5）侧背支撑调节。

（6）腰椎支撑调节。

（7）靠枕上下调节。

（8）靠枕前后调节。

二、电动座椅的工作原理

（一）电动座椅的控制电路

1. 无存储功能的电动座椅

无存储功能的电动座椅的典型结构主要由座椅本体、座椅调节器开关、座椅调节器和调节器电动机等组成。

雷克萨斯 LS400 轿车电动座椅控制电路（不带储存功能），如图 6-55 所示。该电动座椅包括滑动电动机、前垂直电动机、倾斜电动机、后垂直电动机和腰椎电动机，可以实现座椅的前后移动、前部高度调节、靠背倾斜程度调节、后部高度调节及腰椎前后调节。

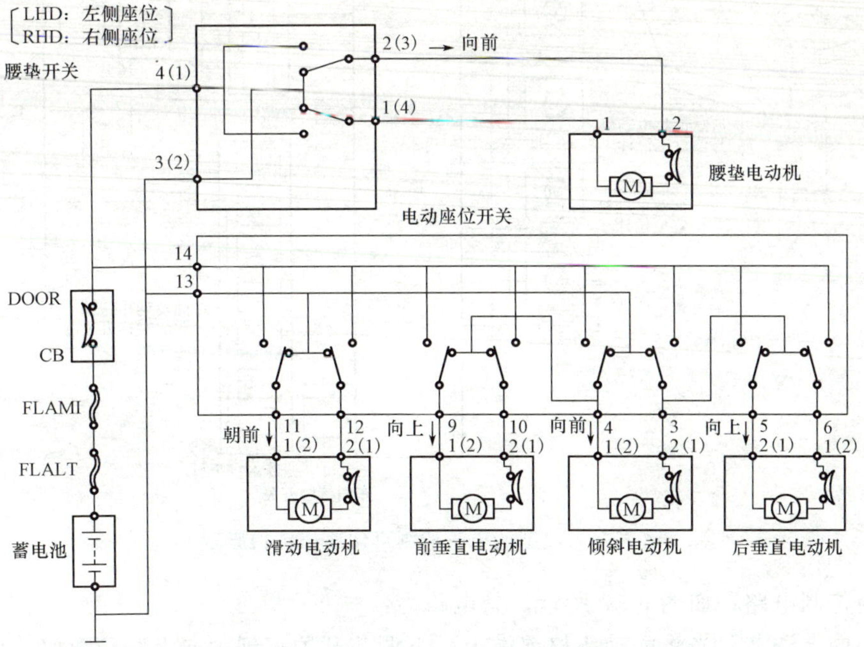

图 6-55 雷克萨斯 LS400 轿车电动座椅控制电路（不带储存功能）

电路中有 5 个开关，分别控制 5 个电动机。开关有一个共同特点：均为常搭铁型结构，即电动机没有动作时，电动机两端通过开关搭铁；当开关打向其一侧时，动作侧开关接通电源。每个电动机中均设有断路器，当座椅位置调整到极限时，流过电动机的电流增加，断路器断开，切断电动机电流，保护电动机不被烧损；松开调整开关，冷却后，断路器又重新复位。下面以座椅靠背的倾斜调节为例，介绍电路的控制过程。

当电动座椅的开关处于倾斜位置时，如果要调整靠背向前倾斜，则闭合倾斜电动机的前进方向开关，即端子 4 置于左位时，电路为：蓄电池正极→FLALT→FLAMI→DOOR CB→端子 14→（倾斜开关“前”）→端子 4→1（2）端子→倾斜电动机→2（1）端子→端子 3→端子 13→搭铁。此时，座椅靠背前移。

当端子 3 置于右位时，倾斜电动机反转，座椅靠背后移。此时的电路为：蓄电池正极→FLALT→FLAMI→DOOR CB→端子 14→（倾斜开关“后”）→端子 3→2（1）端子→倾斜电动机→1（2）端子→端子 4→端子 13→搭铁。

2. 有存储功能的电动座椅

现代高级轿车的电动座椅多采用 6 向调整方式，这种系统除具有改变座椅的前后、高低、靠背斜度位置的电子驱动装置外，还设了一个具有存储功能的电子控制装置，该装置只要一按按钮，就能按存储的各个座椅位置的要求调整位置。

典型的电子控制可调座椅结构原理，如图 6-56 所示。它有 4 个电动机用来调整座椅，还有一个单独的存储器存储 4 个座椅的位置。

通过电动座椅调节开关，即可完成不同的调节功能，如电动座椅前端上、下调节，

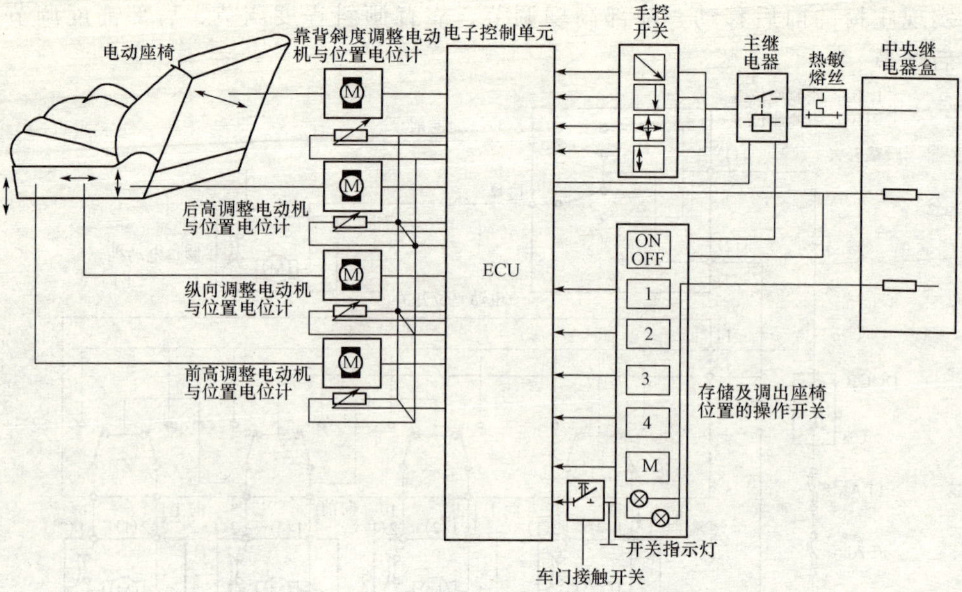

图 6-56　典型的电子控制可调座椅结构原理

电动座椅控制电路，如图 6-57 所示，其电路为：

（1）向上调节。当将电动座椅前端上、下调节开关打到“向上”位置时，电路中的电流为：蓄电池→黑线→（发动机盖下熔断器/继电器盒）No. 42（100 A）、No. 55（40 A）→黄/绿线→（前乘员席侧仪表板下熔断器/继电器盒）No. 2（20 A）→红线→电动座椅开关端子端 B_2→前端上、下调节开关端子 A_3→红/黄线→前端上、下调节电动机端子 1→前端上下调节电动机对前端上、下调节电动机端子 2→红线→A_4→B_5→黑线→搭铁→蓄电池负极。前端上、下调节电动机工作，座椅前端向上移动。

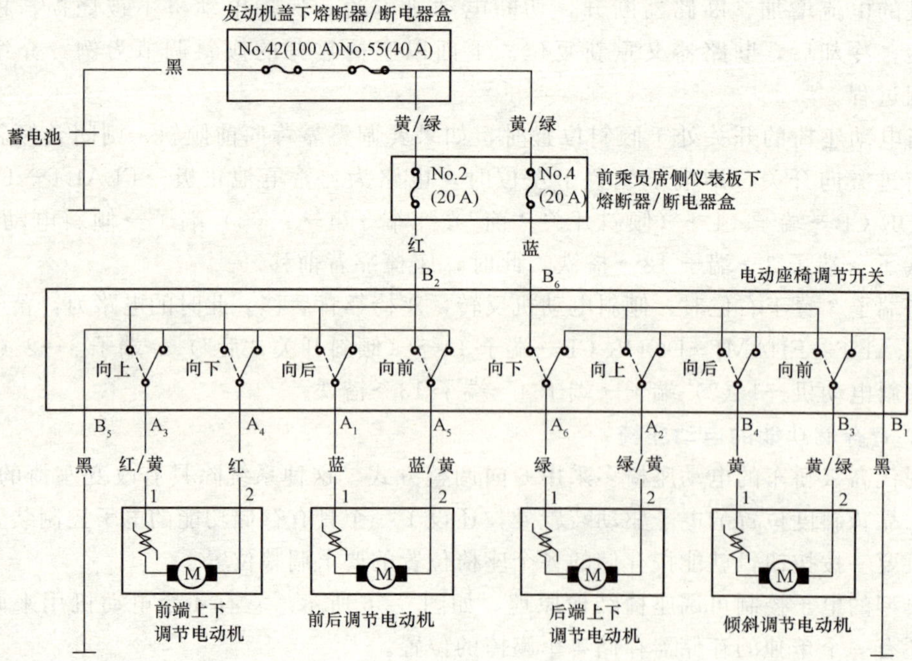

图 6-57　电动座椅控制电路

(2) 向下调节。当将电动座椅前端上、下调节开关打到“向下”位置时，电路中的电流为：蓄电池→黑线时（发动机盖下熔断器/继电器盒）No. 42（100 A）、No. 55（40 A）→黄/绿线→（前乘员席侧仪表板下熔断器/继电器盒）No. 2（20A）、红线、电动座椅开关端子 B_2→电动座椅开关端子 A_4→红线→前端上、下调节电动机端子 2→前端上、下调节电动机→前端上、下调节电动机端子 1→红/黄线→A_3→B_5→黑线→搭铁→蓄电池负极。前端上、下调节电动机起动，座椅前端向下移动。

(二) 记忆储存功能

1. 记忆储存

(1) 置变速箱挡位于驻车挡。

(2) 点火钥匙转至 ON 位置。

(3) 通过人工调整驾驶座椅至舒适位置。在此过程中，不要转动点火钥匙。

(4) 按下 SET 开关，在 5 s 内，按下记忆模式按钮 1 或 2，模式按钮指示灯点亮 5 s 后熄灭，座椅位置完成记忆。

2. 确认记忆储存

转动点火钥匙至 ON 位置，按下 SET 开关，如果指示灯亮约 0.5 s，表示记忆没有被储存；如果指示灯亮 5 s，表示记忆已经被储存。

3. 选择记忆位置

(1) 将变速箱挡位于 P 挡位置，点火钥匙转至 ON。

(2) 按下模式按钮 1 或 2，驾驶员座椅将自动移动至相应的记忆储存位置。

(3) 如果车辆行驶速度大于 7 km/h，则无法选择座椅的记忆位置。

4. 方便驾驶员进出

(1) 将挡位开关置于 P 挡位置，再将点火钥匙从 ON 转到 OFF（并保留在锁芯中），打开驾驶员侧车门时，驾驶员座椅将自动向后移 4 cm，便于驾驶员出入。

(2) 电动座椅在已经后退 4 cm 的情况下，如果开门或关门，再将点火钥匙插入方向盘锁芯中，电动座椅前进 4 cm，回到正常位置。

注：只有 A/T 型号的车辆才具有上述两项功能。

三、电动座椅的常见故障

对电动座椅故障的初步检查，通常应检查易损件、配线，以及通过进行操作以确认故障的可能部位等。

1. 对易损件的检查

首先检查仪表板熔丝与熔丝盒内电动座椅的熔丝是否熔断。如果熔断，应检查电路是否有短路处。排除短路点以后，才可更换新的熔丝，否则又会熔断熔丝。

2. 对配线的检查

应检查电动座椅各部件之间的连接配线有无断路处、有无绝缘层破损现象。发现异常后，应及时进行处理。

3. 通过操作判断故障产生的可能原因

通过操作电动座椅，根据常见故障的现象判断故障产生的可能原因。

(1) 如果一个座椅调节器比另一个座椅调节器先到达最大水平位置或最大垂直位置，则可能为两座椅调节器不相同，应对其进行适当的调整。

(2) 如果电动座椅不能水平或垂直移动，或水平和垂直两个方向均不能移动，则可能为座椅调节器电动机损坏，或控制电路有故障。

(3) 如果电动座椅垂直移动迟缓或卡滞，则可能为垂直执行器与齿条之间配合不良或污垢过多，也可能为顶板总成有松动现象。

(4) 如果一个座椅调节器不能垂直移动，则可能为垂直驱动钢丝脱开或折断，也可能是垂直执行器未工作所致。

(5) 如果电动座椅水平移动迟缓或卡滞，则可能为水平执行器与齿条间配合不良或污垢过多，也可能是顶板总成有松动现象。

(6) 如果一个座椅调节器不能水平移动，则可能为水平驱动钢丝脱开或折断，也可能是水平执行器未工作。

(7) 如果电动座椅水平移动不平稳，则可能为水平执行器工作不良。

4. 电动开关的检查

电动座椅的开关接触不良，会造成电动座椅调整失效或不灵。

(1) 利用维修手册上的电动座椅连通性图表来检测开关的连通性。

(2) 如果开关损坏，则应更换同型号的电动座椅开关。

5. 控制电路的检查

电动座椅的控制电路，若有断路或短路现象，均造成电流不能通过电动机，使电动座椅调整失效。可按断路或短路的故障，仔细检查并排除故障。

6. 电动机的检查

电动座椅的电动机失灵，如电刷磨损，转子与定子断路、短路等故障，均可能使电动机不能正常工作。

7. 典型故障案例分析

故障现象：广州本田雅阁 2.3 L 轿车驾驶员座椅为 8 种可调方式的电动座椅，该车电动座椅所有调节开关无法调节。

故障诊断：该车电动座椅电路原理（见图 6-58），其工作原理如下：

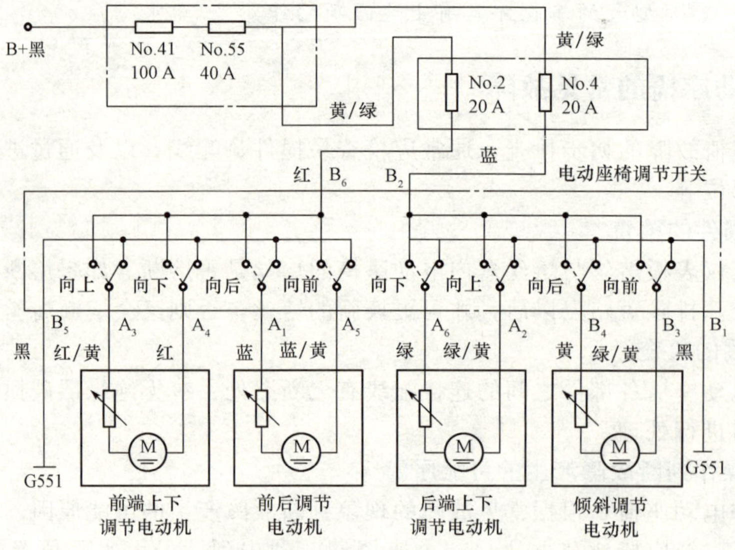

图 6-58 电动座椅电路原理

4 个双向调节电动机分别在正向和反向导通的情况下，共有 8 种可调节的方式，它们分别是前端上下、后端上下、前后移动和向前向后倾斜。

来自于电源的正极线（黑色）经发动机盖下熔丝/继电器盒中的第 41 号熔丝（100 A）和第 55 号熔丝（40 A），然后经过两条并列的电路，分别再经副驾驶员侧仪表板下熔丝/继电器盒中的第 2 号熔丝（20A）和第 4 号熔丝（20 A），再经 B_6、B_2 进入电动座椅调节开关。当开关处于某种调节状态时，电流经开关触点流到相应的调节电动机，驱动电动机工作，实现调节，最后经 B_5、B_1 接地构成回路。经分析认为，故障是电动座椅控制系统无电源，先检查 40 A 熔丝，发现熔丝熔断。

故障排除：换上一只新的 40 A 熔丝，电动座椅控制系统调节工作正常，故障排除。

实施与考核

一、实训内容

1. 实训准备

（1）准备好汽车电气设备常用检测工具、实训车辆。

（2）强调实训中的安全注意事项。

2. 实训流程

（1）电动座椅调整系统由__________、__________、__________等组成。

（2）传动机构的类型__________、__________。

（3）简述汽车电动座椅的工作过程。

（4）常说的六向移动座椅，装配__________个电动机即可以实现。

（5）座椅记忆存储系统初始化。更换座椅后必须先做座椅记忆存储系统初始化，然后才能进行驾驶员侧座椅和车外后视镜记忆设定。

操作步骤：

①打开驾驶员侧车门。

②操作座椅靠背调节按钮，使座椅靠背向前移动到极限位置。

③座椅靠背向前移动到极限位置后，松开调节按钮，听到一声锣声后再次按下该按钮。

初始化过程中，所有记忆和设定将被删除。初始化后可以重新设定座椅和后视镜记忆，并对遥控钥匙进行同步化设置。

（6）调出已存储的座椅位置。

车辆静止或点火开关打开情况下：轻按一下相应的存储按钮，即可调出设定的座椅位置。

车辆行驶或点火开关关闭情况下：按住相应存储按钮，直至座椅到达设定的位置。

3. 实训记录

组织学生完成实训记录单。

4. 教师总结及反馈

（1）总结本次的实训要点内容。

（2）解答学生实训中存在的问题。

（3）对学生解决实际问题能力的考核做出点评，给出本次实训成绩。

二、任务实施与考核

（1）教师组织学生分组分工。在充分掌握上述知识与技能的前提下，各组按要求完成任务工作单（表 6-7）。

（2）教师根据完成的情况完成教师考核记录（表 6-8）。

表 6-7 任务工作单

实训项目：汽车电动座椅的调整

班级学号		姓 名	
实训车型		VIN 码	

1. 电动座椅调整系统由＿＿＿＿、＿＿＿＿、＿＿＿＿等组成。

2. 传动机构的类型＿＿＿＿、＿＿＿＿。

3. 简述汽车电动座椅的工作过程。

4. 常说的六向移动座椅，装配＿＿＿＿个电动机即可以实现。

5. 座椅记忆存储系统初始化。更换座椅后必须先做座椅记忆存储系统初始化，然后才能进行驾驶员侧座椅和车外后视镜记忆设定。

操作步骤：

①打开驾驶员侧车门。

②操作座椅靠背调节按钮，使座椅靠背向前移动到极限位置。

③座椅靠背向前移动到极限位置后，松开调节按钮，听到一声锣声后再次按下该按钮。

初始化过程中，所有记忆和设定将被删除。初始化后可以重新设定座椅和后视镜记忆，并对遥控钥匙进行同步化设置。

6. 调出已存储的座椅位置。

车辆静止或点火开关打开情况下：轻按一下相应的存储按钮，即可调出设定的座椅位置。

车辆行驶或点火开关关闭情况下：按住相应存储按钮，直至座椅到达设定的位置。

7. 自我评价（个人技能掌握程度）：□非常熟练　□比较熟练　□一般熟练　□不熟练

教师评语：

实训记录成绩＿＿＿＿　教师签字：＿＿＿＿　＿＿年＿＿月＿＿日

表 6-8 教师考核记录

实训项目： 汽车电动座椅的调整

班级学号		姓 名	
项目	必要的记录	分值	评分
课堂参与情况		40	
语言表达情况		20	
任务单填写情况		20	
反馈建议情况		10	
实训准备、清洁情况		10	
总分			
教师签字： ____年____月____日			

任务五 汽车中控门锁

任务 目标

1. 掌握中控门锁的功用、种类。
2. 掌握中控门锁的结构与工作原理。
3. 掌握汽车中控门锁的拆装与检测方法。
4. 能够诊断和排除中控门锁的典型故障。

任务 分析

为了方便驾驶员和乘员开关车门，现在大部分轿车中都安装了中央控制门锁系统。安装了中控门锁后，驾驶员可以在锁住或打开自己车门的同时锁住或打开其他的车门，而除了中控门锁控制外，乘员还可以利用各车门的机械式弹簧锁来开关车门。

基础知识

一、汽车中控门锁的概述

（一）功能

为提高汽车使用的便利性和行车的安全性，现代汽车越来越多地安装中控门锁。中控门锁的功能：

1. 中央控制

当驾驶员锁住其身边的车门时，其他车门也同时锁住，驾驶员可通过门锁开关同时打开各个车门，也可单独打开某个车门。

2. 速度控制

当行车速度达到一定时，各个车门能自行锁上，防止乘员误操作车门把手而导致车门打开。

3. 单独控制

除在驾驶员身边车门以外，还在其他门设置单独的弹簧锁开关，可独立地控制一个车门的打开和锁住。

（二）分类

门锁控制器的种类很多，按其控制原理大致可分为晶体管式、电容式和车速感应式3种门锁控制器。

1. 晶体管式

晶体管式门锁控制器内部有2个继电器，一个管锁门，一个管开门。继电器由晶体管开关电路控制，是利用电容器的充放电过程控制一定的脉冲电流持续时间，使执行机构完成锁门和开门动作。

2. 电容式

该门锁控制器利用电容器充放电特性，平时电容器充足电，工作时把它接入控制电路，使电容器放电，使继电器通电而短时吸合，电容器完全放电后，通过继电器的电流中断而使其触点断开。

3. 车速感应式

装有一个车速为10 km/h的感应开关，当车速大于10 km/h时，若车门未上锁，则驾驶员无须动手，门锁控制器就自动将门上锁。

（三）组成

中控门锁系统一般包括门锁控制开关、门锁总成、钥匙操纵开关、后备厢门开启器开关及后备厢门开户器等。

中控门锁系统各部件的安装位置，如图6-59所示。

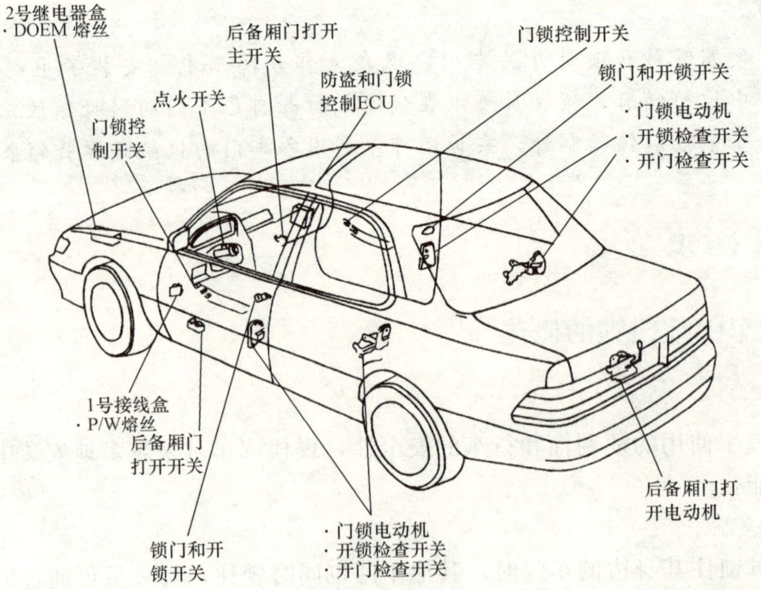

图6-59 中控门锁系统各部件的安装位置

1. 门锁控制开关

门锁控制开关一般安装在驾驶员侧前门内的扶手上，通过门锁控制开关可以同时锁上和打开所有的车门。门锁控制开关的位置，如图 6-60 所示。

2. 门锁总成

门锁总成主要由门锁传动机构、门锁位置开关、外壳等组成。门锁总成结构，如图 6-61 所示。

图 6-60 门锁控制开关的位置

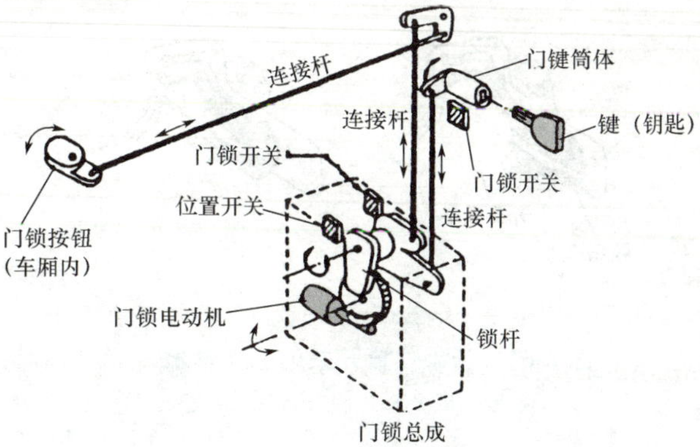

图 6-61 门锁总成结构

门锁传动机构主要由门锁电动机、蜗轮齿轮组等组成。门锁传动机构，如图 6-62 所示。门锁电动机是门锁的执行器，当门锁电动机转动时，蜗杆带动蜗轮转动，蜗轮推动锁杆，车门被锁上或打开，然后蜗轮在回位弹簧的作用下返回原位置，防止操纵门锁钮时电动机工作。

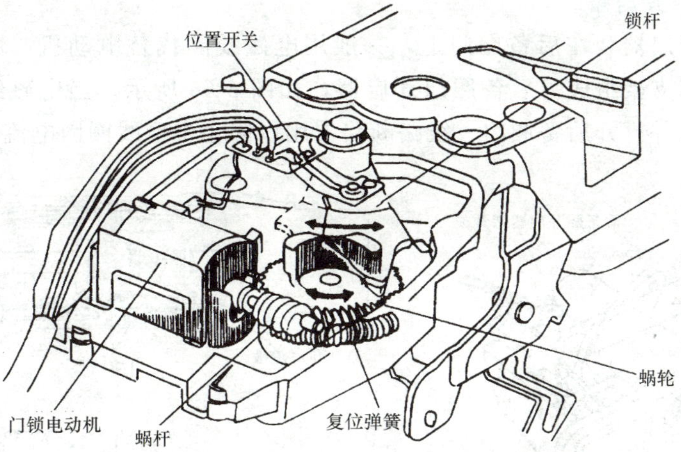

图 6-62 门锁传动机构

门锁位置开关位于门锁总成内，用来检测车门的锁紧状态。它由一个触点片和一个开关底座组成。当锁杆推向锁门位置时，位置开关断开，推向开门位置时接通。即当车门关闭时，此开关断开；当车门打开时，此开关接通。门锁位置开关的工作情况车门锁紧和打开时的状态。

3. 钥匙操纵开关

钥匙操纵开关装在每个前门的钥匙门上，当从外面用钥匙开门或关门时，钥匙控制开关便发出开门或锁门的信号给门锁控制 ECU 或门锁控制继电器。钥匙操纵开关的位置如图 6-64 所示。

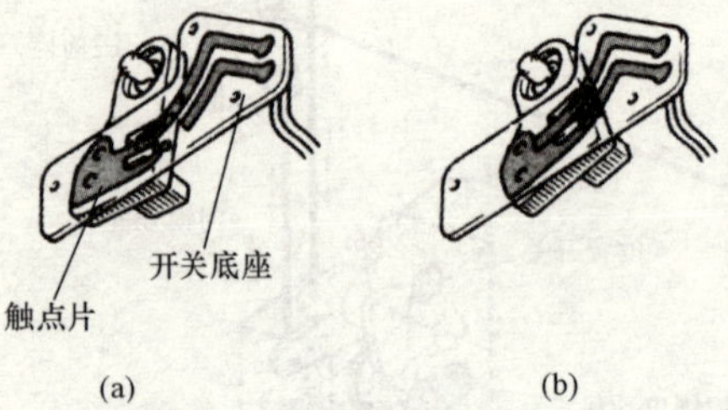

图 6-63　门锁位置开关的工作情况
（a）锁紧（断开）；（b）未锁（接通）

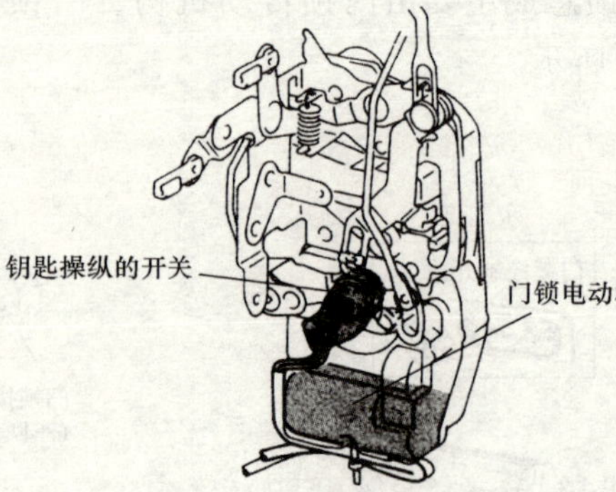

图 6-64　钥匙操纵开关的位置

4. 后备厢门开启器开关

一般该开关位于仪表板下面或驾驶员座椅左侧车厢底板上，拉动此开关便能打开后备厢门。后备厢门开启器开关，如图 6-65 所示。后备厢的钥匙门靠近其开启器，推压钥匙门，断开后备厢内主开关，此时再拉开启器开关也不能打开后备厢门。将钥匙插进钥匙门内顺时针旋转打开钥匙门，主开关接通，这样便可用后备厢门开启器打开后备厢。

5. 后备厢门开启器

后备厢门开启器装在后备厢门上，一般用电磁线圈代替电动机，由磁极、可动铁芯、电磁线圈和支架组成。后备厢门开启器，如图 6-66 所示。当电磁线圈通电时，可动铁芯将轴拉入并打开后备厢门。线路断路器用以防止电磁线圈因电流过大而过热。

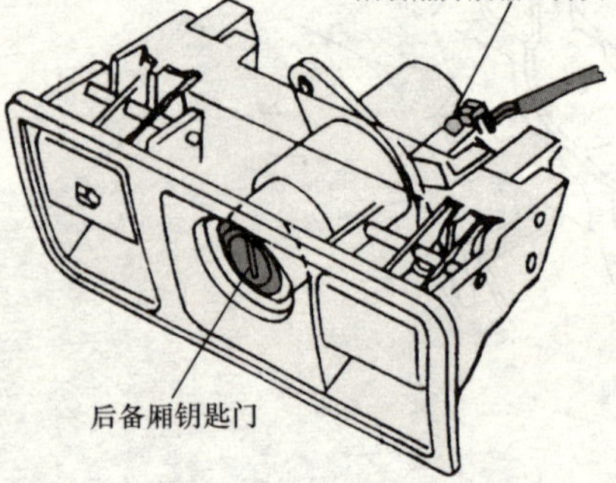

图 6-65　后备厢门开启器开关

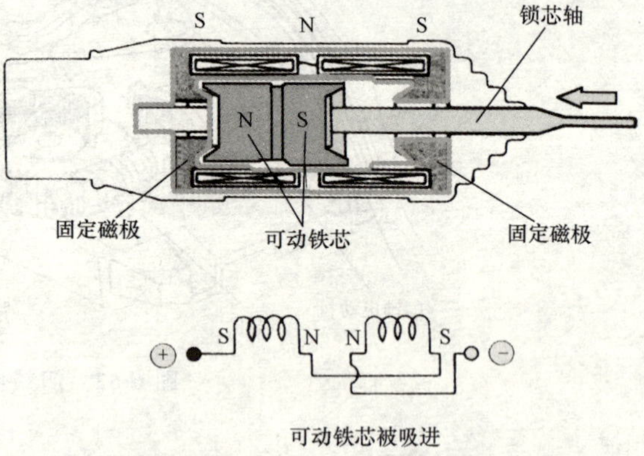

图 6-66　后备厢门开启器

（四）门锁控制器及中控门锁的工作原理

门锁控制器的形式比较多，常见的有继电器式，集成电路（IC）一继电器式，电脑（ECU）控制式等。

1. 继电器控制的中控门锁控制系统

门锁继电器的中控门锁电路，如图 6-67 所示。

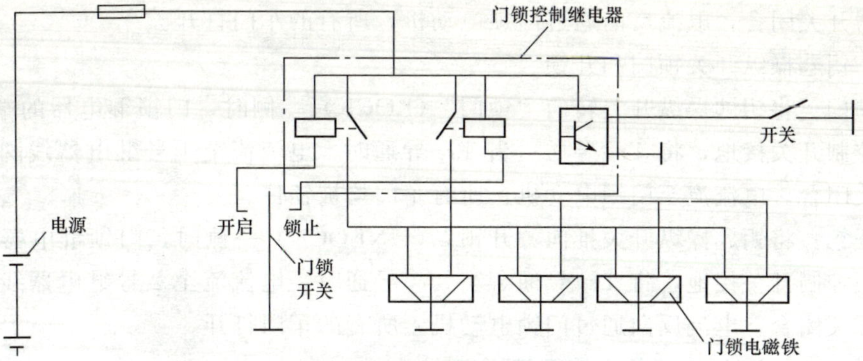

图 6-67 门锁继电器控制的中控门锁电路

当用钥匙转动锁芯，门锁开关中的“开启”触点闭合时，电流便经过蓄电池正极、熔断丝、开锁继电器线圈后经门锁开关搭铁，开锁继电器开关闭合，电流经过门锁电动机或门锁电磁线圈搭铁，四个车门同时打开。当用钥匙转动锁芯，门锁开关中的“锁止”触点闭合时，锁止继电器通电使其开关闭合，四个车门同时锁住。开关受车速的控制，可以实现自动闭锁。

2. 集成电路（IC）—继电器控制的中控门锁系统

集成电路（IC）—继电器控制的中控门锁控制电路，如图 6-68 所示。门锁控制器由一块集成电路（IC）和两个继电器组成，IC 电路可以根据各种开关发出的信号来控制两个继电器的工作情况。此电路中的 D 和 P 代表驾驶员侧和副驾驶员侧。

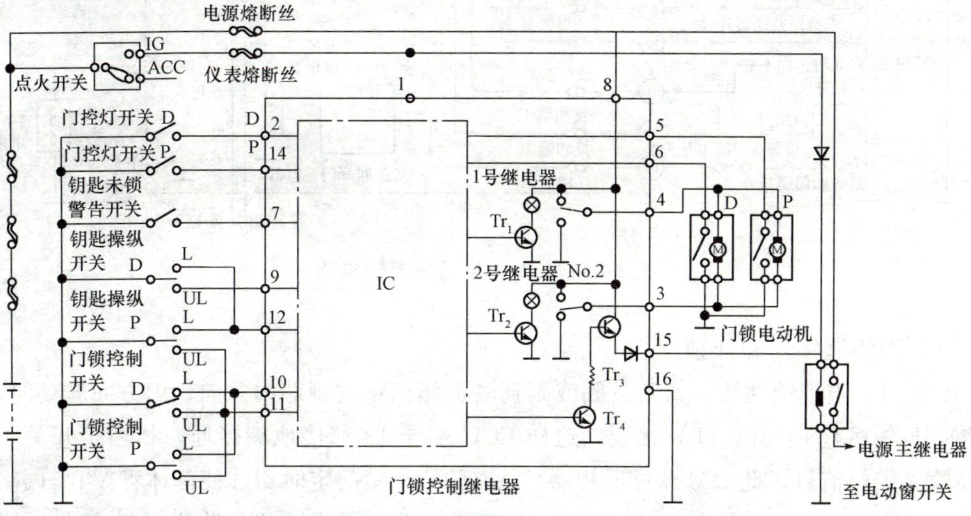

图 6-68 集成电路（IC）—继电器控制的中控门锁控制电路

（1）用门锁控制开关锁门和开锁。

①**锁门：**将门锁控制开关推向“锁门”（LOCK）一侧时，门锁继电器的端子 10 通过门锁控制开关接地，将 Tr_1 导通。当 Tr_1 导通时，电流流至 1 号继电器线圈，1 号继电器开关闭合，电流流至门锁电动机，所有车门均被锁住。

②**开锁**：将门锁控制开关推向“开锁”（UNLOCK）一侧时，门锁继电器的端子11通过门锁控制开关接地，将Tr_2导通。当Tr_2导通时，电流流至2号继电器线圈，2号继电器开关闭合，电流反向通过门锁电动机，所有的车门打开。

（2）钥匙操纵开关锁门和开锁。

①**锁门**：将钥匙操纵开关转向“锁门”（LOCK）一侧时，门锁继电器的端子12通过门锁控制开关接地，将Tr_1导通。当Tr_1导通时，电流流至1号继电器线圈，1号继电器开关闭合，电流流至门锁电动机，所有车门均被锁住。

②**开锁**：将钥匙操纵开关推向“开锁”（UNLOCK）一侧时，门锁继电器的端子9通过门锁控制开关接地，将Tr_2导通。当Tr_2导通时，电流流至2号继电器线圈，2号继电器开关闭合，电流反向通过门锁电动机，所有的车门打开。

3. 电脑（ECU）控制的中控门锁系统

汽车中控门锁系统电路，如图6-69所示。下面分析其工作过程和基本工作原理。

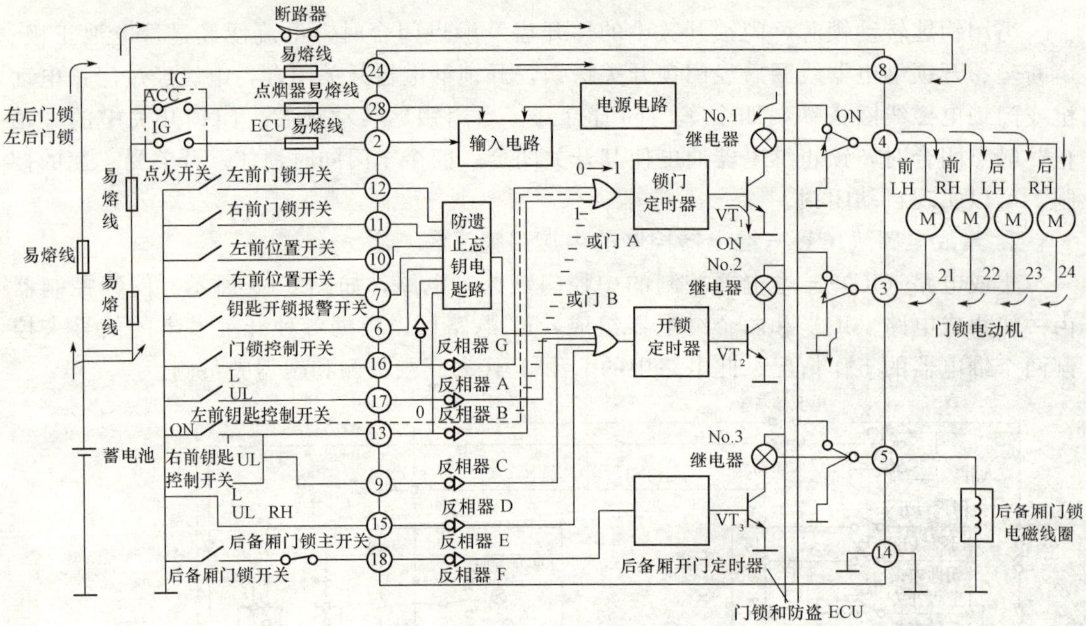

图6-69 汽车中控门锁系统电路

（1）用钥匙锁门和开锁。

①锁门：当把钥匙插入驾驶员侧或副驾驶员侧门锁的锁芯内并向锁门方向转动时，钥匙控制开关16将锁门侧（L）接通，这样ECU端子13和接地端接通，相当于开关16向ECU输入锁门信号。此信号经过反相器C、或门A、锁门定时器，使晶体管VT_1（起开关作用）导通，从而使继电器No.1通电。电流通过继电器线圈的电路为：蓄电池1→易熔线3→熔断器6→ECU的24号端子→继电器No.1的电磁线圈→晶体管VT_1→接地。

继电器No.1号通电使其触点闭合，接通了门锁电动机电路。电路为：蓄电池1→易熔线2、4→断路器5→ECU的8号端子→继电器No.1接通的触点→ECU的4号端子→门锁电动机21、22、23和24→ECU的3号端子→继电器No.2接地触点→接地→蓄电池负极。门锁电动机转动，将四个门锁全部锁上。

②开锁：当将钥匙插入驾驶员侧或乘员侧门锁锁芯内并向开锁方向转动时，钥匙控制开关16向开门（UNLOCK）侧接通，防盗和门锁ECU20的9号端子与接地之间接通，即开关16向ECU输入一个开锁请求信号。此信号经过反相器D、或门B、开锁定时器，使晶体管VT_2接地。

继电器No.2通电使其触点闭合，接通了门锁电动机电路。电路为：蓄电池1→易熔线2、4→断路器5→ECU的8号端子→继电器No.2接通的触点→ECU的3号端子→门锁电动机21、22、23和24→ECU的4号端子→继电器No.1接地触点→接地→蓄电池负极。门锁电动机反向转动全部开锁。

（2）用门锁控制开关锁门和开锁。

①锁门：把驾驶员侧或副驾驶员侧门锁控制开关15推向锁门（LOCK）位置时，防盗和门锁ECU20的16号端子与接地之间接通，即开关15向ECU输入一个锁门请求信号。此信号经过反相器A、或门A、锁门定时器，使晶体管VT_1（起开关作用）导通，从而使继电器No.1通电。电流通过继电器线圈的电路为：蓄电池1→易熔线3→熔断器6→ECU的24号端子→继电器No.1电磁线圈→晶体管VT_1→接地。

继电器No.1通电使其触点闭合，接通了门锁电动机电路。电路为：蓄电池1→易熔线2、4→断路器5→ECU的8号端子→继电器No.2接地触点→接地→蓄电池负极。门锁电动机转动，将四个门锁全部锁上。

②开锁：当把驾驶员侧或副驾驶员侧门锁控制开关15推向开锁（UNLOCK）位置时，防盗和门锁ECU20的17号端子与接地之间接通，即开关15向ECU输入一个开锁请求信号。此信号经过反相器B、或门B、开锁定时器，使晶体管VT_2（起开关作用）导通，从而使继电器No.2通电，电流通过继电器线圈的电路为：蓄电池1→易熔线3→熔断器6→ECU的24号端子→继电器No.2→晶体管VT_2→接地。

蓄电池No.2通电使其触点闭合，接通了门锁电动机电路。电路为：蓄电池1→易熔线2、4→断路器5→ECU的8号端子→继电器No.2接通的触点→ECU的3号端子→门锁电动机21、22、23和24→ECU的4号端子→继电器No.1接地触点→接地→蓄电池负极。门锁电动机反向转动，将四个门锁全部开锁。

③后备厢门锁的控制。当主开关19和后备厢门锁开关的18接通时，防盗和门锁ECU20的18号端子与接地之间接通，即向ECU输入一个后备厢开锁请求信号。此信号经过反相器F和后备厢开锁定时器，使晶体管VT_3（起开关作用）导通，从而使继电器No.3电磁线圈通电。电流通过继电器线圈的电路为：蓄电池1→易熔线3→熔断器6→ECU的24号端子→继电器No.3的电磁线圈→晶体管VT_3→接地。

继电器No.3通电使其触点闭合，接通了后备厢门锁电磁线圈的电路。电路为：蓄电池1→易熔线2、4→断路器5→ECU的8号端子→继电器No.3接通的触点→ECU的5号端子→后备厢门锁电磁线圈25→接地→蓄电池负极，从而使后备厢门锁打开。

（3）防止点火钥匙锁入车内。若驾驶员未从点火开关中拔出点火钥匙便打开前车门，准备离开，由于前车门打开和点火钥匙未拔出，门锁开关10和钥匙警告开关14均保持接通状态，并将信号送给ECU的防止钥匙遗忘电路。此时，当按下门锁按钮（或门锁控制开关）锁门时，门立刻被锁上。但位置开关12（或门锁控制开关）经ECU的

10 号（或 16 号）端子，将一信号送给防止钥匙遗忘电路，再经反向器 D 或门 B、开锁定时器到晶体管 VT_2，使 VT_{12} 导通，继电器 No. 2 电磁线圈通电，因而使所有门锁开锁。

二、汽车中控门锁的拆装与检测

（一）汽车中控门锁的拆装

（1）从蓄电池负极端子断开电缆。

（2）脱开 3 个卡爪并拆下前门内把手框。

（3）脱开 2 个卡子和 6 个卡爪，拆下前扶手座上板，并断开连接器。

（4）拆下 3 个螺钉和电动车窗升降器主开关总成。

（5）脱开 2 个卡爪并拆下电动车窗升降器开关总成。

（6）脱开卡爪并拆下门控灯总成。

（7）脱开卡爪并断开车门扶手盖，拆下 2 个螺钉。

（8）脱开 9 个卡子，然后脱开 5 个卡爪并从前门玻璃内密封条上分开前门装饰板分总成。

（9）脱开前门装饰板分总成时，其内部还需脱开 2 个卡爪，并断开前门内把手分总成。

（10）断开前门锁止遥控拉索和前门内侧锁止拉索，并拆下前门内把手分总成。

（11）脱开卡子和卡夹以拆下前门下门框支架装饰条并断开连接器。

（12）从前门板上拆下前门玻璃内密封条。

（13）拆下 2 个螺钉和车门装饰板支架。

（14）断开连接器并拆下前门检修孔盖。

（15）断开蓄电池负极端子和电动车窗升降器主开关总成，拆下图 6-70 中的 a、b 处两个螺栓及前门玻璃分总成。

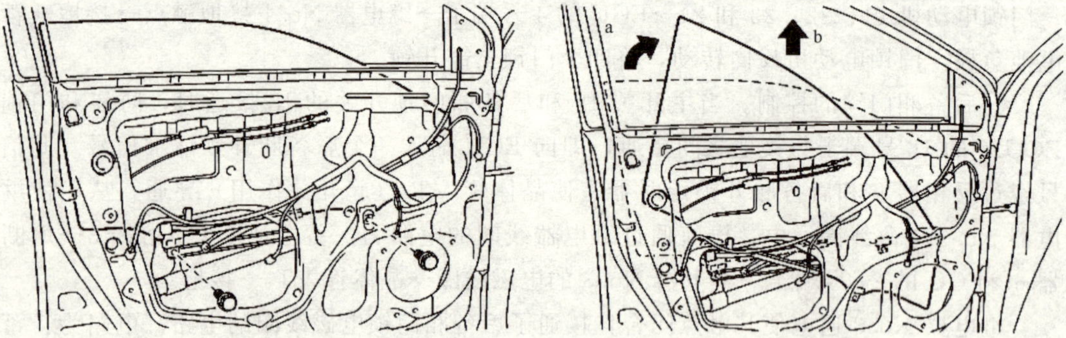

图 6-70　拆卸前门玻璃分总成

（16）将前门窗升降器分总成和前电动车窗升降器电动机总成作为一个单元拆下，从前门窗升降器分总成上拆下临时螺栓。

（17）拆下 3 个螺钉和前电动车窗升降器电动机总成。

（18）拆下螺栓并拆下导管和前门 2 号加强垫。

(19) 拆下前门玻璃升降槽。

(20) 脱开卡子并拆下门框装饰条。

(21) 拆下螺栓和前门后下门框分总成。

(22) 松开螺钉，然后将前门外把手盖和车门锁芯作为一个单元拆下。

(23) 拆下 3 个螺钉，然后向下滑动前门门锁总成，并将前门锁开启杆从外把手框中拉出，然后将前门门锁总成和拉索作为一个单元拆下，而后将前门锁开启杆从前门门锁总成上拆下，最后将门锁线束密封从前门门锁总成上拆下。拆卸前门门锁总成，如图 6-71 所示。

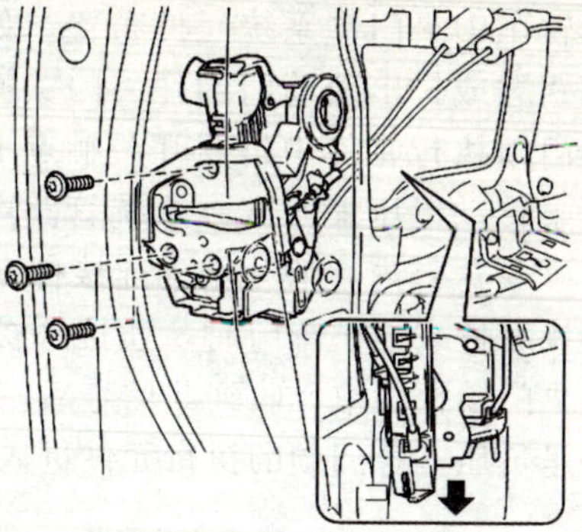

图 6-71 拆卸前门门锁总成

(24) 在前门门锁总成上安装门锁线束密封，将完好的前门门锁总成和相应的拉索连接，然后向上滑动前门门锁总成，紧固 3 个螺钉。

(25) 安装前门外把手盖和车门锁芯，紧固螺钉。

(26) 安装螺栓和前门后下门框分总成。

(27) 安装卡子并安装门框装饰条。

(28) 安装前门玻璃升降槽。

(29) 使用套筒扳手紧固螺栓并安装导管和前门 2 号加强垫。

(30) 紧固 3 个螺钉和前电动车窗升降器电动机总成。

(31) 将前门窗升降器分总成和前电动车窗升降器电动机总成作为一个单元安装，然后连接上连接器，并紧固 5 个螺栓。

(32) 安装前门玻璃分总成并紧固 2 个螺栓，然后连接上蓄电池负极端子和电动车窗升降器主开关总成。

(33) 安装前门检修孔盖并连接上连接器。

(34) 紧固 2 个螺钉和车门装饰板支架。

(35) 在前门板上安装前门玻璃内密封条。

(36) 连接上连接器并安装上前门下门框支架装饰条，然后安装卡子和卡夹。

(37) 连接前门锁止遥控拉索和前门内侧锁止拉索，并安装前门内把手分总成。

(38) 安装前门装饰板分总成时，其内部还需紧固 2 个卡爪。

(39) 安装 5 个卡爪并紧固 9 个卡子。

(40) 安装卡爪并连接车门扶手盖并紧固 2 个螺钉。

(41) 安装卡爪并紧固门控灯总成（如果有配置）。

(42) 安装电动车窗升降器开关总成并紧固 2 个卡爪。

(43) 使用十字螺丝刀安装 3 个螺钉和电动车窗升降器主开关总成。

(44) 安装前扶手座上板并连接上连接器，然后紧固 2 个卡子和 6 个卡爪。

(45) 安装前门内把手框并紧固 3 个卡爪。

(46) 将蓄电池负极端子连接上电缆。

（二）汽车中控门锁的检修

下面以红旗轿车的中控门锁为例，简要介绍其故障检查方法。

红旗轿车装备了中控门锁系统，在使用中方便、快捷、防盗。

中控门锁系统主要由双压泵、中央门锁控制单元、门锁执行元件和管路等组成，红旗轿车中央门锁系统元件布置，如图 6-72 所示，前门锁执行元件，如图 6-73 所示。当用钥匙或拉出两前门的任一门锁操纵杆来打开门锁时，由于门锁通过连接杆向上拉起，车门锁执行元件中门锁开关触点 I 闭合，中央门锁控制单元收到此信号后，立即控制双压泵转动以压缩空气，系统管路中的空气呈正压，气体进入 4 个车门及后备厢的执行元件（膜盒）内，膜片推动连接杆向上运动将门锁打开。当用钥匙或按下两前门的任一门锁操纵杆来锁住车门时，连接杆被压下，车门锁执行元件中门锁开关的门锁触点Ⅱ闭合，中央门锁控制单元收到此信号后，立即控制双压泵向另一方向运转，抽吸空气，系统管路中呈负压，各门锁的执行元件进入真空状态，膜片带动连接杆向下运动而将车门锁住。

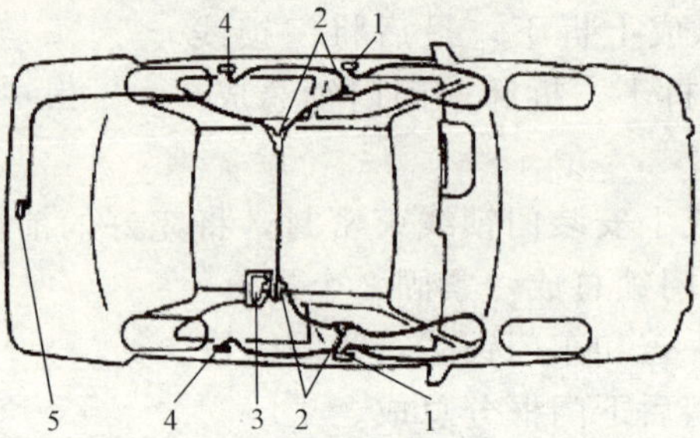

图 6-72　红旗轿车中央门锁系统元件布置

1—前门锁执行元件；2—三通真空软管；3—双压泵及中央门锁控制单元；4—后门锁执行元件；5—后备厢门锁执行元件

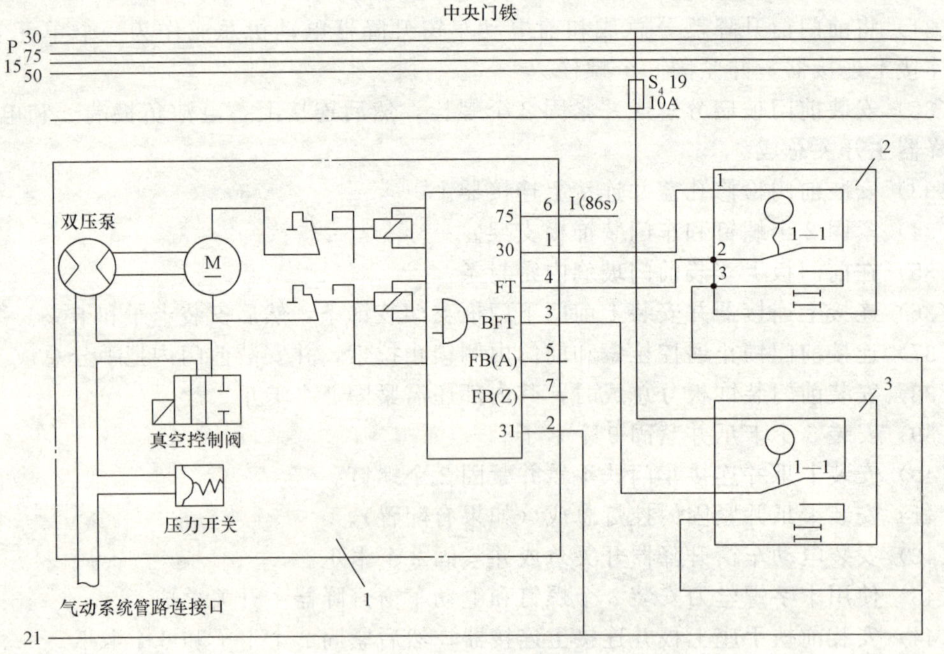

图 6-73　前门锁执行元件

1—中央门锁控制器；2—左前门锁控制器；3—右前门锁控制器

1. 系统的检修

在门锁控制失灵时，应该先检查是全部门锁失灵还是某个车门失灵。如果全部门锁失灵，一般是由电源断路、空气管路破裂、中央门锁控制单元损坏等原因造成的；若打开或关闭前门锁时，双压泵工作时间长达 30 s，但门锁不动作，说明系统有漏气处；如果只是某个车门锁失灵，一般是该门锁机械方面的故障，只要拆检该车门即可。

在检修时，拆掉后座椅，取出双压泵绝缘材料，断开中央门锁控制单元接线插头并用万用表测试（测试之前，要检查蓄电池的电压和 19 号熔丝）。

（1）检查线路。首先，用万用表测量端子 1 和 2（图 6-73）之间电压，应为 12 V（蓄电池电压），否则应检查线束断路处并排除；然后，将点火开关接通（不点火），用万用表测量端子 6（接点火开关）和 2 之间的电压，应为 12 V，若未达到规定值，则检查线束断路处及点火开关；最后，拔下点火钥匙，用万用表测量端子 6 和 2 之间的电压，应为 0 V，否则说明点火开关损坏。

（2）检查车门开关。首先，将左前门锁住，测量端子 1 和 4 之间的电压，门锁开启时端子 4 和 2 之间的电压均应为 12 V，否则应检查线路及车门开关单元；然后，将右前门锁住，测量端子 1 和 3 之间的电压，门锁开启时端子 3 和 2 之间的电压均应为 12 V，否则，应检查线路及车门开关单元。

（3）检查管路及双压泵。若以上检查没问题，应检查系统是否漏气。若双压泵的运行时间超过 3～7 s，而中央门锁系统还不工作，并于 30 s 后自动停机，很可能是系统存在漏气现象；如果系统不漏气且系统不工作，则说明是双压泵有故障，应予以更换。

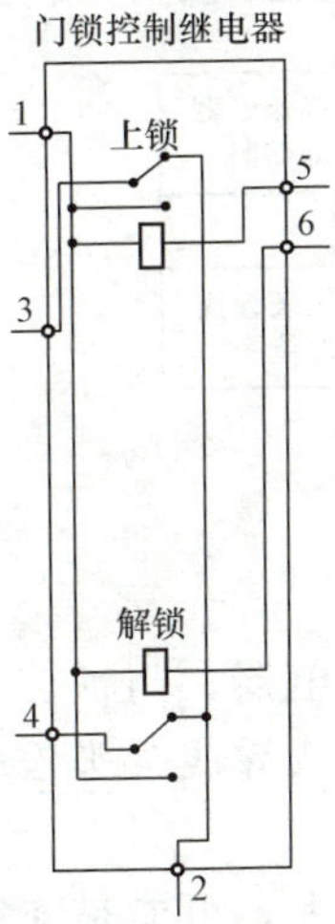

图 6-74 门锁控制继电器

2. 端子元件的判别与检修

（1）门锁控制继电器。门锁控制继电器实质上就是由两个 5 脚的继电器组成的（图 6-74）。门锁控制继电器 1 号端子与 5、6 号端子的电阻是上锁和解锁线圈的电阻，其两线圈的电阻基本上是一样大的；判断出线圈端子后，给线圈加蓄电池电压，3、4 号端子对地应为电源电压，3、4 号端子为门锁电动机端子，剩下的 2 号端子为接地端子（此方法适合判断负触发门锁控制继电器）。如判断结果不符合上述所说的，则应更换门锁控制继电器。

（2）门锁手动开关与门锁钥匙开关（图 6-75）。这两个开关里面的结构是相同的，有 3 根引线，其中一根是公共端，将门锁手动开关按至上锁位置时，上锁接线柱与公共端之间应导通；按至解锁位置时，公共端与解锁接线柱之间应导通，如不符合上述要求应更换开关。

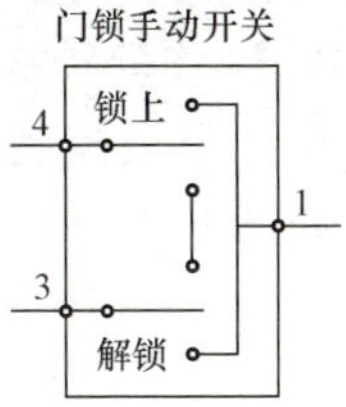

图 6-75 门锁手动开关

（3）门锁电动机。门锁电动机有 2 根引线，在两根引线上加蓄电池电压，如果门锁电动机不工作，则应更换电机。

（三）检修与维修及注意事项

（1）中央门锁内靠多组塑料齿轮传递动力，以达到降速增扭，故齿轮的润滑很重要。另外，车门锁的润滑保养也影响到电动机的正常工作。该系统常发生的一种故障：由于车门密封被破坏，灰尘进入电动机的传动齿轮上与润滑油混合后形成油渍，干涉齿轮传动。轻者会烧坏保险等；重者会卡坏传动齿轮。维修时可清洗一下齿轮，重新润滑保养，一般系统可恢复正常。

（2）由于本系统与其余两系统共用搭铁线而产生一个典型故障：中央门锁不好用，锁门时收音机天线动作。多为公用搭铁点搭铁不实。

（3）该系统结构简单：左前门可控制其余各门，而其余车门单独控制。与其他车不同的是右前门不能控制其他车门。

（4）此系统只控制车门的开关，并不控制后备厢，也无防盗功能。

三、汽车中控门锁的常见故障

操作门锁控制开关时，所有门锁均不动作、不能开门（或锁门）、个别车门锁不能动作、速度控制失灵（如果有速度控制）等。

1. 操作门锁控制开关，所有门锁均不动作

所有门锁均不动作的故障一般发生在电源电路中，所有门锁均不动作故障诊断流程，如图 6-76 所示。

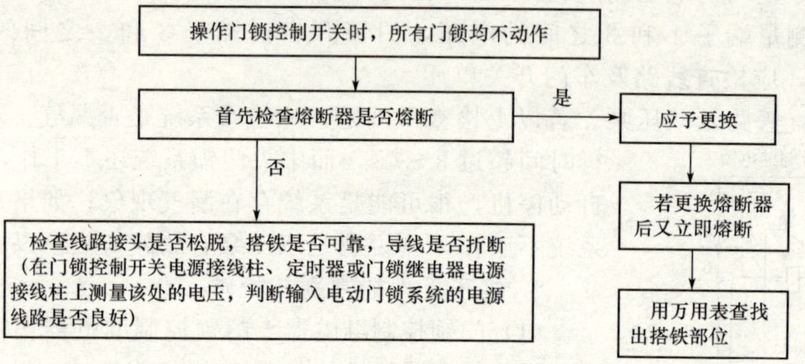

图 6-76　所有门锁均不动作故障诊断流程

2. 操作门锁控制开关，不能开门（或锁门）

操作门锁控制开关，不能开门的故障是由于开门（或锁门）继电器、门锁控制开关损坏所致，可能是继电器线圈烧断、触点接触不良、开关触点烧坏或导线接头松脱。

3. 操作门锁控制开关，个别车门锁不能动作

操作门锁控制开关，个别门锁不能动作的故障仅出在相应车门上，可能是连接线路断路或松脱、门锁电动机（或电磁铁式执行器）损坏、门锁连杆操纵机构损坏等。

4. 操作门锁控制开关，速度控制失灵

操作门锁控制开关，速度控制失灵，应进行故障诊断。速度控制失灵故障诊断流程，如图 6-77 所示。

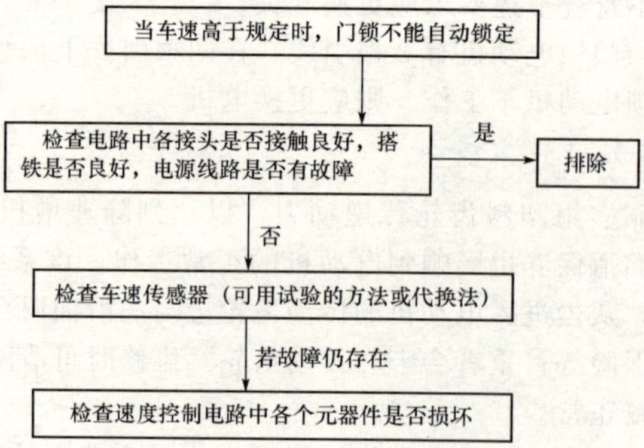

图 6-77　速度控制失灵故障诊断流程

5. 操作门锁控制开关，拉扭发卡

当拉杆变形、门锁锈蚀严重时，用手动拉扭操作时会不顺当。应及时拆检门锁、拉杆。必要时修理和更换新件。

实施与考核

一、实训内容

1. 实训准备

（1）准备好汽车电气设备常用检测工具、实训车辆。

（2）强调实训中的安全注意事项。

2. 实训流程

车型里程：VIN：LSGVU52Z67Y030848 新景程　140 km。

故障现象：按钥匙上的遥控锁车键锁车后，报警喇叭不停地“嘀、嘀”响。

检测分析：正常情况在锁车后报警喇叭会“嘀”地响一声，进行提示，试车发现用钥匙拧司机车门锁芯锁车时正常，报警喇叭不响，但是一按遥控锁车键，报警喇叭就不停地响，开锁正常；检查还发现前车厢灯不亮。先检查前车厢灯故障：新景程电气系统与老款景程相比有了较大的变化，它新增加了一个灯光控制模块（LCM），位置在车身控制模块后面，查看电路图（图 6-78）；前车厢灯是由灯光控制模块提供电源的，用万用表测量，1 号脚电压始终为零，2 号搭铁正常，测量从前车厢灯到灯光控制模块（LCM）的线路正常，检查保险丝都完好，于是更换了一个新的灯光控制模块（LCM），结果前车厢灯恢复正常，将车门关好，一试遥控也恢复了正常。两个故障都排除了。

排除方法：将原车的灯光控制模块（LCM）重新安装，试车发现两个故障都不再出现，这说明故障原因是灯光控制单元（LCM）的插头接触不良，导致上述两个故障，将插头处理并重新安装后故障排除。

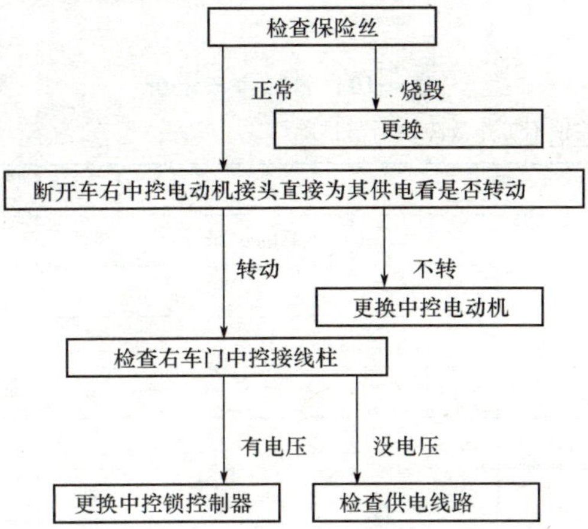

图 6-78　汽车右前中控锁不工作故障诊断与排除流程

3. 实训记录

组织学生完成实训记录单。

4. 教师总结及反馈

（1）总结本次的实训要点内容。

（2）解答学生实训中存在的问题。

（3）对学生解决实际问题能力的考核做出点评，给出本次实训成绩。

二、任务实施与考核

（1）教师组织学生分组分工。在充分掌握上述知识与技能的前提下，各组按要求完成任务工作单（表 6-9）。

（2）教师根据完成的情况完成教师考核记录（表 6-10）。

表 6-9 任务工作单

实训项目：汽车右前中控锁不工作故障诊断与排除

班级学号		姓 名	
实训车型		VIN 码	
1. 写出车型和里程。 2. 出现了哪些故障现象？ 3. 检测分析的结果是什么？ 4. 如何排除故障？ 5. 自我评价（个人技能掌握程度）：□非常熟练 □比较熟练 □一般熟练 □不熟练			
教师评语： 实训记录成绩______ 教师签字：______ ____年____月____日			

表 6-10 教师考核记录

实训项目：汽车右前中控锁不工作故障诊断与排除

班级学号		姓 名	
项目	必要的记录	分值	评分
课堂参与情况		40	
语言表达情况		20	
任务单填写情况		20	
反馈建议情况		10	
实训准备、清洁情况		10	
总分			
教师签字： ____年____月____日			

项目小结

1. 电动刮水器的作用是为了清扫风窗玻璃上的雨水、雪或尘土，保证汽车在雨天、雪天行驶时驾驶员有良好的视线，所以，为了确保行车安全，汽车上都装有刮水器。目前使用最多的是电动式刮水器。

2. 电动风窗刮水器主要由直流电动机、蜗轮箱、曲柄、连杆、摆杆、摆臂和刮水片等组成。

3. 电动后视镜主要由永磁式电动机、传动机构和控制开关等组成。每个后视镜都有两套驱动装置，由电动后视镜开关进行操纵，其中一个电动机和传动机构用于后视镜水平方向的转动，另一个电动机和传动机构则用于后视镜垂直方向的转动。

4. 电动后视镜的常见故障有：左、右两个后视镜均不工作，一个后视镜在上、下位置不工作，一个后视镜在左、右位置不工作，一个后视镜不工作。

5. 电动车窗的作用是许多中高级轿车用电动机取代了传统的门窗摇把。电动车窗是以电为动力，利用开关使车窗玻璃自动升降。驾驶员或乘员操纵开关接通车窗升降电动机的电路，电动机产生动力，通过一系列的机械传动，使车窗玻璃按要求进行升降。其优点是操作简便并有利于行车安全。其功能有：手动升/降、自动升/降、车窗锁止、防夹保护、延时操作、门锁联动关闭等。

6. 电动车窗系统由车窗、车窗玻璃升降器、双向电动机、电动门窗控制电路等装置组成。

7. 电动座椅主要由座椅开关和位置传感器、电子控制器 ECU、执行机构的驱动电动机三大部分组成。

8. 中控门锁的功能有中央控制、速度控制、单独控制。

9. 汽车中控门锁的常见故障有操作门锁控制开关时，所有门锁均不动作、不能开门（或锁门）、个别车门锁不能动作、速度控制失灵（如果有速度控制）等。

习题与思考

一、填空题

1. 刮水器的作用是刮除挡风玻璃上的__________、__________或__________，确保驾驶员有良好的视野。
2. 刮水器按动力源不同，可分为__________式、__________式和真空式。
3. 按电动机类型，刮水器分为__________式电动机刮水器和__________式电动机刮水器。
4. 电动刮水器由__________、__________、__________三大部分组成。
5. 刮水电动机基本上都是__________式直流电动机。
6. 刮水电动机采用改变两刷间__________方法进行调速。
7. 刮水器的传动机构一般由__________机构或__________机构组成。
8. 电动车窗由__________、__________、__________、__________等装置组成。

9. 电动玻璃升降器传动机构常见的有__________和__________两种。

10. 电动座椅由__________、__________及__________等组成。

11. 中央门锁系统主要由__________、__________、__________等组成。

12. 门窗升降器的传动机构有__________、__________两种。

13. 电动座椅调整系统按座椅移动的方向数目可划分为__________、__________、__________。

14. 电动后视镜按安装位置不同可以分为__________、__________、__________三种。

二、判断题

1. 晴天刮除挡风玻璃上灰尘时，应先接通刮水器，再接通洗涤器。（　　）

2. 汽车刮水器的自动停位器确保了刮水器工作结束时将雨刷停在合适位置。（　　）

三、选择题

1. 刮水器间歇挡刮水一次，刮水臂停歇(　　)秒。

A. 3～6　　B. 6～8　　C. 5～7　　D. 1～3

2. 装四个双向电动机的座椅可以调整(　　)个方向。

A. 2　　B. 4　　C. 6　　D. 8

3. 一般安装在汽车驾驶室内前上方的后视镜是(　　)。

A. 内后视镜　　B. 外后视镜　　C. 下视镜　　D. 上视镜

四、简答题

1. 简述刮水片不能工作故障的诊断步骤。
2. 电动刮水器的基本结构是什么？
3. 简述两速的永磁式电动机的工作原理。
4. 简述电动后视镜的组成和原理。
5. 何谓电动车窗手动升降？何谓自动升降？
6. 电动刮水器的间歇功能是如何实现的？
7. 间歇挡工作不正常，如何排除？
8. 电动车窗主要由哪些部件组成？其中升降机构有哪几种？
9. 为什么电动车窗要分别设置主开关和分开关？
10. 电动座椅具备哪些具体的调节功能？
11. 电动后视镜与电动座椅的结构有什么相似之处？
12. 电动车窗主要由哪些部件组成？其升降机构有哪几种？

附录　常用图形符号与有关标志

一、汽车电路图中常用的图形符号

汽车电路图中常用的图形符号见附表 1。图形符号可分为：①限定符号；②导线、端子和导线的连接符号；③触点与开关符号；④电气元件符号；⑤仪表符号；⑥传感器符号；⑦电气设备符号。

各种开关、报警灯和指示灯标志见附表 2。在汽车上一般采用特定的图形标志或英文字母来表示各种开关、报警灯和指示灯的功能。这些图形标志国际通用，具有形象、简明的特点，一看便知其功能。

附表 1　汽车电路图中常用的图形符号

限定符号			导线、端子和导线的连接符号		
序号	名　称	图形符号	序号	名　称	图形符号
1	直流	—	11	接　点	•
2	交流	~	12	端　子	○
3	交直流	≂	13	可拆卸的端子	⌀
4	正极	+	14	导线的连接	
5	负极	—	15	导线的分支连接	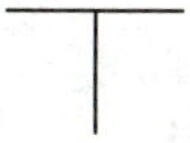
6	中性点	N	16	导线的交叉连接	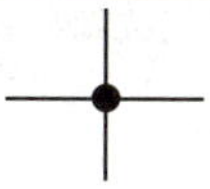
7	磁场	F	17	导线的跨越	
8	搭铁		18	插座的一个极	
9	交流发电机输出接线柱	B	19	插头的一个极	
10	磁场二极管输出端	D+	20	插头和插座	

续表

序号	名称	图形符号
21	多极插头和插座（示出的为三极）	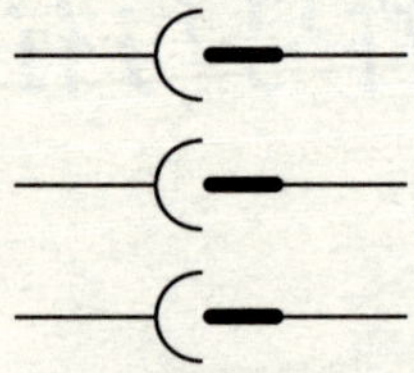
22	接通的连接片	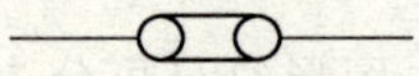
23	断开的连接片	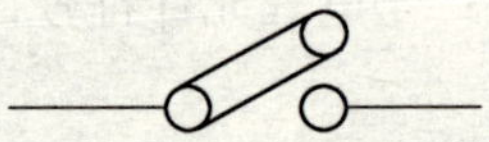
24	边界线	
25	屏蔽（护罩）（可画成任何方便的形状）	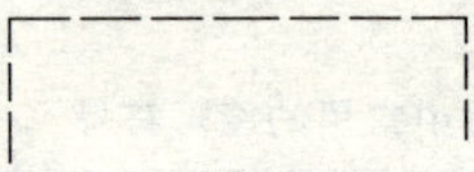
26	屏蔽导线	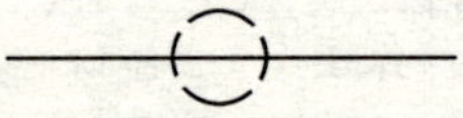
触点与开关符号		
27	动合（常开）触点	
28	动断（常闭）触点	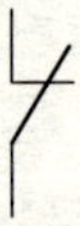
29	先断后合的触点	
30	中间断开的双向触点	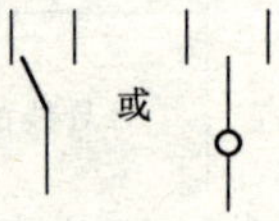
31	双点合触点	
32	双动断触点	
33	单动断双动合触点	
34	双动断单动合触点	
35	一般情况下主手动控制	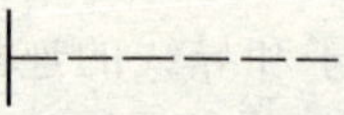
36	拉拔操作	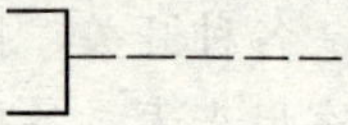
37	旋转操作	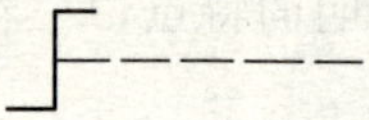
38	推动操作	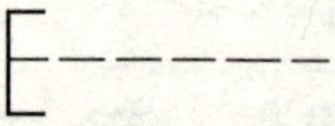
39	一般机械操作	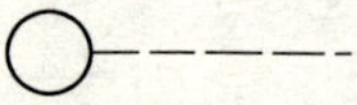
40	钥匙操作	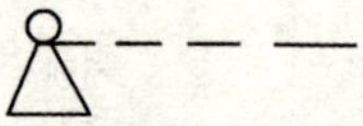
41	热执行器操作	
42	温度控制	
43	压力控制	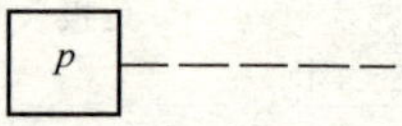
44	制动压力控制	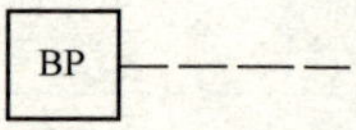
45	液位控制	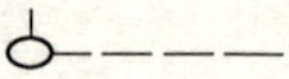
46	凸轮控制	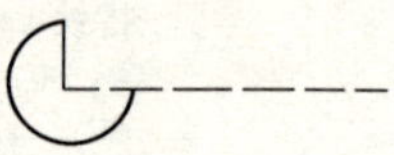
47	联动开关	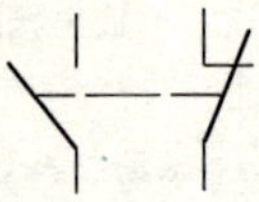

续表

序号	名　称	图形符号
48	手动开关的一般符号	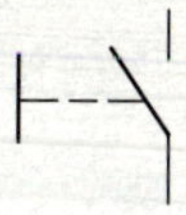
49	定位（非自动复位）开关	
50	按钮开关	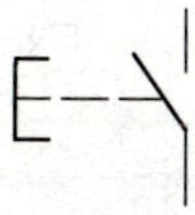
51	能定位的按钮开关	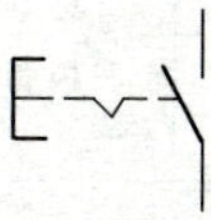
52	拉拔开关	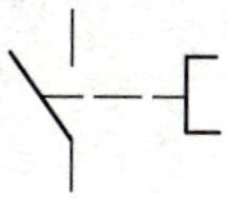
53	旋转、旋钮开关	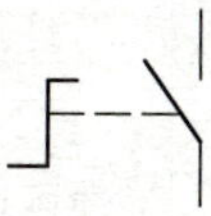
54	液位控制开关	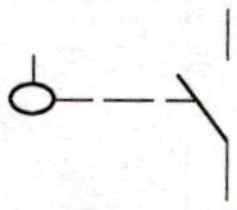
55	机油滤清器报警开关	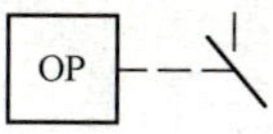
56	热敏开关动合触点	
57	热敏开关动断触点	
58	热敏自动开关动断触点	
59	热继电器触点	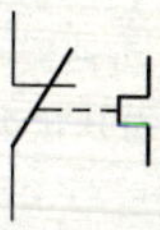
60	旋转多挡开关位置	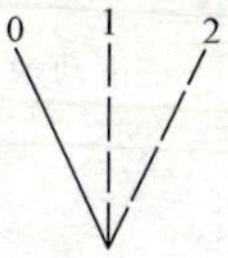
61	推拉多挡开关位置	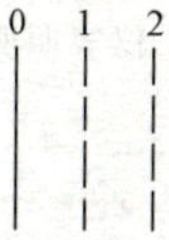
62	钥匙开关（全部定位）	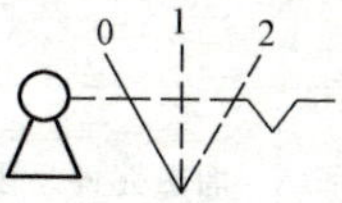
63	多挡开关、点火、起动开关，瞬时位置为 2 能自动返回到 1（即 2 挡不能定位）	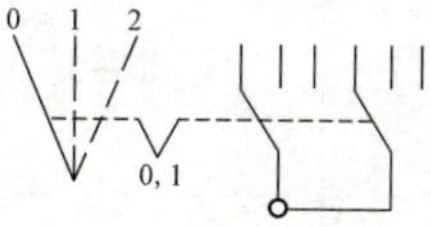
64	节流阀开关	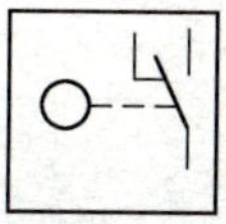

电器元件符号

序号	名　称	图形符号
65	电阻器	
66	可变电阻器	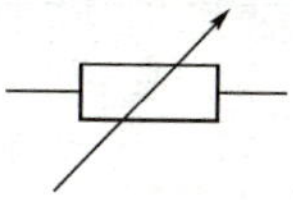
67	压敏电阻器	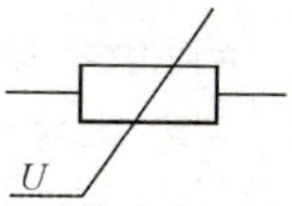
68	热敏电阻器	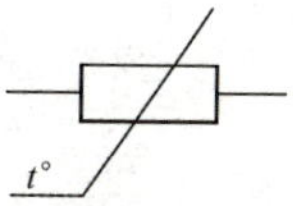
69	滑线式变阻器	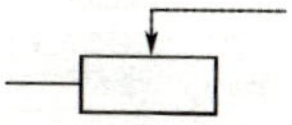

续表

序号	名　　称	图形符号
70	分路器（带分流或分压接头的电阻器）	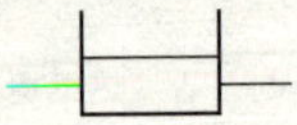
71	滑动触点电位	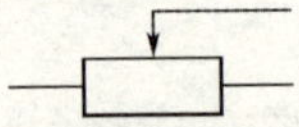
72	仪表照明调光电阻	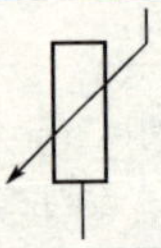
73	光敏电阻	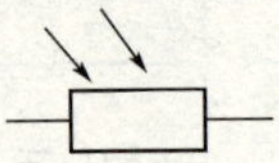
74	加热元件、电热塞	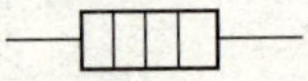
75	电容器	
76	可变电容器	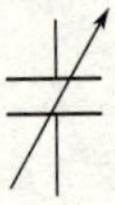
77	极性电容器	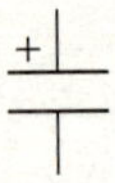
78	穿心电容器	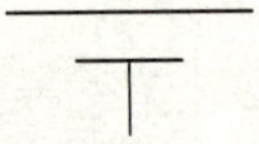
79	半导体二极管一般符号	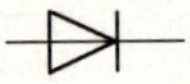
80	单向击穿二极管，电压调整二极管（稳压管）	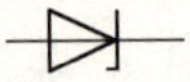
81	发光二极管	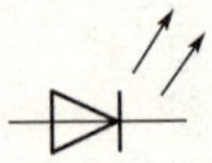
82	双向二极管（变阻二极管）	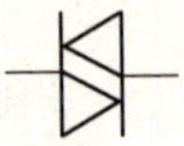
83	三极晶体闸流管	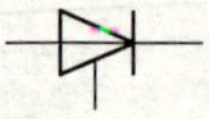
84	光电二极管	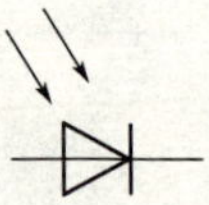
85	PNP 型三极管	
86	集电极接管壳三极管（NPN 型）	
87	具有两个电极的压电晶体	
88	电感器、线圈、绕组、扼流圈	
89	带磁芯的电感器	
90	熔断器	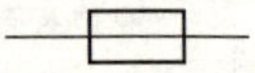
91	易熔线	
92	电路断电器	
93	永久磁铁	
94	操作器件一般符号	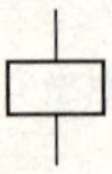
95	一个绕组电磁铁	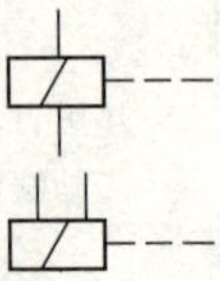

续表

序号	名　　称	图形符号
96	两个绕组电磁铁	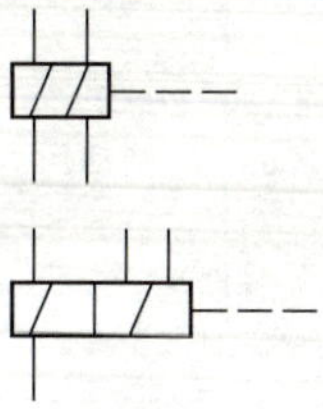
97	不同方向绕组电磁铁	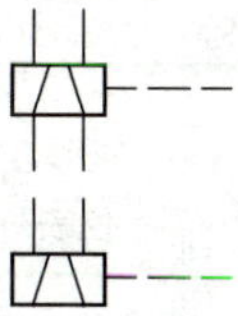
98	触点常开的继电器	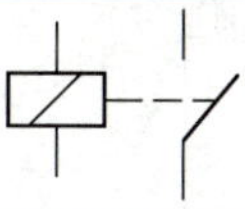
99	触点常闭的继电器	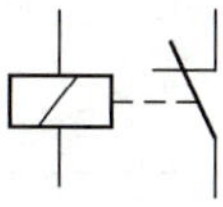

仪表符号

序号	名　　称	图形符号
100	指示仪表（星号按规定字母或符号代入）	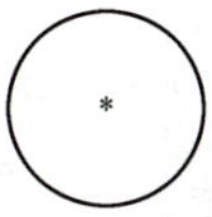
101	电压表	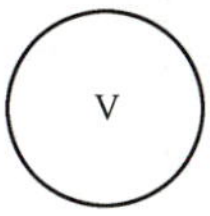
102	电流表	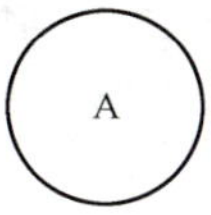
103	电压电流表	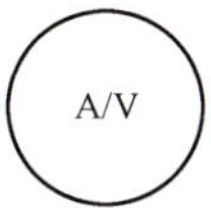
104	欧姆表	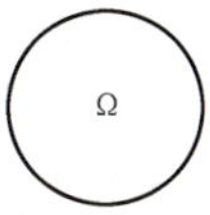
105	瓦特表	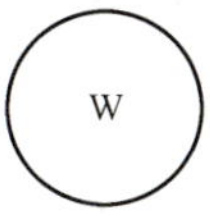
106	油压表	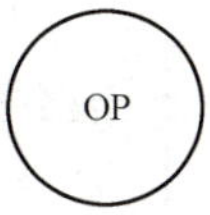

序号	名　　称	图形符号
107	转速表	
108	温度表	
109	燃油表	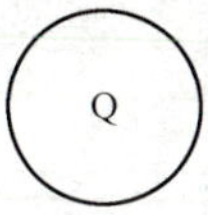
110	车速里程表	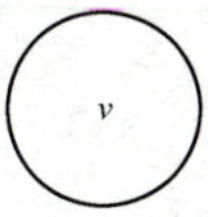
111	电钟	
112	数字式电钟	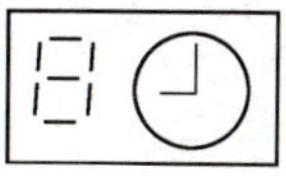

传感器符号

序号	名　　称	图形符号
113	传感器的一般符号（星号按规定字母或符号写入）	
114	温度表传感器	
115	空气温度传感器	
116	水温传感器	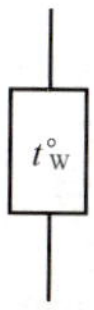

续表

序号	名　称	图形符号
117	燃油表传感器	
118	油压表传感器	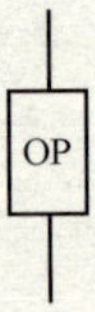
119	空气质量传感器	
120	空气流量传感器	
121	氧传感器	
122	爆燃传感器	
123	转速传感器	
124	速度传感器	
125	空气压力传感器	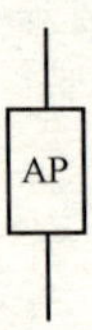
126	制动压力传感器	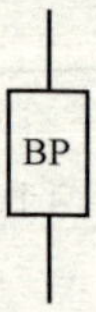

电气设备符号

序号	名　称	图形符号
127	照明灯、信号灯、仪表灯、指示灯	
128	双丝灯	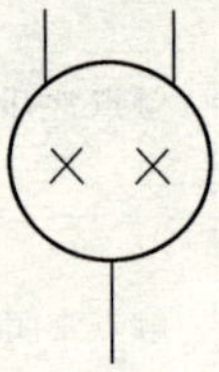
129	荧光灯	
130	组合灯	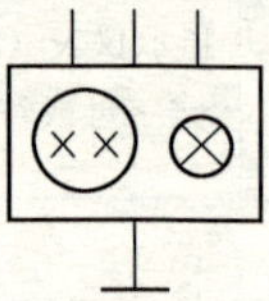
131	预热指示器	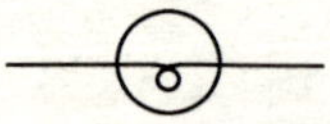
132	电喇叭	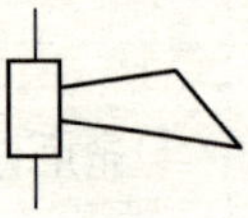
133	扬声器	
134	蜂鸣器	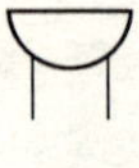
135	报警器、电警笛	

续表

序号	名　　称	图形符号
136	元件、装置、功能元件（填上适当符号或代号，表示元件、装置或功能）	 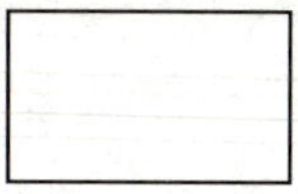 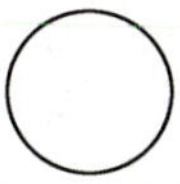
137	信号发生器	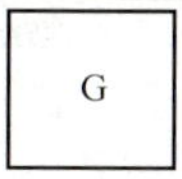
138	脉冲发生器	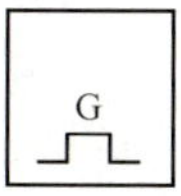
139	闪光器	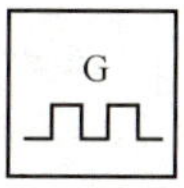
140	霍尔信号发生器	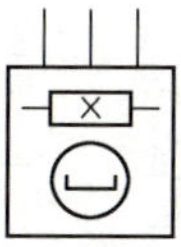
141	磁感应信号发生器	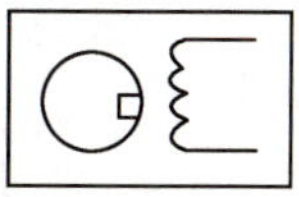
142	温度补偿器	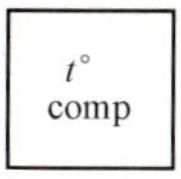
143	电磁阀一般符号	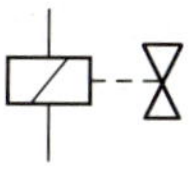
144	常开电磁阀	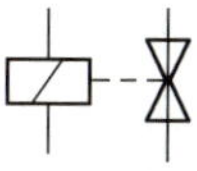
145	常闭电磁阀	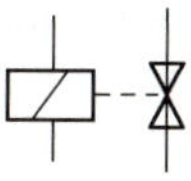
146	空调压缩机的电磁离合器	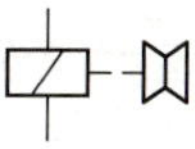
147	用电动机操纵的怠速调整装置	
148	过电压保护装置	
149	过电流保护装置	
150	加热器（除霜器）	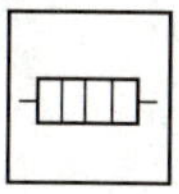
151	振荡器	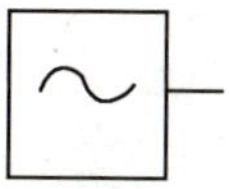
152	变换器、转换器	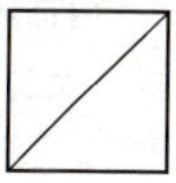
153	光电发生器	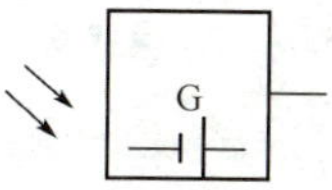
154	空气调节器	
155	滤波器	
156	汽车仪表稳压器	
157	点烟器	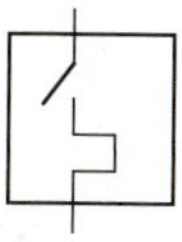
158	热继电器	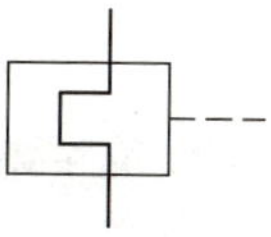

续表

序号	名　　称	图形符号
159	间歇刮水继电器	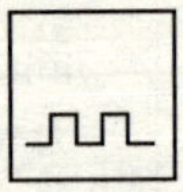
160	防盗报警系统	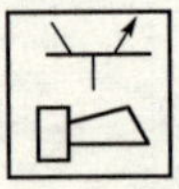
161	天线一般符号	
162	发射机	
163	收音机	
164	内部通信联络及音响系统	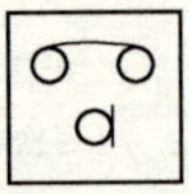
165	收放机	
166	无线电话	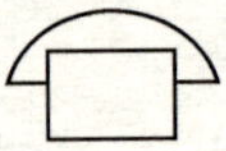
167	传声器一般符号	
168	点火线圈	
169	分电器（图示为4缸）	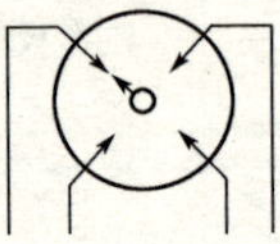
170	火花塞	
171	电压调节器	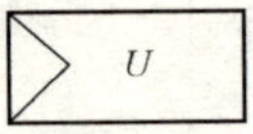
172	转速调节器	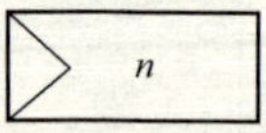
173	温度调节器	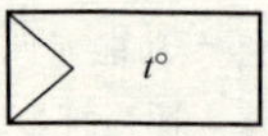
174	串激绕组	
175	并激或他激绕组	
176	集电环或换向器上的电刷	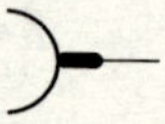
177	直流电动机	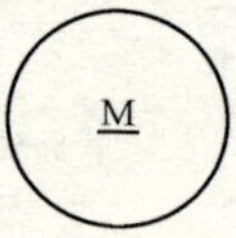
178	串激直流电动机	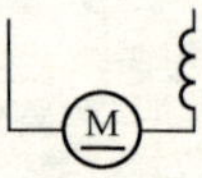
179	并激直流电动机	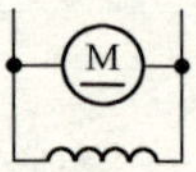
180	永磁直流电动机	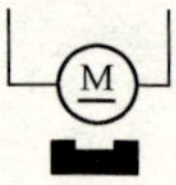
181	起动机（带电磁开关）	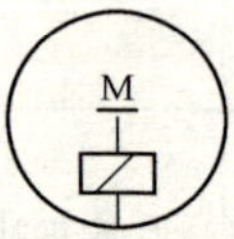
182	燃油泵电动机、洗涤电动机	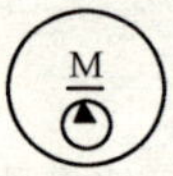
183	晶体管电动燃油泵	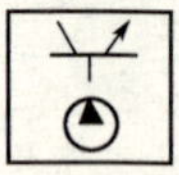
184	加热定时器	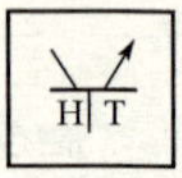
185	点火电子组件	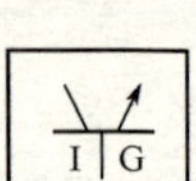

续表

序号	名　称	图形符号
186	空调鼓风电动机（室内用、可调风量与风向）	
187	刮水电动机	
188	天线电动机	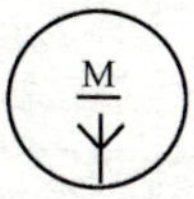
189	直流伺服电动机	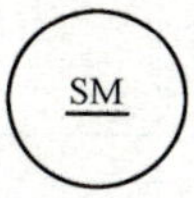
190	直流发电机	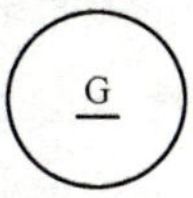
191	星形连接的三相绕组	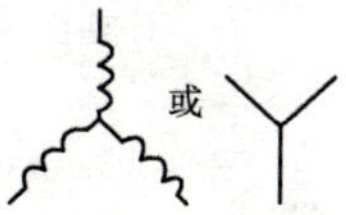
192	三角形连接的三相绕组	
193	定子绕组为星形连接的交流发电机	
194	定子绕组为三角形连接的交流发电机	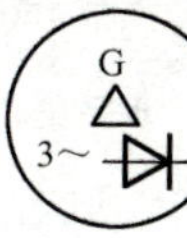
195	外接电压调节器与交流发电机	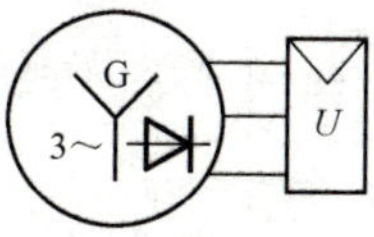
196	整体式交流发电机	
197	蓄电池	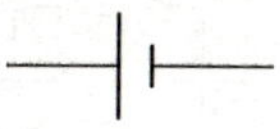
198	蓄电池组	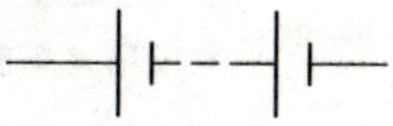
199	蓄电池传感器	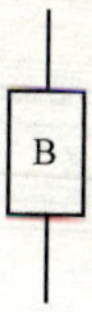
200	制动灯传感器	
201	尾灯传感器	
202	制动器摩擦片传感器	
203	燃油滤油器积水传感器	
204	三丝灯泡	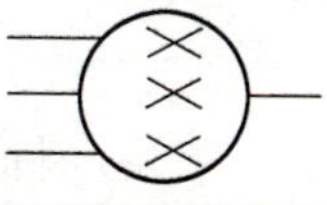
205	汽车底盘与吊机间电路滑环与电刷	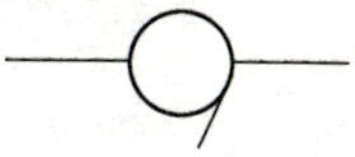
206	自记车速里程表	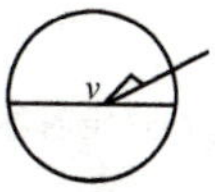
207	带电钟自记车速里程表	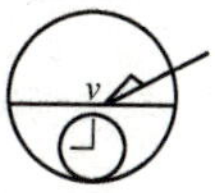
208	带电钟的车速里程表	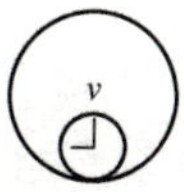
209	门窗电动机（垂直驱动）	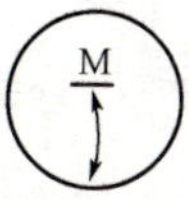

续表

序号	名　称	图形符号
210	座椅安全带装置	
211	电子门锁（中央集控门锁）	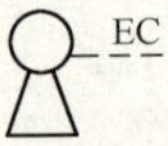
212	真空度开关	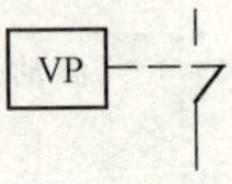
213	缓冲传感器	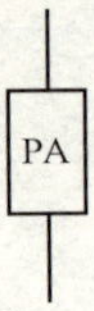
214	洗涤液液位传感器	
215	点火正时传感器	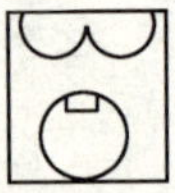
216	喷油嘴	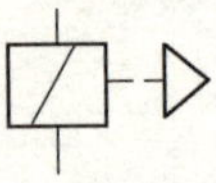
217	压力调节器	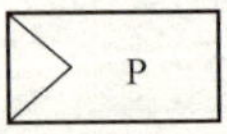
218	安全带开关定时器	
219	加热定时器（非电子）	
220	自动阻风门	
221	灯泡自动检测器	
222	遥控继电器	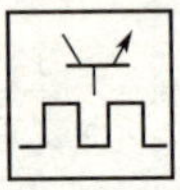
223	车速指示继电器	
224	超速报警继电器	
225	功率放大器	
226	空调控制器	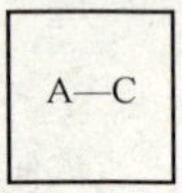
227	防抱死制动计算机	
228	燃油喷射控制计算机（汽油）	
229	燃油喷射控制计算机（柴油）	
230	排气控制计算机	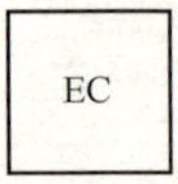
231	水平驱动电动机	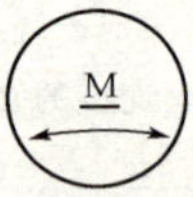
232	水平偏转驱动电动机	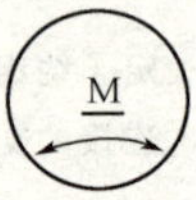
233	垂直偏转驱动电动机	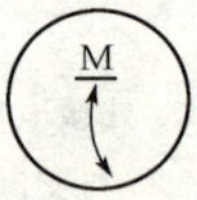
234	车门锁电动机	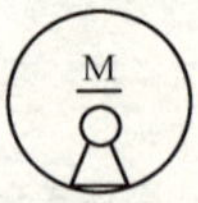
235	空调系统空气流向控制电动机（伺服）	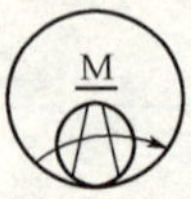
236	空调冷凝器与散热器电风扇（车前方用）	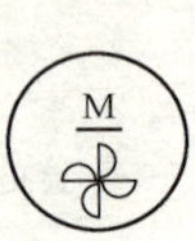

附表 2　各种开关、报警灯和指示灯标志

图形或文字符号		说　明	图形或文字符号		说　明
1	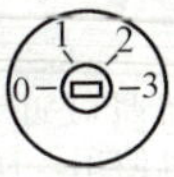	点火开关（4 挡）： 锁止方向盘 0——OFF 或（S） 附件（收音机）1——ACC（或 A） 点火、仪表 2——IGN 或（M） 起动 3——START 或（D）	9	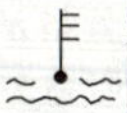 WATER OVER HEAT	水温表：冷却液温度过高时报警灯亮
			10	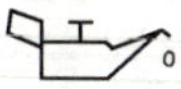 OIL-P	机油压力报警灯、机油压力表：当机油压力过低时，灯亮
2	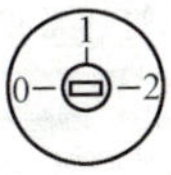	点火开关（3 挡）： 锁止 0——OFF 或 STOP 工作 1——ON 或 MAR 起动 2——ST 或 AVV	11	 FUEL	燃油表：燃油不足报警灯亮
			12	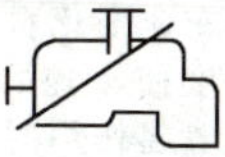	柴油机停止供油（熄火）拉杆（钮）标志
3		柴油车电源开关： 0——OFF 断开 1——ON 接通 2——START 起动 3——ACC 附件 4——PREHEAT 预热	13	 PKB	停车制动指示灯在手制动起动作用时灯亮
			14	 BRAKE AIR	制动气压低报警：制动液面低、制动系统故障报警灯亮
4	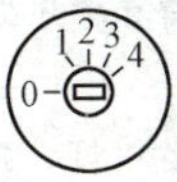	点火开关（5 挡）： 0——LOCK 锁定方向盘 1——OFF 断开 2——ACC 附件 3——ON 通 4——START 起动	15	r/min RPM	发动机转速表（TACHO-METER） 发动机转速表能指示怏怠速、经济转速与换挡时机、额定转速，用途很多
5	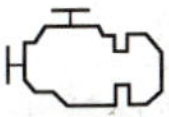 CHECK	发动机故障代码显示灯（自诊断）：电控发动机喷油与点火的传感器与电脑出故障时灯亮，通过人工或仪器可将故障代码调出，迅速查明故障	16	km/h	车速表（SPEED）
			17	20:08	数字显示时钟
6		化油器阻风门关闭指示：冷车起动时阻风门关闭，指示灯亮，起动后应及时打开阻风门，否则发动机冒黑烟	18	 COOLANT LEVEL WATER LEVEL	冷却水位指示灯：当冷却系统水位低于规定值时，灯亮报警
			19		机油油面指示灯：当发动机机油量少于规定值时，灯亮报警
7		节气门闭时灯亮	20	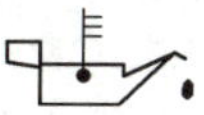	机油温度过高报警灯：机油温度超过规定值时，报警灯亮
8	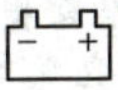 VOLT AMP CHARGE　电压(伏特)表 电流(安培)表	蓄电池充电指示灯：发电机不充电时灯亮，正常充电时灯灭	21		真空度指示灯

续表

	图形或文字符号	说　明		图形或文字符号	说　明
22	SRS	安全气囊指示灯：安全气囊装在方向盘毂内和仪表盘内，当汽车受到碰撞时气囊引爆，膨胀将乘员挤靠到座椅靠背上，减轻伤害	31	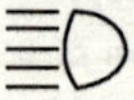 BEAM	前照灯远光：高光束(HIGH BEAM)
			32		前照灯近光：夜间会车时使用，防止眩目
23	TRAC	牵引力控制指示灯	33		灯光开关指示：可接通示宽灯、尾灯、仪表灯(亮度旋钮)、牌照灯等，前照灯通常接在此开关的第Ⅱ挡
24	CRUISE	巡航（恒速行驶）指示灯：设定某一车速以后，电脑根据车速变化自动控制节气门开度使车速在设定范围内，装置起作用时灯亮、有故障时显示故障码	34	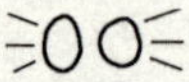	汽车示宽灯开关指示
			35		驻车制动灯开关指示：手制动起作用时，该指示灯亮
25	AIR SUSP	电子调整空气悬挂指示灯：根据驾驶条件自动控制悬架中起弹簧作用的空气，改变弹簧刚度与减震力以抑制车辆侧倾，制动时前部栽头，高速时后身下坐，保持乘坐舒适性和操纵性，指示灯显示车身高度变化。HIGH——高度调整；NORM——正常	36	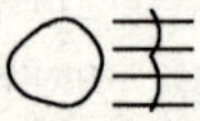	后雾灯开关指示灯：必须在前雾灯已亮的前提下使用，正常行驶时应关闭此雾灯
			37		前雾灯开关指示
			38	 TEST	指示灯、报警灯灯泡好坏的检查开关
26	O/D OFF	OVER——DRIVE，超速开关装在换挡手柄上，按下此开关，变速器换入超速挡；再按一下此开关，变速器退出超速挡，同时 O/D OFF 灯亮	39	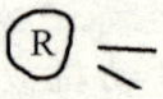	倒车灯（后灯）开关
			40	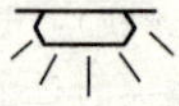	室内灯（顶灯）开关指示
27	VOLT	电压表（伏特计）：12 V 电系量程为 10～16 V；24 V 电系量程为 20～32 V	41	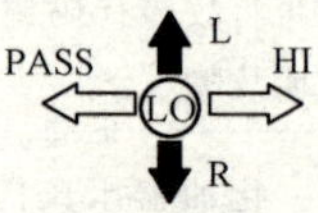	转向灯开关与超车灯开关：L——左转向；R——右转向；PASS——瞬间远光（超车信号）；HI——常用远光；LO——定位中间挡
28	EXP TEMP	排气温度过高报警（大于 750℃）	42		旋转灯标志，警车、救护车、消防车的车顶旋转警灯开关标志
29		转向信号灯：L——左转向；R——右转向	43	 BELT	安全带指示灯：当点火开关接通，安全带未系时灯亮或伴有蜂鸣器
30		危险警告指示灯：当汽车遇到交通事故要呼救或需要别车回避时，左、右转向灯齐闪，正常行驶时不用	44	 HEAT GLOW	电热预温塞指示灯：常温下起动亮 0.3 s，可直接起动；低温起动前亮 3.5 s，表示“等待预热”，灯灭可起动

续表

	图形或文字符号	说明
45	 GLOW	预热塞（电热或火焰预热塞）指示灯常温下起动亮0.3 s可直接起动，低温起动前亮 3.5 s，表示“等待预热”，灯灭可起动
46	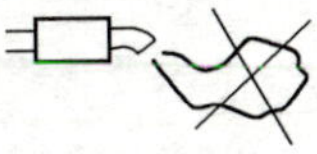 WHITE SMOKE	白烟消除指示灯：（白烟限制器）柴油重型车暖机时使用
47		排气制动指示灯：下长坡时，堵住排气管，利用发动机阻力使汽车减速，踩离合器、加油时自动解除
48	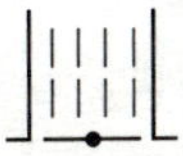 EXH·BRAKE	排气制动指示：排气管堵住起制动作用时灯亮（与 47 项相同）
49		风挡玻璃刮水洗涤开关指示：OFF——断开；INT——间歇；LO——低速；HI——高速
50		后窗玻璃刮水指示灯和开关标志
51		后窗玻璃洗涤开关指示
52		前照灯刮水洗涤开关指示
53	STOP TAIL LIGHT	制动灯、尾灯灯泡烧坏报警灯亮（常有专用传感器）
54	 A/C	空调系统制冷压缩机开启指示
55	 FAN	空调系统鼓风机指示
56	 VENT	空调系统通风挡吹脸(FACE)
57	 HEAT	空调系统加热（吹脚）挡
58	 BI-LEVEL	空调系统双层（上冷下热）挡
59	 DEF-HEAT	空调系统除霜与吹脚(加热）挡
60	 DEF	挡风玻璃除霜除雾指示
61	 Outside	车外新鲜空气循环风道开启指示（FRESH）
62	 Inside	车内空气循环风道开启指示（REC）
63	 FUEL	燃油粗滤器水位超过规定报警
64	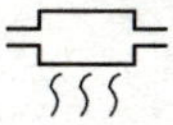 EXH TEMP	排气温度超过一定限度时此灯亮
65		后视镜加热指示
66		后视镜镜面上下调节与左右调节开关标志
67	 AIR MPa	空气压力表：常用于气压制动系统中双管路气压指示
68		空气滤清器堵塞信号报警灯

二、桑塔纳 2000 全车电路图（附图 1～附图 12）

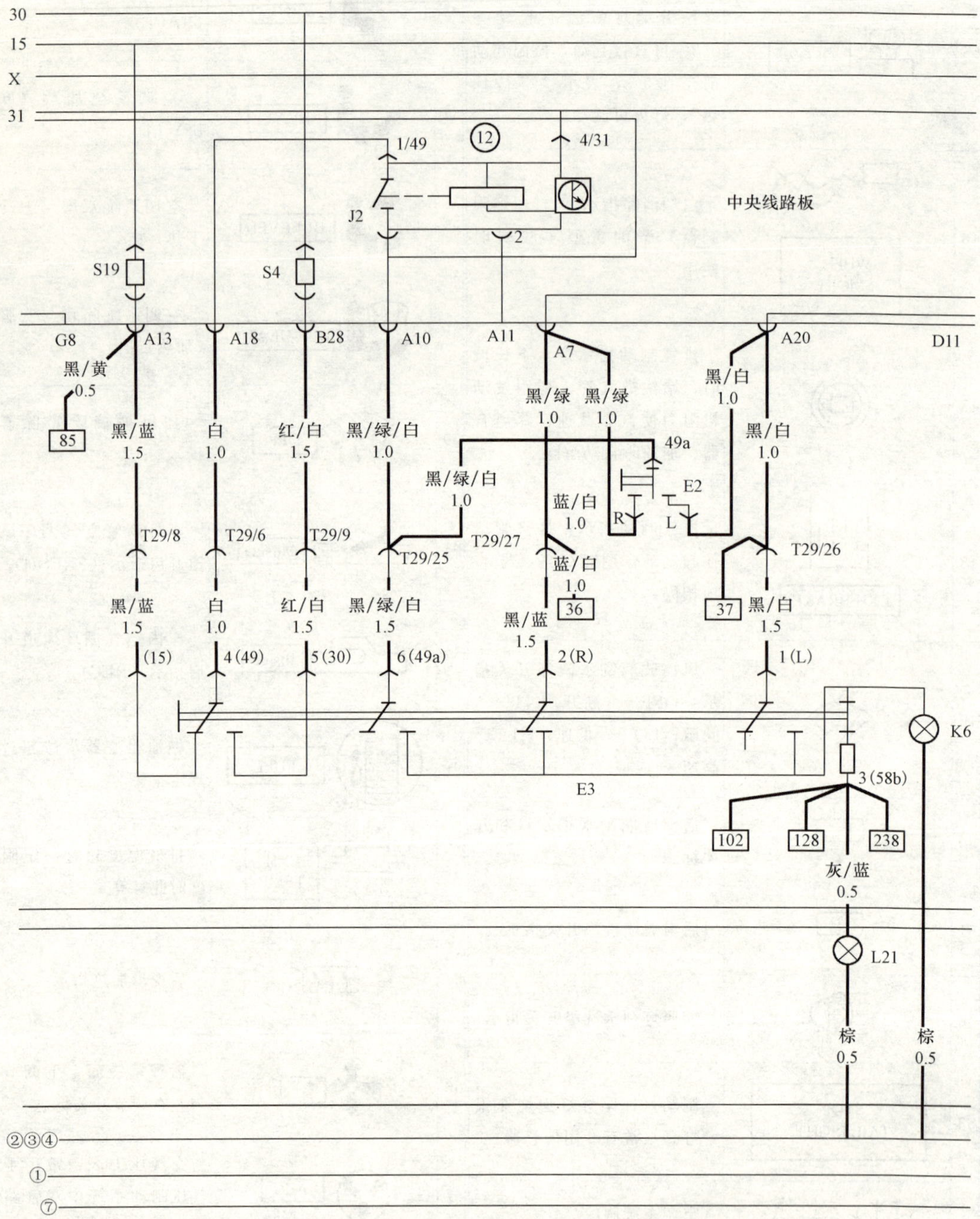

附图 1　桑塔纳 2000GLS 型轿车全车电气线路图（1）

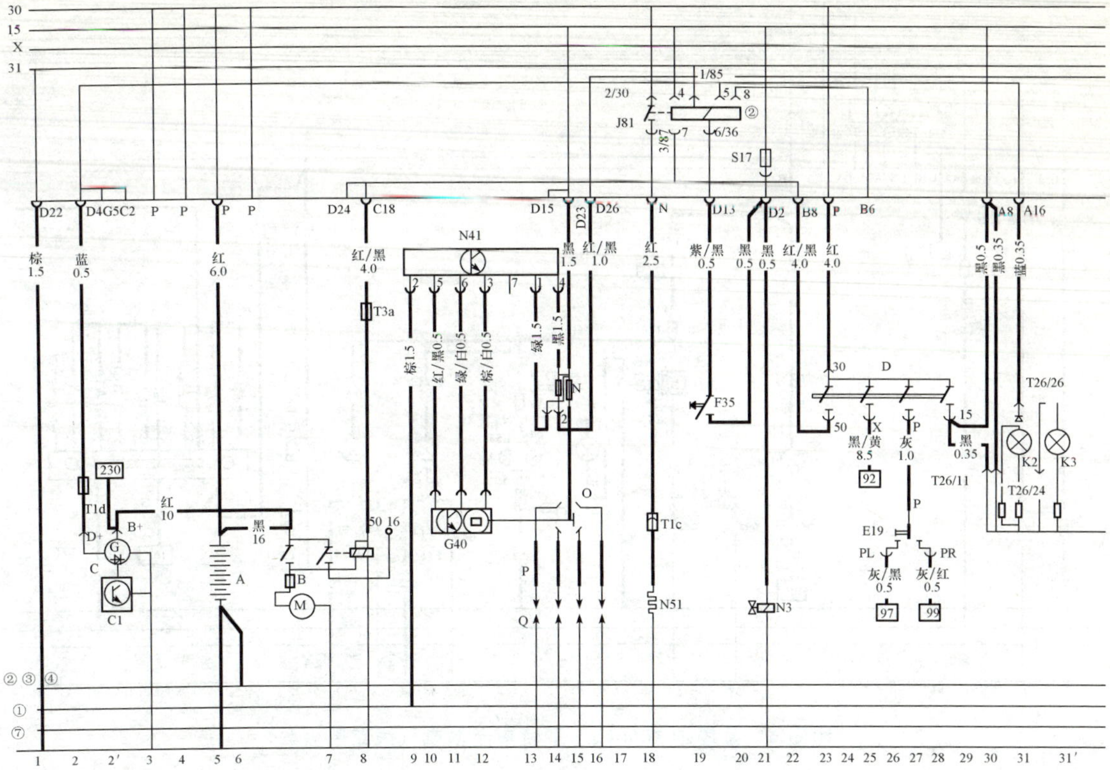

附图 2 桑塔纳 2000GLS 型轿车全车电气线路图（2）

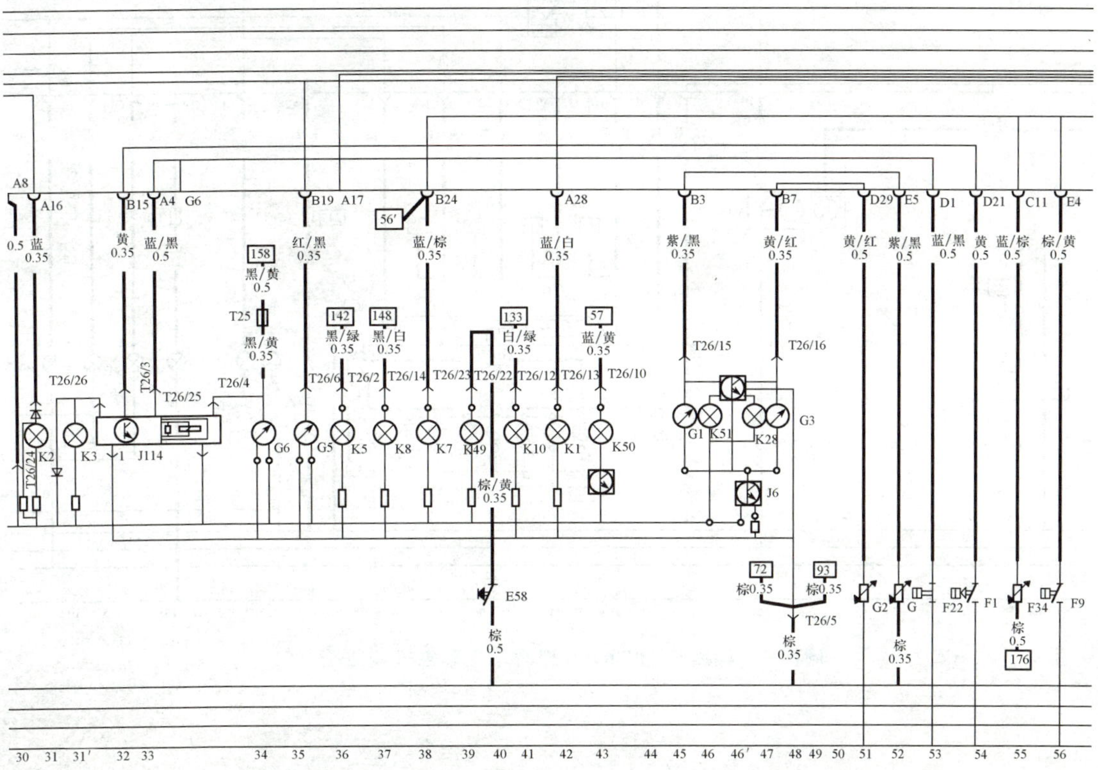

附图 3 桑塔纳 2000GLS 型轿车全车电气线路图（3）

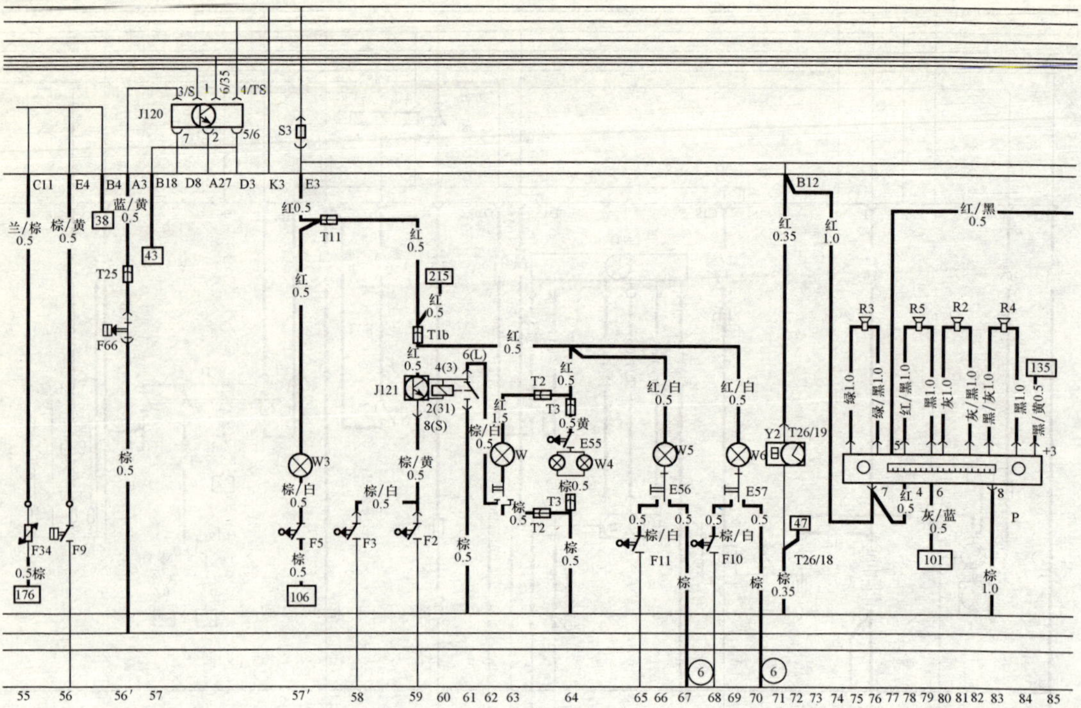

附图 4　桑塔纳 2000GLS 型轿车全车电气线路图（4）

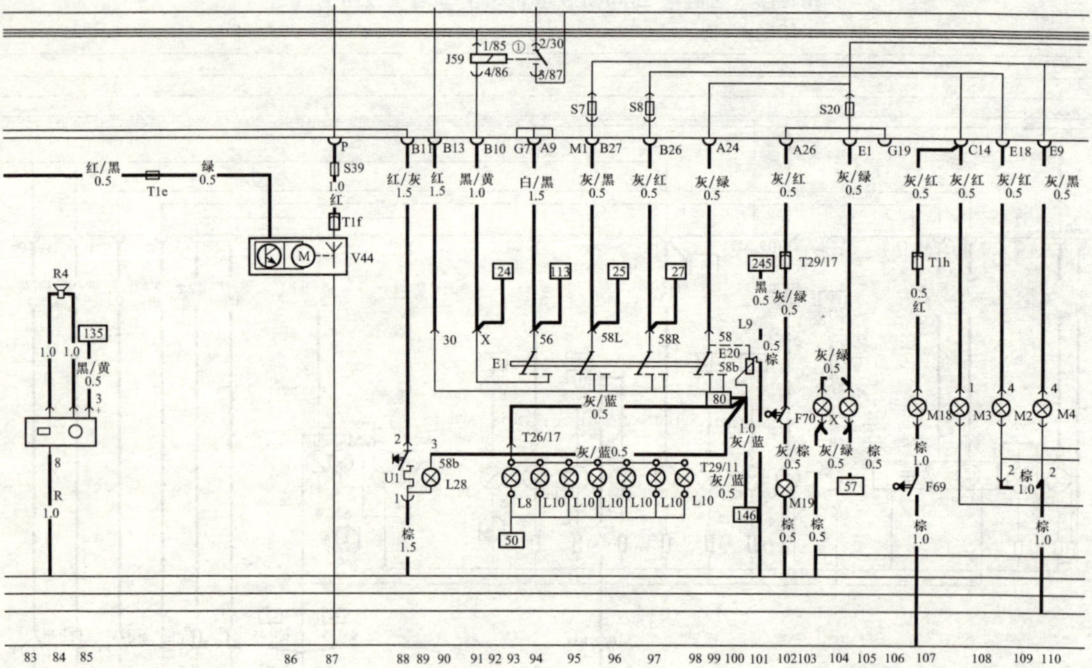

附图 5　桑塔纳 2000GLS 型轿车全车电气线路图（5）

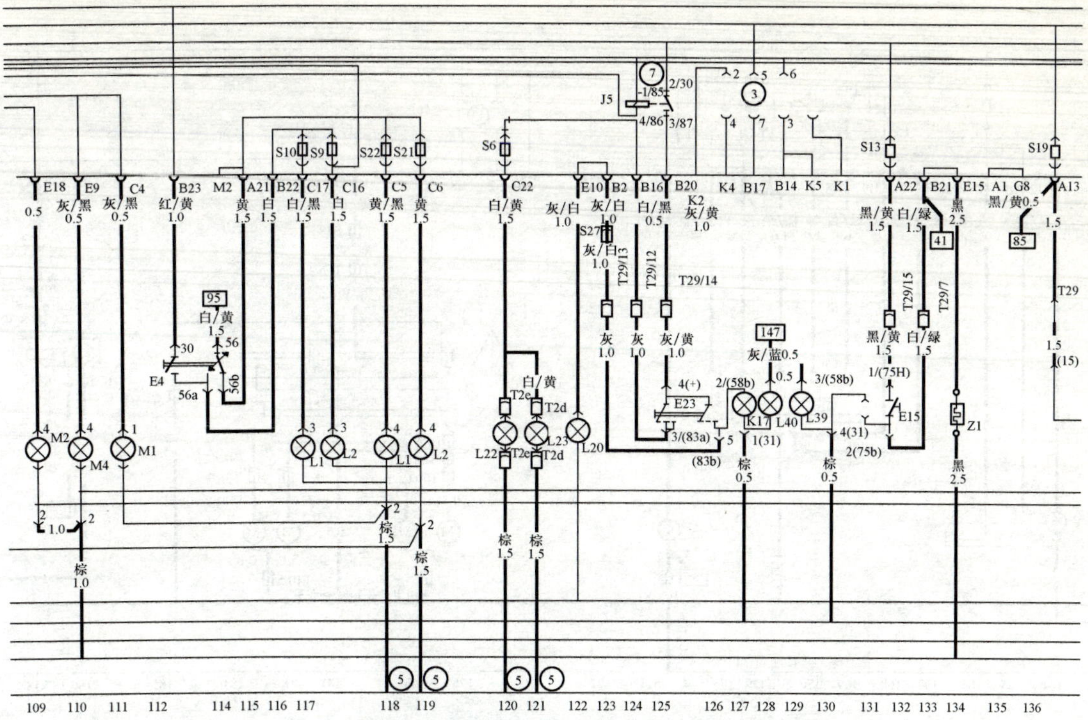

附图 6 桑塔纳 2000GLS 型轿车全车电气线路图（6）

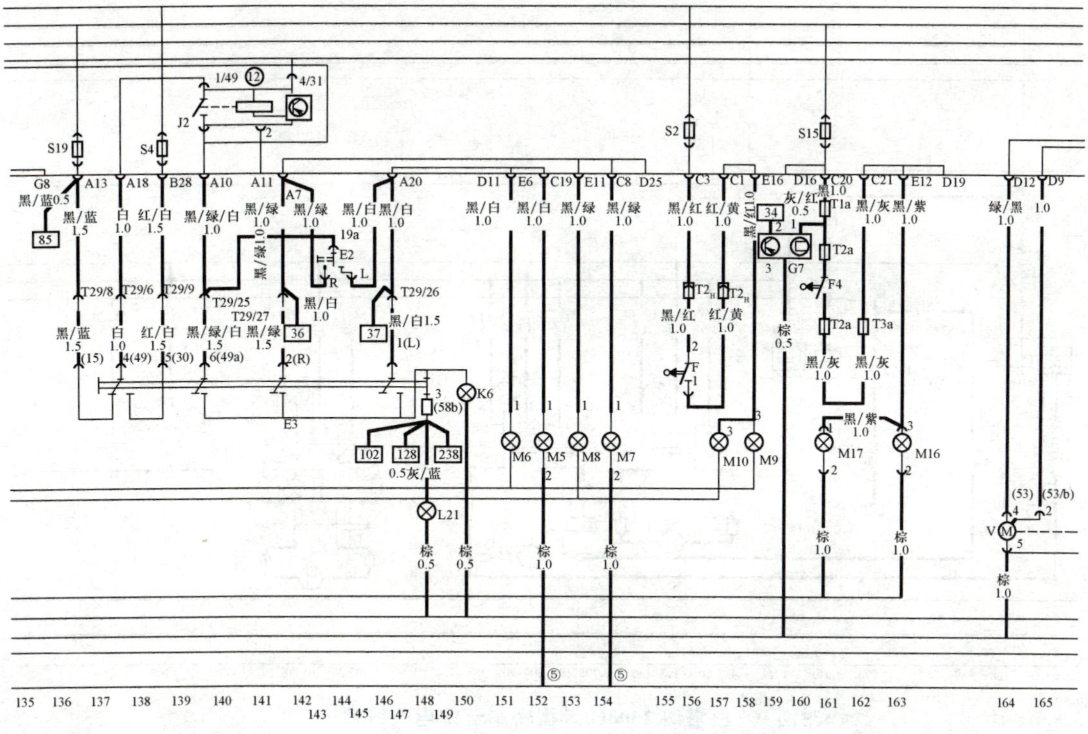

附图 7 桑塔纳 2000GLS 型轿车全车电气线路图（7）

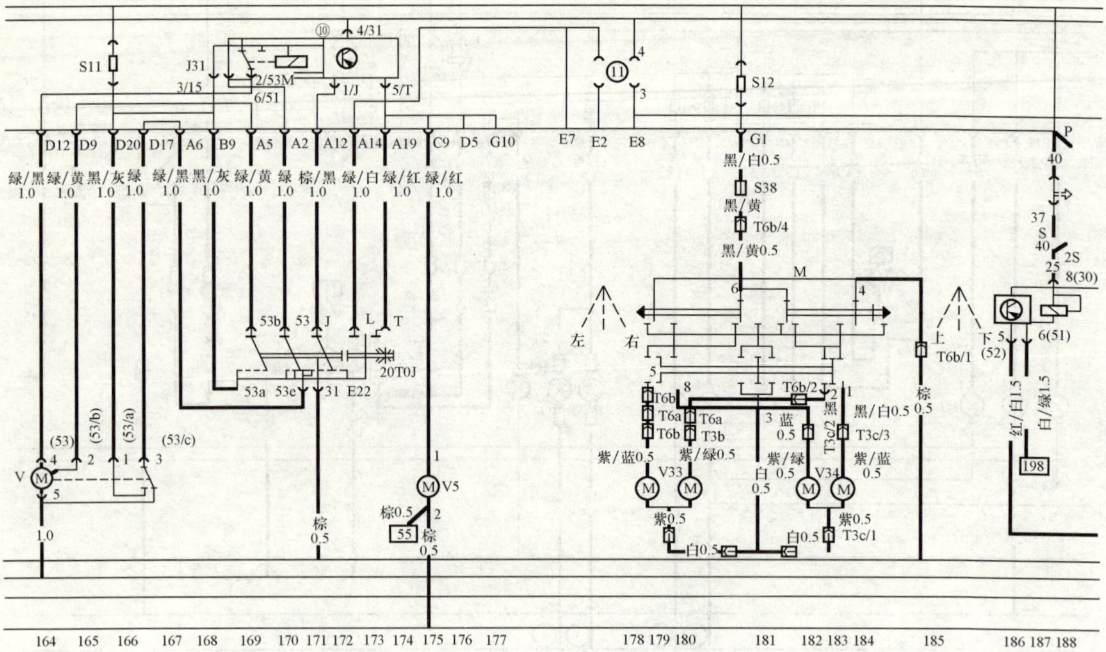

附图 8　桑塔纳 2000GLS 型轿车全车电气线路图（8）

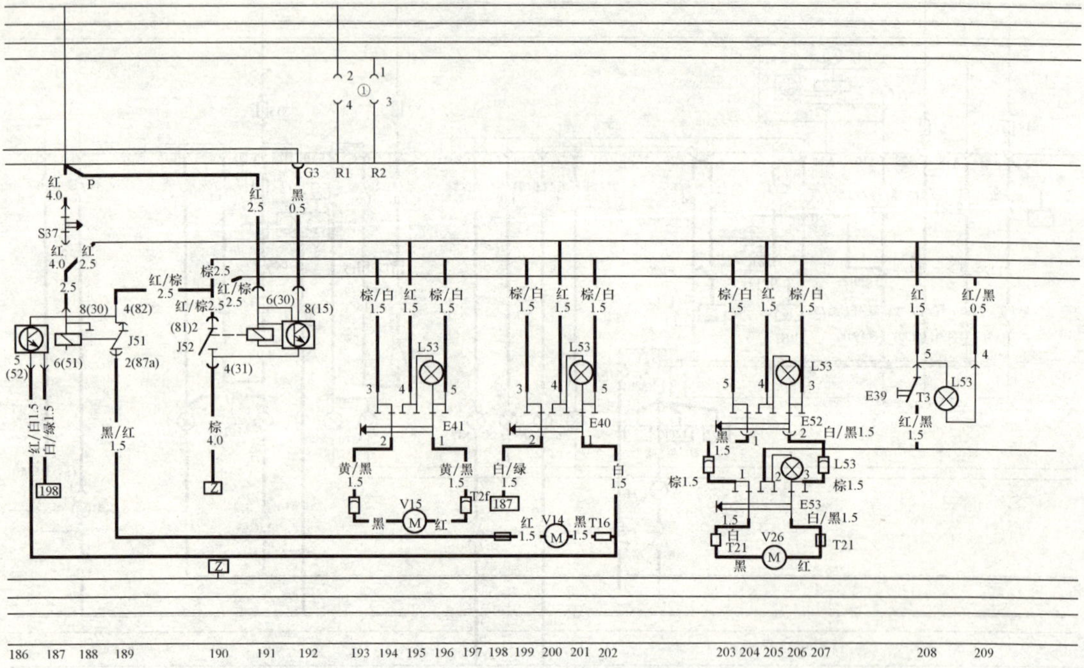

附图 9　桑塔纳 2000GLS 型轿车全车电气线路图（9）

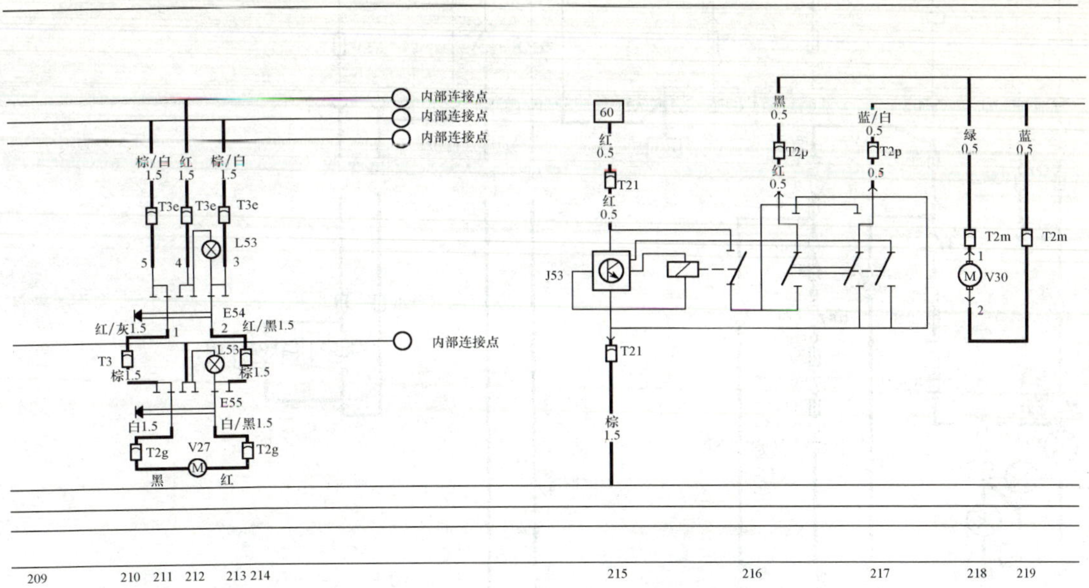

附图 10 桑塔纳 2000GLS 型轿车全车电气线路图（10）

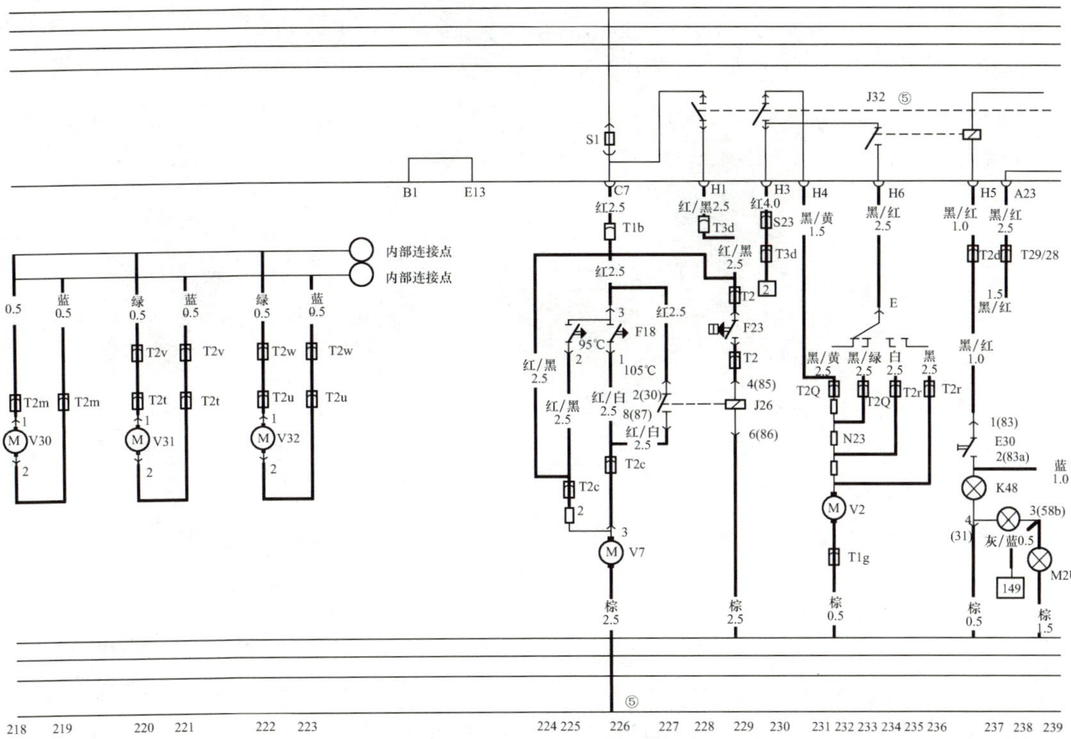

附图 11 桑塔纳 2000GLS 型轿车全车电气线路图（11）

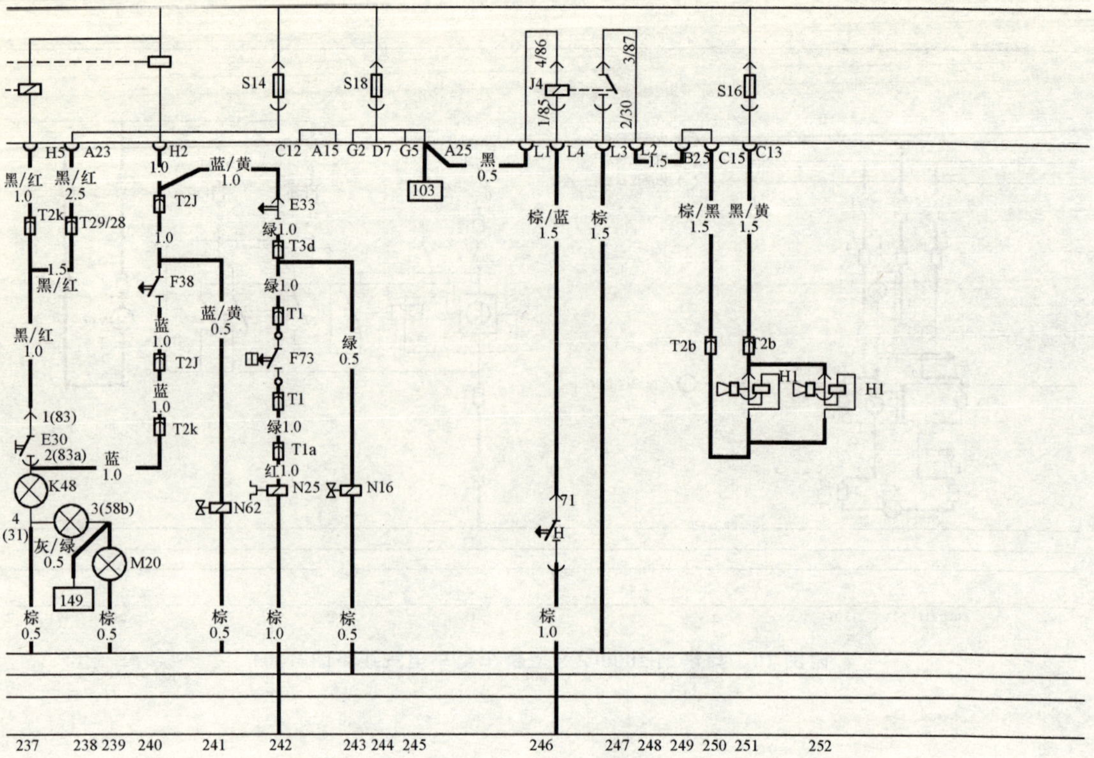

附图 12　桑塔纳 2000GLS 型轿车全车电气线路图（12）

参 考 文 献

[1] 王绍銧，李建秋，夏群生，等．汽车电子学．2 版．北京：清华大学出版社，2011.
[2] 陈家瑞．汽车构造（上）．3 版．北京：机械工业出版社，2009.
[3] 陈家瑞．汽车构造（下）．3 版．北京：机械工业出版社，2009.
[4] 胡式旺．汽车电器电子设备原理与检修．北京：机械工业出版社，2002.
[5] 娄云．汽车电器．北京：机械工业出版社，2004.
[6] 于万海．汽车电气设备原理与检修．4 版．北京：电子工业出版社，2014.
[7] 明光星，李培军．汽车电器实训教程．北京：中国人民大学出版社，2011.
[8] 张茂国．汽车电气构造与维修．北京：人民交通出版社，2002.
[9] 李良洪．怎样看汽车电路图．福州：福建科学技术出版社，2004.
[10] 颜培钦．汽车车身电气设备系统及附属电气设备．西安：西安电子科技大学出版社，2007.